小班化课堂教学实践

孙希敏 主编

山西出版传媒集团　山西教育出版社

主　编　孙希敏

副主编

李全刚　宋丽波　王永辉

编　委

（排名不分先后）

王　亮　许小丽　高　旭　周妍华　于晓君　肖　宁　宫水平

宋玲玲　王雪梅　姜艳芳　姜燕妮　王明月　倪军刚　郑君玲

姜华强　丁在娜　刘永进　张莎莎　于　庆　郭　丽　冯晓燕

王翠玲　王　燕　王　鹏　蔡海波　王遵海　单中卫　宋洪涛

衣月光　韩　华　王义锋　于振军　王国峰

序

针对城镇化转型导致的农村自然小班现象，乳山市将其视为发展农村优质教育的契机，着眼于每一个学生的发展，立足发展学生的核心素养，于2016年抓住山东省解决大班额问题的有利时机，在9所乡镇率先进行小班化教学改革试点，而后在各乡镇学校全面铺开。

2019年两会期间，习近平总书记在参加河南代表团审议时强调，实施乡村振兴战略，就要优先发展农村教育事业。对乡村来说，教育既承载着传播知识、塑造文明乡风的功能，更为乡村建设提供了人才支撑，在乡村振兴中具有不可替代的基础性作用。正因如此，党和政府把包括公共教育在内的基础设施建设的重点放在农村，优先发展农村教育事业。乳山市教育工作者在当地党委、政府的支持下，为了实现十九大报告提出的建设教育强国目标，以时代担当精神，主动作为，勇于充当实现乡村振兴战略的探路者，以“科研兴教，教研兴校”为己任，改革与创新农村教育管理机制，为农村教育的发展注入了不竭的动力。

本书无论理论还是案例，都是根据一线教学实践提炼、筛选而来的，是遵循规律、内生而发的结果，是自己的经验，非常鲜活、接地气，具有很强的可学、可鉴和可用性，确实是小班化教学的一部好“教参”。在小班化教学的发展历程中，我们能以宏观的视角来了解国内外小班化教学的现状并得到启示，对小班化教学的指导思想和教学特点等都能有一个精准的定位和把握。从课堂教学的设计与实施中，我们能感受到“幸福每一个，发展每一个，成就每一个”的教学理念无处不在，清晰地看到差异化教学的实施路径，尤其是抓住了课堂教学预设、自主学习、合作探究、学习评价等关键环节和要素，让以“生本教育”为核心的因材施教、分层教学真正落地生根，这些理念和做法都高度契合了新课改和素质教育的要求。更难能可贵的是，本书荟萃了大量优秀的、典型的研究成果，具体到学科，细化到年级，以开放、共享的姿态，为同行人提供了丰富的参考案例。

采得百花成蜜后，为谁辛苦为谁甜。乳山市的这支小班化教学研究团队，能够摸着石头过河，历经艰辛而矢志不渝，虽筚路蓝缕而不怠，艰难困苦却无悔，正像一位诗人所说，“心中有梦，眼中有光且脚下有力”。他们就像一群“铺路人”，以先行者的姿态为新时期的教学搭桥修道，用“拿来主义”借智，用“他山之石”攻坚，用“深挖内潜”破题，在千磨万击之中修筑了一条城乡教育优质均衡发展的新路。他们正是坚持创新、协调、绿色、开放、共享的新发展理念，永葆办人民满意教育的初心，勇担促进教育优质均衡发展的使命，以十年磨一剑的精神在教学改革的原野中深耕细作，在素质教育的百花园中植下了一抹新绿，在全省县级市率先开启了乡镇义务教育学校小班化教学的新篇章。这本书，会让我们体会到“一群人用心做一件事”的教育情怀。我由衷地为这支优良团队的创新精神和严谨的治学态度点赞，更为本书的出版发行而欣喜，因为这是一部“实战手册”，必将为各地小班化教学改革提供有益的借鉴。

待到山花烂漫时，她在丛中笑。辑书成册，既是对辛勤劳动的认可和回馈，也是对繁杂工作的梳理和归纳，更是对研究成果的总结和推介。这里的每一个章节，无不凝结着教改人的智慧、浸透着教改人的汗水，愿关注基础教育改革、致力于小班化教改的朋友们，共享智慧，携手同行，一起走向小班化教育的美好明天！

山东省教育科学研究院 

目 录

第三章 小班化教学对学生学习的指导

第四章 小班化学生学习评价

第五章 课堂教学模式及案例

第一章　小班化教学的发展历程和特点

第一节　小班化教学的实施背景

21 世纪的教育改革出现两大趋势：一是教育的价值取向从单纯的传递教科书上所呈现的知识向促进人的主动健康发展转变，二是教学的组织形式从批量生产式的大班教学向适应个性充分发展的小班化或个别化教学转化。教育以培养现代人的独立个性和人格、适应现代社会并促进现代社会发展的创新型人才为目标。小班化教学适应了时代的发展，以人为本，因材施教，关注学生个体差异，发展学生个性，适应了人们对高质量教育的需求。

随着人口出生率的持续下降以及城镇化建设步伐的不断推进，乳山市农村中小学校生源持续减少，已出现了不少自然小班学校。为满足群众对优质教育资源和特色教育培养的需求，促进城乡教育优质均衡发展，促进每个学生全面而有个性地发展，乳山市政府根据《国家中长期教育改革和发展规划纲要（2010—2020 年）》提出的“深化课程与教学方法改革，推行小班教学”的精神和 2015 年山东省人民政府办公厅下发的《关于解决城镇普通中小学大班额问题有关事宜的通知》要求，抢抓机遇，在准确预测未来小班化将成为教育新常态的基础上，从 2016 年开始，率先在威海地区开展小班化教学改革与实践工作，至今已进行了多年的实践探索，成效显著。

一、国外小班化教学发展情况及研究启示

（一）国外小班化教学发展情况

小班化教学已经成为世界教育发展的共同趋势。英国、法国、德国及澳大利亚等国都制定了卓有成效的小班化教学政策。透过各国政策演化历程可知，小班化教学是社会进步、人口变动、经济增长、政治民主化、文化转型及教育发展等诸多因素共同作用的结果。

1. 法国小班化教学情况

首先，法国规定了小学班级定员的编制标准。1937 年，法国进行了小班化教学尝试，到 1969 年法国教育部规定：小学教育预备级（一年级）为 25 人，其他各年级（二至五年级）任何情况下都不得超过 35 人。

其次，法国小班化教学体现了精选课程内容的核心。20 世纪 80 年代后期，法国的教育改革重点放在“精选基础教育课程内容，强调对落后学生的个别指导”上，将小班化教学推向新的高度。

2. 美国小班化教学情况

20 世纪 80 年代，美国部分州开展了缩小班级规模的实验。1993 年，美国教育部不遗余力地推动缩小班级规模，并制定了相关的法规。在此基础上，从 1999 年开始，联邦政府正式启动庞大的“缩小班级规模计划”。

印第安纳州、田纳西州的经验具有借鉴意义。从 1984 年开始，印第安纳州的“黄金时段计划”（Prime Time Project）拨款支持幼儿园至三年级将班级规模缩减至 18 人。一项成绩测验显示，当一年级人数从 22 人减至 19 人后，阅读成绩得到最大程度的提高，但数学成绩提高幅度较小。田纳西州的“STAR 计划”对于中学生的测验成绩显示，小班学生成绩要高于大班学生成绩，在低年级实行小班化教学更有利于学生学业成绩的提高。

美国在小班化教学的研究程度上更深入，他们更关注在小班环境下，学生成绩是如何产生变化的，变化的条件又是什么。庞大的研究队伍将定性与定量的研究方法进行综合运用，实验最终得出“班级规模越小，学生表现越好，减少班级人数利大于弊”的研究结论。

3. 芬兰小班化教学情况

首先，芬兰建立了小班小校制度，充分体现教育平等。在 4000 所综合学校的 60 多万名在校学生中，每个学校大约 150 人，20 人是芬兰班级的人数上限。不让每一个学生落后，学校没有平民与贵族之分，充分体现了教育的公平。

其次，运用准确的发展策略，将小班化教学的教育资源进行有效配置。芬兰把教育资源配置在“最需要的地方”，使资源得到有效利用。

4. 英国小班化教学情况

首先，学校招生人数受大众监督，并以政策法律来约束学校的班级人数。在 1988 年的《教育改革法》中明确指出，每一所非私立学校都必须公布招生人数，每班学生人数不得超出20至25人的规模。

其次，学校让学生灵活选择自己的课程体系，为小班化教学实现因材施教提供机会。课程内容强调“为全体学生创造时机，挖掘潜能，实现卓越”。在教学环境的设计与布置上，遵循“不浪费每一面墙壁”的原则，课堂充满育人的气氛，充分调动了学生的学习热情，对学生的分层教学和评价也使学生的个性得到充分发展。

（二）国外研究启示

十多年来，关于小班化教学的研究既立足于实践，又坚持理论的建构和修正。各类研究（如人类学、社会学、心理学、历史学理论视角）不仅拓宽了研究的途径，更证明了小班化教学研究的重要性。

1. 研究班级规模与教学质量

近十年来，欧美各国重视从课堂实践的角度协调班级规模强化对课堂质量的提升作用。威斯康星大学的研究团队结合课堂互动和课堂进程的定性研究数据、课堂质量的标准化测量数据、校级层面学生成绩数据等进行分析研究，认为课堂质量是“教师的素养、师生的比例、学习活动所花的时间”这类结构性输入的教学资源互动和支持的结果，班级规模必须通过“真实情感的交流、全面考虑的设计、精细执行的组织策略、清晰明确的教学支持”的协同作用，才能发挥最大效益。

2. 研究小班化教学对学生的影响

法国里昂大学的Jear Ecalle教授等人用“四个机制”来解释为什么小班会影响学生的学业：责任感扩散，群体性凝聚，社会性懈怠，团队归属感。比起小群体中的学生，大群体中的学生参与责任感小，缺乏群体的凝聚力，惰于付出努力，也容易没有归属感。小班化教学规模较小，教师有更多的时间和机会去关注学生个体的需要。学生从教师那里获得了比大班学生更多的时间、指导和帮助，与大班学生相比呈现较少的破坏性行为。

3. 更多地关注教师的专业发展

加强教师专业培训，这是保证小班化教学改革顺利进行的关键。小班化教学的目的是从“类学习”转移到学生的“个性化学习”。在这一价值追求下，教师的功能、角色与地位都需要得到新的诠释与定位，新的功能与角色必然要求教师具有新的素质结构与特征，而新的素质结构形成必然有赖于与之相适应的新的教师专业发展。基于这样的认识，美国小班化教学实践中的教师专业发展根据小班化教学的独特性，形成了各具特色的发展模式，这些新模式以提高学生学业成绩为目的，着眼于教师教学方法改进；以促进学生学习投入为宗旨，着眼于课堂管理技能及课堂环境改善；以促进学生个性化发展为目的，着眼于课程内容更新与教学评价方法的改进等。

二、国内小班化教学发展历程

20 世纪 80 年代末，北京、上海、天津、南京等多个城市在借鉴国外小班化教学理论与实践经验的基础上，结合各地实际进行小班化教学实验。我国学者不仅关注实施小班化教学的意义，还深入研究和探讨小班化教学的理论基础以及实践策略。

（一）酝酿阶段（20 世纪 80 年代末至 90 年代中期）

1987 年，针对班级授课制不利于因材施教、信息反馈、学生智力发展等问题，学者建议逐步实行个别化教学，并提出“逐步缩减每班学生的人数”的观点。之后，有学者针对大城市班级规模庞大的现状，分析了控制教学班级规模及进行教学组织形式改革的可能性，建议实施“补齐班”式的小班化教学。有学者介绍了国外班级规模的发展阶段和美国关于班级规模研究的一系列著名实验，如格拉斯和史密斯班级规模实验，并提出改进我国班级规模的建议。1993 年，江苏省教育厅等单位牵头组织无锡市江阴两所小学进行了缩小班额的课题实验。

这一时期我国关于小班化教学的研究表现出两大特点：一是介绍国外尤其是美国小班化教学研究和实践发展的情况，二是提出“缩小班额”的观点。

（二）实验研究和推广阶段（20 世纪 90 年代中期至 21 世纪初）

20 世纪 90 年代中期通过翻译介绍欧美国家小班化教学的研究成果，我国开始探索适合本土化的小班化教学模式，在少数沿海发达城市进行小班化教学实验。

1996 年，上海市开始有计划、有步骤地实施小班化教学。至 2000 年，上海市推行小班化教学的小学已由最初的 10 所发展到 280 所。这一时期小班化教学的实验研究具有两个明显的特点。

第一，重视对小班化教学实验的总结。如分析小班化教学实践中的课程设置、教学策略、教学评价等成效，对分组教学存在的问题提出改进建议。

第二，研究成果颇丰，并结集出版了相关学术著作。如上海科学技术文献出版社出版的《小学小班化教育教学指南》，介绍了小班化教学的教学环境、教学策略与方法、教学人员组合与教学流程管理、教学评价方法、现代信息技术在小班化教学中的运用等方面的研究成果。

这一时期小班化教学的研究成果侧重于对相关实践的经验总结，不仅有大规模的实践探索，而且重视理论总结；不仅引进国外相关研究成果，更注重与本土实际情况相结合。

（三）深入发展和理性反思阶段（21 世纪初至今）

2000 年 9 月，时任南京市教育局局长的徐传德率队出访西欧，回国后学习借鉴国外“以学生发展为本”的教育思想和小班化的教育模式等先进经验，拉开了南京市小班化教学实验的大幕。实行小班化教学的小学，每班人数控制在 28 人以内，初中班额在 36 人以内。2012 年 3 月，南京市启动小班教育行动计划，并健全小班化教学发展新机制：一是建立健全教育经费保障机制。二是建立健全内涵发展驱动机制。按照 1∶2 的专任教师班师比出台小班教育教师配置政策，适当提高配置标准。三是建立健全专业提升研究机制。与南京师范大学共同建立南京市小班化教育研究所，充分整合专家教授和高等院校的智力资源，有效融合理论研究与实践研究的经验。四是建立健全促进发展评估机制。在全国率先研究制定《南京市小班教育评估标准》和《南京市小班教育办学条件标准》，加强对小班化教育教学的评估和管理。南京市以基于脑、基于网育、基于小班等“新三基”教育实验为引领，把实施小班化教学作为推进全市义务教育均衡发展的着力点，扩大优质教育资源新的增长点，构建终身教育体系的创新点，加快构建终身教育体系。

21 世纪初，我国开始了新一轮基础教育课程改革。小班化教学实施过程中，理性反思是这一时期小班化教学研究最为明显的特点。比如教师应有更强的课堂组织管理能力和敏捷的应变能力，学生要有自学、思考以及动手操作的能力，学校要提供配套的教学设施和教学资源。

三、我国小班化教学研究的热点与问题反思

（一）国内小班化教学研究的热点

国内对小班化教学在意义、理论基础及实施策略等方面进行了广泛的研究。

1. 小班化教学的意义研究

第一，小班化教学有利于学生个性的发展和创造性的培养。小班化教学缩小了师生人数比例，综合了群体教育和个体教育的优势，学生能够充分享受各种教育资源，使学生的个性意识和个人能力得到更好的培育和发展，有利于促进每一个学生全面而富有个性的发展。

第二，小班化教学有利于促进师生交往。小班化教学是实施素质教育的突破口，增强了师生之间交往的频率，使每个学生都能得到老师的关怀和辅导，有效保证了在教育过程中面向全体学生这一目标的实现。

第三，小班化教学有利于促进教学公平和教师发展。小班化教学能让学生更为充分地享有教师资源，体现了资源的公平分配和合理利用，让“均等教育”“关注每一个孩子的发展”等现代教育理念成为可能。教师在教育理念下实施小班化教学，有利于提高自身的组织、协调、互动、评价能力，促使教师加强教学反思与提高教研能力，进而成就教师的专业发展。

2. 小班化教学理论基础研究

我国主要是从哲学、心理学两个方面展开小班化教学的理论基础研究的。

就哲学基础研究而言，一方面从小班化教学的价值取向出发，指出人的发展应是小班化教学的终极追求；另一方面从人性的多维关系出发，提出应遵循关系性原则、批判性原则和整体性原则。

就小班化教学的心理学基础而言，从人际交往心理学的视角，分析了小班化教学由于强调师与生之间、教与学之间、书本与方法之间等多方面因素的和谐互动，使每个受教育者得到教育与关爱的程度增加。从学生智力发展的角度，结合加德纳的多元智力理论，小班化教学为学生多方面智力的发展创造了条件，教师能在教学过程中有的放矢地加以引导。

3. 小班化教学实施策略研究

一是宏观研究。小班化教学的实施要与中小学布局结构调整、中小学标

准化建设以及中小学内部管理改革相结合。小班化教学需要较大的成本投入，应综合考虑教学对象、班级规模以及地方政策的灵活性和资源的最优化配置。

二是中观研究。小班化教学按学生学习程度分组，根据对各类学生提出的不同教学目标进行分层，使各类学生都得到发展。从课程设置方面看，提供具有较大选择性的课程体系，建立课程的选修制度。教师可以根据学生的学习程度或需要来改编教材，提升学生的能力。

三是微观研究。教师可以根据教学目标和课程实施的要求，采取不同的课桌编排方式。小班化教学的评价方法包括即时性评价、形成性评价、总结性评价等。

（二）我国小班化教学研究的问题反思

1. 本土化理论研究较少，高度的理论概括不足；经验介绍居多，理论探讨较少。我国的小班化教学实践应该从实际以及具体问题出发，通过分析、综合、抽象、概括等上升到理论层面，为解决具体的问题提供规律性的理论支撑。

2. 结合具体情境的行动研究较少。我国有关小班化教学研究的文献，相当一部分研究是对小班化教学实践的经验总结，解决策略与实践模式具有特殊性。相比之下，行动研究则具有更大的优势。小班化教学的行动研究就是研究者在一定理论的启示下，通过对小班化教学实践的反思，在与相关人员进行协作的过程中探索改进小班化教学的有效策略，与此同时，生成新的小班化教学理论。有效的小班化教学行动研究既能改进实践效果，又能促进理论的进一步发展。更为重要的是，行动研究能够瞄准小班化教学的具体问题，大大增强研究的针对性。

四、乳山市小班化教学发展历程

（一）总体规划，全面启动

为了推动小班化改革，2016 年 1 月，乳山市教体局采用“先行调研、宣传启动、试点实施、完善提升、总结推广”的“五段一体”改革模式，确保小班化改革小步快走，扎实推进。通过十多次专题调研与分析，乳山市教体局形成了《乳山市小班化教育改革工作报告》，研究出台了《推进小班化教育试点工作的实施意见》，确定了小班化改革的指导思想、基本原则、工作目标、实施步骤，将乳山口、午极、冯家等 9 所基本条件许可、实际保障可行的学校确定为首批改革试点学校，全面推行小班化改革实验。

乳山市教研中心发挥“掌灯引路”的作用，从全市抽调骨干教师，专门组建小班化研究团队，对小班化教学进行专项研究，打出“理念、课堂、课题、评价、观摩”的“培训五行拳”，引领全市小班化教学改革；试点校积极开展“专著订阅”“理念培训”等内容丰富多彩、形式灵活多样的校本培训工作，全面提升学校和教师的小班化教育理念。

2016 年 12 月，乳山市召开小班化试点学校校园文化建设观摩现场会，强化小班化的文化建设，着力打造小班化教学环境和教学氛围。

（二）考察学习，深化研究

课堂教学是小班化改革的灵魂工程。为提升小班化教学质量，乳山市教研中心采取“走出去”“请进来”两种方式，先后组织团队到南京、无锡等地进行实地考察学习，邀请南京、青岛的专家进行实地指导。

2017 年 5 月，乳山市特邀南京市小班化教学专家团深入试点学校进行实地指导，帮助学校教师厘清理念、拓展思路、优化策略，借力推进小班化教学改革。南京市小班化教学研究室主任杨健在第一实验小学举办《让每一个学生的学习真正发生》的专题讲座，以“聚焦差异”为核心，围绕先学后教、差异化教学、小组合作、多元的教学方式、差异化的个别辅导、持续观察 6 个着力点，有针对性地提供解决思路和工作措施。专家团先后到乳山口、育黎、乳山寨试点学校，通过采用观摩研讨常态课堂、两地教师同课异构的方式，与试点学校教师进行面对面的课例点评和问题研讨，提出了许多精准化的指导意见。

2017 年 11 月，乳山市小班化教育研究团队奔赴南京进行小班化教学考察活动。洪武北路小学的“七色花课程”、汉口路小学的“四色学习单”、龙潭中心小学的“灵美教育”、宇花小学的“课堂导学卡”、金陵中学西善分校的“个性化关注”、第五十四中学的“明星教科书”、中央路小学的“种子萌，栋梁成”办学理念、南京师范大学附中新城中学的“探究式教学，智慧型小班”都很好地诠释了小班化教学的内涵：幸福每一个，发展每一个，成就每一个；促进每一位学生充分发展，让平常者不平常，让优秀者更优秀。

为加强小班化课堂教学研究，乳山市教研中心多措并举，推动小班化扎实推进。

2017 年 6 月，乳山市教研中心组织实验校开展课题研究攻关，重点围绕小班化教学环境（情景创建、环境建设）、小班化课程（课程开发、课程评价）、小班化课堂教学（小组合作、差异化教学、分层教学）、小班化评价（评价方式改革、评价操作）等进行教研活动，助推小班化教学良性高效发展。

2017 年 10 月，乳山市教研中心开展了教学能手“送课进校”暨“1+2”影子工程联谊研讨活动，全面启动“名师进校服务年”工程，为乡镇实验校教学注入鲜活动力。主要依据各学校“需求式”订单送教和教研中心“推荐式”配餐送教，采取执教示范课、汇报备课路径、分板块互动议课、结对互助帮扶四种形式为主渠道，以送新的教学理念、送新的教学方式、送新的教

精致“小班化” 彰显大教育

——乳山市开启优质教育新篇章

学经验三项内容为切入点，发挥骨干教师“宣传队+播种机”的引领作用。

为了探索最适合学生个性发展的课堂教学模式，从2017年起，乳山市教研中心与试点校创新实施“两级六步”课堂研究模式，即试点校自研—片区交流修改完善—市定初模—试点校用初模、修初模—试点校定模—市骨干团队定模，每学年“同研同模同内容”。教研中心制定了《关于进一步加强小班化课堂教学研究的工作方案》，明确了课堂教学研究的重点和路线。采取团队研讨引领、学校联片教研等途径，围绕小班化教学规程的制定、对学生学习方法的指导、教学模式与教学评价等内容，每学年“同研同模”，不断修改完善，最终形成《乳山市小班化课堂教学策略与模式》。

2017年《威海教育》第2期特辟“区域教育”栏目，用8篇文章、活动彩页专题推介乳山市小班化教育改革取得的丰硕成果，营造了浓厚的改革氛围。威海市教育局以“借力小班化，促推大发展”为题，从顶层设计上全面阐述了威海市推行小班化教学改革的必要性，详细介绍了行政推动、培训拉动、教研牵动、评价驱动等方面的经验做法；乳山市教研中心以“做大教改‘动力泵’，强力引擎‘小班化’”为题，从助力引领层面介绍了乳山市小班化教学在理念引领、方法指导、培训服务等方面的成功做法；乳山寨、育黎、冯家、诸往等试点学校从实践层面介绍了各自在构建课堂教学模式、优化小组合作形式等方面的特色做法和有效措施。

（三）扎根课堂，涉深水区

2018 年，为推进小班化教学进入深水区，乳山市教研中心在大孤山镇中心学校召开了“落地南京访学经验，推进‘小班化’教学深入实施”研讨会，活动坚持学习、调研、改进、统筹推进的原则，通过课例示范、经验交流、工作部署三项主要内容，对 2018 年到 2019 年乳山市小班化工作进行了全面部署。重点借鉴南京市小班化教学经验，聚焦课堂，抓实抓细小班化课堂教学研究，各实验校对前期的实验进程、教学中存在的问题以及今后的打算进行了交流。

为了把研究工作做得扎实深入，教研中心每年定期召开小班化教学研讨会，采取联片教研等形式，力促课堂教学转型升级。从 2018 年起，乳山市教体局特设“小班化专项奖”，教研中心多次开展任务单、分层作业、教学案例、优质课、论文、科研成果等的评比活动。以评促改，激发教师的研究热情，进一步转变教师的观念，提高了教育教学质量。

2019 年，小班化教学改革步入提升年。乳山市教体局组织专家评估验收首批小班化教学试点学校，进行了品牌示范校评比、诊断问题并提出建设性的意见和建议，引导试点学校纵深推进小班化教育改革。

（四）总结经验，成效显著

2020 年，小班化教学改革进入总结年，各实验校结合本校优势，因地制宜，深耕细作，推陈出新，形成各具特色的小班化“名片”。如徐家的教学区、阅读区和办公区集于一室的“三区教室”、育黎的“沙龙会课室”、大孤山的“水果分层”、冯家的“三花卡”、乳山寨的“成就百分百”、诸往的“差异七层与七化”、乳山口的“三单学习成长档案”等，均呈现出以生为本的差异化教学理念，最终实现了“关注每一个学生，成就每一个学生”的教学目标。

在教学方面，乳山市制定了中小学各学科的教学规程，形成了小班化教学案例范式；打造了全新的小班化新授课、复习课的教学模式；创新了对学校、老师和学生的评价机制。

在改革推进过程中，乳山市的电视台、报社对小班化教学改革从多个层面、不同角度进行立体报道，在全社会尤其是家长层面，形成了良好的反响；《威海教育》《山东教育报》等也先后对乳山市小班化教学改革的经验刊发重要文章；山东教育电视台对乳山市的小班化改革进行了专题报道；研究专著《小班化背景下“四位一体”课堂教学模式的架构》已经出版；小班化教学研究论文层出不穷。

第二节　小班化教学的指导思想

小班化教学以提高教育质量为核心，通过多样的教育教学活动方式，使学生的潜能和个性得到发展，是全面实施素质教育的有效形式。乳山市在实施小班化教学过程中，以打造“精致教育”为理念，为有效提高教育教学质量、推进教育的优质均衡发展，构建并遵循以下教育理论和教学指导思想。

一、理论基础

（一）心理学理论基础

心理学研究表明，学生在越受老师关注的条件下，越容易取得成功（皮格马利翁效应）。小班化教学由于班级学生人数的减少，使得教师比较容易关注到每一位学生的特点和个性。

（二）教育学理论基础

“新基础教育”理念的提出者叶澜教授认为，教学过程的基本任务是使学生学会实现个人的经验世界与社会共有的“精神文化世界”的沟通和富有创造性的转换，逐渐完成个人精神世界对社会共有精神财富具有个性化和创生性的占有，充分发挥人类创造的文化、科学对学生“主动、健康发展”的教育价值；教学过程中师生的内在关系是教学过程创造主体之间的交往（对话、合作、沟通）关系，这种关系是在教学过程的动态生成中得以展开和实现的；“多向互动、动态生成”是教学过程的内在展开逻辑。小班化教学使得学生的自主探索成为可能，也使师生之间、生生之间的交流与互动更加充分。

二、指导思想

我国从实际出发，提出了“受教育者要在德、智、体等方面都得到发展，成为有理想、有道德、有文化、有纪律的社会主义劳动者”的教育方针，这对小班化教学起着明确的指导作用。我国现阶段以人为本的思想、中共中央关于全面推进素质教育的决定、教育的公平性原则、因材施教的原则同样也对小班化教学起到强有力的理论支撑作用。

2016 年 9 月，我国提出了中国学生发展六大核心素养（人文底蕴、科学精神、学会学习、健康生活、责任担当、实践创新），连接了教育理念、培养目标与具体教育教学实践，并与课程标准衔接，明确学生应具备的必备品格和关键能力，从中观层面深入回答“立什么德，树什么人”的根本问题，引领课程改革和育人模式变革。

小班化教学理念和教学策略充分体现了《基础教育课程改革纲要》的精神，即教师在教学过程中与学生积极互动、共同发展，注重培养学生的独立性和自主性，引导学生在实践中学习，促进学生在教师指导下主动地、富有个性地学习。教师在教学过程中尊重学生人格，关注个体差异，满足不同学生的学习需要，创设能引导学生主动参与的教育环境，使每个学生都能得到充分的发展。课程改革所倡导的“自主、合作、探究”的教学理念正是小班化教学所倡导的。

（一）以学生发展为本

小班化教学旨在追求“以学生的全面发展为出发点和归宿，尊重人的个体性、主体性和创造性，关注学生的生存和生活状况，体察个性化成长经历和个性心理品质，致力于全体学生和谐而全面的发展”。

小班化课堂教学秉承“尊重生命，彰显个性”的教学观念，以学生的发展为本，让每个学生的“最近发展区”得到关注和提升。

（二）实施个性化教育

面向每一个学生是小班化教学的核心理念，体现出三个层面的内涵。

1. 促进学生的全面和谐发展。全体学生都达到课程标准提出的学习目标。根据个人特长与潜质发展个性，根据需要发展个性，根据教育最终目标“培养全面发展的人”。

2. 提供符合个性发展的差异化教学方式。差异化教学是立足于学生个性差异，满足学生个别学习需要，以促进每个学生在原有的基础上得以充分发展的教学。在充分体现教育的均等性、个体性、主体性的基础上，小班化教学把学生之间的差异视为有效教育赖以进行的基础、资源和动力，教师充分尊重学生个体的差异性、独特性、自主性和创造性，依据学生的志趣、才能、资质、特长和爱好加以引导，促进其和谐与全面的发展。

3. 促进全体学生主动发展。小班化教学秉承“尊重生命，彰显个性”的办学理念，在师生互动、生生互动中，激发学生学习的热情，增强学生的自主性，使学生主动地学，生动活泼地学，全面和谐地发展，使每个学生都能享受学习的乐趣，让每个学生都有展示自己的机会，培养每个学生的自信心和表达能力。

（三）坚持面向全体学生

关注每个学生的和谐发展。在教学中要让每个学生都有交流互动的机会，充分体现“有教无类”“因材施教”的教学思想，充分实现学习机会均等与教育过程的个性化，为每个学生在课堂上动脑、动口、动手提供了更为广阔的空间。

（四）注重自主能力的培养

小班化教育思想的哲学理念，即让每个学生都学会更主动、更积极、更自觉地去参与学习。在小班化课堂教学中，教师指导学生进行自我诊断、自主规划、自我实施、自我评价，促进学生可持续发展、终身发展。如在课前自主预习方面，教师指导学生掌握最基本的预习方法，引导学生通过各种途径进行预习，课堂教学前学生展示预习成果，提出预习中遇到的问题，对知识点进行归纳，培养学生自主预习的习惯。

第三节　小班化教学的特点

小班化教学以“幸福每一个，发展每一个，成就每一个”为核心，推进教学方式和教学方法改革，提高课堂教学效率，努力让每一个学生在自主学习、合作精神、能力发展、道德情操、创新能力等综合素质方面得到充分发展。

小班化教学实践尊重学生的个体差异，开发差异化教育资源和丰富多彩的课程，促进学生的个性化成长。课堂教学以小组合作学习为主，关注个体教育，让每个学生在自己的“最近发展区”内获得最佳发展。

一、尊重差异，张扬个性

小班化教学尊重学生在成长环境、个体性格、学习心理、学习方式等方面的差异，重视个体创新和自主求学，张扬个性发展。

（一）尊重学生差异，自主选择学习方式

课堂上，尊重学生在性格特点、表达方式、思维形式等方面的差异，让学生自主选择适宜的学习方式，彰显个性的多维发展。教师巡回观察，指导学生形成自己的学习特色。有的学生语言组织能力强，喜欢集体分享；有的学生动手操作能力强，善于展示实践成果；有的学生善于深思，喜欢借用文字交流……我们鼓励学生自主选择最擅长的学习方式，优化个体发展路径。

（二）尊重学生喜好，自主选择学习内容和课后作业

小班化教学中教师尊重学生的选择，及时开展针对性指导，让每个学生都能在兴趣点上获得最优发展。精心设计内容丰富、形式多样的分层作业单，让学生行使作业自选权，自主决定作业的数量和内容，避免低效重复，帮助学生实现个体最高效、最显著的发展。

（三）尊重教师差异，自主决定教学策略

小班化教学关注教师的特长和专业成长，充分挖掘每位教师的教学潜质，积极开发适应学生终身发展需要的特色课程。尊重教师专业化特长，教师可以自主选择授课内容，开发个性化的课堂评价方式，让教师充分发挥自身的教学特色，以自身潜能去影响学生，增加学生的学习兴趣，实现教师价值的最大化。

（四）营造民主氛围，张扬学生个性

小班化教学坚持“民主与和谐”的教育原则，为师生营造自主的教育氛围，让学生对陌生环境和人群能较快适应，不保守、有担当，善于与同伴交流，表达自己的观点。如有听课的老师等陌生人进入教室，他们会主动询问，热情招呼。对信息技术、综合实践活动等新型课程表现出积极的探究心理，

喜欢动手操作，口语交际的意识和能力明显优于大班量的学生。与人合作的意识和能力增强，喜欢交朋友，合群意识强。

二、有效参与，深度互动

小班化课堂学生人数少，教室内有足够的空间，将整齐划一的整体化教学转变成人人参与的小组合作学习。教师可以随时关注到每一个学生的成长，开展一对一有针对性的指导。师生之间、生生之间频频互动，深入合作，学习效率明显提高。每个学生积极参与互动，过程体验更加真实、有意义。

（一）关注个体，深度参与

在小班化课堂上，教师的个别指导明显增多，学生个体的参与性学习也更加深入，同伴之间的互动频率大大提高。

教师关注学生在每个教学环节中的发展，提供形式多样的学习任务单，供不同层次的学生选用。在每个环节，教师面对面指导存在问题的学生，或提示学习方法，或提醒重点知识，或补充知识遗漏。对课堂达标练习，尽量做到全批全改，指出问题，鼓励每个学生达到或超过学习目标。

课堂上以小组学习为主，组内灵动，组间互动。小班分组数量少，每个小组学生人数也少，教师有足够的时间和精力深入每个小组进行指导学习，师生交流便利，互动充分。组内成员可以两人并排，在耳边交流互动；可以四人面坐，共同探讨；也可以会议式全班围坐，组内合作，组间互访，交流情感，碰撞思维。

【案例】

灵动符号暖人心——教师面批个性化指导

小班化课堂教学改革让李晓华老师有了更多的面批机会。一次数学课上，在巩固新知环节，李老师发现成绩一直不太理想的罗丽同学做题时漏了一个负号，李老师用红笔轻轻在错处画了一个圆圈，在旁边打了一个问号，低声地提醒罗丽认真思考，罗丽迟疑了一下，马上更改过来，李老师在改对的题目旁边画了一个大拇指。李老师暖心的举动点燃了罗丽心中沉寂许久的学习热情，在以后的课堂上，罗丽坐得格外直，眼睛也格外明亮，回答问题时竟然也高高地举起了小手。

一个个灵动的批改符号，既避免了红叉的不雅，又达到了纠错的目的，保护了学生的自尊心，更重要的是温暖了学生的心灵！

（二）小组合作，多边互动

小班化课堂教学采用小组合作的学习方式，小组的建立遵循“组间同质、组内异质、优势互补”的原则。按照学生在知识基础、学习能力、性格特点上的差异进行分组，让不同特质、不同层次的学生进行优化组合，将高、中、低三个层次的四至六人组成一个学习小组，同一个班级分成五至六个学习小组，采用会议式桌椅摆放的设计形式，教室中央空出较大的交流场地，全班同学围坐成一个大圈，有效缩小了彼此之间的距离。大家面向而坐的设计，能够有效激起每个学生参与集体对话的冲动。学生表现得相当活跃和主动，每个人都有机会在班级或小组活动中担当一定的角色，如最佳辩手、最强后卫等。在小班化课堂上，每个学生只要愿意展现自己的热情和能力，就有足够的机会，每个学生都可以成为互动中的“大人物”。

【案例】

在倪晶老师的小班化英语课堂中，水平相当的两个同学结成对子，每天利用课余时间就一个小知识点相互出题检测，然后在课堂的结对练习环节中，彼此互通解题思路，取长补短，加深对知识的理解。

在小班化英语课堂上，每个层次的同学都有机会做老师。在习题课中，按照学习差异每四人组成一个小组，由小组长带头，基础知识题留给薄弱生展示，技能提升题由中等生讲授，探究拓展题让组长解决。

三、适性资源，因材施教

新课程标准对学校课程资源进行了重新定位，使我们在小班化理论探讨和行动实践上方向更加清晰明确。教师根据学生的兴趣爱好，积极开发丰富的小班化课程资源，学生自主参与，教师根据自身特长，扬长避短，因材施教。

小班化教学中，教师对课程资源的设置由被动接受和千篇一律的模块式传授变为积极开发个性资源，灵动组合知识体系，为学生个性发展提供最适合的课程资源。各实验学校以开发学校校本课程为主体，让教师发挥自身优势，研创出一系列内容丰富、形式多样的人性化的课程体系，将艺术体操、剪纸、面点制作、微电脑、科技创新等课程列入各个年级的活动课，学生自主选择，快乐参与。学生良好发展的状态激发了教师开发课程资源的积极性，教师充分利用各种资源，整合成课程资源，轻松教学，推进教师个人专业成长，促进学校办学特色形成，建立起以学科课程、活动课程、乡土文化为内容的课程结构，形成丰富多彩的课程资源库。

小班化教学中个性资源的开发，让孩子的成长更加凸显个性特点。比如在小班化教学中，我们发现有的班级数学分析能力非常好，但作文水平普遍不高，需要在指导写作方面有专长的老师前来指导；有的班级作文水平很高，但英语口语表达普遍存在问题，需要擅长指导口语练习的老师纠正学生的口语发音，教会学生练习技巧；当然也会有喜欢国画的十几个孩子组成的班级，需要有专长的美术老师前来助力，进一步提升学生的绘画水平。

【案例】

有些学生经常千方百计地逃避老师布置的学习任务。担任语文教学的李霞老师深知中学生正处在青春期，逆反心理比较严重，她巧妙利用这种心理特点，引导学生选择自己最擅长的方式参与学习的过程，充分展示亮点。

在小组合作过程中，李老师为每位后进生准备了绝活展示台。书法好的同学可以在板书比赛活动中一展身手；口才好的同学可以在演讲辩论赛中崭露头角；绘画好的同学可以在信手涂鸦中彰显风采。

李老师巧妙地为每一位学生搭建展示平台，让每一位学生都能在学习活动中找准定位，扮演好自己的角色，发挥特长，在创意中打开智慧之窗和分享之门，收获别样的精彩！

四、融洽关系，和谐成长

小班化教学让师生关系更加和谐。小班化条件下，教师与学生之间的互动和交流更加密集，感情也更加深厚，小班化教学的互动性打破了传统的由教师单一指向学生的授受式教学模式，使教学过程成为一种教师和学生双向交流的活动，使每个学生都能够参与教学活动，主动探索，相互评价。学生在与教师相互尊重、合作、信任中全面发展自己，使学生真正获得成就感与生命价值的体验，获得人际关系的积极实践，逐渐完善和发展自由个性及健康人格；同时，教师可以通过自己的教育教学实践活动，让每个学生都能感受到尊重，感受到心灵成长的愉悦。

小班化教学让学生合作更加和谐。在以小组合作学习为主流的小班化课堂上，学生由课堂上的旁观者变为学习过程的参与者，课堂上每个学生都有机会发表自己的观点与看法，也可以对同伴的回答提出质疑和补充，学生之间构建起平等、合作、互学的关系，这种和谐关系让学生体验到学习的愉悦，增强了学生的自信，也满足了学生的心理需要，促进学生在班集体中和谐发展，让学生爱学、会学、乐学。愉悦的合作促使学习优秀的学生自愿与其他同学分享学习成果，提升个人魅力。学生之间和谐互促，共同前行。优秀学生为了能够教得更清楚、透彻，会对所学的知识进行深入加工和分析，而接受帮助的学生也希望在课堂上表现得出色，也会认真预习、虚心求教，成就更好的自己。

第二章 小班化课堂教学的设计与实施

所谓教学设计，简单地说就是指教师为达成一定的教学目标，对教学活动进行系统规划、安排与决策的过程。教学设计的过程实际上就是为教学活动制定蓝图的过程。

小班化课堂教学设计就是充分把握学情，全面分析和了解学生的差异，在课堂教学设计中，对存在差异的学生进行分层和分组，把学生放在主体地位，采用不同的教学策略、不同的评价方式，通过培优补差的设计，因材施教，充分调动学生的主观能动性。

第一节 小班化教学目标的确立

美国教育学家布鲁姆认为“有效的教学始于准确地知道希望达到的目标是什么”。教学目标是课堂教学的灵魂，是教学活动的方向标。教学目标预先设定了教学活动的大致进程，是选择教学手段、教学策略的依据，是教师教和学生学的行动指南，是课堂教学活动的出发点和归宿，更是教学有效性的直观体现。

在小班化教学中，由于学生数额少，教师可以关注到每一个孩子，同时学生又存在个体差异，所以在教学中既要考虑学生的群体差异，又要尊重学生的个体差异，为学生提供符合其个性特征的适应性教育。

在小班化教学的背景下，既要综合考虑课程标准和学科特点，更要考虑学生的差异、课时的容量、教学条件等多种因素，从有效促进学生发展的实际出发，循序渐进分阶段、分层次落实教学目标。所以，在制定小班化教学目标时，应从多元性、动态性和层次性等方面考虑。作为教师，一定要坚持“立足基础，着眼发展”的理念，让教学目标在每一节课中起飞、前行、落实，从而促进学生的个性化发展，充分实现素质教育下学生的全面发展。

一、差异化教学目标概述

《国家中长期教育改革和发展规划纲要（2010—2020 年）》明确指出“要坚持全面发展与个性发展相统一”“要关心每个学生，促进每个学生主动地、生动活泼地发展，为每个学生提供适合的教育”。

差异化教学是在教学中立足学生的差异，满足学生个别学习的需要，促进每个学生得到充分发展的教学。差异化教学目标是指根据学生的差异性对学生进行适当分层，针对不同层次的学生分别拟订不同的教学目标。差异化教学目标既关注学生整体的发展，更关注学生个体的发展。

从教学过程角度看，好的差异化教学目标能够拓宽学生的活动空间，丰富课堂教学组织形式，强化积极的人际互动，关注学生的个别差异，改变教师的教学行为。

从教学结果角度看，好的差异化教学目标既能够培养不同层次学生的学习兴趣、学习习惯、学习能力、创新精神和创新能力，充分调动学生学习的积极性，挖掘其内在的潜能，激发其主动探究的欲望，又能够促进每一个学生全面而富有个性地发展，让学生充分享受各种教育资源，得到个性化的教育，实现人人进步。

二、差异化教学目标的特点

小班化教学的核心理念是“关注每一个”，即注重每一个学生的知识掌握、能力提升与情感激发等。因此，教师应该遵循立足学生、促进学生最大化发展的原则，面向全体学生，设计有层次的教学目标，让每个学生在学习中都能充满自信，获得成功的体验，促进每一个学生的和谐发展。差异化教学目标有以下特点。

（一）导向性

新课程着眼于学生持续发展的教学，倡导“三维目标”的统一：对于“知识技能”要强化，重视“学会”；对于“过程方法目标”要落实，关注“会学”；对于“情感态度目标”要具体，注重“渗透”。

制定教学目标，要依据学生的实际学习需求。实践表明，在每堂课中，学生需要达成的目标是养成“最基本的学习习惯”、掌握“最基本的学习方法”、领会“最基本的核心知识点”、掌握“最基本的概念原理”、感悟“最基本的情感价值观”。

课时目标的制定要具体、明确。要以知识与技能目标为载体，来思考和解决问题。同时，要结合知识与技能的特点去制定其他两个方面的目标，不能为了体现“三维”目标而制定一个空泛的目标。

无论是教学参考书上给出的教学目标，还是各类教辅用书上给出的教学目标，都只是一个大方向。在这个大方向下，要允许不同的学生以不同的姿态进入各自的阶段，因为课堂不是工厂，不应该制造出“千人一面”“万人一面”的机械产品。在大方向下的教学目标既要有层次性，又要有灵活性，就是要允许合理的“旁逸斜出”。

（二）开放性

在小班化教学中，要善于发现学生的潜在素质和闪光点，尊重学生差异，因势利导，根据学生的不同情况实施分层教学，让每一个学生都能有所发展，各层次的学生都能在各自现有的基础上“跳一跳，摘桃子”，通过思考解答问题，有新收获，有新提高。

差异化教学目标具有开放性。这种开放性具有很高的思维灵活特点，针对不同类型的学生提出不同的目标要求，采用不同的教学方法。学生在开放性的教学目标中自己选择适合的学习目标和学习路径，这样不会使低层次学生因过陡而滋生畏惧心理甚至失去学习信心，也不会使高层次学生因学习过缓而滋生骄傲情绪甚至丧失学习兴趣。使每个学生都乐于学习，勤于钻研。

（三）层次性

小班化教学理念是“不让一个孩子掉队”，让每个孩子都“学懂、学会、学乐”。教师在进行教学目标设计时，要根据不同学科的课程标准和教学重难点，结合学生的差异特征和认知规律，把教学内容按由低到高、由易到难的原则进行分解，设计具有不同要求、不同层次的教学目标，以促进不同智力的学生发展。

我们可以根据学生的差异性把教学目标分为基层目标、高层目标、发展目标。基层目标是指全体学生或大多数学生当堂需要掌握的知识，其主要教学对象是学困生，教学时应细致入微，循循善诱，体现爱心、耐心和细心；

高层目标是指教学目标中较为深入复杂的部分，也是难以达到的部分，教学指导中要做到言而不烦，恰到好处，留有思考余地；发展目标是专门针对少数尖子生提出超纲超本的目标，要做到“不愤不启，不悱不发”。

学生是不同的生命个体，如果教师忽略这些差异，面向全体则是空话。教学目标编制有弹性，既有统一要求，又有区别对待。基本方式是“上不封顶，下要保底”，教师既要关注学生知识目标的落实，更要关注能力目标的落实。无论是知识目标还是能力目标都是有层次的，教学过程中教师一定不能忽略不同能力水平学生的学习需求。

细致地了解每一个学生，针对每个学生的个体差异开展有效的教学，这样的教学目标才有较强的针对性，有利于因材施教。

（四）动态性

动态性，即关注课堂的教学实际，调整教学目标。动态调整教学目标源于学生的实际需要，一堂课的教学目标不应该是凝固的、僵化的和不变的，课堂会发生什么事情是不可预设的，如果不容纳课堂即时生成的目标，如果不把握课堂教学的动态生成，就不可能有学生充分的发展。

课堂上，在师生双边活动中，常会出现偏离原来教学目标的情形，教师应保护好学生的好奇心和求知欲，鼓励学生大胆创新。为了能让学生合理、精彩的发现得到鼓励，必要时把课时目标做些微调，关注学生即时表现，并加以适当引导，既能帮助学生增长知识、提高能力，又能保护学生积极参与、主动探究的自主精神，真正体现学生的主体地位。

因此，只有在充分预设目标的基础上，将预设和生成有机结合，使教学目标有效地在教学活动中实现，才能使课堂更具生命活力，才能使学生得到真正的发展。

教育的基本功能是使个人获得发展，面对千差万别的学生，我们只有了解差异，尊重差异，承认差异，才可能在达成基本目标的基础上实现学生的差异发展。

满足不同学生的需求，让每个学生得到最大限度的发展，是我们实施小班化教学的终极目标，而差异化教学目标的确定是我们实施小班化教学的方向标。差异化教学目标科学与否，直接决定小班化教学实施的效果，教师应将学生个别差异视为教学的组成要素，从学生不同的基础水平、兴趣和风格出发来设计教学目标，然后依据教学目标设计相应的差异化教学活动、差异化分层作业，对学生进行差异化教学评价，促进所有学生在原有水平上得到最大发展。

三、差异化教学目标的确定

（一）差异化教学目标的不同类型

针对小班化教学的特点，在教学中，根据美国心理学家加德纳的多元智能理论，教师应以赞许的眼光看待学生，发现学生的优势智能，扬长避短。所以，教师在设定差异化教学目标时，一般以“行为目标”和“表现性目标”的方式设定教学目标。这样，不仅关注了学生的个性化发展，也因为操作性强提高了实现个性化发展的可能性。

小班化教学目标设计应体现出差异性和层次性。首先，在备课之初，应根据不同的学科、学生的年级特点和已有的知识水平，将目标分为二至三层。备课时应该根据教学目标，为不同层次的学生制定适合他们的分层目标，切实促进每一个学生不同程度地发展和提升。其次，小班化教学目标的叙写要以新课标内容和学生的学习经验为依托，目标叙写要具体、明了，要能检测，可操作性强，切不可贪多求全、太过烦琐。

乳山市冯家镇中心学校开展的教学设计分层令人耳目一新。学校要求教师根据学生的学习水平、接受能力恰当地设计教学目标和教学内容。同一个内容要设计不同的教学目标，即使同样的目标，要设计几种不同的练习以适应水平不同的学生。教学内容分夯实基础、深入探究、拓展迁移等多个层面，根据学生的水平、层次确定学习内容。教师还要精心设计合作学习的问题、方案、提出的时机、引导语言等，使每个学生有话讲，能够激发他们的合作兴趣，并在讨论之后各有所得。

在小班化课堂教学中，因学科教学特点、课时、教学内容、教学环境等的不同，应尽量切合学生现有的学习能力和认知水平，同时又要使不同层次的学生得到应有的发展。用了解、掌握、理解、灵活运用等效果层次对不同的学生提出不同的要求。差异化教学目标的预设分为：

目标内容
- 综合性分层：综合考虑情感态度价值观、知识与能力、过程方法等差异
- 有所侧重分层
  - 侧重于情感态度价值观差异
  - 侧重于知识与能力差异
  - 侧重于过程与方法差异
- 学生
  - 关注学生群体差异
  - 关注学生个体特殊差异

（二）差异化教学目标预设的列举

在小班化课堂教学中，应关注学生群体差异，但大力提倡教师在关注学生群体差异的同时，要特别关注个体特殊差异的不同学生。在目标内容的预设上，根据教材、学生的实际，侧重某个方面的目标进行分层考虑。

1. 目标内容上的综合性分层

所有的老师都知道，备好课是上好课的前提。以往的备课习惯于根据班级的平均水平制定教学目标、设计教学过程，这个平均水平就造成了优等生“吃不饱”、后进生“吃不了”的局面，因此在制定教学目标和设计教学过程时就应当体现差异。

首先，考虑到学生的不同层次，把教学目标内化为学生的学习目标，根据不同层次学生的需求，分设不同层次的目标。以化学课教学目标确定为例，教学目标不明确或不切合学生实际，会导致教学中的盲目性、随意性，会加重学生学习的负担，使一部分学生在学习化学的过程中产生心理障碍，缺乏兴趣，丧失信心。乳山市大孤山镇中心学校制定教学目标时，根据学生在知识能力、兴趣特长等方面的差异，把握新课标，吃透了新课标中的了解、理解、掌握这三个层次的教学目标，弄清每个层次间的区别和联系，把握好教学深度、广度的关键，从而使不同层次的学生都享有充分的学习机会并学有所获，达到激发各个群体学习积极性的目的，真正实现化学课程的“三维”目标。

在小班化教学中，教师应该遵循“立足学生、促进学生最大化发展”的原则，尊重每个学生的差异，设计有层次的教学目标，促进每一个学生在自己的“最近发展区”获得最大的发展。

2. 侧重于知识与能力差异的教学目标预设

知识与能力可分为“识记—理解—一般应用—综合应用—创造性应用”五个水平层次。A 层学生重在综合应用与创造性应用方面；B 层学生重在理解

与一般应用方面，对于综合应用与创造性应用需要逐步达到；C 层学生侧重在识记与理解方面，通过努力逐步达到一般应用。当然，对于小班化教学环境下的学生，教师的个体关注更到位，B、C 层学生要达到更高层目标所需的时间不会太长。

既然学习目标是分层的，相应的学习内容也应该分层次，任务单对完成课堂教学任务则起到一个很重要的辅助作用。乳山市午极镇中心学校设计任务单的理念别具一格。在学习内容的设计上，考虑到不同层次学生的需求，无论是课前还是课中、课后，都能照顾到不同水平的学生。尤其是高年级学生的两极分化已经很严重，不能过于理想化地设计任务单，当然低年级或是起始学科还是建议老师不要分太多的层次，尽量让学生掌握他们需要掌握的基础知识与基本技能。

3. 侧重于过程与方法差异的教学目标预设

过程与方法可分为“经历—体验—发现—探索—建构”等认识活动层次。整个活动过程是每个学生都要参与的，但是对于不同层次的学生，训练的点、参与的重心是不同的。乳山市乳山口镇中心学校根据学生的学习情况、家庭特点、品德修养、参与积极性等方面的差异，把班级的学生分成 A、B、C 三层。C 层学生，教师必须保证其完全参与并用心体验，在此基础上尽可能地有所发现；而 B 层学生，除了参与、体验外，重点要训练其发现和探索的能力；A 层学生一般训练的重心则是探索其中的问题和参与建构相关的认识。对此，目标的分层可结合小组配对学习。让 A、B 层学生带动 C 层学生充分参与和体验，B 层学生重点参与发现和探索的过程，而 A 层学生则在小组同学前面活动的基础上建立自己的较高层次的认知。针对学生在探究过程中出现的疑难问题，教师应引导学生认真分析并适时加以点拨。一般可先让 C 层学生回答一些基础性问题，使其有较高的自信心，稍有难度的问题可先由 B 层学生回答，然后让 A 层学生进行补充、评论。鼓励学生质疑，能提出不同意见，保护学生的提问积极性。小的疑问在“一帮一”或学习小组内解决，较难的疑问可由学习小组选出代表与教师以及其他同学共同探究。

这样，训练重点不同，在保证每个学生吸收到自己最需要的营养的同时，最大限度地营造出学生参与的氛围，让每一个学生始终参与教与学的全过程。为体现活动的实效性，凡是在学生独立思考的基础上能通过互动交流解决的全部交给学生，在互动中分享各自的经验，碰撞出思维的火花，产生灵感和创意，能够让学生之间形成相互带动、和谐发展的良好氛围。

4. 侧重于情感态度与价值观差异的教学目标预设

把情感态度与价值观分为“愿意—乐意—主动反应—价值判断”等心理活动层次。在教学过程中，对于不同层次的学生，设定不同的目标。C 层学生侧重于激发他们的学习热情，使其能够独立或合作参与学习活动，在经历与感受中获得感性认识；B 层学生侧重于激发他们的求知欲，提高其学习的主动性；A 层学生则侧重于培养其核心价值观，使其能够乐于学习、主动探索、积极合作、提升素养并内化为良好的学习品质。

乳山市乳山寨镇中心学校善于营造“小组文化”，增强小组凝聚力。要求组内所有成员在合作学习时，听从老师及组长安排，积极参与，互帮互助，做最好的自己；同时，加强对小组长的培训，鼓励小组长当好“小导师”，组织小组成员开展有效合作，既发挥带头作用，又能对组员多鼓励、多表扬，让组员积极参与，产生成就感，增强组内的向心力和凝聚力。差异化目标让“帮助别人是快乐的，得到帮助是幸福的”这一理念深入人心，营造出了互帮互助的良好学习氛围。

（三）关注学生个体特殊差异的目标预设

在人的发展过程中，由于受到遗传因素、家庭因素及社会因素的影响，每个人的发展存在着差异，心理学称之为“个别差异”。这种差异表现在兴趣、性格、智力、能力等方面，不同的人在同一方面发展的水平与速度不尽相同，即使是同一个人在不同方面的发展也存在差异。分层教学着眼于人在发展过程中的个别差异，有的放矢，区别对待，能取得较好的教学效果。

我们深知小班化教学的最大意义在于让每一位学生得到均衡发展，差异化教学是小班化教学的一个较好的手段，因为人数少，教师容易掌握班内每一位学生的情况，并能及时调整教学措施。因此，在目标预设时，我们既关注 A、B、C 层学生的群体差异，又在此基础上关照特殊学生，为其量身打造个性化学习目标，使每个学生成为课堂的主人。

乳山市育黎镇中心学校既立足于有差异的群体，又关注学生个体特殊差异，提高所有受教育者的素质，培养既全面发展又具有个性的人才，成效显著。如为学生提供多样练习题，让学生根据自身水平自定目标、自选任务，鼓励挑战自我。A 层学生不再“齐步走”，而是各尽所能，C 层学生哪怕是学习最吃力的，在老师的指导下设置了合适的目标，也能体验到目标达成的快乐。如为更好地培养学生的艺术特长，全年级甚至全校学生走班，聘请专业教师指导学生朗读、器乐、绘画等，追求每个学生有才艺，打造“规范加特色，合格加特长”的教育品牌。既立足于学生的差异，又不消极地适应学生差异，而是谋求创造种种条件，让每个学生的潜能都在原有的基础上得到充分发展。

四、差异化教学目标确定与实施的注意事项

（一）差异化教学目标需在教学过程中进行动态调整

预设只是预期的设定。教学过程的不确定性、学生学习的不确定性，使教学过程充满变数。对于一堂课而言，我们所要做的是把复杂无效的内容变得简明高效，让拖沓的教学过程变得简洁，使花哨的教学方法变得简单有效，追求一种简约而不失高效的课堂教学效果，在一个动态的过程中追求学生的和谐发展，努力完成一节课的“三维”目标。实现提高学生学习能力和综合素养这一根本愿望，从而确定教学目标、安排教学环节、取舍教学内容、考虑教学进程。这样，有效组织教学就有了目标，课堂教学的结构和层次就容易清晰起来，高效低耗的课堂教学模式便自然达成。预设的目标一定有与实际不符的地方，教师应根据过程中目标达成的变化及时调整预设目标，对目标的度或量进行恰当的修正，努力使不同层次的学生得到尽可能大的发展。

人本主义的代表、美国心理学家卡尔·罗杰斯说：“人类先天有学习的潜能。”重视课堂教学中学生客观存在的差异，用发展的眼光去看待学生，有助于培养学生学习的兴趣和信心，充分挖掘学生的学习潜能，让学生看到成功的希望，明确努力的目标，获得前进的动力，一步一步地发展自己，一点一滴地完善自己，使每一个学生都能在自己原有的基础上得到充分的发展。

建构主义学习观告诉我们：学习是学习者自己决定的，它具有主动性、社会性和情境性。面对学生的差异，教师要允许学生对教材知识进行个性化的理解，允许有不同的表达方式、不同的解题思路、不同的解答结果。对有独到见解的要大力表扬，对不完善的要加以补充，对那些不合常理的奇思妙想要加以呵护。只有这样，学生才敢于在课堂上大声说话，敢于发表自己的

意见，敢于向教师提出不同的想法，学生的个性才能得以展示，学生的创新火花才能迸发出来。由于学生的学习情境和学习过程具有动态生成的特点，必然会有一些情况在教师的预料之外，这就要求教师要不断培养自己的课堂教学机智，善于利用学生的这种差异，使学生的差异成为课堂教学的宝贵资源，促进课堂教学的顺利实施。

（二）差异化教学目标的达成需要教学各环节相辅相成

苏联著名心理学家维果茨基的“最近发展区”理论认为，教师的教学活动不能停留在学生的现有发展水平（即所谓的第一发展区）上。教师的差异化教学目标应该面向全体，分层次提问；结合实际，分层次训练；难易结合，分层次布置作业；科学客观，分层次进行教学评价。

乳山市徐家镇中心学校针对教学目标的达成需要教学各环节紧密配合，做到有的放矢，要求教师在教学目标中设定优等生要达到更高层次的目标，中等生要达到较高层次的目标，后进生只要达到基本层次的目标。那么在评价时就要根据预设目标进行评价，后进生只要做到正确，就应该给予肯定的评价，这样做能大大调动后进生的学习积极性，也让优等生有了更明确的努力目标。在小组活动评价中，以组为单位进行评价，重视学生合作的成果，不以某一个孩子代替全组，这种评价调动了组内各层次学生的学习积极性，促进学生更好地交流合作，起到了以评激学的效果。用一句话概括就是“跳一跳，摘桃子”。要保证教学的有效性，要让学生避免因“摘不到果子”而丧失学习的信心和兴趣，同时能让学生的发展空间得到充实，制定差异化教学目标是重要的一步。而小班化环境下，分层可以做到更细、更有针对性。

教师在制定差异目标的时候，不仅要做到对课程目标、教材心中有数，更要做到对每一个学生个体的关注。当然，要保证目标的有效执行，课堂教学的分层、评价的分层、作业的分层等后期工作也应相辅相成地进行。

第二节　小班化教学规程的制定

为规范教师的教学行为，明确本学科教学的基本要求和操作策略，遵循小班化教学理念，结合乳山市教学实际，特制定我市各学科的教学规程。

一、小学各学科教学规程

（一）语文

1. 预习导航

（1）新授课前，教师应设计课前学习任务单，要求学生对课文通读两遍，画出生字组词，标记疑难字、词，查阅相关资料等，通过预习作业了解学生学前自学情况。

（2）教师在课前要检查学生的预习作业，分析学情，对处于不同层次的学生做到心中有数。设计一些有针对性的提问和学习活动，为学习课文奠定基础，并根据学生的个体差异，使每一层次的学生在课堂上都能获得发言的机会。

2. 合作学习

（1）教师提供合作学习的内容必须分层，适合每位学生参与，使学生有话讲，能激发学生的合作兴趣。小组学习时，小组长负责组织课堂讨论，安排组员发言，简单容易的可让小组中基础较差的学生先谈，然后慢慢提高，做到每位组员都积极参与讨论发言。组员发言时，组长注意做好记录，做到心中有数，有序有效，活而不乱。

（2）根据教材内容，选择重点、难点，适时恰当地把握时机，选择有价值的内容进行有效合作。如合作学习课文的重点句和段落、交流阅读感悟、共同解决疑难问题、课文朗读、表演课本剧、批改作文等。合作次数最多不要超过 3 次。

（3）小组合作教学要有明确的任务、明确的要求、明确的责任，确保倾听与分享，教师提供学生讨论、分工、汇报等行为的指导。让学生积极参与本小组的学习活动，并为小组献计献策，做到提问主动、讨论积极，养成尊重他人的良好品质，确保小组活动开展更有效，让小组中每个学生都有收获。

（4）每节课都应有小组合作学习方式，合作学习的任务设计和运作方式在备课时要有反映：任务应呈现多种类型，避免单一；恰当运用二人组、四人组、多人组等合作模式。

3. 课堂提问

根据课文教学目标及学情分析，问题设计要有难有易，每节课不应少于 1

个深度思维问题，同时要避免重复提问同一层次的问题。提问时关注学生的个体差异，体现分层教学，使不同层次的学生都能获得发言机会，增强学生的自信心。

4. 有效训练

（1）每节课都应有课堂训练时间，课堂书面训练内容需当堂面批 1/3 以上，对作业中出现的问题要及时纠错。使绝大多数学生在课堂上掌握本节课应学知识，练习要面向全体学生。

（2）课堂训练第一步，利用课前 3 分钟时间朗读、背诵教研中心推荐的 20 首古诗词，通过活记乐背，积累语言材料，积淀语感经验；第二步，完成教师根据教学目标设计的随堂小测；第三步，迁移运用，由模仿到创造，由完成教师设计的“形成性”作业，到主动运用于读写实践，并积极向课外语文生活延伸，阅读名著和推荐书目。

5. 多元评价

（1）教师参与、指导学生整理、反思的评价过程，帮助学生总结经验与不足。

（2）及时鼓励学生的每一点进步，得到正式表扬的学生记入成长档案袋。及时鼓励学生的每一点进步，班级建立争星创优榜，及时记录班级表现优异及进步幅度大的学生，形成周汇总、月表扬的常态化奖励机制。

（3）重视对学业评价的质量分析，对学困生具体分析到个人。把学业评价的分析结果作为改进教学的重要依据。

6. 反思提升

（1）教师在备课本中要及时对自己的教学行为、教学策略及学生的学习情况进行反思，反思的重点是落实小班化教学理念和学科教学有效性。

（2）引导学生学后反思，在新授内容结束时帮助学生回顾总结学习过程，帮助学生逐步掌握用各种方式总结回顾学习的方法。

（二）数学

1. 预习导航

（1）教师要根据课程内容，设计能凸显学生思考力、激发学生探究兴趣的分层学习任务单，用问题引领学生自主学习，通过预习作业了解学生学前的思维状态与知识、能力的盲点。

（2）新授课前，教师要提前批改学生的学习任务单，掌握学生自主学习情况和问题点。

（3）结合课前学习情况进行二次备课，重点设计有针对性的提问和学习活动，让每一层次学生都有新的提升。

2. 合作学习

（1）教师要根据教学内容，选择有价值的问题（如教学重点、难点、易错点），组织学生进行合作学习；要准确把握有效合作时机与合作方式（二人组、四人组、多人组等）；每节课的合作次数最多不要超过 3 次。合作学习的任务设计和运作方式在备课时要提前谋划，并在备课本上留下简要记录。

（2）小组合作时，教师要指导学生明晰三个问题：第一，合作内容和目标。要确保学生知道干什么。第二，设计了哪些交流环节。组长负责组织组内讨论，安排组员积极发言，简单的问题可先让 3 号、4 号同学先发言，难一点的问题让 1 号、2 号同学来回答，确保每位成员都能积极参与交流。第三，注意问题。组长要做好记录，有序有效，活而不乱，让每个学生都能在合作中发展、在交流中提升。每次有效合作的时间应不少于 3 分钟。教师要及时融入每一个小组的合作，关注学生的讨论、分工、记录、汇报等行为，为个性化指导做准备。

（3）集体交流时，教师首先要确定交流目标、交流内容（即小组合作学习的成果）和交流方式（培养学生的团队意识，注意集体交流用语，如"我们组认为……""我们小组的建议是……"），然后按照任务单，有序、有逻辑地表述本组观点。

3. 课堂提问

备课时，教师要根据学习任务分层设计核心问题，引领学生思考。提问时要关注学生的个体差异，体现分层施教、关注个体的原则，使不同层次的学生都能积极参与、畅所欲言，提升每个学生的自信。

4. 有效训练

（1）每节课要保证不少于 10 分钟的课堂训练时间，教师要面批 1/3 以上学生的习题，对作业中存在的问题要及时进行讲解、纠错，确保学习任务堂堂清。

（2）课堂训练主要包括三方面内容：第一，上课初期的"以旧引新"和能力培养题；第二，基于“教、学、评一致性”的随堂练习题；第三，当堂达标检测题（分层设计，逐层达标）。课堂训练过程中，既要关注学生的知识掌握与能力提升，还要对学生进行学习习惯（如抄题、读题、审题、解题、自查以及错题整理等）的养成教育与指导。

5. 多元评价

（1）教师要引领学生养成自我评价及课后反思的意识与能力，包括对知识与技能、过程与方法、情感态度与价值观三大层面的自评与反思；对发现的问题或存在的不足要采取恰当的措施及时进行解决或补救。

（2）重视对学业评价的质量分析，对学困生要具体分析到个人。把学业评价的分析结果作为调整教学策略的重要依据。

6. 反思提升

（1）教师要及时反思。反思个人的教学行为、教学策略及学生学习情况等，严格落实小班化教学理念和学科教学的有效性。

（2）引导学生反思梳理。在新授内容结束时引领学生回顾学习过程，帮助学生熟练运用各种方式回顾总结学习的方法，如思维导图、图表等。

（三）英语

1. 预习导航

（1）新授课前，教师应设计课前自主学习任务单，通过预习作业了解学生课前自学情况。预习作业应包括三部分内容：复习旧知、尝试新知、质疑问难。

（2）预习作业为学生个性化表达对新授内容的理解提供了空间。鼓励学生尝试自制道具、单词卡、编写反复吟咏的祷文、歌谣等形式表达预习内容。

（3）教师在课前要根据学生预习作业分析学情，对不同层次的学生做到心中有数。

（4）根据学生的预习情况，在二次备课中基于学情进行课前调整，重点设计有针对性的学习活动，为每一层次学生在课堂上获得发言机会和更好发展提供可能。

2. 合作学习

（1）教师应熟知合作学习技术，针对学生的实际，设计合作学习的任务和运作方式。

（2）每节课要尽可能运用小组合作学习的方式。合作学习的任务应呈现多种类型，避免单一；恰当运用二人组、四人组、多人组等合作模式。

（3）有效的合作学习时间应不少于 3 分钟，教师要充分利用学生合作学习时间，掌握反馈信息，关注学生的讨论、分工、记录、汇报等行为并提供指导，促进每一个学生承担小组学习中的责任，重视学生的共同行动、倾听与分享。

3. 课堂提问

（1）针对学情前测结果，问题设计要有难有易，兼顾不同指向，避免一直问同一层次的问题，使不同层次学生得到适合的提问，课堂发言率要争取达到 100%。

（2）备课要标注出所设计的深度思维问题，每一节课教师应提供不少于 1 个深度思维问题。

（3）对于深度思维问题，教师至少要有 10 秒以上甚至数分钟的候答时间。

（4）学生的思考遇到困难时，教师应优先考虑互动讨论，每个深度思维问题点让 3 个以上学生回答，特别要关注中、低层次学生的达成度。

4. 有效训练

（1）每节课的课前由课代表联系教师确定朗读内容及朗读形式，进行朗读训练。课中至少给学生 10 分钟的朗读训练时间，使学生在课堂上掌握应学知识。

（2）课堂训练的内容分口语与书面，设计的题型要丰富且有层次，针对不同层次学生有一定量的可供选择的作业。其中，口语注重学以致用，在拓展性训练中，利用唱、游、演等多种手段让学生展示自己。

（3）建立学生错题册，追踪学生的错题情况。

5. 及时辅导

（1）课堂书面训练内容需当堂面批 1/3 以上，对作业中的问题要及时纠错。

（2）作业中出现的问题当天解决，属于理解性的问题当面解决。

（3）分别对学习优秀和困难的学生有提升的方案。

（4）下课后，教师在教室中停留一些时间，解决学生的疑问。

6. 多元评价

（1）每一位任课教师都应参与学生成长档案袋的搜集、整理、反思的评价过程，帮助学生总结进步与不足。

（2）及时鼓励学生的每一点进步，每个学生每周要得到至少 1 次正式的表扬，对得到正式表扬的学生要授予小星星卡并记入成长档案袋。

（3）重视对学业评价的质量分析，对学困生要具体分析到个人。把学业评价的分析结果作为改进教学的重要依据。

7. 反思提升

（1）教师在备课本中要及时对自己的教学行为、教学策略及学生的学习情况进行反思，反思的重点是落实小班教学理念和学科教学有效性。

（2）引导学生学后反思，教师要帮助学生回顾总结学习过程，帮助学生逐步掌握用各种方式总结回顾学习的方法，理清课文结构等。

（四）道德与法治

1. 预习导航

（1）新授课前，教师应设计课前自主学习任务单，通过学习任务单了解学生学前自学情况。

（2）学习任务单为学生个性化表达对新授内容的理解提供了空间。鼓励学生尝试采用文字、图示、图表、数据等多种方式表达。

（3）教师在课前要批改学生的学习任务单，分析学情，对处于不同层次的学生做到心中有数。根据学生自学情况，将学生分组，强弱搭配，便于课堂上的小组合作学习。

（4）根据学生的预习情况，在二次备课中基于学情需要进行课前调整，重点设计有针对性的提问和学习活动，为每一层次学生在课堂上获得发言机会和更好发展提供可能。

2. 合作学习

（1）教师应熟知合作学习的微观技术，合作学习的任务设计和运作方式在备课本上要有反映。

（2）每节课要尽可能运用小组合作学习的方式。合作学习的任务应呈现多种类型，避免单一；恰当运用二人组、四人组、多人组等合作模式。

（3）有效的合作学习时间应不少于 3 分钟，教师应充分利用学生合作学习的时间，掌握反馈信息，关注学生的讨论、分工、记录、汇报等行为并提供指导，促进每一个学生承担小组学习中的责任，重视学生的共同行动、倾听与分享。

3. 创设情境

（1）课堂活动情境的创设尽量真实或接近真实，充分利用课堂现有的有效资源，利用学生身边的事物进行教学，让学生在更接近生活的情境中进行学习与训练。

（2）收集和道德与法治课程内容相关的素材，要能体现情感目标的培养。

4. 感知体验

（1）将故事、谜语、动画、图片、游戏等资料展现给学生，使其感受并体验学习的内容。

（2）在感受、体验中表达出事物的基本特征，了解事物的相关知识背景。

（3）根据需要进行适当操作或表现，注意让学生通过合作探究式的学习去发现，简单归纳出规律和特点。

5. 有效训练

（1）每节课不少于 10 分钟的练习时间。

（2）训练的方式要体现多样性和灵活性。

（3）下课后，教师在教室中停留一些时间，以解决学生的疑问。

6. 多元评价

（1）每一位任课教师都应参与学生成长档案袋的搜集、整理、反思的评价过程，帮助学生总结进步与不足。

（2）及时鼓励学生的每一点进步，每个学生每周要得到至少 1 次正式的表扬，将得到正式表扬的学生记入成长档案袋。

7. 反思提升

（1）教师在备课本中要及时对自己的教学行为、教学策略及学生的学习情况进行反思，反思的重点是落实小班化教学理念和学科教学有效性。

（2）引导学生学后反思，在新授内容结束时帮助学生回顾总结学习过程，帮助学生逐步掌握用各种方式总结回顾学习的方法，如概要图、图表等。

（五）科学

1. 预习导航

（1）新授课前，教师应精心设计好课前自主学习任务单，通过任务单的完成情况了解学生的认知基础、课前自学情况、实验材料准备情况等。预习任务应包括四部分内容：复习旧知、尝试新知、质疑问难、材料准备。

（2）预习任务为学生个性化表达提供了空间。学生可独立尝试用文字、图示、图表、数据、动手实验等多种方式表达。同时，也鼓励学生积极寻求家长和网络的帮助。

（3）教师在新授课前要检阅批改学生的学习任务单，分析其中出现的问题，为新知识的教学找准切入点，为有效备课做好准备。同时，对处于不同层次的学生做到心中有数，力求上课时能灵活应变、因材施教。

（4）结合学生的预习情况，修改初案，进行二次备课，重点设计有针对性的提问作为任务驱动，引领学生深度探究，让每一层次学生在有效的科学活动中各有所获。

2. 合作学习

（1）课前针对需要合作的内容，精心预设合作问题、学习的形式。小组合作根据课堂需要安排，一般 1 至 2 次为宜，不宜过多。

（2）教师在对学生进行分组时，要做到混合编组，让小组组员各具特色，以便能够取长补短、优势互补，同时要做到既有分工又有合作，让每个小组成员都有事做。小组合作教学要有明确的任务、明确的要求、明确的责任，确保倾听与分享。教师要关注学生的讨论、分工、汇报等行为并提供指导，让小组活动更活跃，让小组中每位学生都有收获。

（3）每节试验课都应有小组合作学习方式，合作学习的任务设计和运作方式在备课时要有预案。小组合作应根据授课内容呈现多种类型，避免单一；恰当运用二人组、四人组、多人组等合作模式。

3. 有效提问

（1）问题设计要有难有易，兼顾不同指向，使不同层次的学生得到适合的提问，确保每个学生都能获得发言机会。

（2）设计深度思维问题，每一节课至少有 1 个深度思维问题。对于深度思维问题，教师至少要有 10 秒以上甚至数分钟的等候时间。学生的思考遇到困难时，教师应优先考虑互动讨论，而不是急于引导、讲解或告知，每个问题点让 3 个以上的学生回答，特别要关注中、低层次学生的达成度。

4. 独立思考

教师要创设一定的问题情境，让学生在活动中产生疑问，提出自己想探究的问题。只有让学生去探究自己的问题，才能提高学生的参与度。不需要思考的问题或无价值的问题，不要提问。每一个问题的提出都要让学生先独立思考，太难的问题可以适当给点提示，切记不要教师包办。

5. 有效训练

（1）每节课至少有 20 分钟左右的训练时间，分散在各个环节中。课时结束时，绝大部分学生应掌握本节课知识。

（2）训练内容分知识理解和试验操作。学生在了解原理的情况下，对于科学定义、识记内容熟练掌握；试验操作要求 90%以上的学生能熟练操作。

（3）在问题纠错时，教师一定要重新讲解，不能只给答案让学生照着背。

6. 及时辅导

（1）课堂上要更多地关注中下游学生的表现，教师适时给予引领帮扶，同时发挥小组合作的效能，让学生在互帮互助中取长补短、共同成长。

（2）每堂课精心设计课堂同步达标检测题，及时反馈学生对新知的掌握情况，出现面上的问题集体点评，个别问题则个别辅导。

7. 多元评价

（1）参与班级的个人、小组评价体系，落实到每一堂课中。

（2）及时鼓励学生的每一点进步，每个学生每周至少有 1 次得到正式表扬，将表扬所得的小红星贴入班级布置的相关栏目，学期结束时进行总评比。

8. 反思提升

（1）引导学生学后反思，在新授内容结束时帮助学生回顾总结学习过程，帮助学生逐步掌握用各种方式回顾总结学习的方法等。

（2）教师在备课中要及时对自己的教学行为、教学策略及学生学习情况进行反思，反思的重点是落实小班化教学理念和学科教学的有效性。

二、初中各学科教学规程

（一）语文

1. 预习导航

（1）新授课前，教师应设计课前自主学习任务单（导学案）或对学生有统一的预习要求，通过预习作业了解学生自学情况。预习作业应包括三部分内容：整体感知、探究赏析、质疑问难。

（2）教师在课前要检测学生的预习作业，分析学情，对处于不同层次的学生做到心中有数。

（3）根据学生预习情况，将预习中的问题进行汇总，在二次备课中基于学情进行课前调整，重点设计针对不同层次学生的问题并设计有效的学习活动，为每一层次的学生在课堂上获取机会和更好发展提供可能。

2. 合作学习

（1）教师应熟知合作学习的微观技术，合作学习的任务设计和运作方式在备课本上要有反映。

（2）每节课要尽可能运用小组合作学习的方式。合作学习的任务应呈现多种类型，避免单一；恰当运用二人组、四人组、多人组等合作模式。

（3）小组合作教学要有明确的任务、明确的要求、明确的责任，确保倾听与分享，教师要关注学生的讨论、分工、汇报等行为并提供指导。让学生积极参与本小组的学习活动，并为小组献计献策，做到提问主动、讨论积极，养成尊重他人的良好品质，让小组活动更活跃，让小组中的每个学生都有收获。

3. 课堂提问

根据教学目标及学情分析，问题设计要有难有易，避免问同一层次的问题，尤其要设计好引领学生学习和课堂教学进程的主要问题。提问时要关注学生的个体差异，体现分层教学，使不同层次的学生都能获得发言机会，增强学生的自信心。

4. 有效训练

（1）每节课都应有课堂训练时间，对练习中的问题要及时纠错，使绝大多数学生在课堂上掌握本节课应学知识，练习要面向全体学生。

（2）课堂训练的内容需要反映在备课本上，设计的题型要尽可能丰富且有层次，针对不同层次学生有一定量的可供选择的作业。

5. 及时辅导

（1）课堂书面训练内容尽量在课堂上纠正解决，达到对不同层次学生知识掌握水平的了解。

（2）作业中出现的问题当天解决，属于理解性的问题当面解决。

6. 多元评价

（1）每位任课教师都要参与学生整理、反思的评价过程，帮助学生总结进步与不足。

（2）及时鼓励学生的每一点进步，激发他们的学习兴趣。

（3）重视对学业评价的质量分析，对学困生要具体分析到个人。把学业评价的分析结果作为改进教学的重要依据。

7. 反思提升

（1）教师在备课本中要及时对自己的教学行为、教学策略及学生的学习情况进行反思，反思的重点是落实小班化教学理念和学科教学有效性。

（2）引导学生学后反思，在新授内容结束时帮助学生回顾总结学习过程，帮助学生逐步掌握用各种方式总结回顾学习的方法。

（二）数学

1. 预习导航

（1）新授课前，教师应根据各个层次学生水平设计不同的课前自主学习任务单，分层制定学习目标，学生可根据自己的实际情况有选择地进行学习，做到“供”“需”相结合。教师通过预习作业了解学生学前自学情况。预习作业应包括四部分内容：复习旧知、尝试新知、质疑问难、探究学习。

（2）预习作业可让学生带着问题有针对性地自主学习新授内容（这里学生的自主学习包括学生自主阅读教材、独立进行思考、自主提出问题、初步分析问题和自主解决问题等在内的由学生独立获取知识和技能的过程），为学生个性化表达对新授内容的理解提供空间。鼓励学生尝试用数学语言、文字、图示、图表、数据、实验等多种方式表达。

（3）教师在课前要批改学生的预习作业，及时了解学情，分析学情，对处于不同层次的学生做到心中有数。上课前没有时间批改时，由小组长检查发现不会做的题目或有疑惑的问题，反馈给教师，教师针对学情进行教学。

（4）根据学生的预习情况，教师在二次备课中基于学情，需要进行课前调整，重点设计有针对性的提问和学习活动，为每个层次的学生在课堂上获得发言机会和更好发展提供可能。

2. 合作学习

（1）教师应熟知合作学习的微观技术、合作学习的任务设计和运作方式，并要在备课中进行预设。

（2）小组学习是合作学习最好的依托，每节课要尽可能运用小组合作学习的方式。合作学习的任务应呈现多种类型，避免单一化，除了可以合作学习教师预设的问题，也可以把学生预习中遇到的有价值的问题在小组内投放，讨论解决，还可以在小组间相互交流自己的探究成果。恰当运用二人组、四人组、多人组等小组合作模式。

（3）有效的合作学习时间不少于 3 分钟，教师充分利用学生合作学习时间，掌握反馈信息，关注学生的讨论、分工、记录、汇报等行为并提供指导，促进不同层次学生承担小组学习中的责任，调动小组长的组织与辅导讲解作用，重视学生的共同行动、倾听与分享。要引导学生间由竞争关系向合作关系转变，要注意学生合作的参与度，避免合作学习成为优等生表演的舞台。

3. 课堂提问

（1）针对学情前的测试结果，问题设计要分层、有梯度、难易适中，要兼顾不同层次学生，避免一直问同一层次学生此类问题，使不同层次学生得到适合的提问，课堂发言率至少要覆盖 80%的学生。

（2）备课时要设计具有实现深度学习的高思维含量的问题，每一节课不少于 2 个深度思维问题。

（3）对于深度思维问题，教师至少要有 10 秒以上甚至数分钟的候答时间。

（4）学生的思考遇到困难时，教师应优先考虑互动讨论，不要急于进行引导、讲解或告知，在互动讨论后，教师通过提问找到解决问题的突破点，每个深度思维问题点至少要让 3 个以上不同层次的学生回答，特别要关注学困生的基本完成度。

4. 有效训练

（1）每节课要有不少于10分钟的课堂训练时间，使大多数学生在课堂上掌握本节课应学知识。课堂训练主要集中在三个环节："第一练"，学生自主学习后进行。主要检查学生的自主学习效果，初步了解学生对知识的理解情况。"第二练"，小组合作学习后进行。主要检测学生对问题的分析能力和解决能力，要关注学生解决问题的方法和策略，必要时进行指导。"第三练"，当堂检测题，主要检测学生对本节课所学主要知识的理解与应用。

（2）课堂训练的内容需要反映在备课本上，设计的题型要尽可能丰富且有层次，针对不同层次学生有一定量的可供选择的作业。

（3）建立学生错题集，追踪学生的错题情况，对未掌握的内容或掌握不好的内容跟踪巩固，错题集的使用要有一定的时效性。

5. 及时辅导

（1）课堂书面训练内容需当堂面批1/3以上，对作业中的问题要及时纠错。

（2）作业中出现的问题当天解决，属于理解性的问题当面解决。

（3）分别对优秀学生和较低层次学生有提升的方案。

6. 多元评价

（1）教师参与学生整理、反思的评价过程，帮助学生总结进步与不足。

（2）及时鼓励学生的每一点进步，将得到正式表扬的学生记入成长档案袋。

（3）重视对学业评价的质量分析，多展示优秀作业，对学困生要具体分析到个人，把学业评价的分析结果作为改进教学的重要依据。

7. 反思提升

（1）教师在备课本中要及时对自己的教学行为、教学策略及学生的学习情况进行反思，反思的重点是落实小班化教学理念和学科教学有效性。

（2）引导学生学后反思，在新授内容结束时帮助学生回顾总结学习过程，帮助学生逐步掌握用各种方式总结回顾学习的方法，如概要图、图表、实验表格等。

（三）英语

1．预习导航

（1）课前，教师按 A、B、C 三个层次水平设计不同的课前自主学习任务单，通过任务单的完成情况了解学生课前自学状况。任务单应包括三部分内容：课堂学习内容及目标要求、预习或复习的知识内容和自测题、圈点勾画质疑问题。引导学生复习旧知、学习新知、质疑问难，养成在课本上圈画重点、难点、疑点的习惯。

（2）教师在课前要批改学生的课前自主学习任务单，分析学情，对处于不同层次的学生做到心中有数。

（3）根据学生的任务单完成情况，适时调整教学内容，有针对性地设计不同层次的问题。

2．合作学习

（1）教师根据学情划分两人组（背默、朗读、AB 角色扮演、复述、阅读、写作、讲错题）、四人组（角色扮演、任务活动、阅读、写作、听说任务），教师设计的合作学习任务和运作方式在备课本上要有体现。

（2）每节课要尽可能根据学习任务运用小组合作学习的方式，切实提高效率。

（3）合作学习时间不少于 5 分钟，教师要及时掌握反馈信息，关注学生的分工、讨论、记录、汇报等行为并提供指导，重视学生的共同行动、倾听与分享。

3．课堂提问

（1）针对课前自主学习任务单完成的结果，问题设计要有层次，难易结合，兼顾不同层次学生，避免一直问同一层次的问题，使不同层次学生得到适合的提问，课堂发言率要达到 100%。

（2）每一节课应提供不少于 1 个深度思维问题，在备课本上标注所设计的深度思维问题，层层剥离，由浅入深，步步递进，而且要给学生足够的时间思考。

（3）学生的思考遇到困难时，教师应优先考虑互动讨论，而不急于引导、解答。要特别关注不同层次学生的回答，发现积极思考的学生和有价值的问题。

（4）对于学生回答中出现的有价值的问题，可以再次进行合作学习型的探究或讨论。

（5）给学生互相提问的时间，答疑解惑。

4. 有效训练

（1）每节课课前由教师指定朗读内容，一对一纠错，之后继续大声朗读。

（2）单词、短语、句子的掌握，根据学生水平设置不同的目标，使学生努力都可达标。

（3）课堂训练的内容要体现在学案上，同样分层次设计，同时设置培优试题，供最高层次学生达标后提升。

（4）学生整理错题集，一对一过关。指导学生整理阅读笔记，积累生词、好句或片段。每日1篇阅读，每月1次写作。

（5）课后作业应设置纠错题、基础题、能力题等多个层次、多种形式，进行有针对性的强化训练。

5. 及时辅导

（1）课堂书面训练内容需当堂面批1/3以上，对作业中的问题要及时纠错。

（2）对作业中出现的问题要及时解决，属于理解性的问题当面解决，集中性的错误要做重点强化。

（3）教师对不同层次的临界生要做到心中有数，及时做好思想工作，对学生一对一辅导工作的情况了如指掌。

6. 多元评价

（1）评价从衡水体练字、口语练习、阅读积累、写作佳品、限时阅读、进步程度等方面入手，教师要参与学生整理、反思的评价过程，帮助学生取长补短。

（2）课堂表现可以采取生生互评、组长评价，作业质量可以由教师评价为主，兼顾自我评价。

（3）重视对学业评价的质量分析，以评价促学生发展。

7. 反思提升

（1）教师每日反思落实小班化教学理念和课堂教学的有效性，及时做出调整。

（2）引导学生开展学后反思，分享成功经验，积累有效的学习方法，查找自己的不足，及时改进，提升能力。

（四）物理

1. 预习导航

（1）设计预习导学任务单，引领课前自主学习。新授课前，教师根据学生个体差异分层设计不同的预习导学任务单，学生自主选择导学任务，完成课前预习。预习导学任务单应包括四大环节：复习旧知、探索新知、疑难标注、动手实验。

（2）及时批阅掌握情况，进行二次备课。教师要及时批阅预习导学任务单，掌握各个层次学生的预习情况，对教学设计进行二次加工。

（3）提供个性化展示空间，学生自选展示渠道。预习导学任务单为学生提供了对知识的个性化探究空间。鼓励学生自主选择文字、图像、表格、思维导图、探究实验等多种方式，展示预习成果。

（4）调整教学策略，关注个体发展。教师在课前备课中，应充分尊重学生差异，针对学生个体，灵活调整教学策略和引领方式，预设分层问题，设计针对学生个体问题解决的学习活动，让每一层次学生都能在课堂上获得最佳表现的时机，为个体自主发展预设平台。

2. 合作探究

（1）提升教师专业技能，熟练掌握微观技术。教师要重视自身专业化发展，学习先进的微观教育技术，熟知合作学习任务单的设计和运作方式，要在备课本上标注出来。

（2）设计分层导学单，指引小组合作学习。每节课教师要分层设计课中导学单，对重点知识要尽可能地采取小组合作学习的方式。明确合作学习目标和达成度。培训组长，解读小组合作的含义和注意问题，引领组长有效组织小组合作。灵活采用二人组、四人组以及多人组等多种学习合作模式。

（3）规范合作学习时间和次数，巡视、指导或分享。每节课内设计不少于3次的有效合作学习，每次合作时间不短于3分钟，教师巡视，关注小组合作学习情况，掌握反馈信息，关注学生合作的细节，如观察、讨论、分工、记录、展示等，进行灵活深入指导。培养责任意识，鼓励不同层次的学生积极担责，深度合作。重视小组长的组织与协调作用，激发组内有效互动、善于倾听、大胆分享。

（4）训练学生深度合作，结伴互助共进。开展合作方法专题引领，激发学有余力的同学帮助同伴解决学习问题，互助合作，共同提升。

3. 课堂提问

（1）分层设计课堂提问，兼顾每一个学生的有效参与。教师根据课前任务单的批阅结果，分梯度设计问题，难易结合，并兼顾不同层次的学生，尤其关注学习暂时有困难的个体，尽量让不同层次学生均得到适合的提问，课堂发言率要达到 100%。

（2）做好问题预设及处理策略、提问名单。教师要预设深度思维的问题、处理问题的策略以及预计分层提问的学生名单（在备课本上分别标注），每一节课应提供不少于 1 个深度思维问题。

（3）耐心候答，关注学生个体反映。对于深度思维问题，教师至少要有 10 秒以上甚至数分钟的候答时间，关注学生面部表情变化。

（4）多点提问，有效启发。学生遇到难以回答的问题时，教师应首先安排小组互动讨论，合作解决。每个深度思维问题要提问 3 个以上不同层次学生回答，特别要关注中、低层次学生的达成度。不要急于引导、讲解或告知。

4. 自主训练

（1）预留充足时间进行自主训练，当堂达成度在 90% 以上。每节课设计不少于 10 分钟的学生自主训练时间，确保课堂达标率在 90% 以上。

（2）课堂训练分层设计，及时整理。每节课的课堂训练内容需整理在备课本上，分层设计各种类型训练题。作业设计根据学生差异分为四大板块：错题回头练、扎实基础、发展创新、拔高提升，每个题前用★标注难度系数，作业内容由学生自主组织，高效完成，最终形成学生个人作业集。

（3）建立学生错题集，追踪学生错题情况。每节课的课后作业单中都设计错题回头练，追踪补救易错题，将作业单中的错题进行汇总，形成错题集，对未掌握的或掌握不好的内容要跟踪到每一个学生，一对一进行复查巩固。

5. 跟踪辅导

（1）提高面批率，进行一对一辅导，解决问题。课堂达标训练内容至少要面批 1/3，教师与学生面对面纠错，对出现的问题要及时查因纠错。

（2）作业问题当天解决，不留死角。学生作业中出现的问题要在当天解决，面上问题进行集体讲解，巡视了解学生解决情况，个体问题要一对一当面解决，理解性的问题也要当面讲清楚。

（3）设计分层提升方案，回访掌握情况。针对优秀学生和较低层次学生设计分层提升的方案，及时回访，关注每一个个体的提升情况。

（4）下课后教师不要急于离开教室，停留片刻，为问题生当面答疑解惑。

6. 多元评价

（1）教师参与评价过程，帮助学生恰当总结。每一位任课教师都要参与学生学习成长档案的梳理。在搜集事实、整理成果和反思的过程中，帮助学生总结进步与不足。

（2）及时鼓励，及时记录，增强自信。教师尽量做到每节课都能从不同角度鼓励每位学生一次，用放大镜去照亮学生身上的每一个闪光点。将受到正式表扬的学生及时记入个人成长档案袋。

（3）重视质量分析，关注每一个学困生。重视对学业评价的质量分析，对学困生存在的问题以及解决问题的策略要具体分析到每个人，认真分析学业评价的结果，以此为据，改进教学策略。

7. 反思提升

（1）及时反思，落实小班化教学理念。教师要在每节课后针对自己的课堂教学行为、教学策略以及学生学习情况进行梳理和反思，反思的重点有两个：第一，以上环节是否有效落实了小班化教学理念；第二，课堂教学环节是否有效、是否精致高效。

（2）引导学生进行学后反思。讲完新课后，引领学生回顾学习过程，总结所学新知。教给学生各种归纳、总结知识的方法，要求学生利用思维导图、图表、实验表格等多种方法完成课后回顾总结，提升物理素养。

（五）化学

1. 预习导航

（1）新授课前，教师根据学情，分层设计课前自主学习任务单，通过及时反馈，了解学生的学前自学情况。预习作业一般有四部分内容：温习旧知、尝试新知、质疑问难、自主探究。

（2）预习作业可以为学生个性化表达对新授内容的理解。教师应鼓励学生尝试用多种方式表达，如文字、图示、图表、数据、模型等展示预习成果。

（3）教师在课前要及时批阅学生的预习作业，及时了解学情，分析学情，了解不同层次学生的自学情况，立足学情，制定课堂教学预设目标。

（4）根据学情，在二次备课中要进行必要的课前调整，设计有针对性的问题和高阶思维问题以及相应的教学活动，为各层次学生在课堂上获取展示自我的机会和更好发展提供平台。

2. 合作学习

（1）教师要熟练掌握合作学习的微观技术，合作学习的任务设计和运作方式要在备课本中体现。

（2）课堂上要灵活运用小组合作学习的方式来推进教学内容。合作学习任务、合作学习规模（二人组、四人组、多人组等）、合作学习时机都要多元化，避免单一，注重实效。

（3）有效的合作学习时间一般应不短于 3 分钟，教师要充分利用学生合作学习时间，掌握反馈信息，关注学生的讨论、分工、记录、交流、分享等行为，不同层次学生都要在小组学习中承担责任，发挥小组长的组织与辅导讲解作用，调动每一个学生参与共同活动、倾听与分享。

3. 课堂提问

（1）根据学情预习反馈，本着分层、有梯度、有针对性、有难有易的原则，设计“问题串”驱动学生思考，让不同层次学生都能得到提问和展示自己的机会，课堂发言率和参与度要达到 100%。

（2）根据学情，每一节课应设计不少于 1 个深度思维问题，需要在备课本上做好标注。

（3）对于深度思维问题的处理，教师要留给学生足够的思考时间和空间。

（4）学生的思考遇到困难时，教师不要急于引导、讲解或告知，应发挥学生的主体性，优先考虑通过互动讨论后，让不同层次的多个学生回答，梳理、挖掘、解决阻碍学生思考的问题瓶颈。

4. 有效训练

（1）设计不少于 8 分钟的课堂训练环节，确保绝大多数学生理解掌握当堂应学知识。

（2）课堂训练的内容需呈现在备课本上，题型丰富，内容有针对性，难度有层次，让不同层次学生都有一定数量的选择性作业。

（3）建立学生错题集，追踪学生的错题情况，对未掌握的内容或掌握不好的内容及时巩固。

5. 及时辅导

（1）课堂书面训练内容需当堂面批一半以上，及时汇总，梳理问题，并及时进行纠错与巩固。

（2）梳理问题，分层解决。作业中记忆性问题要当天解决，理解性问题要面对面解决。

（3）关注每一个学生的发展，对优秀学生和较低层次学生都要有提升的方案。

6. 多元评价

（1）教师参与学生整理、反思的评价过程，帮助学生总结进步和不足，提出改进和提升建议。

（2）挖掘学生亮点，及时鼓励学生的点滴进步，做好激励教育，记录好学生的成长档案袋。

（3）重视对学生的评价，做实学困生的一对一具体分析。把学业评价的分析结果作为改进教学的重要依据。

7. 反思提升

（1）教师要从教学行为、教学策略、教学设计、评价手段和方式及学生学习情况等方面进行反思，重点是落实小班化教学理念和学科教学的有效性以及课堂目标的达成。

（2）引导学生学后反思，在课堂结束环节，帮助学生回顾总结学习过程，帮助学生逐步掌握用各种方式总结回顾学习的方法，如概要图、图表、实验表格等。

（六）生物

1. 预习导航

（1）新授课前，根据学生层次教师应设计不同的课前自主学习任务单。预习应包括三部分内容：复习旧知、尝试新知、质疑问难。

（2）教师在课前要深入了解学生的预习情况，分析学情，对处于不同层次的学生做到心中有数。上课前没有时间批改任务单时，由小组长检查发现不会做的题目或有疑惑的问题，及时反馈给教师，教师针对学情进行教学。

（3）根据学生的预习情况，教师在二次备课中基于学情需要进行课前调整，重点设计有针对性的提问和学习活动，为每一层次的学生在课堂上获得发言机会和更好发展提供可能。

2. 合作学习

（1）教师应熟知合作学习的微观技术，合作学习的任务设计、运作方式和具体要求，要在备课本上有记录。

（2）每节课要尽可能运用小组合作学习的方式。合作学习的任务应多样化，合理运用二人组、四人组、多人组等合作模式。

（3）有效的合作学习时间应不少于 5 分钟，教师要充分利用学生合作学习时间，掌握反馈信息，关注学生的讨论、分工、记录、汇报等行为，落实不同层次学生承担小组学习中的责任，调动小组长的组织与辅导讲解作用，重视学生的共同行动、倾听与分享。要注意学生合作的参与度，避免合作学习变成唱独角戏。

3. 课堂提问

（1）针对学情前测结果，问题设计应突出梯度性、层次性，兼顾不同层次的学生，使不同层次的学生得到适合的提问，课堂发言率力争达到 100%。

（2）针对传授的内容，在备课本上标注所设计的深度思维问题，每一节课应提供不少于 1 个深度思维问题。

（3）对于深度思维问题，教师要留有适当的候答时间。

（4）学生分析问题思路受阻、遇到困难时，教师应优先考虑互动讨论，不要急于引导、讲解或告知，每个深度思维问题点叫 3 个以上不同层次的学生回答，特别要关注学困生的完成度。

4 有效训练

（1）每节课预留不少于 10 分钟的课堂训练或检测时间，使绝大多数学生在课堂上掌握本节课应学知识及利用知识解题的能力。

（2）课堂训练的内容需反映在备课本上，设计的题型要尽可能丰富且有层次，针对不同层次的学生有一定量的可供选择的作业。

5. 及时辅导

（1）课堂书面训练内容需当堂订正，对作业中的问题要找出错因并及时纠错。

（2）作业中出现的问题尽可能当天解决，属于理解性的问题当面解决。

（3）分别对各个层次的学生有提升的方案。

6. 多元评价

（1）要参与学生整理、反思的评价过程，帮助学生总结成果与不足。

（2）及时鼓励学生的每一点进步，将得到正式表扬的学生记入成长档案袋。

（3）重视对学业评价的质量分析，对学困生具体分析到个人。把学业评价的分析结果作为改进教学的重要依据。

7. 反思提升

（1）教师在备课本中要及时对自己的教学行为、教学策略及学生学习情况进行反思，反思的重点是落实小班化教学理念和学科教学有效性。

（2）引导学生学后反思，在新授内容结束时帮助学生回顾总结学习过程，帮助学生逐步掌握用各种方式总结回顾学习的方法，帮助学生学会运用所学知识分析和解决某些生活、生产或社会实际问题。

（七）道德与法治

1. 预习导航

（1）新授课前，教师应根据各个层次的学生水平设计不同的课前自主学习任务单，通过预习，学生初步掌握教材基础知识、明确教材重难点及基本方法。预习应包括三部分内容：复习旧知、尝试新知、质疑问难。鼓励学生圈画出疑点、难点。

（2）预习可让学生带着问题有针对性地学习新授内容，为学生个性化表达对新授内容的理解提供空间。鼓励学生尝试用语言、文字、图示、思维导图等多种方式表达。

（3）教师在课前要了解学生的预习情况，分析学情，对处于不同层次的学生做到心中有数。上课前没有时间批改任务单的，由小组长检查发现不会做的题目或有疑惑的问题，反馈给教师，教师针对学情进行教学。

（4）根据学生的预习情况，教师在二次备课中基于学情需要进行课前调整，重点设计有针对性的提问和学习活动，为每一层次的学生在课堂上获得发言机会和更好发展提供可能。

2. 合作学习

（1）教师应熟知合作学习的微观技术，合作学习的任务设计和运作方式在备课本上要有反映。

（2）每节课要尽可能运用小组合作学习的方式。合作学习的任务应呈现多种类型，避免单一；恰当运用二人组、四人组、多人组等合作模式。

（3）有效的合作学习时间应不短于 5 分钟，教师要充分利用学生合作学习时间，掌握反馈信息，关注学生的讨论、分工、记录、汇报等行为并提供指导，促进不同层次的学生承担小组学习中的责任，调动小组长的组织与辅导讲解作用，重视学生的共同行动、倾听与分享。要注意学生合作的参与度，避免合作学习成为优等生表演的舞台。

3. 课堂提问

（1）针对学情前测结果，问题设计要有梯度，层次分明，兼顾不同层次的学生，使不同层次的学生得到适合的提问，课堂发言率达到 100%。

（2）针对道德与法治教学问题，在备课本上标注所设计的深度思维问题，每一节课应提供不少于 1 个深度思维问题。

（3）对于深度思维问题，教师至少要有 10 秒以上甚至数分钟的候答时间。

（4）学生分析政治问题思路受阻、遇到困难时，教师应优先考虑互动讨论，而不是急于引导、讲解或告知，每个深度思维问题点叫 3 个以上不同层次的学生回答，特别要关注学困生的完成度。

4. 有效训练

（1）每节课预留不少于 10 分钟的课堂训练或检测时间，使绝大多数学生在课堂上掌握本节课应学知识及利用知识解题的能力。

（2）课堂训练的内容需反映在备课本上，设计的题型要尽可能丰富且有层次，针对不同层次的学生有一定量的可供选择的作业。

5. 及时辅导

（1）课堂书面训练内容需当堂订正，对作业中的问题要找出错因并及时纠错。

（2）作业中出现的问题尽可能当天解决，属于理解性的问题当面解决。

（3）分别对各个层次的学生有提升的方案。

6. 多元评价

（1）要参与学生整理、反思的评价过程，帮助学生总结成果与不足。

（2）及时鼓励学生的每一点进步，将得到正式表扬的学生记入成长档案袋。

（3）重视对学业评价的质量分析，对学困生具体分析到个人。把学业评价的分析结果作为改进教学的重要依据。

7. 反思提升

（1）教师在备课本中要及时对自己的教学行为、教学策略及学生学习情况进行反思，反思的重点是落实小班化教学理念和学科教学有效性。

（2）引导学生学后反思，在新授内容结束时帮助学生回顾总结学习过程，帮助学生逐步掌握用各种方式总结回顾学习的方法。

（八）历史

1. 预习导航

（1）新授课前，教师依据学情分层设计自主学习任务单；通过自主预习反馈，了解学生学前的自学情况。预习应包括三部分内容：复习旧知、学习新知、质疑问难。

（2）分层设计的课前自主学习任务单为不同学生个性化表达对新授内容的理解提供了空间。学生应在预习过程中做好对教材的圈点批注，记下疑难问题，提前做好预习笔记。

（3）教师在课前要了解学生的预习情况，分析学情，对处于不同层次的学生在二次备课中要基于学情需要进行课前调整，重点设计有针对性的提问和学习活动，为每一层次的学生在课堂上获得更好发展提供可能。

2. 合作学习

（1）教师在备课本上应精心做好合作学习的任务设计和运作方式。

（2）每节课要尽可能运用小组合作学习的方式。合作学习的任务应呈现多种类型，避免单一；恰当运用二人组、四人组、多人组等合作模式。

（3）有效的合作学习时间应不短于 5 分钟，教师要充分利用学生合作学习时间，掌握反馈信息，关注学生的讨论、分工、记录、汇报等行为并提供指导，注意学生合作的参与度，促进不同层次的学生承担小组学习中的责任，及时表扬激励不同层次的学生，让他们有成就感，发挥小组长的组织与辅导讲解作用，重视学生的共同行动、倾听与分享。

3. 课堂提问

（1）针对学情前测结果，问题设计要有梯度，层次分明，兼顾不同层次的学生，使不同层次的学生得到适合的提问，课堂发言率达到100%。

（2）针对历史教学问题，在备课本上标注所设计的深度思维问题，每一节课应提供不少于1个深度思维问题。

（3）对于深度思维问题，教师至少要有10秒以上甚至数分钟的候答时间。

（4）学生分析历史问题思路受阻、遇到困难时，教师应优先考虑互动讨论，而不是急于引导、讲解或告知，每个深度思维问题点叫3个以上不同层次的学生回答，特别要关注学困生的达成度。

4. 有效训练

（1）每节课留出不少于10分钟的课堂训练或检测时间，使绝大多数学生在课堂上掌握本节课应学知识及运用知识解题的能力。

（2）课堂训练内容需反映在备课本上，设计的题型要紧扣课标，围绕教学重难点，尽可能丰富且有层次。

5. 及时辅导

（1）课堂书面训练内容需当堂订正，对训练中出现的问题要找出错因并及时纠错，属于理解性的问题要当面解决。

（2）分别对各个层次的学生有提升的方案。

6. 多元评价

（1）要参与学生整理、反思的评价过程，帮助学生总结进步与不足。

（2）重视对学业评价的质量分析，对学困生具体分析到个人。把学业评价的分析结果作为改进教学的重要依据。

7. 反思提升

（1）教师在备课本中要及时对自己的教学行为、教学策略及学生的学习情况进行反思，反思的重点是落实小班化教学理念和学科教学有效性。

（2）引导学生学后反思，在新授内容结束时帮助学生回顾总结学习过程，帮助学生逐步掌握用各种方式总结回顾学习的方法。

（九）地理

1. 预习导航

（1）新授课前，教师应根据各个层次的学生水平设计不同的课前自主学习任务单。

（2）预习可让学生带着问题有针对性地听新授内容，为学生个性化表达对新授内容的理解提供空间。鼓励学生尝试自己通过阅读、读图等方式获取有效的地理信息，并用语言、文字、图示、思维导图等多种方式进行表达。

（3）教师在课前要了解学生的预习情况，分析学情，对处于不同层次的学生做到心中有数。上课前没有时间批改任务单时，由小组长检查发现不会做的题目或有疑惑的问题，反馈给教师，教师针对学情进行教学。

（4）根据学生的预习情况，在二次备课中基于学情需要进行课前调整，重点设计有针对性的提问和学习活动，为每一层次的学生在课堂上获得发言机会和更好发展提供可能。

2. 合作学习

（1）教师应熟知合作学习的微观技术，合作学习的任务设计和运作方式在备课本上要有反映。

（2）每节课要尽可能运用小组合作学习的方式。合作学习的任务应呈现多种类型，避免单一；恰当运用二人组、四人组、多人组等合作模式。

（3）有效的合作学习时间应不短于 5 分钟，教师要充分利用学生合作学习时间，掌握反馈信息，关注学生的讨论、分工、记录、汇报等行为并提供指导，促进不同层次的学生承担小组学习中的责任，及时表扬激励不同层次的学生，让他们有成就感，调动小组长的组织与辅导讲解作用，重视学生的共同行动、倾听与分享。要注意学生合作的参与度，避免合作学习成为优等生表演的舞台。

3. 课堂提问

（1）针对学情前测结果，问题设计要有梯度，层次分明。兼顾不同层次的学生，使不同层次的学生得到适合的提问，课堂发言率达到 100%。

（2）针对地理教学问题，在备课本上标注所设计的深度思维问题，每一节课应提供不少于 1 个深度思维问题。

（3）对于深度思维问题，教师至少要有 10 秒以上甚至数分钟的候答时间。

（4）学生分析地理问题思路受阻、遇到困难时，教师应优先考虑互动讨论而不是急于引导、讲解或告知，每个深度思维问题点叫 3 个以上不同层次的学生回答，特别要关注学困生的达成度。

4. 有效训练

（1）每节课应留出不少于 10 分钟的课堂训练或检测时间，使绝大多数学生在课堂上掌握本节课应学知识及利用知识解题的能力。

（2）课堂训练的内容需反映在备课本上，设计的题型要联系生活实际，尽可能丰富且有层次，针对不同层次的学生有一定量的可供选择的基础题目和能力提升题目。

5. 及时辅导

（1）课堂书面反馈检测内容需当堂订正，对检测反馈中的问题要找出错因并及时纠错。

（2）分别对各个层次的学生有提升的方案。鼓励不同层次学生之间“手拉手”“一帮一”的互助活动，达到有分工、有提高、有进步的目的。

6. 多元评价

（1）要参与学生整理、反思的评价过程，帮助学生总结经验与不足。

（2）及时肯定学生的每一点进步，每个学生每周要得到至少 1 次正式的表扬，给得到正式表扬的学生授予喜报电子奖状，发送给家长并记入成长档案袋。

（3）重视对学业评价的质量分析，对学困生具体分析到个人。把学业评价的分析结果作为改进教学的重要依据。

7. 反思提升

（1）教师在备课本中要及时对自己的教学行为、教学策略及学生的学习情况进行反思，反思的重点是落实小班化教学理念和学科教学有效性、课堂检测的实际反馈。

（2）引导学生学后反思，在新授内容结束时帮助学生回顾总结学习过程，帮助学生逐步掌握运用绘图填绘、思维导图、简图笔记等方法总结回顾学习内容。

第三节 小班化教学的组织实施策略

班额小是小班化教学最显著的特征，也是其相较于大班额的优势所在。基于此，在小班化的课堂上，学生展示的机会增多，师生间、生生间的交往互动频率增高，势必引起教学组织方式和学习方式的变革。

小班化课堂教学遵循“为了每一个”的发展理念，要求教师在充分了解、尊重学情的基础上，整合小班化学习资源，有针对性地设置分层教学目标，预设彰显个性、充满趣味、启发思维的学习活动；充分关注学生个体差异，关注不同层次学生的发展起点和提升潜力，最大限度地落实对学生的个别化指导，力求促使每一个学生获得个体最优化发展。

一、教学组织策略

众所周知，教学活动是师生相互作用的“教”与“学”的过程。在小班化教学中，教师应充分借助小班化的优势，努力调动每一个学生的参与积极性，有效组织教学活动。教师可采用以下策略组织实施教学活动。

（一）分层教学策略

分层教学的前提是教师要充分掌握学情，根据学生的知识结构、认知能力、思维方式等的不同，设置不同梯度的学习目标，提出不同层次的学习要求，并给予有针对性的辅导和评价，助力学生在自己原有水平上获得一定的发展和提升。

分层教学的核心思想是因材施教。教学中，教师要在把握学生学习情况和发展要求的基础上，充分了解学生的认知差异，寻求教学与各层次学生认知水平的契合点，针对不同层次的学生分层设置相应的学习目标，科学合理地设计课程导学单，有效组织学习活动，满足不同层次学生的学习需求，引导学生体验学习的乐趣，最大限度地促进每一个学生的发展。

分层教学策略的实施，可围绕以下几个方面展开：

1. 学生分层

分层教学，要求教师在充分把握学情的基础上，依据学生的学习成绩、认知水平、理解能力等差异，对学生进行分析并分层。一般将学生大致分为三个层次：基础层次（C 层），主要指学习有困难，知识基础薄弱，理解能力较差的学生群体；良好层次（B 层），主要指成绩中等，学习兴趣不浓，学习能力一般，学习成绩不稳定，但有潜力的学生群体；优秀层次（A 层），主要指学习能力强，思维活跃，成绩优异的学生群体。三个层次的学生比例大致是 2∶4∶4。当然，这个层次并不是绝对的、一成不变的，只是为教师预设差异化教学目标提供一定的依据和借鉴。在不断地教学实践和探索中，教师应根据学生的思维或能力的变化，适时做出相应的分层调整，最终实现 C 层逐步解体、B 层和 A 层学生不断壮大、学生整体素质不断提高的目的。

2. 目标分层

在小班化教学中，教师应充分借助人数少的优势，考虑不同层次学生的特点，在认真研读教材、把握学习内容的基础上，为各个层次的学生量身设置有助于他们发展和提升的分层学习目标，努力使不同层次学生都在原有的基础上进行有效的学习，体验到收获知识的成就感。教师要结合学习内容和学生学习的可能性，为不同层次的学生设置相应的分层学习目标：基础目标面向全体学生，指向基础知识与技能的掌握，致力于学生基本学习素养的夯实；发展目标面向大部分学生，指向较高层次的感悟与理解、分析与运用的部分，致力于学生学习方法的改进；提升目标面向优秀层次的学生，指向复杂的分析和方法的综合运用，致力于学生解决问题能力的增强和学科素养的全面提升。

3. 教学分层

分层教学既重视全体学生的共同学习要求，又关注不同层次学生的个体差异，教学过程中要注意分类施教、分类指导，力求使不同层次的学生都能获得主动发展。对基础层次（C 层）的学生，教师可采取异质小组的互帮互学，重点指导学习方法的掌握，帮助他们克服学习上的障碍，不断激发这个层次学生的学习动机，为他们扬起自信的风帆；对良好层次（B 层）的学生，教师要鼓励学生向高一层次目标进阶，为他们提供必要的学法指导和帮助，指导他们向知识和技能的纵深拓展，扩大知识面，提高学习能力；对优秀层次（A 层）的学生，要以“放”为主，重在指导学生自学，为他们提供更多充分发展的空间和条件，进一步锻炼和提升他们综合运用所学知识解决复杂问题的能力。

4. 作业分层

作业是巩固课堂所学知识、检验学生学以致用的重要载体和手段。在小班化分层教学中，作业的设置要努力体现分层、多元的特点，增强作业的弹性和可选择性，为不同层次的学生提供相应梯度的练习和作业。基础层次（C层）的学生可选择完成相应的基础题目，达到巩固所学知识、夯实基本能力的目的，逐步培养他们的学习兴趣；发展层次（B层）的学生在完成巩固所学知识的基础题目之外，要尝试完成一些颇具难度的理解运用类题目，以锻炼和提高他们运用所学知识解决问题的能力；提升层次（A层）的学生除了完成B层学生的运用类题目以外，还应挑战综合类、思辨类题目，以进一步发展解题思维，提升他们综合运用知识的能力。基于面向每一个、因材施教的考虑，每个层次的作业设置均应包含“必做”和“选做”两部分，“必做”为该层次学生要完成的基本作业内容，“选做”则为该层次学生提供“跳一跳”的机会，鼓励学生勇敢尝试，挑战自己，以获取更大的成功和更多的体验。

5. 评价分层

正所谓“多一把评价的尺子，就会多一批优秀的学生”。在小班化教学中，分层评价要体现评价内容的多元性和评价标准的多样性，对不同层次的学生实施不同的评价，充分发挥评价对各个层次学生的导向和激励功能。对基础层次（C层）的学生应多采用表扬性评价，不断发现和放大他们的闪光点，肯定他们付出的努力和取得的成绩，帮助他们不断增强自信，树立对学习的信心；对发展层次（B层）的学生要采取激励性评价，在赞扬他们获得成功的基础上，及时为他们指出存在的不足，指明努力的方向，鼓励他们向更高层次的目标奋进；对提升层次（A层）的学生则应采取竞争性评价，坚持高标准、严要求的评价原则，敦促他们更加严谨、谦虚，激励他们不断超越自我，遇见更优秀的自己。

（二）合作学习策略

子曰：“独学而无友，则孤陋而寡闻。”足见合作交流的重要性。在小班化教学中，教师要善于组织和运用学生间的合作学习，在个体独立思考的基础上，进行思维碰撞，以实现智慧共享、优势互补、共同发展的成长目标。

合作学习是小班化教学中经常采用的一种教学组织形式。教学中，通常采用异质分组的方式，兼顾个体不同的学习状态、学习能力、个性差异等方面，将全班同学进行均衡配置，划分小组，尽量使各个小组在学习基础、协作能力等综合实力方面水平相当。教师亦可根据学习的需要及小组的合作表现进行及时调整，以确保小组内的合作学习始终处于良性发展状况，助力组内每位成员学习能力的有效提升。

合作学习策略的实施，应重点落实以下几个方面。

1. 科学组建小组

众多对小组合作教学进行研究的专家强调：组建学生小组时应同时考虑"质"和"量"两个因素。"质"的方面，可以参考学生的知识基础和能力水平来搭配，将优、中、差三个层次的学生组成小组（异质分组），使组内不同层次的学生间可以优势互补、共同进步；还可以根据学习内容的需要，引导学生根据自己的兴趣爱好，围绕相同探究内容自愿结合成小组（同质分组），这样有助于组内成员对共同感兴趣的问题进行深入探究和思考，相互激发创造灵感，获得高质量的合作学习成果。两种分组方法适用于不同的学习场景，产生不同的学习效果，教师可根据自己的教学需要酌情选取。在"量"的确定上，一般以 4 至 6 人为最佳，易于平衡组内成员"质量"，维持各小组之间的平衡。

2. 合理分配任务

合作学习的有效开展需要通过教师合理的任务分配来引导，以确保学生了解自己在合作学习时如何参与。教师在进行任务分配时，应充分关注学生的个体差异，要充分考虑组内成员的知识基础和交流表达能力，有针对性地为学生设置合作任务，同时注意任务的难度和分享交流的次序，尽量为不同层次的学生提供适合他们的学习任务和交流机会，保证组内的每位同学都可以有效地参与合作学习，并学有所获。如当小组合作采用"各抒己见式"交流对同一个问题的不同思考时，应遵循由低到高的原则，请理解能力略低的同学先交流发言，以保证组内每位成员都有发表自己观点的机会。

3. 提供必要指导

合作学习过程中，学生是参与主体，教师作为组织者、协调者、引导者，则要为合作学习的有效实施与开展提供适时且必要的指导。在小组合作过程中，教师应全程关注各个小组的合作学习状态，自然融入各个小组的讨论交流中，随时注意倾听学生观点的表达，对偏离学习主题的话题要及时进行引导和调控，努力把学生带回到正确的学习轨道上来。对于探究学习不够深入的小组，要及时给予学法引领，实现合作学习的理想效果。

（三）探究教学策略

探究教学策略是指在教学过程中，通过激发学生的主动参与愿望，引导学生通过自主探究活动，探索学习事物的规律和概念，了解科学方法，获取科学知识，并在这一过程中体验学习的乐趣。探究教学的实施有助于提高学生的学习兴趣，提升他们发现问题、解决问题的能力，进而培养学生探究未知世界的积极态度，帮助学生树立勇于创新的意识。

探究教学是以探究为基本特征的一种教学组织形式，相较于传统的大班教学，在小班化的探究课堂上，教师更加关注学生的生活世界和发展需要，努力创设多元、动态、开放的学习环境，更加强调和突出学生的主体作用，引导学生主动学习，有助于唤醒、挖掘和提升学生的潜能，促进学生积极、主动、全面发展，强调让每一个学生充分感受探索新知识的经历和获得新知识的体验，突出学生主动、生动地学习，突出学生亲身体验，培养学生多向思维，张扬个性，有助于学生综合素养的全面提升。

（四）情境教学策略

情境教学策略是指在教学过程中，为了实现既定的教学目标，从教学需要出发，借助技术手段创设或还原教学内容所展示的、易于为学生所理解和接受的活动情境，以帮助学生理解、把握所学内容，从而增强教学效果、提高教学效率的一种教学策略。

情境教学能帮助学生结合自己的日常认知，唤醒生活中的已有经验，促进学生的联想与想象，提高学生所学知识的有效迁移。小班化教学中，教师要善于结合教学内容，创设适合学生的教学情境。如可以借助实物演示情境，在引导一年级的小学生理解“小雪花从空中飘落下来”的“飘落”一词时，教师可以借助泡沫颗粒或纸屑，创设“飘落”的场景，让学生目睹纸片从空中洋洋洒洒落下的状态，进而感知“飘落”一词的含义。同时，还可以借助生活情境再现，通过回忆或课件展示下雪时的情景，加深对“雪花飘落”的感知。除此之外，还可以采取音乐渲染情境、角色扮演情境、语言文字描绘情境等方式，通过创设与学习内容相契合的恰当的情境，启迪学生的想象与思维，引领学生“神游”于情境之中，帮助学生获得真切的情感体验，增强学生对学习内容的感知、理解与思考。

当然，除上述几种教学组织策略之外，小班化课堂教学还可以借助活动策略、互动策略、活用资源策略等方式来完成。为实现“发展每一个”的小班化教学目标，教师在组织教学活动时，可以根据教学的需要和学生的特点，灵活、融合使用多种教学策略，努力使课堂上的每一个学生都能在原有的基础上获得新的生长与发展。

二、组织教学的注意事项

秉承“为了每一个”的小班化发展理念，在教学活动设计、组织和实施的全过程中，教师应充分关注学情，用心预设，精准施教，科学补给，努力使课堂上的每一个学生在享受学习的过程中，获得不同程度的生长与提升。

（一）组织教学前：把握学情，用心预设

学情分析是教学设计系统中“影响学习系统最终设计”的重要因素之一。现代教学设计理论认为，认真研究学生的学习需要、能力水平和认知倾向，“为学习者设计教学”，优化教学过程，可以更有效地达成教学目标，提高教学效率。

在小班化课堂组织教学前，教师应重点关注学生的学习起点，可采用专项问卷、课前学习单等方式，尽可能全面了解学生的知识基础，分析学生的学习状态和能力，并结合学生日常的学习表现，准确把握学情定位，为不同层次的学生精心设置学习目标，设计有针对性的教学活动。

小班化教学中，教师对学情的把握，除了尊重每位学生的个体差异外，还应关注不同层次学生间的水平差异和小组内的优势互补，以便借助精心创设的教学活动和合作互动，促使不同层次的学生都能在自己学习起点的基础上，获得不同程度的提高。

（二）组织教学中：精准施教，助力生长

在做好教学前对学情的充分把握和教学方案的用心预设后，小班化课堂教学中，教师还应从学习氛围、学习方式、学习评价等方面予以重点关注，以保证精准施教，助力每一个学生的生命成长。

1. 关注情境与活动，努力创设良好的学习氛围

小班化教学中，教师应积极为学生营造一种宽松、自由、和谐、民主的学习氛围，努力创设恰如其分的学习情境，引领学生步入愉悦的学习之旅。

教师可以根据学习需要，安排有利于学生合作互动的座位构成方式，将桌椅摆成“U”字形或“口”字形，以便于师生间、生生间的对话交流，为学生更积极主动地参与学习创设条件。

同时，在小班化课堂上，教师还应依据学生特点，重视为学生量身设计体验性、探究性的学习活动，创造性地设置和开发有助于启发学生思考和体验的学习活动，最大限度地将学生的多种感官调动起来，积极投入到问题的思考中去，激发学生的学习兴趣，挖掘学生的思维潜力。在设计活动时，教师应特别关注学生的主动参与和亲身体验，有效引导学生把学习的时空拓展到自己熟悉的、与主题相关的领域，以引发学生对学习内容的共鸣和投入，促进学生对所学内容的理解升华和迁移运用。

2. 关注自主与合作，有效运用恰当的学习方式

《学会学习》一书中指出：“未来的文盲不再是不识字的人，而是没有学会怎样学习的人”“教会学生学习是教学的根本”。小班化课堂教学更要着眼于学生学习能力的发展和提升。要特别重视学习主体（学生）在教学活动中的主动性和参与方式，关注学生的创造性和学习力的提升。教师要妥善处理好自主与合作的关系，在深入研读教学内容的基础上，既为学生创设自主学习的契机，激发学生主动探索的欲望，自主习得知识，提高学生的自主学习能力；同时，还应重视学生合作意识的培养，避免合作学习流于形式。在分组合作学习的过程中，要求组内成员人人都是合作学习的主人，个个都有发言权。合作学习时，组内成员既有分工，又有合作，人人都是发言者、交流者，个个都是倾听者、学习者。通过合作学习，既要注重提高组内每个学生的独立思考、思辨交流的能力，同时还应致力于培养学生的合作意识，引导学生在合作过程中取长补短、实现共赢。

3. 关注评价与反馈，营造积极向上的学习状态

评价与反馈作为组织教学的一个重要环节，交织于教学过程的始终。教师对评价、反馈内容处理的精细程度，直接影响着教师与学生之间的互动质量，并最终作用于教学效能。因此，在小班化教学中，教师应格外重视发挥评价的激励和导向作用，努力营造一种宽松、和谐、民主、自由的学习氛围，注重对每一个学生的及时关注和恰当评价，以激发学生的学习积极性。

在小班化课堂上，教师的评价与反馈应依据不同学生的个性特点，在充分尊重学生个体发展要求的基础上，正确判断每个学生的不同特点及其发展

潜力，切不可用“一把尺子”评价全体学生。要在每个学生已有基础上确定不同的“最近发展区”目标，给予他们不同的目标指向，明确具体的评价与反馈。如针对思维比较灵活但学习存在一定困难的学生，教学过程中就应该在肯定评价的基础上，注重学习方法的指导，借助教师的激励性评价引导学生向更高的目标迈进。

另外，小班化课堂上，教师要注意评价的对象不应仅局限于学生个人，还应关注对小组合作的整体评价，把学生在合作学习过程中体现出来的参与积极性、合作表现和小组总成绩等，列入学生评价的内容，从而形成一种组内成员合作、组间竞争的良好态势。

（三）组织教学后：科学补给，学以致用

“教者有心，学者得益。”习题作为课堂教学的有效延续和有益补充，是帮助学生进一步消化和巩固课内所学知识、提升运用所学知识解决问题能力的重要载体。同时，恰到好处的课后补给，也是帮助教师正确把握学情、调整教学进度、预设下一步教学方案的重要依据。

小班化课堂教学中，习题及课后作业的设置应体现针对性、层次性、趣味性等特点。练习内容既要紧密联系所学内容，重视知识与现实生活的联系，同时要兼顾个体差异，要注重为不同层次学生提供体验和成功的机会，确保提升层次（A 层）的学生“吃得精”，发展层次（B 层）的学生“吃得好”，基础层次（C 层）的学生“吃得饱”。教师还应根据学生学习的实际，巧妙地设计习题，充分调动学生的情感因素，促进学生出色地完成学习任务。

第四节　小班化课堂教学方案的形成

小班化教育坚持“以人为本”的指导思想，在课堂教学中关注每一个学生，激励每一个学生学习，努力创造相适应的教学，努力促进学生个体潜质最大限度地发展。因此，在小班化课堂教学中，精心预设教学方案显得尤为重要，因为一切教学都是预设与生成的统一体。高质量的预设能促使教师尽可能优化教学目标，优化教学内容，优化小班资源，优化教学活动，将小班优势转化为更强的教育力。

预设是教学过程的一个重要组成部分，也是课程实施的前提和保证。教师预设教学方案，是每堂课教学的起点。预设，就是教师对自己教学任务的

目标、计划有一个清晰、理性的安排。它是一个深入细致的工作，包括教师对新课标的学习，对学生的了解，对教学内容的教法、学法的研究，对课堂走向的分析，对学生认知结构的估计，对课堂上可能发生的变数的预见与解决策略等。

所以，教师要在教学方案中进行充分预设，这也是课堂教学动态生成的基础。

一、精心预设教学方案

小班化教学的理念在于促进每一个学生全面而富有个性地发展，让学生充分享受各种教育资源，有更多的机会处于教学活动的中心地位，有更多时间与教师交流、沟通，得到个别化教育。我们始终坚持“以生为本”，精心预设教学方案，让课堂教学成为学生生命成长和个性张扬的乐土。在预设的过程中，教师会思考如何导入新课，如何用导语开启学生心智的大门，点燃学生智慧的火把；会对重点问题或学生容易产生障碍的难点问题做预先设计，如怎样提问、怎样引导、怎样讲解，估计学生会产生什么反应，教师该如何处理，如何引导学生深入思考等。

我们主要从以下几个方面进行预设。

（一）目标预设——明确教学方向

目标对课堂具有引领作用，是一堂课的方向，是判断教学是否有效的直接依据。因此，每一堂课的预设，首先要预设教学目标，要认真制定符合新课标和学生实际的教学目标。

小班化课堂教学目标可分为大目标和小目标。

大目标，是指在制定教学目标时，教师根据学科特点、教材特点及单元要求等内容，从知识和技能、过程和方法、情感态度与价值观三方面确定的目标，确定这三方面的目标是为了更好地实现课程的总体目标。

小目标，是指教师在确定大目标的基础上，从全体学生出发，根据他们的年龄特点和认知水平，预设不同学生的目标，即明确对于不同层次的学生，我们应让他们学会什么知识，体会什么情感，获得什么技能……

只有方向明确了，其他的预设才能紧紧围绕它而展开。

另外，教师在预设目标时，切忌过高或过低。如果目标设定得过高，超越了学生现有的知识层次和他们的认知能力，那么在教学过程中逐步显现的生成结果必然是盲目的、牵强的，教学目标就无法切实落实；相反，如果目标设定得过低，那么生成的必然是一些浅显的、早已为学生熟知或掌握的结果，这样的教学就没有什么意义可言了。例如，在解读季羡林老师的《神奇的丝瓜》一文时，有的教师刻意去联系季老的生平遭遇谈文章给我们带来的启示，这对于六年级学生来说要求过高了。对六年级学生来讲，季老的学术观、人生观并非他们这个年龄层次所能理解的。如果像这位教师预设的教学目标及教学流程那样，课堂势必会变成教师的一言堂，学生的能力也就无从培养。

（二）学情预设——强化“以生为本”

商业活动讲究“市场预测”，工程运行要搞“工程预算”，那我们的小班化课堂教学，就应该做“学情预设”。如果教师在预设教学方案时能提前预测学情，将大大增加教师授课的针对性。所以，教师备课时可以从学生的生理、心理、喜好、认知水平等诸多方面来进行综合评估，做到客观、准确、深入地了解学生，了解学生的个体差异，为学生的主动参与留出时间与空间，为教学过程的动态生成创设条件。

面对小班学生，教师在预设教学方案时要尽可能去了解学生，预测学生的学习行为、学习方式和解决问题的方法。可以从以下几个方面考虑：（1）全体学生是否已经具备了新知学习所必需的认知基础？哪些学生基础还欠缺，欠缺什么？（2）学生是否已掌握或部分掌握了新知？掌握的人数、内容、程度怎样？（3）哪些内容学生自己能学会？哪些内容需要相互讨论？哪些内容需要教师点拨和引导？（4）对于预设的问题，不同的学生可能会出现怎样的差异？（5）设计的情境、活动能否引起学生的兴趣？不同喜好的学生对情境、活动的敏感度有什么不同？他们在思考方向及操作上又会有怎样的差异……

这里需要特别强调，教师在预设教学方案时应充分考虑到学生的差异，尽可能根据差异分层提出教学要求：设置不同的学习目标，安排不同的学习任务，采用不同的教学方法等，使学生在最适合自己的学习环境中求得最佳发展。如针对能力强的同学预设难度较大的内容；能力一般的同学做适当降低难度的内容；而对于能力较弱的学生，不仅在难度上，也可以在数量上进行调整。这样不同层次的学生都能够在学习中找到自己的位置，既发展了强者的学习能力，又保护了弱者学习的积极性。从某种意义上说，学生差异也是预设的一种资源。

学生是课堂学习的主体。教师在预设教学方案时，心中始终要有学生，“以生为本”，始终以“蹲下来”的心态去研究学生的学习活动。小班化课堂教学在时间及空间维度方面为我们提供了一定的优势，让我们能够更充分地关注、了解每个学生的心理及学习状态。

（三）流程预设——注重弹性灵活

以往的课堂教学中，教师大多是按照事先设计好的教学过程，带着学生一步不差地进行，学生则基本处于被动的地位，即使有一些自主活动，也是在教师事先设计或限定的范围内为某个环节服务。

而小班化教学则重视学生的主体地位、主体意识，其课堂是活生生的生命个体的对话与交流，因此教学过程也是一个复杂多变的动态过程，即使教师预先设计了活动的流程，也仍然会有新的状况不断生成，并影响下一步教学发展的过程。在这些生成中，有的符合教师预先的设置，而有的生成则脱离或超出了教师的预计。因此，教师在教学前不仅要广泛地收集材料，精心设计出一套具体可行的教学方案，而且还要在每个教学环节备有多个方案，即进行教学模块的设计，以便在处理各种各样的教学意外时得心应手。各个教学环节也可以根据学生的反映、课堂变化情况灵活调整，使教学路径弹性可变，这样一旦在课堂上遇到意外，也不至于束手无策。

比如，在四年级数学《小数的性质》教学中，教师设计了复习、猜想、验证、练习、小结五个教学板块，教学中可以根据学生反映出来的实际情况灵活调整。

再如，在教学五年级语文《诺曼底号遇难记》中，引导学生精读体悟时，教师做了如下设计：读了这篇文章后，你觉得哈尔威船长是怎样的一个人？教师先板书：（　　）的哈尔威船长，然后用激励性的语言请学生在括号内填上有关词语：能填一个词语，不错；能填两个词语，不简单；能填三个词语，了不起。教师充分预设学生在课堂上可能生成的情况，并预设了相应的教学指导。这样，学生在学习过程中能够个性飞扬而不随心所欲，思维驰骋而不胡思乱想，灵动的小班化课堂教学就会更加自由、自如和自在。

学生是鲜活的个体，在小班化教学的课堂上，如果教师能根据学生个体特征、学习层次等进行充分的、富有前瞻性的估测，预设不同的学习路径和不同的应对方案，就能促使教师与学生发生更多的思维碰撞，从而形成更有效的学习成果。

（四）活动预设——引导学生参与

现代教学理论认为，动手实践、自主探索与合作交流是学生学习的重要方式，教学活动必须建立在学生的认知发展水平和已有的知识经验基础上。学生是学习活动的主体，教学中教师要尽可能地根据教学内容和学生实际，准备充足的学习材料，为学生发挥主观能动性和创造性提供广阔的空间，让学生在自主、自觉、自由的活动中积极探究、主动学习。那么，怎样的教学能为学生提供探究的空间？课堂上的哪些环节有必要给学生提供探究的空间？值得我们在预设每一堂课时思考和关注。

有位英语教师借助小班特色采用多样化英语教学方式，使英语教学更具匠心。她在教学中经常使用以下三种活动方案：

1. 多样竞赛的教学活动设计。如通过小组合作调色、编辑迷你书学习颜色类单词，让学生在兴味盎然的学习活动中，认识并巩固颜色系列的英语单词，既动手又动脑，在做中学，又促进学生间合作学习，互相补充，创新思维，让那些擅长思维的学生互相激发灵感，带动那些不善于表达的学生积极思维或动手，增强学生学习的自主性，从而让学生真正成为学习的主人。

2. 黑板“秀”才的教学活动设计。如根据学生自己的创意，设计体现自己个性的服装款式，用图画呈现，配上适合服装款式的色彩，并用一定的英语句式对自己的设计创意和色彩搭配进行说明，以此来促进学生的创意表达，展示每个学生的个性特点。

3. 情境型教学活动设计。如让学生观看多媒体上出现的情景图片，说说这些图片看上去像生活中的什么物品；然后，教师呈现几幅自己制作的图片，其中可以呈现若干形状，引导学生细致观察、积极思考、展开联想；最后再让学生自己动手制作并展示。通过生动形象的情景图片来学习抽象的单词，不仅让学生反复地识记了单词，还能发展学生的发散思维，培养创造力。

在小班化课堂教学中，由于学生人数较少，教师关注每个学生的机会大大增加，各种教学活动组织实施起来更容易，因此在预设教学方案时可以根据教学内容、学科特点以及小班的教学条件与需要设计各种活动，确定活动的方式、方法和步骤，为学生提供学习条件和发展机会，引导他们在各种活动中学习知识、增长才干、发展个性，并通过各种活动展开教学，实现教学预设。当然这些活动可以是贯穿整堂课的一个大活动，也可以是针对某一个环节的小活动。对于每一个活动，我们都应精心设计，包括活动目的、活动场地、活动分组、活动实施，尤其是在活动中教师应怎样进行指导等，使这些活动成为从预设到生成的桥梁。

（五）策略预设——创生多元智慧

在小班化课堂教学中，每个学生会有更多的机会亮出自己的观点，更容易得到教师的关注，这就大大增强了师生互动和生生互动。小班化教学策略，是由能使教学模式发挥效力的各种条件、因素构成的目标体系，包括对教学活动中师生关系、教学内容、教学手段、教学方法、教学组织形式等各方面的配套要求。

其策略预设主要包括以下两个方面：

1. 根据课堂教学的主要目标和任务，预设本节课的整体教学策略，主要体现在：

主体参与策略。重点是在小班的课堂教学中，激发学生主动参与的意识，让学生真正成为学习的主人。在运用参与教学策略上，要把握住两个操作步骤：全员参与和主动参与。教师在教学中，应想方设法围绕教学目标，创设学生主动参与的情境，让每个学生在学习过程中有话敢说、有疑能质、乐于参与，同时重视对学生参与程度的指导，在课堂教学实践中注重提高学生的参与度，让他们主动发展。

合作互动策略。它是指在教师的指导下，充分调动学生的积极性、主动性、参与性和创造性，充分发挥班级群体效应，使学生最大限度地投入教学活动中，教师不再独自站讲台，师生之间、生生之间，互相启发，互相帮助，使学生有成功的体验，有提高学习成绩的成效。

2. 根据教学内容和目标任务，预设突破重难点的方法与策略。

教师引领策略的预设。教师既要明了每一个重难点的难易程度，又要把握各个层面学生的学习现状和能力，然后通过多方式、多途径、多情境对学生进行引领、启发，用提问、追问多角度地启发学生，使之发生多方联想而有所感悟。

学生自主学习策略的预设。教师要根据知识的难易程度确定学生自主学习的内容，并预设自主学习的方法，比如指导学生如何预习、如何质疑、如何讨论、如何在解决了问题的基础上进行反思、总结等。

学生合作学习的预设。新课标强调学生自主学习和小组合作，而小组合作又是小班化教学中不可或缺的一种学习方式，所以教师要根据课堂教学活动的难易度、可行性等具体情况，预设学生合作学习的时机、形式和方法，指导小组的组织、协调、互助、评价。

多种教学策略的预设为学生提供了广阔的思维空间，达到了活有序、散有点、思有创、学有趣的目的。

（六）作业预设——突出差异发展

究竟什么样的作业才是学生喜欢的作业呢？在小班化课堂教学中，如何设计作业，既能减轻学生负担又能促进所有学生素质的全面发展呢？这也是我们预设教学方案时不可忽视的一点。

在小班化教学中，我们进行了“分层预设作业”的尝试，努力使不同层次的学生都能在原有的基础上获得发展。

1. 分层要求。针对不同层次学生的需求，我们在作业预设中明确要求：对C层学生，低起点、重基础、带着走、多鼓励；对B层学生，有变化、多思考、小步走、多反馈；对A层学生，重能力、有综合、主动走、多拓展。

2. 分层布置。在布置作业时，我们用A、B、C级或者用“星级”符号对不同数量和难度的作业进行标注，让学生根据自己的学习情况自主选择不同层次的题目进行练习，既让暂时的后进生能够完成作业，体验成功，又让中等生能够巩固强化，积极思考。同时，还让学有余力的学生能够在练习中提高综合运用知识的能力。

3. 分层评价。以体验成功为目的，以各层次学生的“最近发展区”为基础，确定不同的评价标准，在评价中努力体现及时性、差异性和鼓励性。

4. 共同提高。教师对各层次作业中存在的典型问题进行统一讲解，使各层次学生也了解其他层次作业中应注意的问题，实现整体提升。

二、预设与生成的结合

“凡事预则立，不预则废。”课堂教学中的预设是必要的，预设能保证教学活动的效率。但就算我们对课堂进行了预设，也做了充分的准备工作，课堂也不可能百分百地按照预定的轨道进行，常常会有一些意外产生，这些意外就是课堂中的生成。

预设是教师课前的教学方案设计，是教师思想与行为的反映；生成是教学过程中师生的认识、情感、行为相互作用的结果，也是预设的发展和完善。只有充分预设，教师才能在教学中灵活“捕捉”，从而调控生成。可以这么说：预设越充分，生成越精彩。

课堂教学绝不是教学方案预设的“原版演绎”，因此在实施预案时要根据学生的实际情况进行灵活调整，并在课后对预案实施的情况进行反思，明确以后在预设教学方案时应注意什么问题、如何改进等。其实，教师的教学能力和水平就是在这个不断反复的过程中得到完善和提高的。

（一）精心预设，创造生成

生成是对教学过程中可变性的概括，它既是一种教学活动的动态反映，又具有某种意义上的可预见性，生成是教学过程中师生交往、积极主动、共同发展的结果。生成的动态过程是渐进的，不是一蹴而就的，也不可能完全按预设来发展，尤其是当师生都充分发挥聪明才智时，临时性的火花远比预设的生动、丰富，因此课堂教学要想富有活力和多样性，必须是预设和生成的有机结合。

这就要求教师必须要加强课前的预设，充分考虑学生在课堂活动中的状态，包括他们的学习兴趣、学习方法与思维方式、合作能力与质量、提出的问题与争论乃至错误的回答等，这些都是教学过程中的生成性资源。只有精心预设，才能促成精彩的生成，又在生成时随机预设，从而使预设与生成不断地交融，使预设和生成如凤凰涅槃不断重生。这样，预设与生成就相辅相成，相得益彰。

（二）灵活使用，动态调整

面对富有个性的学生，小班教师要坚持让每个学生得到充分和谐发展的质量观，在教学中应做到“心中有案，行中无案”。根据学生的学习情况动态调整教学预案，置有形的预设于无形的动态教学中，随时关注学生的发散思维，捕捉学生的灵感火花，使学生的潜能得以发挥，让课堂成为师生共同创造的场所，从而使课堂焕发出生命的活力。

1. 预估调整

一个完整的学习过程如果只有预设而没有生成，学生的主体性没有被重视，是一种灌输学习；如果有了预设，并在预设中有所生成，就说明师生之间有了较好的互动，学生的主体性被重视；如果在预设的基础上，又有许多非预设的生成，说明学生的学习积极性得到了充分发挥，他们在主动思考，这样的学习是有生命活力的学习。在实现从预设到生成的过程中，有时会一帆风顺，有时却会出现始料未及的情况，教师要善于抓住这些机遇，引发碰撞，并引导学生思考，开展辩论，激发学生创新的欲望。当然，这就需要教师有比较敏锐的观察力和灵活的诱导能力，及时调整教学预案，寻找达成预设与生成统一的平衡点。

2. 及时调整

在预设教学方案时，教师会根据教学内容、目标要求、学生情况以及自己的教学经验对教学进行充分的预设，以模块化的备课方式拟定出多种操作预案。尽管如此，教学中也常常会出现教师临时调整教学方案的现象。如学生在学习过程中出现了新的情况，或某个问题引起了大家的激烈争论，或教师根据当时的教学情境灵机一动有了更好的方案……这些即时性调整，只要能很好地实现教学目标，有利于学生的学习和发展，都是可行的。

3. 准确把握

当学生有了创造的火花、有价值的生成，教师就应该采取积极鼓励的态度肯定学生的表现，及时把握“关键节点”，创造性地组织教学。这样不仅会有意想不到的收获，还能够激发学生参与的积极性，真正锻炼学生的能力。即使有时候学生的生成偏离预定目标，也不能“一棍子打死”，应该试着跟着学生的思路走，制造新问题的“生长点”，为新的生成提供支点和空间，鼓励继续生成。这样，在保护学生的积极性的同时，也让学生学会了在比较中思考，真正掌握解决问题的正确方法。

（三）学会倾听，善于反思

教学方案是折射教师教学思想的一面镜子，它是教师依据教材、立足学生、注重学生个性差异和在认知活动中的主体地位的文本体现，但是它又需要通过教学实践来论证。所以，在教学过程中，教师要善于倾听学生，要让学生针对课本知识充分表达自己的见解，教师对学生有创意的生成，甚至是“异端邪说”，都要给予辩证的评价和鼓励，通过这种多向交互作用来推进教学过程的开展。

另外，教师预设的教学方案，还需要实施后的反思，一般情况下我们会按预先设计的方案对策进行教学，但如果出现预设之外的生成，我们就要思考是否有助于学生能力的提高，是否有助于学生的个性发展。反思有利于教师将预设和实际教学情况进行对比，不断总结成功经验，更有利于深入分析产生失败和不足的原因，以便在今后的教学过程中加以修正，取得更好的效果，不断提高教学质量。

第三章 小班化教学对学生学习的指导

第一节 小班化自主学习

自主学习是与传统的接受学习相对应的一种现代化学习方式，是指在教师的指导下，通过学生自主独立思考、分析、探索、质疑、实践、创造，从而获取新知识的一种有意识的学习活动。在全面实施小班化教学中，为促进学生的主体发展、个性发展、全面发展，教师可以利用小班教育的时空优势，渗透和体现自主学习的内涵，积极创造和提供学生自主发展的空间，不断提升学生的综合学习能力。

一、自主学习的原则

在小班化教学中，引导学生进行自主学习和思考，实现教学的公平公正，同时更好地锻炼学生的自主学习能力，让学生能够根据自身掌握的知识内容解决实际问题，进一步提升学生的综合素质与能力。小班化自主学习的原则如下：

（一）平等公正原则

教师在实施小班化教学时，需要秉持平等公正的原则，站在学生的心理和角度上去思考问题，提高对学生的关注度，做好教学资源的分配。尤其是教学指导和教学评价，要做到一视同仁。

（二）双赢互惠原则

与传统教学模式不同，小班化教学模式需要教师和学生共同参与，所以小班化教学模式需要坚持双赢互惠原则，让课堂更加合理化、理性化，实现教师和学生的双向发展，从而构建良性的课堂教学模式，保证课堂教学质量。

（三）双向适应性原则

教师和学生是课堂教学是否成功的两个关键因素。很多教师认为在课堂教学中只需要教师去适应学生，但事实上教师与学生在课堂教学中是相互适应的，尤其是小班化教学中，师生之间有了更多的互动交流，在这种情况下更需要教师和学生进行双向适应，所以小班化教学模式中，还需要坚持双向适应性原则才能更好地保证小班化教学质量。

二、自主学习的特点

小班化自主学习实际上是元认知监控的学习，体现着主体所具有的能动品质：学习是自主的学习，自主是学习的本质，自主性是学习的本质属性，是学习者在学习目标、学习内容、学习方法、学习材料等方面根据自己的需求进行自由选择；是学生根据自己的学习能力、学习任务要求，积极主动地调整自己的学习策略和努力程度的过程。它要求每个学生对为什么学习、能否学习、学习什么、如何学习、学得怎样、如何改进等问题有自觉的意识和反应。小班化自主学习具有如下特点。

（一）学习主体的自立性

自立性是自主学习的基础和前提，是学习主体内在的本质特性。学习是学习主体“自己的”事、“自己的”行为，是任何人不能代替、不可替代的。在小班化课堂中，每个学习主体都是具有相对独立性的人，都具有自我独立的心理认知系统，都具有求得自我独立的欲望，都具有“天赋”的学习潜能和一定的独立能力。小班化自主学习中每个学习主体在学习过程中对信息的独立分析、思考更具有自己的独特方式和特殊意义，能够依靠自己解决学习过程中的障碍，从而获取知识。

（二）学习目标的自为性

学习目标是学生的学习指向，是学生经过努力可以达到的结果。学习自为性是独立性的体现，自为学习本质上就是学生自我生成、实现、拓展知识的过程。在小班化课堂中，学生学习目标的确定具有自为性，即学生在教学目标的调控下，可以根据自己的知识基础、能力水平、个性特点等制定合理而有针对性的具体学习目标。也就是说，不同层次的学生可以自主确定适合自己的学习目标。

（三）学习内容的选择性

在传统的课堂教学中，学生的学习内容常常由教师确定，学生只是被动地学习。而在小班化课堂教学中，学习内容是由教师和学生依据自身的知识结构和能力基础以及兴趣共同确定的，允许并鼓励学生根据自身素质和兴趣发展自己的特长。允许学生有选择学习内容、学习方式、学习方法的权利。教师充分尊重学生的学习意愿，按照全面发展与特长发展的要求，对学生的偏科倾向进行科学引导，学生在完成基本学习内容的基础上可以自主选择其他学习内容，能更好地鼓励学生发展自己的优势和特长。

（四）学习方式的多样性

小班化的学习方式是面向每一个学生，尊重和发展每一个学生。教师引导学生根据自己的认知风格和学习习惯优化学习方式，学生不再是知识的接收器，而是自主学习的探索者，能够按照自己的学习方式学习知识，通过多种途径获得知识并学会学习。也就是让学生自己掌握钥匙，去打开知识的宝库，体会运用知识与技能解决实际问题的意义。

（五）学习资源的丰富性

学习资源是学生各种学习活动赖以生存的土壤和教师开展教学活动的必要凭借，没有丰富的学习资源，学生的学习热情就不能被激发出来，学生的思维就不能被激活起来。而学习方式的多样性和学习内容的可选择性决定小班化课堂自主学习必须以充分的信息资源作为保障，学校必须借助当前信息化社会的优势，结合学生的切身生活情境和学习环境，丰富和建立各门课程的知识信息资源库，整合和拓宽“引学生入胜”的学习资源，并为学生提供获取学习资源的渠道，激发学生自主学习的激情和潜力。

（六）学习过程的自控性

学习过程中较强的自控能力是学生学好功课、发展才智的重要条件。自主学习要求学生在学习过程中有清晰的学习目标和活动方向，调节和控制自己的学习行为。课堂教学过程中学生的自主调控是相对于他控（教师、同学等）而言的，是学生自主选择学习策略、调整控制学习状态等智力和非智力因素的过程，从而获得最佳学习效果。小班化课堂是有意识地让学生了解自己的学习过程，对自己的认知活动和学习活动的方式、特点及效果进行知觉、体验、调节、监控和把握。

（七）学生评价的多元性

在小班化课堂教学中，评价主体不仅有教师，还有学生本人、同学和家长。首先，在每节课上，教师要对学生的学习兴趣、学习方法、认知风格以及情感体验等做出合理的评价，教师应准确把握评价尺度，以自然、真诚、恰当、温馨的语言，及时地、有针对性地评价学生的学习活动，使学生获得成功的体验，增强学生的自信心，培养学生积极完善自我的学习品质和良好的学习习惯。其次，教师还要采用多种形式指导学生互评，从而发掘学生语言潜能，启迪学生智慧，打造活力课堂。最后，学生对学习也要做自我评价，教师指导学生用正确、得体的语言进行评价，这样有利于学生调控学习行为，以达到自我激励、自我教育和自我完善的目的。提倡每节课都给学生提供相互评价和自我评价的机会。

综上所述，小班化课堂教学的自主学习主要培养学习主体自立、自为、自律的学习习惯，其中自立性是自主学习的基础，自为性是自主学习的实质，自律性则是自主学习的保证。学习主体是自主学习的主人，在小班化课堂教学中，学生的积极性被充分地调动起来，信息被充分地激活起来，知识系统被充分地组织起来，经历从探索到选择到建构再到创造的过程，归根结底是由学习主体自己主导和完成的，并使学习主体的目标价值得到充分张扬。

三、自主学习的优势

小班化课堂教学中，学生自主学习确定的发展目标可以被形象地概括为“五学”，即想学——调动并形成强烈的学习动机，使学生具备主动学习的内部动机和意识；能学——培养学生的心智，掌握多样化的学习技能和方法，使他们具备一定的自主学习能力；善学——培养学生有意识地选择最有效的学习方式和策略，使学生知道怎样学习才能省时省力效果好；坚持学——提升学生的元认知水平，使他们拥有持续学习的意识和毅力；自主学——引导学生充分发挥自己的主体能动作用，全面参与学习目标和效果的制定与评价，参与学习内容、学习方式、学习过程和作业的选择与设计，唤醒、激发与提升学生的潜能，促进学生在技能、过程与情感等方面和谐发展，使学生愿学、乐学，从而促进学生自主学习的可持续发展。

（一）尊重学生个体差异，关怀成长每一个

承认学生的个体差异，是开展小班化自主学习的前提条件之一。小班化课堂教学面向全体学生，让所有学生的个性、潜能得到最大程度的发展。尊重学生个体差异，就是要以学生主动发展为本，充分尊重学生的个性发展，让学生充分认识个体价值，树立自信心。因此，教师一定要承认差异、尊重差异、利用差异、发展差异，有针对性地因材施教、分层教学，在课堂教学各环节均实行分层和差异化教学；有意识地培养学生的学习兴趣，发展学生特长，培养每一个学生的成就感，使每一个学生都能获得成功的体验。

（二）强化学生主体作用，智慧成长每一个

小班化自主学习通过为个体学生创造最优化的学习环境，培养学生的自主学习能力，激发学生内在的学习潜能和热情，学生的主体能动作用和创造力得到了较大程度的挖掘。学习过程不是学生被动接受知识而是积极建构知识的过程，这就意味着学生要对外部信息做主动的选择和加工，即学生是信息加工的主体。在这一过程中，学生的主体作用得到不断强化。

（三）强调学生自主建构，创新成长每一个

学习并不仅仅是教师将知识传授给学生的过程，而是学生自主建构知识的过程。学生以自己原有的经验体系为基础，对新的信息进行重组，以建构自己的理解。原有的知识又因为新经验的进入而发生调整和改变，所以学习并不是简单的信息积累，而是新旧知识认知结构的重组，是学生对信息的处理和转换过程。在小班化教学环境下，由于班级规模的缩小，“阳光”能“普照”到班级中的每一个学生，在教师的引导下，学生能在更广阔的时空中对信息进行处理和转换，对知识的认知结构进行重组，因而也就能够开展真正意义上的自主学习。

四、自主学习的策略

小班化课堂教学策略是为了充分利用小班班级容量小、师生交往互动空间大的优势，使全体学生得到更充分的发展，从而体现小班化教学特点所采取的教学内容、教学设计、教学方法等多种教学行为的综合方案。自主学习是新课程倡导的学习方式，它主张充分发挥教师在课堂教学中的主导作用，全心全意服务于学生，从学生的发展、需求出发，更新教学手段，拓展学生

的自主发展空间，为学生创设情境、提供条件，让学生在自主学习的过程中解决问题、获得知识、提高技能，培养学生求知、求新、求真的探索精神。在实施探索小班化教学的过程中，遵循以学生主体活动为基础，体现综合性、可操作性、灵活性、创造性等原则和策略，教师努力实践，不断总结，发现规律，教学相长，逐步形成一些开展小班自主学习的策略，使小班化教学朝着科学化的方向发展，以适应新时代不断发展的需要。

小班化自主学习策略的内涵可分解为“六自”，即自主确定学习目标、自主选择学习内容、自主采纳学习方式、自主调控学习过程、自主选择（或设计）作业和自主评价学习效果。下面我们就结合教师在教学中的实例，从这六个方面来阐述。

（一）学习目标自主分层确定的实施

在传统的课堂教学中，学生的学习目标完全由教师提前确定，学生只是被动地按照这个目标来学习。这个学习目标是根据大多数学生的已有知识技能水平来确定的，因此它并不能反映学生个体的目标差异。

每个学生都是独一无二的，我们的小班化教学设计要力求做到因材施教，着眼于每一个学生的个体发展。所以，要改变以往教学目标单一的状况，针对同一班级内不同的学生，从各个不同的角度考虑学生个体的差异性，突出教学目标的多元性和个性化。多样化的教学目标设置为基础、提高和发展三个目标层次，相邻目标交叉呈现，便于弹性调整，使教学目标指向每一个学生的“最近发展区”，既做到目标的全体性、层次性、整体性，又做到张扬学生的个性。

引导学生自主选择学习目标。教师应从整体入手，在学生自我感知的基础上，由学生自我确定对自己有意义的学习目标。学生可以根据自己的实际情况，选定自己最需要的、最感兴趣的学习内容。这样，既避免了教师重复性的劳动，也满足了不同层次学生的需求，使学生在各自原有水平上得到发展。

由于目标是以学生为中心的自我选择，这也成为一个激发学生学习动机的环节。因其既适应了学生的个体差异，使学生学得主动，又形成了竞争机制。因此，这种量体裁衣、因材施教的教学方式，最终能够让各层次的学生确定自己的学习目标，享受成功带来的快乐。

（二）学习内容自主优化选择的实施

在小班化课堂中，部分学习内容是由教师和学生共同商议后确定的。教师充分尊重学生的学习意愿，学生在完成基本学习内容的基础上，可以自主选择其它的学习内容。对于学习目标不同的学生，他们选择的学习内容可以不尽相同。如在小学语文课堂上，学生完成学习后可以选择自画知识树，绘制思维导图，理清知识点以及知识点的联系点；也可以自找阅读段落，对阅读方法进行强化训练；还可以自愿组合小组，相互交流，相互吸收，资源共享。

在课堂教学中，教师要将学习的选择权还给学生，激发学生自主学习的兴趣，帮助学生学会方法，在生活实践中学习、发现和探索，从而更好地激发学生学习的积极性、主动性，对培养学生的学习能力可以起到潜移默化的作用。

（三）学习方式自主选择采纳的实施

按照多元智能理论，人们的学习方式有着相当大的差异。有的人习惯于通过视觉感知（如观看多媒体课件、阅读短文等）来学习；有的人喜欢通过亲身参与或通过动作体验来学习；还有的人擅长通过听觉来学习。既然如此，我们有什么理由要求我们的学生用整齐划一的方式来学习呢？因此，在小班化课堂上，我们充分尊重学生对于学习方式的选择权，让他们选择自己喜欢的方式进行学习。当然，学生在选择学习方式时，也许会走弯路，但毕竟是学生自主选择的，应让他们在自主实践中去比较、分析、完善、总结、优化，逐步积累学习策略。如在数学课上，学习“10 以内的数”时，学生集体做游戏，每人手上拿一个数字，边唱《找朋友》歌边找他们的数字朋友，然后介绍它的组成；在教学“认识钟表”时，通过猜谜语的形式引出课题；在教学“分数的初步认识”时，组织学生分组分蛋糕，使学生在学习的过程中体验分数的产生；在教学乘法等计算课时，让学生自己上来当小老师，促使学生认真准备、主动学习；在学习“年、月、日”时，根据日历表，分组自学，合作寻找规律。在这些教学活动的处理中，教师就是利用小班中学生容易组织的优势，帮助、引导他们选择合适的学习方式，主动学习，突破难点，使课堂教学更加有效。

1. 课前活动策略

课前准备包括学案设计、环境布置两个环节。其中学案设计需要以学生作为出发点，先分析学生的学情，包括学生的文化知识水平、学习能力等，然后结合学生实际情况，做好学案设计。在进行学案设计的时候，一是要充分尊重学生的个性化差异，从学生学习态度与能力等多个方面，坚持分层设计原则，设计分层目标。二是创新教学内容，内容的设计要“现实的、有意义的、富有挑战的”。如在小学数学教学“统计”时，课前让学生通过上网、看报刊书籍等寻找生活中的各种统计图，课上分组交流；在教学“认识小数”前，请学生在家长的陪同下走进超市，看看物品的标价，找找哪些物品中出现小数，感受小数就在生活中，并试着读一读，为小数的认识做好准备；在教学“角的认识”时，组织学生走进校园，寻找校园里的角，使学习的环境更大。这些熟悉的现实生活与数学知识相联系，使生活和数学融为一体，让学生摆脱以往的传统的授课形式，帮助他们理解数学、喜爱数学，能主动地去学习知识。而在环境布置当中，需要对学生进行分组，分组原则可以结合“组间同质、组内异质”的分组原则，结合班上学生的学习能力、性格、性别、学习成绩等多个因素进行综合考评，然后做好分组，保证每个小组实力相当，能够很好地完成合作任务。

2. 主体参与策略

小班化教学中，要形成“以学生为中心、以学生活动为基础”的主体参与策略，提高学生在教学活动中的参与度，激发学生的学习兴趣和潜能，发展学生的思维。例如，在创新小学语文课堂教学方法和教学手段中，教师巧妙地设置课堂导入，激发学生的学习兴趣，运用音乐、故事、笑话、设置悬念、表演等导入新课，激发学生的求知欲。又如，采用分层教学法，根据每个学生语文水平的不同提出不同的要求；采用合作教学法，将学生分成若干小组，相互配合，友好竞争；采用活动教学法，组织抢答、接龙、小组竞赛、辩论等教学活动，激发学生的学习兴趣，增强小班化教学效果。

一般来说，自主学习阶段通常分为课前预习阶段和小组合作阶段，教师可以先选择具体的教学内容，然后根据教学内容给学生设计导学案，让学生根据导学案的内容来进行课前预习，对即将学习的知识点有一个很好的了解和认识，必要的时候，也需要结合学生的反馈做好导学。而小组合作学习通常发生于课堂教学或者课后学习任务完成当中，教师需要结合之前的分组，给每一个学习小组布置相应的学习任务，让学生以小组的形式更好地完成学习任务，培养学生主人翁的精神，引导学生掌握学习的主动权。完成自主学习之后，为了更好地培养学生学习的兴趣和自信心，教师可以引导学生进行学习成果展示，加深学生对学习内容的认识和理解，也能进一步提升课堂教学质量。

（四）学习过程自主参与调控的实施

关于自主参与调控学习的概念，现在比较通行的定义是指学习者为了保证学习的成功、提高学习的效果、达到学习的目标，主动运用元认知、动机和行为的过程。在小班化课堂教学中，学生的学习过程是一个动态变化的过程。学生依据对教学内容的掌握程度和自身的实际状况，可以随时对自己的学习做出调控，主要表现在课堂学习的投入程度和学习策略的选择、调整、借鉴和优化等方面。

在小班化课堂教学中运用“参与”教学策略时，要把握几个操作步骤：一是全员参与，抓课堂教学中学生的个体学习，让每个学生有比较充裕的时间，根据明确的目标导向进行自学，使个体学习人人参与；抓师生间、生生间的多向交流，形成人人多向学习交流的生动局面。二是主动参与，让学生有话敢说，有问敢提，有疑敢质，愿意、乐于主动参与。三是加强参与指导，不仅要尽量给学生提供充分的参与条件，还要加强对学生参与方法的指导和参与能力的培养。

学生的自主调控能力需要一个有层次的培养过程，而这种能力发展的强弱取决于教师的课堂教学思想。比如，可采用“同步教，异步学 ”的方法进行教学。同步教，即教师根据课程标准、教材内容、不同层次学生的特点，制定每节课的教学计划，设计好 3 套学生能从各自基础出发的学习方法；异步学，即使优等生得到更好的发展，使学困生在异步学中达到教学目标要求，做到下要保底，上不封顶。

对学生自主调控能力的培养应成为一种共识，并融入我们日常的课堂教学中，给学生以自主的时间和空间，让学生在参与、体验、反思的过程中提高自主调控的学习能力。

（五）作业自主设计与选用的实施

在小班化课堂教学中，作业的内涵已经变得非常宽泛。尊重学生个性，培养综合能力是素质教育的要求。在小班化课堂教学中，更需要“关注个体”“张扬个性”。让学生自主设计、自主选择作业，能把学生从统一的指令中、从单调封闭的区域中解放出来，更重要的是能让学生在创造性的作业中得到生动活泼、主动和谐的发展。作业的批改方面，针对小班化特点，教师一对一、面对面地进行作业批改，发现问题，马上讲解，当场过关，可以照顾到每个层面的学生。

（六）学习效果自评与反思的实施

教学评价是教学过程中不可缺少的一个基本环节，由于它对学习具有反馈、调控、改进等功能，因此对学习活动进行科学评价，是培养学生自主学习能力的重要方面。

一般来说，小班化教学模式的评价反馈包括反馈内容、反馈对象、反馈过程等，其中反馈内容主要是学生的学习内容，包括学习的主要知识点、学习感受等，而反馈对象则是教师和全体学生。反馈过程需要引导学生复习所学的知识点，并且能够独立地反馈。

教学评价主要依据教学目标及教学设计，以促进每个学生的发展为基本目标，注重对学生的全面考查。小班化教学更多的还要考虑到学生之间的个体差异，依据他们原有的基础，进行肯定的评价，让每个学生都能够体验到成功的快乐。我们的评价体系中采用学生自评、小组互评、家长评、教师评相结合的方法。在评价学生时，不能单纯以学习成绩作为唯一标准，而是要多方面考查学生。除了考查学生的知识、技能掌握情况，更要关注学生学习态度的转变、对学习过程的参与情况、学生之间的交流与合作等。为了让每一个学生高效地参与课堂学习，在教学过程中，可以创设多种激励机制，灵活运用评价手段和评价方法，让评价既能够改进教学，又能够成为激励学生学习的手段，目的是让每一个学生感受成功的喜悦，建立自信。例如，采用及时评价的方法，当场进行评价，指出学生的优缺点，并提出改正意见；采用多元化评价法，对学生的听、说、读、写能力等进行全面评价。同时，将教师评价、同学评价、自我评价结合起来，注重对学生学习过程的评价，增强评价工作的科学性和合理性，优化小班化课堂教学流程，调动学生自主学习的积极性和主动性。但在实施评价的过程中，教师还要注意通过评价营造一种宽松、民主、自由、激励的氛围，使每个学生获得自信，感受到自身的价值。

五、自主学习要注意的问题

（一）课堂调控不当

在课堂教学中，要想方设法激发学生的学习兴趣和学习热情，形成良好的课堂氛围，有利于学生提升发散思维并畅所欲言，这是发挥学生主体作用的前提条件。有些教师却忽略了这一前提，只顾自己滔滔不绝地讲，学生则沉默寡言，就算有一两个“尖子生”跃跃欲试，也是教师和一两个学生在对话，而大多数学生则成了台下的观众。学生主体作用的发挥绝不仅仅指一两个学生，应尽量使每个学生都“动”起来。在大多数学生无动于衷、思维处于抑制状态的情况下，怎么能谈得上发挥学生的主体作用呢？在教学过程中结合学生的实际特点，采用多种教学方法，全面调动学生的主动性和积极性，循循善诱，培养、激发学生良好的学习动机，让学生主动参与、交流合作、探究发现，从而合理引导学生自主学习、培养自我探究能力，达到使他们由知识型向知识能力型转化的效果。自主学习是在教师引导下的自主，不是放任自流。有的老师认为既然是自主，教师提出教学目标和主要问题后就不要管了；还有的老师在自主教学中，不知道哪些内容应该是让学生自主的，哪些内容应该是教师引导的。自主学习要求教师下放那些属于学生的权利，即学生提问的权利、自主探究的权利、合作交流的权利、发表意见的权利、创造性解决问题的权利。自主就是在相应环节留给学生相应的时空。教师的引导需要教师指导学生提出有价值的问题。当学生遇到困难，仅靠自主学习不能完成任务时，需要把思维进一步推向深入时，都离不开教师的导向作用。

（二）目标导向不强

在课堂教学中，不能只追求课堂的热烈气氛，有些课堂看似气氛热烈，但学生所指向的问题与教学内容、教学目标无关，甚至无关紧要。这样的课堂教学看似热闹非凡，但漫无边际、缺乏实效。原因就是教师忽视了教学的目标导向，忽视了自身的主导作用，片面地认为只要学生积极发言就是自主学习得到了充分的发挥。

（三）问题设计无效

在自主学习中，由于问题设计没有真实性、开放性和探究性，致使自主学习无效。有的老师虽然注意到了尊重学生的主体地位，采用自主学习引导学生广泛参与，但是设置的问题没有实际价值，导致学生没有参与的兴趣，从而很难激发学生的思维。在教学中，教师应根据教学内容，联系学生的生活实际创设问题情境，提出符合学生个性发展的问题，促使学生带着问题去学习，引发学生质疑并激发兴趣，积极思考，进而不断发现问题、解决问题，让学生通过主动地尝试和探索，经历解决问题的过程。

（四）面向全体不够

对于一些学习成绩好、接受能力强的学生，他们往往有自己独特的见解和主张，所以在不少课堂中会出现这样的现象：教师比较关注学生的自主学习，而参与的对象主要是上述部分学生，在课堂教学的参与度中，教师不约而同就会跟着这些学生的思维进行教学，而中等生和相对较差的学生则丧失了“发挥”的机会。这种现象的原因就是教师没有遵循大多数学生的认知规律，违背了教学要面向全体学生的原则，限制了大多数学生主体作用的发挥。

（五）教法优化不够

有些课堂从教学环节看，好像是根据学情设计来安排的，是以学生为主开展自主学习的，但是具体到每个环节的教学时，教师仍采用一问一答的机械模式，牵着学生跟着自己的教案走，不容半点变化。学生想说，教师不是不让说就是置之不理或者敷衍了事。这是因为教师的教学方法单一、滞后，没有根据学生的实际情况优化教学方法和策略，没有引导学生自主提出问题和解决问题。以往课堂教学缺乏活力，问题在于教师的问代替了学生的问，教师的思维代替了学生的思维，学生学得枯燥乏味。在新的学习方式中，教师要引导学生自己提出问题、分析问题、解决问题，要依学生的问题展开教学活动，让学生带着问题来学习。解决什么问题、怎样解决问题应是学生自主的行为，教师不可包办代替。学生在解决问题的过程中，教师的作用是点拨引导、提供条件、补充资料、创设氛围，引导学生自主进行过程调控。在自主学习中，学生应不断审视自己的学习过程，根据实际情况及时做出调整。

（六）学法指导不力

“教是为了不教”“教学的最终目的是教会学生学会学习”。这就要求教师在课堂教学中重视学习方法的指导，培养学生自主学习的能力。但有的教师只注重学生主体作用的发挥，却忽视了对学生学习方法的指导，学生的学习仍然处于被动状态，依赖性强，离开教师还是不会学习，这在某种程度上反而制约了学生的发展。

第二节　小班化合作学习

“教育的目标是培养学生自己学习，自己研究，用自己的头脑来想，用自己的眼睛来看，用自己的手来做这种精神。”小班化最大的优势就是有充裕的时间让学生自己发现问题，让学生拥有独立思考、主动学习的空间。整个课堂教学以学生为中心，合作学习成为常态化学习方式，通过合作学习来关注每一个学生，形成多元化的活动，在活动中感受、体验、领悟、建构，学生成了课堂的真正主人，教师的主导作用也得到充分的发挥。

合作学习是以学生为主体，以小组为形式，为了共同的学习目标互相学习、互相促进、共同提高的一种学习方式，它将学生真正视为学习的主体。实施合作学习，不仅是一种教学形式上的转换，还是一种教育观念上的转变，它强调在完成学习任务的同时，重视合作能力的培养。它主要是充分利用教学中动态因素间的互动，特别是学生之间的和谐互动，在合作学习中共同达到教学目标。合作学习不仅有利于调动全体学生的学习积极性，激发求知欲，增加语言表达机会、交流机会和活动机会，更有利于培养他们的人际交往能力，进而培养学生的合作能力和团队精神。

小班化课堂教学中采用小组合作学习的方式，既可以进行差异化教学，实现个别化教育，又可以激发学生的学习兴趣，启发学生互敬互学，公平竞争，发挥集体的智慧，挖掘每个学生的潜能。发挥了师生间、生生间的相互交流协作功能，增进了学生间相互交流、相互启发、相互帮助的意识。

一、合作学习的优势和意义

小组合作学习是以小组整体表现为评价对象的一种学习活动。即我们不以个人表现为评价依据，而是以各个小组在完成合作学习目标过程中的总体表现为评价依据。把个人之间的竞争转化为小组之间的竞争，从而促进小组的内部合作，让每个小组成员在小组活动中得到最大程度的发展。

小班化教育实行小班额配置，在课堂教学中，可以充分利用小班的时间资源和空间资源，实施因材施教，师生参与合作学习的密度、程度和效率得到增加或增强，让每个学生充分享受教育资源，促进学生的个性发展。在合作互动中，学生在教师的指导下，达到自主、合作、探究性的学习目的，充分发挥主体的积极性和创造性，提高学习质量，促进学生主动、健康地发展。在这样的教学氛围下，学生有更多的质疑、表达自己的独到见解以及动手实践的机会，有利于他们综合素质的提高。小班化为课程改革创造了极为有利的条件。

（一）合作学习的优势

1. 课堂教学空间和时间条件改善，教育资源标准提高

小班课堂具有人数优势、空间优势、环境优势、师生关系的优势，有利于教师根据学生的实际情况、个性特点，培养学生的合作学习能力。

（1）小班化教学班额小

小班化教育班额规模变小，课堂呈现小型化，这样奠定了教师改变教育教学方式和方法的基础，从而使许多大班教育难以实施的教育教学方式和方法有被采用的可能，更容易实施个性化教育。

（2）小班化教学空间大

小班化教育班额规模小，教室里活动空间相对扩大，能够更加灵活地排列教室内的课桌椅，更有利于开展小组合作学习，有利于课堂上开展各种活动，给学生提供了动手、动口、动脑主动参与学习和实践的机会，有利于学生更好地掌握知识和技能，形成正确的人生观和价值观。

小班化教学座位排列常规方式主要有以下几种。

方形四人或六人组排列：每个小组的桌子按正方形或长方形排列，学生两两相对而坐。小组间可以开展互学、讨论、交流活动，体现教师为主导、学生为主体的原则。

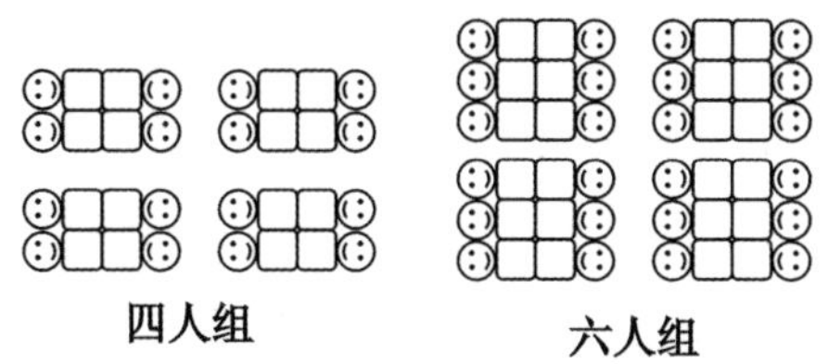

棱形组排列：当学生的注意力能够较快较好地集中时，或者合作学习次数较多、班级已经形成团队学习的习惯、常态化应用合作互动学习时，可以将学生课桌排成棱形，让学生面对面形成规范式六人组。

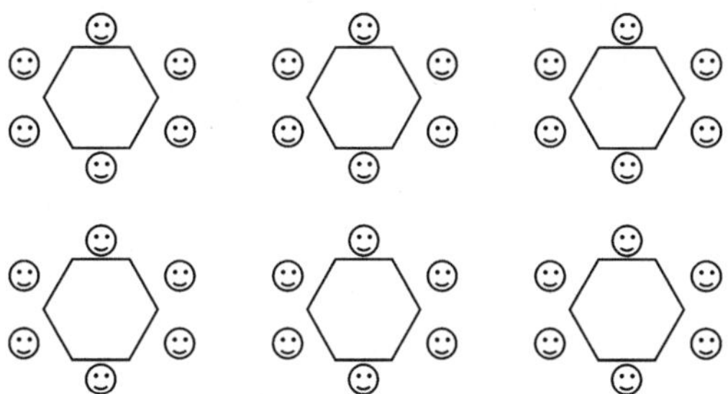

环形排列：不使用桌子，全班同学围坐成一个大圆形进行学习和讨论，教师在中间。圆形排列把全班同学最大可能地聚集在一起，大家相互之间都可以看到，有利于言语和非言语交流的进行，从而增进同学间的交往，活跃课堂气氛，大家平等地坐在一起，教师的目光可以很容易地停留在学生身上，给予他们更多的关注，激发他们敢于在课堂上表现自我的欲望，建立和谐友好的同学关系和师生关系。

U 形排列，将课桌椅编排成 U 形，教师一般处在 U 形的开口处。U 形排列有利于教师掌控整个课堂教学，方便走动，观察学生的学习情况，并能及时给予帮助和指导，从而有利于师生关系的发展。

2. 师生交互活动方式的改善，有利于个别化指导

小班化课堂教学方式灵活多样，学生的主体活动和主体发展更加被关注，学生在课堂教学中受教育的机会增加，教师可以为学生提供平等、充分、个

别化的教育，教师课下对不同层次学生的个别化指导的机会增多，师生之间的信息得以及时沟通，教师能够深入了解、指导学生，管理更精细到位。小班化教育可以使学生的学习效率、学习质量和综合素质得以有效提高，个性化得到发展。

3. 小班化教育理念的转变，提升育人效果

小班化教育在先进的、科学的理念指导下，教育的内容、方式、组织形式、教学过程等都发生了全新的变化，教育资源进行了全新组合。它改变了以往课堂教学中老师与学生的单向交流方式，学生参与活动的时间增多。师生间、生生间可以进行更加充分的讨论互动，学生在老师的指导下，达到自主、合作、探究性学习，充分发挥主体积极性，提高学习质量的效果，能够促进学生积极、主动、健康地发展。在这样的学习环境中，学生有更多的机会质疑、动手实践，有利于他们综合素质的提高。

（二）合作学习的意义

1. 有利于拓宽学生的学习渠道

小组合作学习通过“组内合作”“组间竞争”，师生间、生生间的多向交流，为学生创造了更多的发表自己看法的机会，提供了一个较为轻松、自主的学习环境，提高了学生的创造性思维能力，将学生的学习由课内延伸到课外，使他们在参与学习的活动中得到愉悦的情感体验。

2. 有利于提升学生的学习能力

在小组合作学习中，突出了学生的主体地位，学生在合作中学会正确认识自己、评价自己和他人，逐步克服以往那种以自我为中心、片面评价的现象，学生的社会规范意识、社会责任感及团队合作精神得到增强，有利于提高他们的社交能力、总结能力、交流表达能力。

3. 有利于提高学生的参与能力

在小组合作学习中，小组中每个成员都要积极、主动地参与到学习活动中，学习任务由大家共同分担，集思广益，人人都尽其所能，问题就变得容易解决。小组合作学习为每位学生营造了良好的参与学习的氛围，为发展学生的合作品质、提高学生的综合素质以及终身学习的能力打下坚实的基础。小组合作学习是同学之间互帮互学、互爱互助、相互沟通感情的过程，它使每一个成员都融入集体中，增强了集体意识。

总之，在教学中采用小组合作学习的方式，形成了师生间、生生间全方位、多层次、多角度的交流模式，小组中每个人都有机会发表自己的观点与看法，乐于倾听他人的意见，使学生感受到学习是一件愉快的事情，从而满足了学生的心理需求，有利于促进学生智力因素和非智力因素的和谐发展，最终达到学生爱学、会学、乐学的目标，有效地提高了教学质量。

二、合作学习的分组形式及策略

合作学习，首先需要解决的是学生的分组问题，这也是合作学习能否取得成功的前提。为了提高学生的求异思维、创新思维，让学生个性得到充分的、健康的、全面的发展，让学生进行愉快和谐、富有成效的合作学习，必须科学地构建合作小组。

合作学习以小组为基本组织形式，学生依不同性别或能力，混合编成若干小组，大致可分为“四人组”和“六人组”两种模式。小组合作学习不是独立于课堂教学之外的学习方式，而是课堂教学的有机组成部分，它强调的是小组内部学生的合作与互动。小组成员分工合作，相互扶持，彼此指导，共同努力完成学习任务，达到预期的学习目标。

（一）科学合理分组

1. 合理安排小组人数

小组人数一般以 4 至 6 人相邻合作学习为主，循序渐进，深化发展。在小组合作学习时，组内每个学生合理分组，提升展示和交流的机会，有利于小组成员的共同发展。

2. 科学搭配小组成员

小班化课堂较之于大班额的配置，其教育活动在时间和空间上会得到保证。我们充分利用小班的空间资源，使师生互动和生生互动的密度、程度、效率得到增加和增强，让每个学生享受教育资源，促进学生的个性发展。小组成员的搭配直接关系到合作学习的效果，大体可按照“异组同质，同组异质”的原则进行分组。针对学生注意力不集中、学习热情低的问题，教师要从学生个性差异、兴趣爱好和需求入手，进行异质编组。“异组同质”能够保持组际之间的均衡性，有利于组际间的交流和竞争，有利于对各组学习活动的评价，有利于同学之间相互帮助，培养合作精神。“同组异质”就是根据不同学生的学习态度、学习习惯、学习能力和个性特征，将学生均衡配置，有利于同学之间互相促进，共同提高。

3. 巧妙安排小组座位

合作学习之前，要进行小组划分，进行小组成员编号，使小组成员共同参与、共同完成任务，积极开展合作学习。针对不同的课型和活动形式，教学中大致有“非”字形和“U”字形小组座位排列形式。当然，排列形式要根据具体情况具体安排。

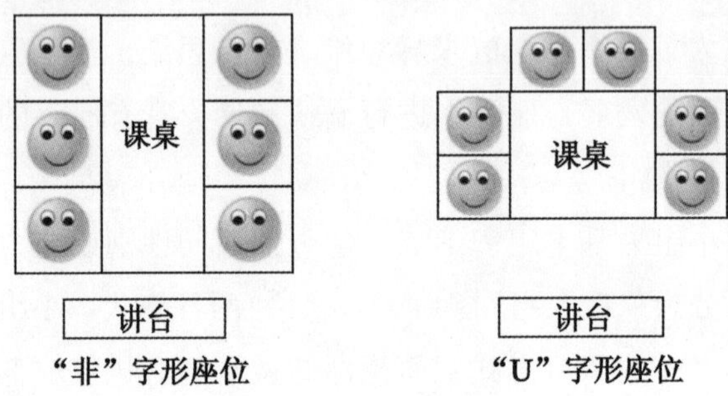

“非”字形座位　　“U”字形座位

合作小组需要对不同层次的学生进行优化组合，使每个小组都有高、中、低三个层次的学生。根据这种排列形式设置好具体的课堂听课模式：听课式、自学式、讨论式，使学生在整个课堂中能够充分利用好空间优势进行学习。

（1）两个学生面对面坐在一起。A1、A2 两名优等生面对面坐在中间。中等生 B1、B2 和后进生 C1、C2 坐在优等生的两侧。

B1	B2
A1	A2
C1	C2

（2）A1、A2、B1、B2 四名学生的座位同（1），C1、C2 两名后进生面朝黑板，紧挨两名优等生。

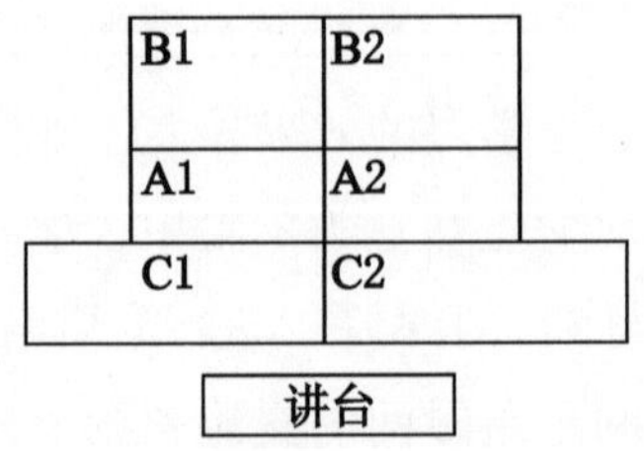

（3）一对一的排列形式。

C1	A2
A1	C2

4. 科学进行组间调整

合作小组成员之间的关系相对稳定，这有利于学生间的互相了解、优势互补。但是，一段时间的合作学习之后，小组间就会发生一定的变化，科目的不平衡、学科的搭配不合理、性格的差异等，这时学生的分配就需要进行及时的人员调整或重新搭配，不断改变学生的合作对象，使之更好地发挥自己的优势，更多地增进了解，进一步增强合作能力。

（二）掌握策略实行合作

1. 教师问题设计策略

在课堂教学中，教师要改变以往的教学模式，以提出问题、自主思考、合作交流、归纳总结这四个环节为主要过程，然后根据学科特点进行细化和创新。开创课堂中学生自己创设问题、自己回答问题的新模式，真正发挥合作学习的作用。

在课堂小组活动中，为了使小组合作学习落到实处，在课堂上得到时间的保证，提高小组成员的思维含量，教师在活动预设方面要精心准备，并设计恰当的问题。

第一，选择的问题要有价值。一个问题，如果比较简单，多数学生经过独立思考就能得到快速解决，那就没有合作学习的必要了；相反，如果问题太难，讨论很长时间也得不出结论，这样的问题也没有必要开展合作学习。合作学习要选择有思考价值的问题，能引起学生的高度兴趣并能使学生产生强烈的求知欲的问题。

第二，设计的问题要开放。开放性的问题解法多种多样，结果不唯一，很吸引学生的注意力。同时，这样的问题学生往往考虑得不够全面，个人独立思考会有一定的困难，急需与其他同学进行交流。合作学习给他们提供了一个展示自己、让别人了解自己的平台。在合作交流中，彼此观点不断碰撞，有争议的问题会变得明确，对知识的理解也会更加深刻。经过同学们的合作探究、思辨，既让学生在轻松和谐的气氛中巩固旧知识，又培养了他们的创新思维能力。

2. 培养学生的合作习惯策略

学会倾听。就是要学会在与人交谈时，克服浮躁之气和轻慢之举，认真仔细地听取别人的发言，不随意打断或插话。小组成员必须听清老师的要求，听懂小组分工的任务，听明白其他同学的发言，同时也要听得了表扬之词，听得进批评之音。俗话说："三人行，必有我师焉。"学会倾听能使我们懂得取长补短，弥补自己考虑问题的不足，能使我们举一反三、触类旁通。

学会质疑。在小组活动中，肯定别人优点的时候，还要敢于质疑。如果有疑问，应立即追问为什么；有不同的见解和意见时，要大胆质疑；对同学们没想到的、没说完的，要勇于补充。这样就会使我们的课堂更加富有生机与活力。

学会表达。仅仅会听是不够的，每个学生必须学会表达。在课堂教学的很多时候，经常只有那么几个学生举手，一些学生在参与小组合作讨论时的发言很有价值，等到全班交流时却没有了声音，还有一些学生表达不够清楚。为此，教师要调动所有学生的参与欲望，培养学生敢说的勇气，把一些容易表达或简单的问题让不爱发言、学习较困难的学生来回答，并给予他们肯定与鼓励，使他们能够有表现自我和获得成功的机会。

3. 时机把握策略

学生的心理特征是好与人交往，好表现自己，在小班中进行合作教学，让学生参与互动，就顺应了他们的心理特征，为他们提供了一种思维摩擦和碰撞的环境，他们在学习过程中互相帮助，把各自的想法相互交流，取长补短，谋取集体智慧的结晶，使学生真正成为学习的主人。

不是所有的教学内容都需要采用合作学习的形式，更不能用合作次数的多少来评价小组合作的效果。而是要根据学生现有的认知水平、教材内容等情况选择有利的时机让学生进行合作学习。经过对多次听评课的研究，我们认为适合的小组合作学习时机主要有四个方面。

（1）把握教学重难点处理时的合作时机

在教学中，学生对教学重点、难点的学习有很大的困难，这就要求教师在备课时要设计灵活的合作学习活动，让学生充分发挥主体作用，培养他们探索知识、发现问题、解决问题的能力。对教学重难点的处理，主要是通过组织学生利用小组合作进行学习，有效地对学生进行方法的渗透，引导学生有层次地进行分析、比较，真正让学生积极参与到知识的形成过程，最大限度地调动学生学习的积极性。

（2）把握生疑、质疑时的合作时机

在课堂教学中，教师一般都会设置一些质疑性的问题来激发学生求知、探索的欲望。然而很多学生对新知识的掌握不理想，表现出困惑，经过自己反复地思考、实践，也不能独立解决困惑。此时就要把握时机，采用合作学习，这样就可以形成较浓厚的研究氛围，激发学生的探索欲望，达到“柳暗花明”的效果。

（3）把握观点矛盾、思想碰撞时的合作时机

学生对于问题总会持有不同的观点，在课堂教学中，经常会有认知上的矛盾冲突。大家各抒己见，此时要把握好合作学习的时机，开展合作学习，成员间积极展开思想碰撞，学生在争辩的过程中能够灵活运用所学的知识，学会倾听，学会合作。这样有利于培养学生的竞争意识、合作精神，充分发挥学生的主体地位。合作学习使学生的主体思想驰骋在自由辩论的空间里，毫无保留地展示他们的想法，精彩的、具有创造力的想法就会脱颖而出。

（4）把握实验、操作时的合作时机

在课堂教学中，在实际的动手操作活动中，学生个人是很难靠自己的智慧和行动独立完成任务的，这就需要发挥小组成员的智慧，分工合作，共同完成。通过小组的合作学习、实际操作，每一个学生都有动手动脑的机会，在合作中他们学会了分工，懂得了活动操作的有序性，认识到合作的重要性，有助于增强团结协作的思想意识。

总之，教师组织学生进行合作学习时，要掌握策略，培养学生的合作意识、团队精神，从而提高教学质量，引导学生从学会走向会学。

三、小组合作学习的方式

如何提高合作的有效性，这是大家特别关注的问题，除了合理的分组分工、良好的合作时机等因素外，适当的合作方式对提高合作效率也有很大的帮助。

1.“交流研讨式”。主要体现在以探究新知为目的的新授课以及有一定思

维难度的习题课中。在课堂教学中，教师要把握好尺度，所提的问题必须与学生的“最近发展区”相适应，同时也要有一定的难度和挑战性。只要学生对问题“跳一跳，够得着”时，就让学生独立思考，而“跳一跳，够不着”时，小组合作也就水到渠成了，此时的合作氛围、合作效果都是最好的。这种合作适合的方法是以讨论为主，成员各抒己见，在认真倾听其他同学发言的基础上补充自己的观点。

2. “实践探究式”。主要体现在以动手操作、探究新知为目的的合作学习中。教学活动要求学生在实践探索的过程中体验、学习。在实际动手操作的过程中，有时学生个人无法独立完成，这就需要融合小组成员的聪明才智，分工合作，共同完成。通过小组合作，操作与思维有机结合，激发学生学习的主动性，培养学生的协作精神、操作技能及解决问题的能力。

3. “互助矫正式”。即我们说的以订正练习或作业答案为目的的合作学习。当课堂内容较为简单且知识点较多时，教师无法面面俱到地讲解全部内容以及照顾到每一个学生时，合作学习就发挥出其强大的优势，组长与组员的协作能恰到好处地解决这一问题，而且由于各组成员的不同，出错题目不集中，采用这种方式能够有针对性地解决每个同学的问题。

四、合作学习分层评价方式及应注意的问题

（一）合作学习分层评价方式

分层评价是指关注学生的个性差异，以提供学生在完成学习与生活活动中所表现出的各种能力和心理特征的动态的信息为主要方式，以形成性评价为主要途径，以多种评价方式为主要手段，以学生的发展为根本目的，为学生提供全面的、多元的评价信息的一种评价方式。多样化的呈现方式不仅为教学提供依据，更为学生了解自身发展情况提供依据。那么，如何对合作学习进行分层评价，并保证评价结果的有效性与可靠性，更有效地促进学生的个体发展？

小班化分层评价应是纵向评价和横向评价相结合。横向评价方式，全班学生共用一个评价标准，可以清楚地看到每个学生的学习情况。纵向评价方式，不同学生个体或群体合用一个评价标准，可以考查学生的发展水平，有利于鼓励学生个体的进步。

1. 个人与小组评价相结合

学生是一个有生命力的群体，他们思维活泼。在课堂上，我们一定不能忽视对他们的评价。在小组合作中，教师要对学生进行评价，要兼顾各个小组和个人。教师不能清晰地了解每一个小组和每一个同学，这就要求学生在参与的过程中对自己、对本组同学的表现自评和互评，这样会使评价更公平公正，也更客观、更具有说服力。同时，给学生以评价自己和他人的机会，能够让学生在评价过程中互相学习，学会如何评价，学会如何调整自己的言行。学生参与到评价中来，有利于提升学生自我管理的能力。

2. 组际互评

组际互评，就是学生以组为单位，以组长为代表，整合组内同学的意见，对其他各小组展示的作品进行评价。这一阶段的小组得分作为小组成员的共同得分，有利于促进组内成员形成互帮互助的学习氛围，培养小组成员为了共同目标而努力的团队意识与合作精神。

3. 组内评价，强化合作意识

在学生自我评价的基础上，还应进行小组成员之间的相互评价。这种评价能够修正个体在评价中的不足，提升自我评价水平。学生对小组内的合作伙伴就合作态度、合作方法、参与程度等方面进行评价。组内成员在合作交流方面的评价不仅较为全面、准确，而且被评价的学生也乐于接受，弥补了教师在这方面评价上的不足。通过成员的评价，肯定成绩，指出不足，学习他人的优点，反思自己的不足，使得学生个体在理论和操作技能方面都能上一个新台阶。

总之，教师组织学生进行合作学习时，要使合作学习真正服务于小班化教学，服务于学生综合能力的提高，体现出合作学习有实效。在分层评价时，要使学困生走出低谷看到希望，中等生增强信心积极进取，优等生勇于竞争尽展才华，从而为小班化教学增加实效。

（二）合作学习应注意的问题

合作学习强调师生间、生生间的和谐互动，小班化教育则为合作学习的开展提供了非常有利的条件。真正有效的合作学习，必须经过教师长期、有目的的训练、培养，小组成员之间的相互适应、磨合。因此，小班化教育中有效的合作学习应该考虑到以下几个方面。

1. 相互信任，共同合作

在合作学习中，学生要具有“人人为我，我为人人”的意识，明确自己的责任和意识。小组要有共同的目标，组内每一个同学参与、分工、查找，然后共同讨论，才能提高效率。合作中，组内成员缺一不可，自己的行为要为大家负责，偷懒、疏忽会影响小组完成任务的速度和质量。针对班级里一些学生缺乏基本的合作技能，在分组时教师要有意识地把这些学生分别安置在不同的学习小组内，避免组内冲突，造成小组学习的内耗。教师要教会学生一些社交技能，使他们彼此认可，相互信任，准确交流，实现高质量的合作。

2. 生生互动要有效

教师的一切课堂行为都是发生在学生群体关系的环境之中的。在课堂上，学生之间的关系比任何其他因素对学生学习的成绩、社会化的塑造和发展的影响都更强有力。与同伴的相互关系是学生身心发展和社会化赖以实现的基本关系。生生互动是教学系统中尚待进一步开发的宝贵的人力资源，是教学活动成功的不可缺少的重要因素。在有效的合作学习中，学生个体应该有足够的时间和空间相互提供足够、有效的帮助，交流各自所需的信息和材料，互相提供反馈信息，对彼此的结论进行质疑与讨论。

3. 明确个体责任

为了避免小组内有的成员思想开小差，聊些与任务无关的事，每个学生都必须承担一定的任务，并掌握所分配的任务。明确个人任务，避免同学之间互相推诿以及有的学生不劳而获。同时鼓励后进生，让他们正确认识自己，感受到自身对于集体的价值。

4. 避免个别学生占主要地位

在合作学习的小组内，有的学生能力较强、成绩较好、性格活泼、喜好表现，他们常常居于小组的中心，掌握小组活动权，压制、批评异己的见解，不少组员只能服从、接纳。一定要努力避免这一现象的发生。

5. 保证时间

要保证合作学习的时间。在合作学习过程中，如果没有充分的时间做保证，那么小组讨论只能是组内优等生的“一言堂”，会剥夺大部分学生思考的时间，使他们参与教学活动的积极性、主动性受挫，使合作学习流于表面形式而不具有实效性。因此在教学中，应给予所有学生足够的思考、合作的时间，重视生生互动，使他们有机会相互切磋，共同提高。这样，学生会将学习当作一种乐趣，最终进入“学会—会学—乐学”的境界。总之，只有保证了学习时间，才能保证合作学习的质量。

6. 注意教师角色的转换

合作学习提倡教师当好“导演”，学生当好“演员”，在学生进行合作学习的过程中，教师指导学生如何进行相互交流，监控学生在小组内的交往活动，启发学生的思维，协调小组间的关系，任务完成后，及时进行评价。教师要充当好“管理者”“协调者”“咨询者”“评判者”等多种角色。

第三节　小班化探究学习

探究学习是学生在主动参与的前提下，根据自己的猜想或假设，在科学理论指导下，运用科学的方法对问题进行研究，在研究过程中获得创新实践能力、获得思维发展，自主构建知识体系的一种学习方式。探究学习的过程就是学生在教师的指导下，从学习和生活实际出发，寻求自身关心和有兴趣的问题，通过自己或与同伴共同合作的思考探究、实践体验来解决问题的学习过程。在解决问题的过程中，学生不仅获得知识，更重要的是养成动手操作的实践能力、自主构建知识的能力、创新能力、合作能力等。

探究学习需要大量的时间及精力上的投入。大班教学学生人数多，教师无更多的精力与时间分配给每一个学生，而小班化教学学生人数明显减少，教师能够有足够多的精力和时间照顾到每一个小组、每一个学生的学习需求。学生个体充分享受教育资源的程度、教师与学生以及学生与学生交流的频率、每个学生获得发展的机会都大大增加，这就为实施探究学习提供了良好的条件和保障。

探究学习适用于小学高年级和初中各年级学生，因为他们有一定的学习方法和经验，可以在课堂内外广泛开展。小学低年级学生自主意识较差，虽然能发现一些问题，但是不大会分析，更不会提出假设与研究，因此小学低年级的探究学习主要是在课堂中通过教师的渗透与引导，创造有利于探究的情境，学生间相互帮助，逐步培养讨论问题、解决问题、获得新知、提高综合学习的能力。

一、探究学习的特点

小班化探究学习主要有三个特点，提出“真”问题、过程“真”实践、活动“真”开放。

（一）提出“真”问题

建构主义理论告诉我们，知识是学生自主建构的，不是老师教给的，通过自己的探究与实践建构自身知识体系符合学生的认知发展规律。判断一个学生的思想力和创新力，不在于能不能什么事情都高谈阔论说几句，而在于能不能提出有价值的“真”问题。

“真”问题的提出，一方面是指通过教师创设的问题情境，引发学生的思考和学习，从而提出有价值的问题；另一方面是指学生在自主探究、自主建构知识时，大胆提出自己的疑问。

提出“真”问题时需注意几个原则：

第一，避免提空洞抽象的大问题，问题越大越空，越无法形成有效的交流，要提相对具体的、有针对性的问题。

第二，避免把问题设计得太花哨，绕来绕去让人不知所云，提问应该一针见血，直指要害。

第三，避免“有问题就是好问题”的错误观念，必须注重问题的可研性和深度性，提出值得研究的问题。

只有会提出问题，才有解决问题的思想和思路，才能进行自主探究或合作探究。探究学习的核心就是学生要有问题意识，教师必须要在教学中培养学生的问题意识。

（二）过程“真”实践

提出问题后，要以学生个体为主体，以实践活动为主线，开展系列思考与学习活动。学生在实践的过程中要突出“真”字，即学生调动自己所有感知、语言与动手操作等能力，充分运用已有知识，查阅未知，将自己的已有知识、能力与探究内容相结合，以获得新知识，培养新能力。

在解决问题的过程中，学生必然会遇到各种各样的问题，教师要充分肯定学生，相信学生，给予学生适当的指导，重视学生的自主学习过程，这是探究学习的重点。虽然探究的目的是为了解决问题，但是相对于结果来说，探究的整个过程更为重要。在探究过程中，学生经历了一个完整的发现问题、提出问题、分析问题、解决问题、应用问题、发展问题、创新问题的过程，学习的智力因素得到了充分的发展与提升。

当学生个体自主探究无法解决问题时，我们更多的是引导学生运用小组合作的力量来解决问题。合作释疑是探究过程中一个必要的手段。在合作探究中，学生通过群体分析讨论、论证演示、结论展示等方式获得创新实践能力，发展思维，在自主发展的基础上开展合作探究，不仅有利于构建完整的知识体系，更重要的是发展了学生个体的非智力因素，让学生学会倾听与表达，开拓思维，学会与他人沟通、交流与协作等。

学生的实践活动应贯穿于学习活动的始终。学生就是要通过自己的“真”活动、“真”实践，获得“真”知识，提高“真”能力。

当然，在探究过程中出现的问题，教师要适时地给予指导，让探究的过程方向性更明确，避免无效探究。

（三）活动“真”开放

小班化探究活动的“真”开放就是要将学习的主动权交给学生，让学生大胆猜想、假设、分析、验证、交流与探讨，真正培养学生的创新意识与创新能力。活动“真”开放主要体现在学习的环境、内容、方式、时间、指导方式等方面的开放性。

想要活动“真”开放，具体应关注以下几个方面：

第一，探究环境的创设一定是开放的，并非固有的场所。可以在课内，也可以在课外；可以在学校，也可以在家里；可以在教室里，也可以在实验室。

第二，探究的目标具有灵活性，不需要像课程目标那样具体规范。

第三，探究的内容可以是预设的，也可以是突发的、生成的。可以是课本知识，也可以是课本知识的延伸，还可以是生活实践知识；可以是自我发现的问题，也可以是他人提出的问题。

第四，探究方式的选择，可以是自主的，也可以是合作的。

第五，探究学习的时间，可以是一段较长时间里的长期探究，也可以是较短时间内的短期探究。

第六，探究学习的指导，可以是本学科教师，也可以是其他学科教师，还可以是家长，或是自己的学长和同学。

探究学习活动不可固化目标，不可固化操作，不能只追求结果，而是要追求活动过程的开放性与生成性。探究学习只有“真”开放，才能真正培养学生的过程技能和可持续学习的能力，学生才能爱学习、会学习。

二、探究学习的教学流程

探究学习是学习者通过探究活动学习知识、培养能力的过程。因此，在教学中，我们以开放为前提，以学生自主合作为主要手段，以培养学生综合分析问题的能力为目的而进行教学设计的。整个学习过程以学生体验为重点，鼓励学生运用创新思维和发散性思维，通过观察、体验、分析、思考等，发现问题、分析问题、解决问题，从而得出结论，在自主与合作中构建起完整的知识体系。

探究学习的过程一般分为四步：

一是数据及信息的收集。能利用多种途径，采用简单的设备和工具收集数据，对物体进行观察、实验、测量，并做好记录。在观察实验中，教师要给予学生最大限度的自主权和充裕的时间，让学生在动手的基础上，真正把思维调动起来，做到既动手又动脑，必须让学生明确“动手做”任务。动手之时，要及时进行信息的收集与记录，动手之后，要与同伴交流“动手做”的收获与体会。

二是数据及信息的整理。学生获得的感性事实是零乱的，是缺乏条理性的。教师要引导学生把各自收集到的事实证据进行分析，并且必须教给学生一些整理信息的方法，例如数据分析法等。

三是与假设的对比。与假设不符的，应找出错误原因。

四是结论的得出。教师要引导学生结合自己收集的信息，进行分析、判断、归纳、讨论，从而找出其中的规律，得出结论。

在小班化教学研究中，为进一步细化探究教学流程，我们又将探究学习分为偏文学科和偏理学科两类教学设计流程。语文、英语、道德与法治、历史、地理属于偏文学科，数学、物理、化学、自然、生物属于偏理学科。两类学科的教学设计大同小异，其中偏文学科更为重视学生查阅资料的能力，而偏理学科则偏重于培养学生的实验验证能力。

（一）偏文学科的教学设计流程

阅读材料—提出问题—分析问题—查阅资料—资料梳理—归纳结论—交流表达—点拨引导—总结评价。

若大家认同问题的解答，则问题的探究完成。若大家对问题的解答意见分歧较大，则需要教师指导学生继续采用小组讨论的方式来达成共识，或是采用辩论的方法去找寻最终的结论。

讨论，有利于开阔学生的思维，锻炼学生的语言表达能力、统筹分析能力等。辩论，有利于开动学生的脑筋，培养学生从多方面去考虑问题、分析问题，发展与提升发散思维，加强学生的团结协作能力和团队精神。

这一过程中，教师的指导尤为重要。首先，教师要提供一定的查阅条件或必要的资料，如图书、报刊、电脑等。其次，教师要起到一个组织者、指导者的作用，指导规范学生的探索过程。在整个过程中，教师必须时刻关注每一个学生的探究动态，及时地给予指导，切忌让学生放任自流、漫无目的地探究，使探究过程毫无价值。

（二）偏理学科的教学设计流程

创设情境—提出问题—建立假设—设计方案—实验操作—数据收集—总结梳理—交流表达—点拨诱导—总结评价。

若大家认同问题的解答，则问题的探究完成。若大家对问题的解答意见分歧较大，则需要教师指导学生分析分歧点，看是否能通过讨论分析得出最终结论。若不能，则需要共同分析，再次设计方案—数据收集—实验操作—总结梳理—交流“二”论……直至找到最终的结论。

偏文学科学生出现观点不一致时，运用讨论法，能激发学生思想上的碰撞，调动学生的思维活跃度。当偏理学科的初论出现分歧时，最好用客观的数据呈现，二次进行实验的假设，进行方案的设计与实验数据的收集与分析。借助数据分析有力证明结论，有利于培养学生追求真理、学习真知的科学思维和科学精神。让学生在探究过程中懂得科学上来不得半点虚假，必须严肃严谨，必须求真务实。

在这一过程中，首先，教师要帮助学生拟订合理的研究计划，选择恰当的方法。其次，教师要提供一定的实验条件或必要的资料，由学生自己动手去实验或查阅，来寻求问题的答案，提出某些假设。当然教师要起到组织、指导的作用，可以指导单个学生自己完成，也可以由教师将学生进行分组来集体完成。

探究教学的设计，要明确以下几个方面：

第一，学生是探究学习的主体。在探究学习中，不仅要让学生获得知识，更重要的是培养他们的探究和创新能力，增加他们的情感体验。能力的培养比知识的获得更为重要。

第二，探究学习离不开教师指导。探究学习并非完全是学生自主设计、自行活动，必须有教师合理的指导。教师的指导主要是思维启发，引导学生自主分析，起到四两拨千斤的作用，切忌直接指出错误所在。

第三，探究学习从问题或任务出发。探究学习的前提是必须有值得探究的问题而探，有值得研究的任务而究，若没有有价值的问题，就不必生搬硬套、无病呻吟地探究。

三、探究学习的方式

创新性人才要求教育创新、学习创新，只有学生用科学的方式探究新问题，才能更好地培养其创新精神与能力。在实施小班化教学中，我们逐步形成了一些开展小班探究的方式与策略。

（一）自主性探究

自主性探究，是指学生有强烈的学习动机，在学习中充分发挥个体作用，自己能够积极思考，大胆尝试。通过尝试来获取知识、记忆知识、运用知识。也就是由过去被动地接受课本上现成的知识，变为主动尝试获取知识，由“要我学”转变为“我要学”，再由“我要学”发展为“我爱学”，最后实现“我会学”，实质上是从“学会”到“会学”的过程。

开展自主性探究，要注意以下几个方面：

一是自主性探究的主体是学生。自主探究的问题，可以是学生自己发现提出的问题，也可以是他人发现提出的问题；自主探究的学习方式可以由学生自主选择，自主选择探究内容、探究时间、探究环境、探究时长、探究进度等。在整个探究的过程中，教师要充分相信学生，只给予适当的点拨即可。

二是培养学生的目标意识。学生发现问题不难，提出问题也相对容易。

但是在解决问题的过程中会遇到各种困难，部分学生缺少学习的目的性，学习意志又不坚定，往往会出现中途放弃的现象，这对于培养学生的自主学习能力是极为不利的。因此，作为教育者，必须培养学生的目标意识，让学生懂得自主学习的目标是什么，围绕目标的达成需要做些什么，如果出现困难，目标是不可以随意更改和更换的，要为实现目标而坚持到底。当通过自己一个人的力量无法达成目标时，要主动寻求他人的帮助。

三是自主学习的计划性。自觉主动地学习不是一时的兴起。当有学习任务或为了解决发现的问题时，学习者一旦确定好自己的学习目标，要主动地做科学的探究计划、探究任务、探究时间的安排及探究资料的准备。初始阶段的自主学习安排，一般是在家长、教师的合理建议下进行的；中后期阶段，可放手让学生自主安排探究内容和探究计划。

（二）合作式探究

合作式探究学习方式，是指学生在学习中遇到问题或任务，通过个体的能力无法完成时，采用的两人及两人以上的同伴合作学习的一种方式。

合作式探究，主要采用的学习方式是讨论。借助讨论，学生能够碰撞出思维的火花，培养出合作意识、竞争意识和团队精神，懂得合作才能双赢的道理。

合作式探究主要采用三种模式：

一是合作竞争探究模式。学生独立解决问题时，受非智力因素的影响，往往会出现畏难情绪，有些学生会半途而废。解决这一现象的最好方法是由学生自主选择竞争对手或是教师匹配竞争对手，借助比赛来激发学生探究学习的动力，即两个或多个学习者针对同一学习内容或学习情景，进行竞争性学习，看谁能够率先达到学习目标，从而激发学生探究学习的积极性和主动性。在竞争中合作，在合作中竞争，最终解决探究中遇到的瓶颈问题。

二是角色扮演探究模式。两人以上自愿组合，在探究的过程中分别扮演学习的指导者“老师”和学习者“学生”的角色。对于问题的探究，“老师”可以向“学生”提出各种与本次讨论有关的探究问题，同时“老师”也负责解答“学生”提出的问题，这样的互助学习能使“学生”学习的目的性和方向性更为明确。在探究过程中，角色可以适时互换。

三是群体协作探究模式。由四人以上的学生共同完成某项学习任务或解决某个问题。在共同学习的过程中，学生可以根据各自的长处，合理分工，各司其职，密切合作，互相帮助。在解决问题和完成任务的过程中，通过交流与互动，学生会看到各种不同的理解、思路及表达。在观察与聆听的过程中，他们会理解、辨别、争论、欣赏、接纳对方的观点与看法。同时也学会了反思自己的观点，进一步洞察问题的解决途径和方案，从而达到深度学习的目的。如教学语文《孔乙己》，深入阅读环节就可采用群体协作探究模式。以“小说是从哪些方面对孔乙己进行个性刻画的？从这些描写中可以看出孔乙己是个什么样的人?”为探究问题，首先师生合作以文中一例共同赏析，然后利用群体协作探究以下三个问题：个人找出作者对孔乙己精彩描写的句子；小组赏读，分析其表现出孔乙己怎样的性格特点；小组派代表在全班交流，其他学生评价，个人补充交流。

四、探究学习中教师的作用

探究学习是以学生为主体的学习方式，教师在这个过程中应扮演什么角色，发挥什么作用呢？教师重在“引”与“导”，使学生的探究学习达到预期效果，而小班化教学人数相对较少，教师“引”与“导”的作用更加显著。

（一）探究氛围的创设

没有轻松、和谐的课堂气氛和心理氛围，探究学习很难达到预期效果。在探究学习中，教师要积极创设良好氛围，启发学生大胆求异质疑、求异创新，在探究中解决问题，把被动学习变成主动探究。

教师要努力做到以下三点：

第一，要放下权威。教师应营造宽松的学习氛围，走近学生，融洽与学生的关系，鼓励学生大胆表达自己的观点。同时，教师也要以学习者的身份参与进来，促使学生积极参与探究和学习。

第二，要善用策略。教师创设和谐的课堂氛围，要多用描述性语言，少用评价性语言；对学生多些激情，让学生感觉到教师对自己的重视；教师与学生之间平等相处，不要以权威自居；教学中遇到问题时，与学生共同解决，尊重学生的看法；处理问题尽量灵活，避免死板、僵化处理等。

第三，要创设情境。教师可以充分运用教材中有趣的教学内容和丰富多彩的学习材料，组织观察、实验、游戏等教学活动。可根据学生的年龄特点，努力创设情境，激发兴趣；运用各种教学手段和形式，使学生感到新奇，促使他们想听、想看、想说、想做；创设宽松愉悦的情境，让学生主动观察，认真操作，积极思考，热烈讨论，在愉悦的探究过程中领悟学习的意义。

（二）探究内容的导引

1. 在各科目中都可以开展探究学习

探究学习是一种强调学生主动积极投身其中的学习方式，在各个学科中均可实施。大家通常认为物理、化学、生物学科可以实施探究学习，其实，在语文、数学、英语、历史、地理、音乐、美术等学科的学习中，也应倡导探究学习。

2. 不同学段对探究内容要求不同

同一学习内容，不同年级有不同的学习要求。如对生活中发现的各种自然、物理和化学现象，小学低年级学生的探究活动主要以观察、简单操作为主，对探究的现象能大致描述清楚，发现各种现象中的相同与不同；小学中年级学生的探究活动则是对自然、物理、化学现象进行跟踪记录，设计和完成简单的实验来探究问题和现象；小学高年级学生则要学会采用简单的设备和工具设计实验，收集数据，并学会以口头方式或书面方式，交流并报告研究过程及研究结果。

小学阶段探究内容的学习重点是培养观察能力、描述能力，根据观察结果进行解释说明的能力。初中阶段，观察现象则是最基本的学习能力，要求能精准地描述观察到的现象，并学会运用计算机、专业书籍等查阅、收集、分析数据；通过确定定量与变量，进行实验的设计、操作、分析，得出结论，进一步学会建模。

3. 指导学生选择探究内容

探究问题的选择可以由学生自主发现问题、提出问题。提出的问题，可以在课内，也可以在课外；可以是低层次的，也可以是有价值的。

对于学生发现的问题或制定的任务，教师不可放手成学生想干什么就干什么。对于过浅、无价值的问题，教师要根据学习内容和能力培养的需要，进行科学的指导，协调问题的设定，将无意义的问题变成有研究价值的问题。

通常采用的方法是教师与学生交流、沟通，找出问题无价值的症结所在，通过协商、改进，确定出学生认同的且有研究价值的问题。对于一部分自我意识很强的学生，我们通常在交流沟通中，提供多种选项，让学生自主选择有价值的研究问题，让学生的个性得以释放与培养。

当然，也可由教师提供探究性问题或任务。

选择探究内容，可遵循如下原则：

（1）梯度原则，问题的设计要由浅入深，层层深入；（2）有效原则，问题要能激发学生的学习兴趣，培养思维能力；（3）明确原则，问题的表述要有明确的指向性，探究目标明确；（4）开放原则，问题要有不同的假设，不同的结论，体现问题的创新性。

探究学习，不仅可以是课堂内的课本知识，教师更要多渠道发掘资源，将学习内容延伸到课外生活。引导学生充分关注生活中的各种现象，从中发现需要探究和解决的问题，启发学生根据自己的兴趣、立足社会焦点和热点问题来选取各种探究内容。

（三）探究方法的指导

1. 指导学生观察现象并提出问题

教师指导学生有目的、有计划地用自己的感官或借助于一定的科学仪器，观察学习或生活中的各类现象。指导学生学会自然观察法、实验观察法、长期观察法、定期观察法、对比观察法等基本的观察方法。指导学生根据观察发现提出问题，培养学生提问的能力。

2. 指导学生学会假设与猜测的方法

教师要指导学生学会依靠生活经验进行假设，依靠逻辑原理进行假设，根据观察到的现象做出假设，通过直觉做出假设等。需要注意的是假设与猜测要合理，猜想不是胡猜乱想，要引导学生有根据地进行合理的猜想与假设；要遵循开放原则，对问题的认识不同，学生会提出不同的猜想与假设；要引导学生懂得假设预测与结论的不同，明确假设预测要靠充分的证据证明才能成为结论。

3. 指导学生的实验设计

在实验设计的环节上，教师要以启发思维、培养能力为目的。实验设计前，要指导学生通过查阅资料，分析论证实验设计的原理、过程和结果。论证实验的过程中，要充分发挥小组的团队力量，交流、完善实验的设计方案。

同时，要让学生参考同类实验的设计，以教材中的实验为依托，分析实验设计的基本过程，达到事半功倍的效果。

4. 指导学生运用现代技术进行探究学习

教师指导学生开展探究学习时，可以充分运用多媒体和互联网等现代技术。学生不仅可以从互联网上寻找、查阅信息和资料，也可以运用计算机对数据进行处理。同时，利用计算机还可随时记录探究的进展情况，留存各类资料与数据。

5. 指导学生准确表述探究结果

教师要培养学生运用图表、语言、PPT、报表、报告等多种形式，运用思维的概括性，得出结论，汇报成果。要指导学生由此及彼、由特殊到一般地总结规律。要指导学生写好研究日记，及时记录个人体验与研究情况，为以后进行总结和评价提供依据。

（四）探究过程的督促

1. 狠抓“发现问题”环节

一切探究活动均是从问题开始的。除教师创设问题情境外，也可利用探究过程中出现的意外现象进行原因分析和反复实验，或利用课文中涉及的内容，拓展延伸一些课外知识，培养学生思维的敏锐性。在探究过程中，教师应鼓励学生通过交流，提出多种假设，培养思维的批判性和创造性。引导学生从多个角度去审视现象和问题，多维度认识客观世界，从而发现新的科学规律。当然，有的学生提出的假设可能看似荒谬，但是只要学生能说出假设的依据，教师应当及时给予鼓励。

2. 督导学生探究活动的全过程

开展探究活动前，教师要指导学生做好各项准备工作。如收集相关信息资料，引导学生分析其探究方案的可行性，指导学生根据各自的内容和共同的兴趣爱好分工合作，给学生介绍一些合适的参考书、必要的活动场所和材料。探究活动中，教师要适时地指导学生完成查询资料、动手实验、数据分析等环节。教师应把学生作为学习探究和解决问题的主体，要及时了解学生开展探究活动时遇到的困难以及他们的需要，有针对性地进行指导。要密切关注讨论的进程和存在的问题，要发现多种结论，及时进行调整和引导；要充分调动学生讨论的积极性，及时发现优点，特别是善于捕捉后进生的闪光点，及时给予表扬。

在探究中，教师是导演，是信息的提供者、研究思路的启发者、知识的补充者、方法的推荐者和线索的提供者。要引导学生质疑、探究和创新，提升学生学习的动力，促进学生创造思维与创新能力的发展。教师切忌生硬地将学生引向标准结果。

3. 注重以形成性评价为主的评价

从评价的内容来看，教师要将评价重点从智力因素转移到非智力因素方面。重视学生的学习过程，强调对知识技能的应用，强调学生的主动参与度和自我改进。重点评价学生的学习态度、参与学习的过程、学习方法、交流与合作能力、动手操作能力等。通过评价，鼓励学生发现自我并肯定自我，让学生知己之长、学人之长，努力形成激励广大学生积极进取、勇于创新的氛围。切忌以探究出结论或结论是否正确作为评价指标。

从评价方法来看，学生的探究素质往往难以通过纸笔测验来评价，因为纸笔测验中无法显示出探究素质的水平。因此，宜采用成长档案的方法来评价，或直接给学生一个探究任务，根据他们的实际表现来加以评价。探究学习的评价旨在通过评价促进学生探究水平的发展与提高。

教师还必须通过多种方式争取家长和社会有关方面的理解、支持和参与，与学生一起开发对实施探究学习有价值的校内外教育资源，为学生开展探究学习提供良好条件。

第四章　小班化学生学习评价

小班化学生学习评价应结合小班化教学优势，建立科学的小班化学生学习评价体系。围绕以学生发展为中心的核心教育理念，小班化学生学习评价目标定位要更高，评价标准要更具体，价值判断要更精准，对教学决策的指导要更到位。评价过程要充分体现小班化教学特点：生为主体，让学生参与到评价过程；个性发展，让因材施教真正落地；多元开放，综合考查学生学习中的智力与非智力因素；赏识激励，培养学生学习的自信心和竞争意识；生动形象，激发学生学习的兴趣；即时形成，让教学过程成为评价的主阵地。

第一节　对学生学习评价的新理念

小班化学生学习评价，在落实新课程改革评价基本理念的基础上，要结合小班教学优势，探索总结基于小班化学生学习评价理念新的生长点，让评价充分发挥其在促进学生发展、教师提高和提升教学实践效果等方面的功能。

一、德育为先，培育品行

小班化学生评价导向，要真正从“唯分数论”的泥潭中走出，落实好党的十九大和全国教育大会“立德树人、五育并举”的指导要求，并将此作为学生评价的指挥棒、风向标，以回答好“为谁培养人、怎样培养人、培养什么人”三个教育问题。在具体的评价过程中，要把社会主义核心价值观作为学生评价的重点内容，通过日常表现考核学生的理想信念、爱国情怀、道德规范等，引导学生树立正确的世界观、人生观、价值观和荣辱观。

在具体的学生评价操作中，要以思想政治课为主阵地，结合学校活动及教学实际，采取丰富多样的品德发展评价方法。评价方式要符合学生的年龄特点，小学学段侧重学生的良好行为和学习习惯养成，初中学段逐步过渡到强调明礼修身，使学生的品德发展层层深入，有机衔接。从以死记硬背思想品德知识评价为主，转变为以行为评价为主。除了考查学生对品德知识的掌握程度，还应关注学生的行为及习惯。围绕学生品德养成开展一系列德育主题活动，让学生在活动中了解国情、党情、团情和队情，并由此形成学生自身的价值判断，在这一过程中，记录学生的品行，并将其作为学生学年总结性评价的重要内容之一。

二、生为主体，发展身心

在小班化教学条件下，对学生的学习评价有了更多的时间和空间，因此，作为评价的主要组织者，教师应结合小班教学理念，给学生创造更多机会，让学生成为评价的真正主人，成为评价的设计者、组织者和实施者。教师要把握好评价的导向，站在学生健康发展的角度，重视学生身心发展评价。

（一）引导学生亲历评价过程

学生的身心发展需要经过“经历—体验—思考—经验”的完整发展过程，因此，小班化学生学习评价的实施，要结合学生身心发展规律，给学生创造亲历机会，让学生成为评价的主体，通过学生参与其中的自评、互评等方式，促进学生反思，加强评价与教学的结合度，让评价过程成为学生强化自我评价、自我认知、自我激励、自我调整等自主学习能力的过程。

在小班化课堂教学中，由于学生在学习能力、学习水平等方面存在着一定的差异性，我们对学生的评价要更多地采取形成性评价的方式，考核学生的学习过程，让评价更加科学、合理、有效。形成性评价着眼于学生在学习过程中的某一特定阶段长期目标和阶段性目标的完成情况，以及为实现阶段性目标所表现出的情感、态度和为此做出的行动。具体操作中，可从三个方面展开。首先，自我评价。让学生针对自己某阶段的表现，结合自己所制定的具体学习目标、对知识和技能的掌握程度、学习态度与主动参与学习的程度、通过学习后对本版块的兴趣程度、将所学知识应用于实际问题中的能力等，做出自我评价。其次，小组成员互评或他人评价。以日常授课时形成的学习小组为单位，对本小组内各成员在参与学习过程中所表现出来的学习态度、参与程度、与小组其他同学的合作精神、对所学知识与技能的掌握和应用程度、对小组探究学习或合作学习所做的贡献等方面做出评价等。最后，教师评价。

评价主体的改变，是小班化学生学习评价改革的关键，虽然在改革初期，学生作为评价亲历者，他们对自身、对同伴的评价可能不会那么准确、完美，完整的评价体系不会短时间就建立起来，但只要相信学生，并且持之以恒地坚持下去，学生必然会向我们交上一份满意的答卷。

（二）关注学生身心健康测评

良好的身体素质是学生健康发展的基础，但是现在学生的身心健康很容易被轻视。繁重的课业负担拉低了学生的身体素质和视力；在心理健康方面，学生在升学压力的影响下，也产生了诸多心理问题。为此，在小班化教学中，要充分利用相对大班的教学优势，以心理健康课和体育与健康课等为主阵地，落实对学生评价中重视身心发展等内容。

一是将学生的身心发展纳入学生学习评价内容当中。抓住学生身心素质发展的薄弱环节，组织学生开展多样性、趣味性的体育和心理辅导活动，并将学生的参与情况进行测评、记录。体质评价方面，以当前学生较为薄弱的耐力型和力量型项目作为基础，设置渐进式的达标成绩。在此基础上，开发多样化的体育课程，设置不同的参与水平，给学生更多自主选择权，培养其对某项体育运动的兴趣，并将其作为学生体育学习评价的重要内容。具体操作中，要以户外体育运动为主，让学生多接触自然光，降低近视率，提升身体素质。心理健康评价方面，以当前学生身上表现出的独立性差、孤僻、脆弱等问题为重点，进行专门辅导，健全完善学生心理健康教育机制。鉴于集体性体育项目能够促进学生心理健康发展，应定期组织班级全员参与的体育赛事，提高学生身体素养的同时，培养合作、抗挫和社交技能。如此，将活动、学习、评价有机结合，共同提升学生身心健康水平。

二是健全评价方式，建立并完善学生身心发展监测档案，用于全学段对比评价。学生的身心发展是一个长期的过程，对其评价是对学生身心情况的过程性评价，贯穿学生的整个学习生涯。学校要为每个学生建立并完善监测档案，借助信息化平台，全方位考查学生的体质和心理发展情况，并科学分析相关数据，用于指导学校教育教学工作。

三、方法灵活，提高实效

小班化学生学习评价，方法、手段应该更加灵活，以实现评价方法的多元化，改变重结果、轻过程，重共性、轻个性的问题，调动每个学生的学习潜能。

（一）分层施教与多元评价相结合

学生情况不同决定了他们不适用同一教学进度和难度，更不可能达到完全相同的层次。因此，在教学中应实现分层教学，为学生的多元化评价打好基础，这正是我们小班化教学的一个目标。

实现分层提问、分层辅导、分层布置批改作业、分层测试。对同一个知识点设计不同层次的问题，对不同水平的学生辅导的内容和方法有所侧重，对同一个问题鼓励学生提出不同角度的看法，作业要有层次，允许学生根据自己的情况灵活选用。学生的作业也要采取不同的方式进行批改，批改的重点也要有所不同。

要根据学生的学习基础、智能结构，在尊重学生意愿的基础上划分学习小组，形成一个个小的学习共同体。使每个学生在小组讨论、合作学习中扮演不同的角色，充分发挥其各方面的特长。

对优秀学生的评价，重在引导他们创新，而不能满足于一般方法解决问题。心理学研究表明，儿童长期处于满足状态，会失去进取心和探索欲。需要教师引导他们勇于挑战教师、挑战书本，勇于超越自我，解决问题要从多角度去思考，不能满足于一种方法，要追求独特的见解，发展他们的潜能，培养他们的创新思维。对相对落后的学生，则要千方百计抓住他们身上的闪光点，哪怕是微不足道的进步、表现，都要及时加以表扬。同时，评价标准分层设置，对不同层面的学生学习提出不同的要求，引导学生都能够参与到学习之中，享受学习的乐趣。

（二）关注学生的个体成长

由于文化环境、家庭背景、自身思维方式的不同，学生的基础、性格、智力等存在着差异。同样的评价，对于这个学生是合适的，对于另一个学生可能是不合适的。所以，小班化学生学习评价要侧重关注学生的个体成长，采取以纵向评价为主、传统的横向评价为辅、纵横结合的评价方法。

传统的横向评价，即学生共用同一个评价标准，然后对每个学生按标准量化评价，学生和全班学生进行横向对比。而纵向评价则注重学生个体的自我发展评价，主要是自己和自己比，并且对学生按层次设置评价标准，不同层次学生评价标准高低不同，使学生即使学业成绩按传统评价为 C 等，也有可能得到 A 等的实际考核评价。这样全体学生包括后进生都学有奔头，从而突破小班化研究的瓶颈，促进学生学习积极性的提高。

（三）实行评价方法多元化

为了促进每位学生的发展，在小班化教学评价中，教师必须转变观念，构建科学的发展性学生评价和操作体系，以发挥评价的教育功能。评价既要关注学生学习的结果，更要关注他们学习的过程。将即时性评价、形成性评价和总结性评价相结合，通过评价促进每个学生在原有水平上的发展，培养学生的个性特长，从而推动教育改革不断向前滚动发展。建立适应创新人才培养的学生评价体系需要一个长期的过程，小班化教学模式下的评价模式，注重学生创新能力、实践能力发展，更顺应了基础教育改革与发展的要求，也是我们每一位教师需要思考和关注的。

四、内容多元，培养个性

在小班教学理念的指引下，对学生学习的评价内容应该是多元的，要注重对学生综合素质的考查，不仅关注学生的学业成绩，更要关注学生的道德品质、创新精神、实践能力的发展及良好的心理素质、学习兴趣和积极的情感体验等方面的发展；尊重学生的个体差异，注重对个体发展独特性的认可并给予积极的评价，发挥学生的多方面潜能；以质评为基础，不仅考查认识或概念等认知层面，同时关注对表现等行为层面的考查，如行为考查、情境测验等。

相较于基础知识和基本技能评价，对学生的情感态度价值观和学习过程与方法的评价在操作中存在一定的困难。但它与学科教育目标、与课堂教学活动紧密结合，是学科教育教学活动的有机组成部分，所以，在具体操作中，要把学生放到具体而有意义的学习活动或情境中展开评价，或采用标准化的量表对学生非学业内容进行评价，但也不要为了评价而评价。日常教育教学活动是学生非学业评价最好的平台和载体。如学生在小组合作学习时，教师就可以观察学生，如是否积极参加讨论、是否愿意帮助他人、是否认真倾听他人的发言、是否有合作精神等，这样才能将评价内容和评价标准落到实处。另外，也可以对评价内容进行分解，提出评价的具体指标，以增强评价的可操作性、有效性和一致性，如对学习态度进行评价，可以分解为上课认真听讲、认真完成作业、及时改正错误等。要注意关键指标的全面性和有效性。如果不能概括出评价内容的主要指标，宁可模糊一些，也不要将其固定化，以避免最终评价的片面性。所以，在非学业评价中应提倡质性描述，在给学生下结论的时候应该慎重，而且要有简洁的描述作为支持性的资料和证据。

第二节　对学生学习的即时性评价

一、即时性评价的概念及内涵

（一）即时性评价的概念

即时性评价，就是指教学过程中教师对学生在课堂上的学习态度、方法、过程、效果方面做出即时的点评。它主要起到反馈、激励、调控、导向以及推进学生后续学习的作用。

现代心理学表明，当学生某种良好的行为出现后，如能及时得到相应的认可，就会产生某种心理满足，形成愉悦的心境，并使同类行为继续向更高层次需要做出积极努力。即时性评价低起点、小目标、勤评价、快反馈的特点，令学生最感兴趣、最容易接受，也最能拨动他们的心弦，它也成为教师教育智慧和能力的一种体现。

在小班化课堂上，即时性评价作为师生之间交流的一种及时有效的方式贯穿于课堂教学的始终。即时性评价对学生认识自我、建立自信起着良好的促进作用，能高效地促进学生的发展。不仅如此，课堂中良好的即时性评价因增添了许多情感和人文因素，使课堂变得生动、活泼起来。

（二）即时性评价的主要特性

教师对学生学习的即时评价是课堂教学评价体系中一个重要的组成部分，是对学生课堂学习中所表现出来的思维参与、行为参与进行的评价，主要有以下特性：

1. 时效性

新的课程理念提出，对学生的评价要从过分关注结果逐步转向对过程的关注，终结性评价要与形成性评价相结合。课堂教学中教师对学生的即时性评价，体现了评价的重心逐渐转向更多地关注学生求知的过程、探究的过程、努力的过程，关注学生在课堂学习的各个阶段的进步状况。教师对学生的课堂即时性评价，作为对学生评价体系中的一个重要环节，更要关注学生学习的过程，具有时效性才能有效地帮助学生形成积极的学习态度、科学的探究精神，才能注重学生在学习过程中的情感体验、价值观的形成，实现知识与技能、过程与方法以及情感态度价值观的全面发展。特别是对低年级学生，更要注意对他们课堂参与状态的即时性评价，帮助他们了解自己的学习表现。课堂即时评价只有深入学生发展的进程，及时了解学生在发展中遇到的问题、所做出的努力以及获得的进步，才有可能对学生的持续发展和提高进行有效指导，才能真正发挥评价促进发展的作用。

作为教师，在对学生进行课堂即时性评价时，要特别注意抓住评价的时机，只有抓住了评价的最佳时机，评价才有可能达到最佳的效果。一般来说，课堂教学评价的最佳时机是在学生提出独到见解、取得进步以及取得成功时或是遇到失败挫折时。

2. 针对性

在课堂教学中经常能听到教师对学生发言报之以“好的”“不错”“你真棒”之类的语言，看似是对学生进行了鼓励、表扬，实则并没有进行实质上的评价，而仅仅是泛泛而谈、应景似的敷衍，听了这样的话之后，发言的学生并不知道好在哪儿，其他的学生也不知道该向他学什么或朝什么方向努力，久而久之，学生便无法从这样的语言中受到激励与指点，无法获得学习的满足感、成就感。

分析其原因，在于教师在使用评价手段时没有认识到针对性的重要性。对学生的表现不能仅仅以一个“好”字带过，而应针对学生表现突出的地方，给予及时的肯定。每个学生都有争强好胜的天性，都希望得到老师和同学的认可，正是这种内驱力激励着学生不断发展和完善。心理学研究表明，得到肯定性的评价会使人产生愉快的情感体验，从而可以激发学生学习的兴趣和动机。课堂即时性评价是对学生课堂学习中表现出来的参与意识、解决问题的能力以及情感态度等进行即时性评价。例如，当学生积极主动参与生物学的学习活动，提出独到见解、乐于和同伴进行合作与交流、在活动中能运用已有知识解答问题或是有了进步时，此时做出即时性的肯定评价，对学生的思想、行为等能起到鼓励和指导作用，并能激发学生沿着这一正确的思路进一步参与到学习中，调动其奋发向上的积极性。与此同时，对学生来说，肯定性评价是一种赞扬，能够让学生体验到成功的喜悦，激发学生更大的学习兴趣。

针对学生表现不好的地方，要给予及时的否定。可以对学生的思路进行纠正和引导，帮助学生及时反思，转变思路，纠正错误，探索新的答案，从而避免学生走弯路和钻牛角尖。当学生表现欠佳、学习态度需要调整时，恰如其分的善意批评能令学生对自己的错误有更深刻的认识，使他们能够进步、成长和发展。

3. 积极性

课堂教学是师生互动的过程，必须建立民主平等的师生关系，只有建立了相互理解、相互尊重、相互信任、相互合作的和谐的师生关系，学生才能真正地享受学校的学习生活，才能更加投入地参与到课堂学习中去。从社会学角度来看，师生之间存在着角色关系、互动关系，可以说影响师生关系的因素中，教师是非常重要的因素。如果在课堂评价中教师表现出偏爱优等生、忽视中间学生、厌恶后进生的态度，必然会使学生与教师产生距离，影响学生对课堂学习的参与兴趣。所以，教师在课堂评价时必须要面向全体学生，对每一个学生的发展负责，以积极的态度对学生的课堂参与进行即时的评价，以此对学生产生正面的影响，促进学生更加主动地参与到课堂学习中去。如教师评价学生："刚才都小组讨论过了，怎么还是说不出来呢？下次要积极参加讨论！"和"看来小组讨论时，不仅要听，更要边听边想，这样才能让我们一同进步。试一试？"两种评价产生的效果完全不一样，前者给予学生消极的评价，将直接影响他之后的课堂参与；而后者给予学生积极的评价，让学生明确了老师的要求，知道自己只要再试一次就能成功，令他对学习的参与产生自信。

对学生进步积极性的即时性评价，必须要做到：首先，要平等地对待每一位学生，同时要让他们感受到教师对他的爱与信任，使学生有一种"老师是喜欢我的，即使我出错了也不会影响老师对我的爱"的感觉；同时要让学生感受到教师对他们的期待，因为教师对学生的态度将直接影响课堂学习的气氛，并最终影响学生的课堂参与。其次，对学生的评价要努力抓住学生积极的一面，并进行积极的影响，即使是对学生不足之处的指点，也要尽量进行正面引导，如使用“如果……那就更好了”“老师相信你下次一定能……”这样积极的语言进行评价。

二、即时性评价的主要策略

在小班化研究实践中，我们对学生学习的即时性评价策略做了以下探讨：

（一）用课堂观察引领课堂即时性评价

课堂观察就是通过观察对课堂的运行状况进行记录、分析和研究，并在此基础上寻找改善学生课堂学习、促进教师发展的活动。课堂观察一般由同一教研组的教师组成的合作体成员分工合作完成，由听课者负责不同观察点的观察、记录和评析。由于课堂上对学生的即时性评价必须根据学生的课堂表现及时完成，因此，教师的自我课堂观察才是课堂评价最主要、最有效的依据。在自我课堂观察中，观察者即上课的教师。教师在开展课堂教学的同时，对自己的课堂进行观察，观察对象主要是学生，包括学生的学习行为、人际互动情况、对教师授课的反应等学习性行为表现，以及有关学生穿着、仪容、携带的物品等非学习性行为表现。教师通过自我课堂观察随时掌握学生的学习状态和心理状态，及时采取有效的即时性评价行为，促进学生的学习、心理状态向高效的方向发展和转化。

诊断式课堂观察模式把课堂观察分为学生学习、教师教学、课程性质、课堂文化四个维度，每个维度又包括五个视角，每个视角列举若干观察点实例，20 个视角共计列举出 68 个观察点实例。在上述观察点中，学生学习维度的观察点是上课教师课堂观察的重点，是调控教师课堂教学行为的基础，同样也是课堂即时评价的出发点。在对学生学习活动观察的同时，也要兼顾其他维度的不同观察点，如课堂生成资源的发现和利用、学生创新行为的表现等。

课堂观察结果的归因分析是课堂诊断的有效手段。按照海德的归因理论，学生在课堂上所有的行为表现都由一定的内部原因支配，与其学习动机、目的和课堂价值取向等属性之间存在着必然的联系。通过正确的归因分析找到支配学生特定行为的内部原因，进而采取针对性的评价行为，以便及时肯定学生的积极行为，纠正行为偏差。归因分析是对课堂观察信息的深加工，是连接教师自我观察信息和教师评价行为的桥梁。

（二）用课堂提问促成有效的即时性评价

课堂提问是教师在课堂教学过程中根据教学目标、教学内容和学生的学习经验等设计问题，进行教学问答的一种教学形式。课堂提问是课堂中最常见的现象，是课堂教学的一种常用组织形式，也是课堂教学最常用的评价手段，从某种程度上说，课堂提问贯穿课堂教学进程的始终。合理的课堂提问和针对课堂提问的合理评价是顺利完成课堂教学目标的必要手段，对采集学生学习状态的信息、培养学生的理性思维、增进师生间的情感交流，以及促进师生互动和生生互动、实现动态生成等都有非常重要的意义。针对不同的提问目的，问题的设置、提问的时机、提问的方式及回答后的评价均有所不同。

教师的有效提问不应是随意的，而应把握恰当的时机。针对不同课堂情境中出现的课堂提问，评价的方式与方法也不尽相同。具体来说，教师的提问应问在学生有疑时、问在学生思维中断时、问在相异构想形成时、问在学生注意力分散时。

学生回答结束后，教师的评价一般不宜立即进行，而应该等待一段时间，确定学生回答完毕且不再有补充或纠正后再展开。等待时间一般在学生停止说话后 15 秒钟。在这段时间里，其他学生得以对该回答做出反应或评判，回答后的评价最好首先由其他同学进行，而且可以是多人先后进行补充评价。通过其他同学的评价，回答者可以对自己的回答产生明确的认识，在所有学生评价结束、学生解决了问题之后，老师只需对不同学生的表现给出评价即可。当大量学生对该问题存在疑惑时，老师可以有针对性地提出解决意见，引导学生进一步探究，但一般不用给出简单的正误判定。

现代课堂教学的价值取向应当是探究与生成并重，将预设生成转变为课堂动态生成。课堂提问是促进师生互动与生生互动，进而实现动态生成的有效手段，教师可以从学生的认知冲突中捕捉生成资源，也可以围绕一定目标或某一中心问题生成问题串，或引导学生提问。

（三）关注集体、兼顾个人进行即时性评价

在合作学习课堂中，教师的即时性评价起着承前启后的作用。一个以合作学习活动为特色的教学事件，从小组动员发起到对各组表现的综合评价结

束，即时性评价贯穿于整个教学事件的实施过程。一般来说，在开始阶段，评价应突出个体的小组属性，强调每个学生个体的表现都代表所在小组。在各组合作积极性充分调动起来之后，则要适当表扬表现突出的同学对所在小组做出的贡献，从而激励懈怠或缺少参与热情的同学积极表现。在合作学习活动结束阶段的综合评价中，则应突出小组总体、兼顾个人表现，尤其对整体表现不佳的小组中表现突出的同学要多加表扬，以带动同组的其他同学在后续合作活动中积极表现。这种评价不仅体现了教师和班级对学生个体表现的认可程度，也体现了各小组的综合表现层次。例如，在某次思想政治课合作学习活动中，教师组织学生针对经济全球化对中国的影响展开辩论，全班8个小组分成两派，分别持“利大于弊”和“弊大于利”两种观点，每位同学的发言得分记入所在小组。有一位同学在整个辩论过程中有三次有效发言和一次非正式发言，在全班个人发言名列第二位，但记录员同学只给她记录了三次发言。当最终小组总评，该同学所在小组位列第二时，该同学极力要求给她那次非正式发言加分，甚至上升到评分标准有失公平的高度。显然，这次评价对该同学的后续表现是会产生消极影响的，如果在小组综合评价阶段对该同学个体表现为该小组做出的贡献提出特别表扬，同时指出若该小组的其他同学再表现积极一些，该组一定能夺取优胜，则对该同学和所在小组其他同学都会产生较大的激励作用。

（四）师生多方共同参与评价

当师生的课堂地位和作用发生了前所未有的变化时，与之相适应，要求我们的课堂评价也要发生相应的变化。学生作为课堂的主人，既有获取、加工、贮存和反馈信息的任务，也有评价信息的权利。因而新的课堂即时性评价行为要改变单一由教师评价学生的方式，采用全方位、多渠道的评价方式。强调学生主动参与评价，师生共同参与，形成教师评价、师生互评、学生互评和自我评价等多方评价交互作用的评价体系，以多渠道的反馈信息促进被评价者的发展，形成评价主体的多元化。

具体来说，全体师生既是课堂评价的对象，也是课堂评价的主体。在课堂上，老师不仅要调动每一位学生发挥学习主体的作用，同时也要调动每一位学生充分发挥评价者的作用，从不同角度对课堂教学进程展开有效的即时性评价。

学生的自我评价在课堂即时性评价中也同样占有非常重要的地位。根据自我评价对学生内在学习动机的作用，可以在课堂上引导学生通过外部比较和内部比较形成自我评价的即时体验：通过自我增强、自我验证、自我评估及自我改善形成并保持相对稳定的学习动机。

（五）激发热情，指出不足

新课程提倡对学生以激励性评价为主，帮助学生认识自我，树立信心，实现个体价值，激励学生的学习热情，促进学生课堂表现的良性发展。课堂评价应兼具激励和反馈的功能，既激发学生的学习兴趣，又使学生通过评价及时得到学习情况的反馈，促进师生的交往和互动。

教师期望对学生的课堂表现有明显的导向作用。教师期望是教师对自己学生未来的行为或学业成绩的推演，是建立在教师对学生现状了解的基础上的。教师期望效应是指教师对其期望采取的相应行动发生在学生身上的结果。教师课堂评价的一个误区是对学生行为的表面性或命令性的评价。常用的语气包括“不对”“不好”“你应该”等。这种评价语言有点类似于比赛裁判的口气，缺乏温情，更有甚者，评价中带有质疑、批评、鄙视等语气，更不利于课堂积极性的调动。有些教师抱怨学生课堂表现不积极、不活跃，岂不知学生课堂表现拘谨的主要原因有时正是教师的课堂评价缺乏激励性所致。

当然，教师在课堂上不要轻易否定学生，并不等于机械地运用激励性评价。整节课都是老师赞不绝口的表扬和多种形式的奖励，将使赞扬和奖励失去应有的价值。对于中学生来说，廉价的赞扬甚至可以在学生心理上演变成一种羞辱。教师的评价应该是中肯的，既要肯定学生的表现，又要明确指出学生的不足。注意谈不足时态度一定要诚恳，不能有丝毫鄙视、挖苦的语气。

（六）灵活运用评价方式

任何一项评价活动，在确定了“由谁评”和“评什么”的问题后，都要解决评价方法，即“怎样评”的问题。有效的多元评价强调方式的多样化，丰富的口头语评价、运用体态语评价、利用多媒体辅助评价以及利用小卡片和小道具等进行评价，都可以增加学生的积极性，提高教育评价的有效性。

情感评价法。饱含情感的即时性评价如和风细雨，可以打动学生的心灵。在评价时，教师可以运用真诚的语言、亲切的语调、鼓励的言辞和期待的目光等这些富有情感的即时性评价语言来打开学生心灵的智慧之窗，使学生体会到此处无声胜有声的情感。

口头表扬法。课堂上教师不应吝啬给学生口头表扬。在口头表扬时应注意语言的丰富性，避免简单的“好”“非常好”等词语的重复，尽量使用恰当且有针对性的评价用语，帮助学生树立自信，激发学习热情。

体态语言法。即时性评价并非一定要通过语言。通过一个赞许的眼神、竖起大拇指、鼓掌、与学生握手或一个安抚的动作等体态即时性评价，都可以传达教师对学生的赞赏和认可，给他们以成就感和愉悦感。

奖励制度法。教学中教师可以设立一些奖励制度作为评价方式，如把表现出色的学生名字写到墙报上，给合作默契的小组以奖励，对进步快的学生给予当众表扬等，以丰富的即时性评价方式激起学生的学习兴趣，激发其主动参与的欲望。

共同参与法。教师在表扬学生时可以让全班学生一起对同伴的出色表现做出肯定的反应。如一起为同学喝彩、拍手打节奏给同伴加油、师生一起竖起大拇指表示对他的钦佩等，让其在教师和同学的共同激励下加倍努力。

课堂测试法。这是一种高效的反馈和评价手段，有效的课堂测试不仅可以帮助教师及时了解学生的学习效果，还可以根据学生的表现进行及时沟通和反馈，帮助学生准确判断自己的学习效果。同时，老师还可以针对学生的总体测试结果调整自己的教学内容或进度，充分提高课堂教学的有效性。

三、即时性评价的运用

（一）让评价为激发课堂活力服务

课堂教学中，教师准确合理的评价能把学生已形成的学习上的内在需要充分调动起来，使之始终保持一种乐观向上的积极的学习状态。这种评价应该具体表现在两个方面：首先是对学生优秀答案的鼓励，当学生的回答比较精彩或有一定的独创性的时候，教师就应该明确地表达自己的赞美之意，甚至还可以让其他学生为这位学生鼓鼓掌，表示祝贺！这位学生得到了老师和同学的肯定，思维就会更加活跃，在课堂上也会有更加突出的表现。当然，与此相反，对于一些成绩不是很理想的同学，教师也不能置之不理，应该给予他们更多的关注。这些学生课堂上常处于不参与或被动参与的状态，在他们心理上大都存在着自卑和依赖心理，羞于开口，不愿动脑筋。作为教师就要努力激发他们学习的兴趣，不仅要创设好的课堂气氛，鼓励他们多读多说，更应该寻找他们课堂表现中的闪光点，哪怕只有一丁点儿，我们也要及时给予肯定和认可，让他们感受到自己不是被老师忽视的对象，同时也能看到自己解决问题的能力，从而扬起自信的风帆。

我国著名的美学家朱光潜说："求知、想好、爱美，三者都是人类天性。""教育的目的在启发人性中固有的求知、想好、爱美的本能，使它们尽量生展。"教师应该通过恰当的评价，使学生把自己好的方面充分展示出来，让每一位学生心里都有一个坚定的信念：我能行！

（二）让评价为教学过程服务

现代教育心理学指出，学生的学习过程和科学家的探索过程在本质上是一样的，都是一个发现问题、分析问题、解决问题的过程，一方面暴露学生的各种疑问，另一方面也是展示学生聪明才智的过程。教师在教学过程中同样应该注重学生在学习过程中的表现，不能单纯地给学生以传统的终结性评价，更应该注重过程性评价，注重学生在学习过程中表现出来的创新意识和实践能力。

（三）让评价为学生的个体发展服务

发展教育观的主要代表布卢姆认为，教育的基本功能是使个人获得发展。语文课程标准指出，在评价时要尊重学生的个体差异，促进每个学生的健康发展。教师在教学评价中不能用整齐划一的标准来衡量每一位学生，而需要在以促进学生发展为教学理念的引导下，从不同的视角、不同的层面去看待每一位学生。教师对学生的评价应该是多角度的，不仅表现在知识上，更要关注学生在学习过程中的表现。评价学生不能仅仅依靠测验成绩，还应包括对和学生学习有关的态度、兴趣、行为等的考查。例如，美国许多著名中学设立的奖项之多、范围之广让人目不暇接，而与学业成绩有关的奖项只占到1/5左右，哈佛商学院对学生学业的评价中50%的成绩由课堂发言来决定。苏联教育家苏霍姆林斯基指出，教育的技巧和艺术就在于教师要善于在每个学生面前，甚至于最平庸的、在智力发展最感困难的学生面前，都向他打开他的精神发展的领域，并使他在这个领域里达到一个高处，显示自己宣告大写的"我"的存在，从人的自尊感的源泉中汲取力量，感到自己并不低人一等，而是一个精神丰富的人。这就是新课程的目标，也是我们每个教师的目标，即为了每个学生的终身发展。教师在具体教学过程中应该根据学生的个体情况多角度地对其进行教学评价，以此促进每一位学生都获得一定的进步。如在平时的练习中采用分层评价，对于不同层次的学生采用不同标准，各个层次的学生只要达到自己所在层次的要求就是顺利完成了学习任务。而教师也可以根据学生能力的发展，不断对学生提高要求，这样学生在学习过程中不会感到有过大的压力，每个学生都能看到自己的进步，在不断进步中体验到成功的喜悦。

四、运用即时性评价应注意的问题

即时性评价虽然能启发学生的思维，培养学生的情感，激发学生的学习兴趣，培养学生良好的学习习惯，沟通师生之间的情感，活跃课堂气氛，提高课堂教学效率，促进学生的可持续发展，但若使用不当，也会出现适得其反的效果。运用即时性评价应注意以下几方面的问题：

（一）要界定课堂教学即时性评价的作用

不同的即时性评价内容和评价方式在课堂教学中的作用有所不同。活动前和活动中的即时性评价旨在对学生进行及时的指导和激励，因此，更应关注每一位学生在原有基础上的改进。活动后的即时性评价除了展示和评判以外，也应关注教学活动和学生个体发展的可持续性。

（二）要结合课堂教学内容开展即时性评价

教学实践表明，在课堂教学中进行即时性评价，不仅能够活跃课堂气氛，还能激发学生自我完善的积极性，发展学生的各项能力。首先，课堂即时性评价的内容要根据教学目标加以确定，要为落实教学目标服务；要注意在关键点上进行评价，避免无目的和脱离教学内容的评价，否则不仅浪费时间，还会引起学生的反感。其次，即时性评价要根据学生的实际水平层层推进，要让不同层次的学生都能体会到成功的喜悦。

（三）要针对学生的实际情况选择适当的多元即时性评价方式

教师应在活动前和活动中仔细观察学生存在的问题，通过有针对性的评价让他们得到帮助和激励。同时，即时性评价要从学生的实际情况出发，如随着学生年龄的增长，可以增加交流互动的评价方式。

（四）要让每一位学生获得即时性评价的积极体验

同一班级的学生因层次不同，心理特点也不相同，有时表扬一位学生可能会影响一批学生的情绪，这是一个很值得探讨的问题。在课堂教学中，当一些学习存在困难的学生无法完成学习任务时，教师更应慎重对待。因此，在对学生进行即时性评价之前，教师必须深入了解学生的情况，以便能针对不同层次的学生做出不同的即时性评价，让不同层次的学生都能体验到学习成功的喜悦。

【案例】

情形一：《乡愁》课堂教学片段

师：大家都知道，诗歌的意象是指作者主观的情意和客观的物象感应，是用文字描绘出来的画面。我们曾经学过《天净沙·秋思》，作者在那里选取了很多意象，你们还记得吗？

生：枯藤、老树、昏鸦、小桥、流水、人家、古道、西风、瘦马……

师：很好！那么，《乡愁》这首诗歌中有哪些意象呢？

生：邮票、船票、坟墓、海峡。

师（点头，举手示意学生坐下）：这四个意象，构成了这首诗歌的元素。而仅仅罗列意象，并不能形成含蓄隽永、意味深长的诗歌。枯藤、老树、昏鸦等意象，是被作者置于“夕阳西下”这样一个特定的场景之中的，因此，我们才能更加充分地想象并进一步理解“断肠人在天涯”的愁苦与凄凉。那么，《乡愁》的作者是怎样把邮票、船票、坟墓、海峡这些诗歌意象组合在一起的呢？

生：作者是用表示时间的词语“小时候”“长大后”“后来啊”“而现在”把这些意象组合起来的。

师（微笑点头）：“小时候”“长大后”“后来啊”“而现在”这些表示时间的词语概括了诗人的生活经历，作者正是用一个个带有个人成长印记的意象，连缀编织了一幅幅感人的图画，表达了对家乡的无尽思念。

情形二：《子路、曾皙、冉有、公西华侍坐》课堂教学片段

师：文章的开篇就直接列出了孔子的四个弟子，那么这四个人的名字是随便排列的吗？会不会有一定的规律呢？

生：我觉得就是按照回答问题的先后顺序排列的，没有什么规律。

生：可能是按照答案由浅入深的顺序排列人物顺序的。

师：不对。先看这场谈话是围绕什么展开的。

生：是围绕着自己的理想、志向展开的。

师：这场讨论是如何开始的呢？孔子是上来就直奔主题吗？

生：不是，是先说“以吾一日长乎尔，毋吾以也”，意思就是：“不要认为我比你们年纪大一点，就不敢在我面前随便说话。”

师：说这番话的用意是什么呢？

生：孔子希望学生不要有顾虑。

生：孔子态度和蔼，并没有因为是老师就摆着一副架子，可以看出孔子有开阔的胸襟。

师：紧接着说了什么？从中你又发现了什么？

生：“居则曰：‘不吾知也！’如或知尔，则何以哉？”意思就是：“你们平时总在说：‘没有人知道我呀！’如果有人知道你们，那么你们打算怎么办呢？”

生：孔子了解学生平时有怀才不遇的情绪，这里体现了他平易近人的作风和因材施教的思想。

【案例评析】

情形一中，教师提出的问题难度并不大，因此，当学生起立回答之后，教师没有重复运用“好”“非常好”之类的评价语言，而是采用了不同的肢体动作以及面部表情，对学生的回答予以及时的反馈。它传达给学生的不仅仅是对答案的肯定，更有恰如其分的称赞与鼓励，自然而温暖。当学生回答《乡愁》中的意象为“邮票、船票、坟墓、海峡”时，教师接下来说“这四个意象，构成了这首诗歌的元素”，暗含了对学生回答的肯定。“‘小时候’‘长大后’‘后来啊’‘而现在’这些表示时间的词语概括了诗人的生活经历，作者正是用一个个带有个人成长印记的意象，连缀编织了一幅幅感人的图画，表达了对家乡的无尽思念”，教师的这句话同样暗含了对学生的评价，学生从教师的语言里能够体会到被认同的感受，并且教师将话题进一步延伸开去，起到了推进课堂教学进程的作用。

教师对学生的即时性评价语言应该是恰当的、自然而丰富的，以一颗真诚的爱心去关注学生、评价学生，这样才能更好地调动学生主动学习的积极性，才能有效促进学生的全面发展。情形二中教师提问之后，两个学生的回答都不确定，但是教师没有引导学生进一步分析，而是以“不对”简单地否定了学生的答案。这则案例的另一个突出的问题，就在于教师提问之后，对学生的回答置之不理，不管学生的回应就继续组织教学。据统计，教师的课堂无效评价约占 27.5%，主要表现为不予评价或重复学生的语言，这跟教师平时的教学语言习惯有关。判断性评价在教师评价用语中约占 50.7%，所占的比例最大，主要表现为简单的肯定或者否定，以及直接修改学生的答案。这些都是导致课堂教学低效的原因。教师在课堂即时性评价中应当杜绝无效评价甚至错误评价，变简单评价为发展性评价，提升评价的效果。

教师要深刻地认识到，实施有效的即时性评价，不仅关系到课堂教学的成败、学生良好的学习习惯及学习兴趣的培养，更关系到学生可持续学习能力的形成。

第三节　对学生学习的形成性评价

一、形成性评价的概念及内涵

所谓形成性评价，是对学生日常学习情况、学习动态、学习效果以及所反映出的情感、态度、策略等方面的发展做出的评价，是基于对学生学习全过程的持续观察、记录、反思而做出的评价，也可以将其称之为过程评价。形成性评价是提高学生学习成绩的一种教学手段，其目的是激励学生学习，帮助学生有效调控自己的学习过程，使学生获得成就感，增强自信心，培养合作精神。形成性评价使学生从被动接受评价转变成为评价的主体和积极参与者。

形成性评价重视对学生学习过程的评估和评判。它通过多种渠道、多种方法收集、综合、分析学生日常学习的信息，了解学生的知识、能力、兴趣和需求，着眼于学生潜力的发展。它不仅注重对学生认知能力的评价，还重视对学生情感及行为能力的评价。形成性评价使学生由被动接受评价转变成评价的主体，增强了学生的参与意识，为学生提供了一个不断自我完善与提高的机会，有助于学生身心素质的全面发展。

二、形成性评价原则

（一）全面性原则

教学评价必须关注全体学生的发展，要全面了解学生的学习历程，关注每一个、发展每一个、成就每一个，以面向每一个为立足点，促进每一个个体生命的成长，促进全员的多元发展。

（二）科学性原则

教学评价必须依据科学的理念、态度和方法进行。教学评价过程的各个环节都要符合科学要求，遵循教育评价活动的客观规律，建立科学合理的评价指标体系；遵循课堂教学的规律、原则，适应深化课堂教学改革的要求，以学生发展为本，促进学生学习方式的改变；充分尊重学生学习的规律，因材施教。

（三）激励性原则

教学评价应是学生学习动力的源泉。帮助学生确定学习目标，促进学生掌握各种思考策略和学习策略，辅助学生在学习中进行自我监控，激励学生从学习中获得积极的情感体验。让学生参与学习，积极反思，从而改变学习方式、学习习惯、学习过程，为学生的发展、自信的建立提供全面的支持。

（四）发展性原则

教学评价既要立足现实，又要面向未来，把握教学价值关系的发展趋势，关注学生的发展动态，既注重学生在教学中的潜能挖掘，又注重可持续发展后续动因的培养。

三、形成性评价模式

有英国学者在 2009 年用图表的形式阐明形成性评价的理论模式（见下表）。

主体	学习中预设的目标	学习者当前的水平	如何到达预设目标
教师	阐明学习意图和预设的评价标准。	组织有效的课题讨论和能够帮助学生理解的学习任务。	提供能够帮助学生进步的反馈。
同伴	合作理解学习意图和预设的评价标准。	培养学生相互指导的能力。	
学生	理解学习意图和预设的评价标准。	激活学生自主学习的潜能。	

该理论模式就评价主体教师、同伴和学生在形成性评价中的互动作用进行了阐述，从中也能看出，评价反馈分别来源于教师、同伴和学生自身。

在形成性评价中，教师及时给予评估和指导、同伴之间的互评以及自评反思是评价活动的重要环节。这三类课堂活动都是围绕帮助学生从当前的水平提升并达到预设的目标。

评价标准的确立和对评价标准完整清晰的认知是评价的首要条件。教师应该让学生明确学习目标和评价标准，通过评价让学生了解到自己的不足，同时能积极改正自己的错误。而教师也在形成性评价的使用中了解到教学态度、教学方案和教学效果的不足之处并予以修正。形成性评价的使用提高了教师的教学质量，并激发了学生的学习积极性。

四、评价内容

小班化教学注重学生个性发展，要求开放性地进行教学，不仅考查学生知识的积累和掌握程度，更要对学生身心各方面素质发展做质和量的判断。形成性评价体系是一种本着以评促学、以评促教的良性评价机制。评价内容包括学生发展的基本要素，既有对学生知识学习的评价，也有对学生在学习过程中客观存在的各种非智力因素的评价，如学习态度、兴趣、习惯、方法等的评价，还有学生创造性思维、动脑动手能力等的评价，这种对学生综合能力的评价体现了教学评价的多层次、多维度和多导向的特征。

为了更好地实现评价内容多元化，我们既要关注学生对知识技能的理解和掌握，又要重视对学生发现问题和解决问题能力的评价，还要关注学生的情感态度与价值观的形成和发展。这就要求我们以教学目标为纲，层层细化和分解，形成以学科知识和能力培养为载体的教学目标，最终构成可供操作的评价目标体系。

【案例一】　小学数学分层评价内容及目标

以小学数学四年级《三角形的高》一课为例，确定的课时教学评价内容及目标如下：

评价内容及要素	分层教学目标		
	A 层	B 层	C 层
知识与技能：知道什么是三角形的高及一条底上只能画一条高；会画三角形内部的高，认识三角形内部高与底的对应关系；能正确测量三角形内部的高的长度。	1. 认识画在三角形外面的高。 2. 能找全三角形的三条底所对应的高，能在作高的过程中感悟到三条高交于一点。 3. 会灵活使用工具画各种不同情况的三角形的高。	1. 能在三角形中找到、找全所有内部高。 2. 认识画在三角形外面的高与其底的对应关系。 3. 会使用三角板和直尺画三角形外面的高。	1. 知道什么是三角形的高。 2. 会使用三角板和直尺画三角形内部的高。 3. 能正确测量画在三角形内部的高的长度。
过程与方法：经历三角形内部高画法的探究过程，发展空间观念、推理能力、有条理的表达能力及动手操作能力。	探索灵活使用工具画各种不同情况的三角形高的方法，发现三条高交于一点。	体验三角形中所有内部高的画法，感悟三角形外面的高与其底的对应关系。	经历三角形内部高画法的探究过程，提升动手操作能力。

情感态度与价值观：愿意与人交流、合作、质疑，体会数学与生活的联系。	主动探究三角形所有高的画法。	乐意探究三角形内部所有高的画法。	愿意参与数学学习与数学探究活动。

【案例二】　小学英语多维度评价内容及目标

以外研社小学英语五年级上册 Module 9 Unit 1《Are you feeling bored?》为例，从学生语言知识与技能、文化与情感、学习策略方面进行评价，确定评价内容及目标为：

一、语言知识与技能

1. 能听懂、认读、会说、会写词汇表中黑体词（二级词汇）feel，sad，angry，ill，told；能听懂、认读次重点单词 bored，miss，woof，better，并能在口语表达中熟练应用。

2. 能运用本课表达情绪的形容词 bored，angry，sad 等，结合已学过的现在进行时描述不同的情绪状态，即能听懂、认读文本核心问句 Are you feeling sad/bored/angry/happy? 能在口语表达中熟练运用上述句型询问同学和家人的情绪状态。

3. 能通过整体听、略读、精读等方式理解文本大意；能通过图片解读、问题支架、问题追问与自主提问等方法理解文本内涵。

二、文化与情感

体会英语学习的乐趣，提高学习兴趣；同时树立关心朋友家人、关爱尊重长辈的意识。

三、学习策略

1. 通过拼读单词，感知字母与音素的对应关系，学生能习得自然拼读法来认读单词。

2. 通过图片解读、问题支架、问题追问、自主提问，略读、精读寻找文本信息、挖掘文本内涵，进而读懂文本这一系列学习过程，学生能从中领悟并学会提出问题与阅读文本、理解文本的方法。

3. 通过创设情境互动交流、回答有关文本问题、完成拓展任务，学生学会并养成主动倾听、善于阅读与乐于表达的习惯。

总之，评价内容及目标的设定既要从教学的总体目标出发，体现知识间的层级递进关系，同时也要联系课时目标的教学需要，分层设计教学目标。当然，一堂课的教学评价不应该是凝固的、僵化的和不变的，课堂会发生什么事件是不可预设的，形成性评价要能容纳这种动态生成的资源，以此保证学生的充分发展。

因此，只有在充分预设的基础上，将预设和生成有机结合，使评价目标有效地在教学活动中实现，才能使课堂更具生命力，才能使学生得到真正的发展。

五、评价方式

形成性评价是在设定学习任务或教学阶段目标时，将各个任务或学习阶段的目标制定为相应的评价标准，以学生是否达到设立的目标为契机，在教学过程中持续地及时地向学生提供建设性的反馈，以督促学生改进和提高现有的学习状况。

形成性评价要贯穿以教师为指导、学生为主体的教学思想。课堂上不仅是师生交流的主平台，更是学生自主学习、小组合作、答疑解惑的平台。在整个教学活动中要始终以学生自我评价、学生互评和教师评价为主线，运用多种评价方式考查学生的学习程度。有效的形成性评价能够帮助学生意识到想要学习的是什么、实时的学习进展如何以及如何下一步推进。反馈作为形成性评价的核心，激活了学生的认知和元认知过程，确认了学生自身在学习过程中的核心作用。

（一）自我评价

自我评价是学生在学习过程中根据评价内容和评价标准对自身学习和发展中的各个方面所做的价值判断。教师让学生参与自评，能有效增加学生的责任感，对学生情绪产生正面影响，面对学习结果会更加积极乐观，它能很好地鼓励学生进行反思活动。

自主学习环节以学生自评为主。由教师设计任务单，学生自行制定学习计划，做学习反思。在完成教师布置的自学任务后填写自我评价表，包括基础语言知识完成情况和自学时所使用的学习策略、情感态度等。

（二）同伴互评

同伴互评分为一对一互评和小组互评。

一对一互评主要是小组同伴间相互进行的评价。在小组合作过程中，同伴所展示的看法、使用的策略，相互之间会观察得更清楚，评价结果较为客观。同时，通过合作学习评价的方式，能够有效帮助学生了解优缺点，相互取长补短，共同探索策略运用，提升问题解决能力。

小组互评的基本思想是培养学生的团队精神，让学生学会合作、学会关心、学会以团队的力量去竞争，自己的伙伴自己帮，自己的成绩自己争。这样的评价，对于形成学生的集体观念，是十分有效的。

在分组活动中，组长要根据教师布置的学习任务，有目的地组织小组活动，通过分析、讨论、合作，最终形成一致的看法，然后提交全班交流。

（三）教师评价

教师评价是教师在教学实施过程中，对学生在学习过程中所表现出来的知识能力、情感态度、价值取向等方面做出的评价。教学中，教师提出问题或利用任务单引导学生掌握知识点，并根据情况对其做出评价，对学生个人提出的问题、见解进行有针对性的分析与实时评价，对小组活动的情况进行总结、点评，鼓励小组合作和团队精神。

在每个单元的成果检测后，教师也要对学生的掌握情况进行评价。对于个性问题，教师要和学生一对一进行交流，从而更好地掌握学生的学习情况，有效地帮助学生提升学习效果。对于班级整体的共性问题，教师可以在课上集体反馈，从而减少学习中的问题。

有效的形成性评价能够帮助学生意识到想要学习的是什么、自身的学习进展如何以及下一步如何改进。简言之，就是让学生明确本单元知识掌握的程度和不足之处，带领学生及时进行学习反思，推动学习进程。

学生课堂表现评价量表

<table>
<tr><td rowspan="3">评价方式</td><td colspan="5">评价内容</td></tr>
<tr><td rowspan="2">评价项目</td><td colspan="4">评价标准及等级</td></tr>
<tr><td>★★★</td><td>★★</td><td>★</td><td></td></tr>
<tr><td rowspan="3">自评</td><td>对本节课知识的兴趣</td><td>浓厚</td><td>较浓厚</td><td>一般</td><td>弱</td></tr>
<tr><td>本节课独立思考的习惯</td><td>强</td><td>较强</td><td>一般</td><td>弱</td></tr>
<tr><td>自信心，体验到学习成功的愉悦</td><td>多</td><td>较多</td><td>一般</td><td>少</td></tr>
<tr><td rowspan="3">互评</td><td>本节课发言的次数</td><td>多</td><td>较多</td><td>一般</td><td>少</td></tr>
<tr><td>本节课发言的质量</td><td>高</td><td>较高</td><td>一般</td><td>低</td></tr>
<tr><td>本节课课堂练习的正确性</td><td>高</td><td>较高</td><td>一般</td><td>低</td></tr>
<tr><td rowspan="4">师评</td><td>上课听讲的专心程度</td><td>高</td><td>较高</td><td>一般</td><td>低</td></tr>
<tr><td>参与教学活动的程度</td><td>高</td><td>较高</td><td>一般</td><td>低</td></tr>
<tr><td>课堂发言反映出的思维深度</td><td>强</td><td>较强</td><td>一般</td><td>弱</td></tr>
<tr><td>课堂发现问题的能力</td><td>强</td><td>较强</td><td>一般</td><td>弱</td></tr>
<tr><td>评价说明</td><td colspan="5">在评价等级相应的栏目下只选一项，打“√”</td></tr>
</table>

（四）七彩阶梯评价单

小班化课堂教学的各个环节，离不开任务单的使用，任务单与评价单的有效结合，不但可以使学生明确学习任务，更能使学生清楚地了解评价标准，提高学习积极性。七彩阶梯评价单是在此理念下应运而生的。

1. 七彩阶梯评价单构思

七彩阶梯评价单是从课前预习、课中学习、课后巩固三方面展开的，通过细化，分为红色——自主预习单、橙色——动手操作单、黄色——自主学习单、绿色——合作提升单、青色——诊断检测单、蓝色——复习巩固单、紫色——探究内化单。

- 七彩任务单
  - 课前预习任务单
    - 红色→自主预习单
    - 橙色→动手操作单
  - 课中学习任务单
    - 黄色→自主学习单
    - 绿色→合作提升单
  - 课后巩固任务单
    - 青色→诊断检测单
    - 蓝色→复习巩固单
    - 紫色→探究内化单

七彩象征着美好的童年，七彩的生活，七彩的思维，同时，它也代表着热情、活泼、可爱、奋进。七彩的运用，就是让学生在学习时感受到学习的轻松、快乐，让学习时时刻刻充满色彩、充满阳光。

每一种颜色的评价单都采用阶梯形式呈现，对应着不同类型的评价任务。

阶梯取材于楼梯。爬楼梯是孩子们每天最常做的一件事，谁的步子迈得多，谁就能到达顶峰。将每一个层级的学生所要完成的任务呈现于台阶上，这种阶梯式的任务单能直观地反映出内容的层级，也激发了孩子们想再迈一步的欲望，促使他们“每天前进一小步，迈向成功一大步”。

A、B、C、D 代表着小组内学生的层级，采用卡通的形式符合了小学生的心理特点。每个人除了要完成和自己相对应的层级的任务，还可以继续向上一个台阶迈进，完成上一层级的任务，只要自己努力坚持，在下一次的层级调整中，该生的层级就可能向上调整一级。

不积跬步，无以至千里。只要朝着目标的方向，每天一小步，一学期下来，就一定会达到阶梯顶峰。

2. 七彩阶梯评价单案例

下面以外研社小学四年级下册 Module 8 Unit 1《They sang beautifully.》为例来进行七彩阶梯评价单设计。

七彩阶梯评价单实际上是学习任务单与评价单的结合。在学习任务的安排上，随着阶梯越来越高学习任务也越来越重。学生在完成任务单时，可以从自己的层次开始，试着慢慢向上迈进，这样，符合孩子勇于挑战的心理。每一张任务单都分成二至四个层级的任务，要想到达阶梯顶端，则需要完成所有层级的任务。

课前预习——自主预习单

A

Write the meaning of the sentences.
（写出句子的意思）

1. They sang beautifully. ________
2. We ate some food and drank some drinks.
____
3. You had a busy time. ________

B

Write down the past tense of the words.
（写出下列单词的过去式）

go ________ see ________ sing ________

eat ________ drink ________

have ________

C

通过听录音、查字典等方式，你又学会了哪些单词？

____

D

Read the text, then underline the words you don't know.
（初读课文，画出你不认识的单词）

自我评价	认真完成自己层级的任务，得一颗星；又上了一个台阶，且认真完成了相对应的任务，得两颗星；到达台阶最顶层，认真完成了所有任务，得三颗星。同学们，根据小组成员对任务单的完成情况，让他的星星亮起来吧！ ☆☆☆

课中学习——合作提升单

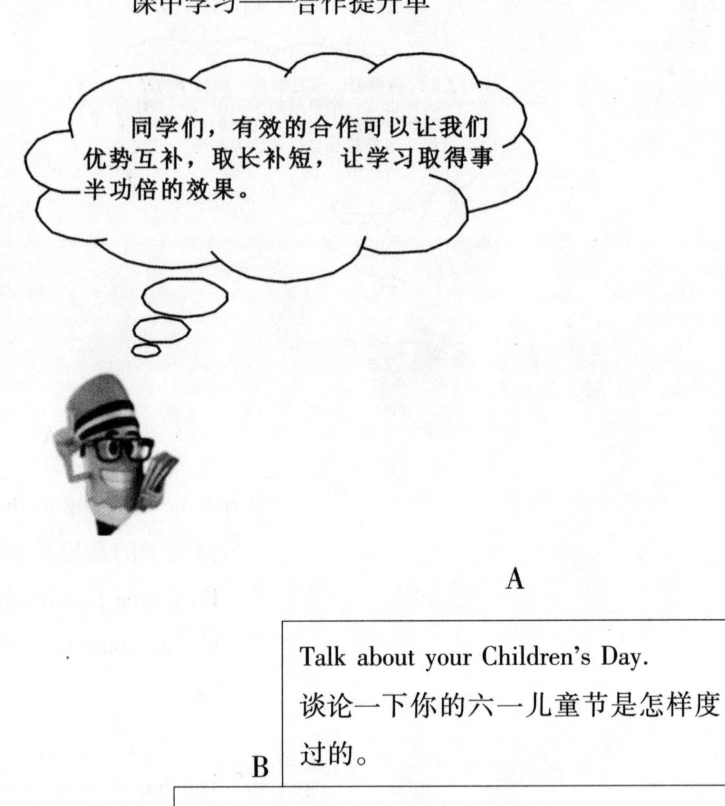

A

Talk about your Children's Day.
谈论一下你的六一儿童节是怎样度过的。

B

Retell the text. 复述课文内容。

C

Read the text in roles. 分角色朗读课文。

D

Read the text in groups. (Read after the leader.) 小组合作，朗读课文。

自我评价	认真完成自己层级的任务，得一颗星；又上了一个台阶，且认真完成了相对应的任务，得两颗星；到达台阶最顶层，认真完成了所有任务，得三颗星。同学们，根据自己对任务单的完成情况，让自己的星星亮起来吧！ ☆☆☆

评价时，本着让 D 等生也能摘到果子的原则，不同层级的学生采用不同的评价标准。我们在每张任务单的下方投放了以下评价要求：认真完成自己层级的任务，得一颗星；又上了一个台阶，且认真完成了相对应的任务，得

两颗星；到达台阶最顶层，认真完成了所有任务，得三颗星。

这样的评价，让 D 等生也能得到星星，如果再努力一点，还可以得到两颗星或三颗星，从而让学生有了前进的动力，激发了他们想跳一跳摘果子的欲望。

自主预习单和课后巩固单是课前和课后由学生独立来完成的，可以由学生自己或教师进行评价，也可以由教师对小组长的任务单进行检查，并对小组长提出要求，之后由小组长检查本组成员的完成情况，并做出相应评价，小组成员根据评价反馈，进一步完善补充学习内容。最后，教师根据小组长的汇报，进一步汇总，调整教学。

总之，形成性评价是在教学活动过程中不断完善学习成果、提升教学效果的一种评价。形成性评价能够促进学生自主学习，激发学生学习的动力。但形成性评价要合理地融会于教学的各个环节，同时有效的教学也需要以学生自我评价、同伴互评和教师评价为体系的形成性评价来支撑。二者相互依存，相互作用。教师要合理设计各个教学环节，使形成性评价真正发挥其在教学中的作用。

第四节　对学生学习的总结性评价

总结性评价，也称终结性评价、事后评价，即在教学活动结束后，为了解教学活动的最终效果而进行的评价。总结性评价着眼于学生对某门课程整体内容的掌握，注重于测量学生达到该课程教学目标的程度。因此，总结性评价进行的次数或频率不多，一般是一个学期或一个学年两三次。期中、期末考查或考试以及毕业会考等均属此类。

小班化教学中对学生的评价更趋于人本化，关注学生的全面发展，关注学生的个体差异发展，关注学生的主动性发展。因此，小班化教学的总结性评价不仅要关注学生对知识技能的掌握情况，还要注重学生在某一阶段学习过程中学习习惯的养成、思维的发展与提升、团队合作能力等方面的全面发展。

小班化的评价，不能仅凭单一的、用纸笔进行的测验，不是为了衡量学生在群体中的位置，而是为了让学生在现有基础上谋求实实在在的发展。评价的目的在于帮助学生识别自己的强项和弱项，为学生提供有益的反馈，提出今后的学习建议。小班化教学的总结性评价在于了解学生在发展中的需求，关注个体差异，关注让学生学会更多的学习策略，促进每个学生在已有水平上的发展。

总结性评价重视的是结果，借以对被评价者做出全面鉴定，区分等级，并对整个教学活动的效果做出评定。总结性评价的概括性水平一般较高，考试或测验内容包括的范围较广，且每个题目都包括了许多构成该课程的基本知识、技能和能力。通过总结性评价，对学生小学阶段或初中的某一阶段进行分析，以便对教学和学习策略做出调整。

要使小班化教学评价真正能发挥诊断、反馈、定向等作用，促进学生生动、活泼、主动的发展，就必须彻底抛弃传统教学评价中落后的观念和做法，必须以严格科学的态度对小班化教学评价系统做整体优化，做到评价内容多元分项、评价标准个性分层、评价方式灵活多样等。

一、小学各学科的总结性评价

语文

（一）小学语文学科建设发展规划

语文课程应培养学生运用祖国语言文字的能力，同时语文课程还应激发和培养学生热爱祖国语言文字的思想感情，引导学生丰富语言积累，培养语感，发展思维，初步掌握学习语文的基本方法，养成良好的学习习惯，来全面提高学生的语文素养。

语文素养是学生在积极的语言实践活动中构建起来的个体语言经验和个性品质，是在语文学习中获得的语言知识、语言技能和方法、情感态度与价值观的综合体现。

小班化的语文教学，要面向全体学生，使学生获得基本的语文素养；更要关注学生的个体差异，让每一个学生都能在已有基础上获得发展。评价的内容与标准应该紧扣新课标要求，对学生的识字写字能力、阅读能力、写作能力、口语交际能力、思维品质、文化积累及审美鉴赏等能力进行综合评价。

为实现这一目标，语文教师应明确语文学科各学段的教学目标、内容及评价建议。

【案例】　小学语文教学目标、内容及评价建议（节选）

一、以低段的“识字与写字”为例

（一）教学目标

1. 喜欢学习汉字，有主动识字、写字的愿望。认识常用汉字1600个左右，其中1000个左右会写。掌握汉字的基本笔画和常用的偏旁部首，能按笔顺规则用硬笔写字，注意间架结构。初步感受汉字的形体美。努力养成良好的写字习惯，写字姿势正确，书写规范、端正、整洁。

2. 学会汉语拼音。能读准声母、韵母、声调和整体认读音节。能准确地拼读音节，正确书写声母、韵母和音节。认识大写字母，熟记《汉语拼音字母表》。

3. 学习独立识字。能借助汉语拼音认读汉字，学会用音序检字法和部首检字法查字典。

（二）内容建议

1. 拼音：正确熟练拼读音节，初步掌握汉语拼音标调规则，初步掌握汉语拼音书写规则，借助汉语拼音识字、正音、阅读。

2. 识字：认识汉字累计1600个左右。掌握汉字的基本知识，认识汉字的笔画和常见的笔画变形，累计认识50种汉字常见的偏旁部首。区分同音字的字形，分辨音近字的不同读音，区分形近字的字形，扩大多音字积累，在具体语境中读准学过的多音字。运用同音字、音近字、形近字、多音字知识认识生字，运用汉字构字法认识生字，在生活中通过多种媒体识字。运用音序查字法、部首查字法查字典，运用字典识字。

3. 写字：正确地书写累计1000个汉字。书写规范。认识句子的书写格式，按照规范的格式书写句子。运用铅笔端正、整洁地书写汉字。

（三）评价建议

①期末书面测试。②作业展评。③书写能力测试。④课堂评价。⑤识字过关考级。

二、以中段的“阅读”为例

（一）教学目标

1. 用普通话正确、流利、有感情地朗读课文。初步学会默读，做到不出声，不指读。学习略读，粗知文章大意。

2. 能联系上下文，理解词句的意思，体会课文中关键词句表达情意的作用。能借助字典、词典和生活积累，理解生词的意思。

3. 能初步把握文章的主要内容，体会文章表达的思想感情。能对课文中不理解的地方提出疑问。能复述叙事性作品的大意，初步感受作品中生动的形象和优美的语言，关心作品中人物的命运和喜怒哀乐，与他人交流自己的阅读感受。

4. 诵读优秀诗文，注意在诵读过程中体验情感，展开想象，领悟诗文大意。在理解语句的过程中，体会句号与逗号的不同用法，了解冒号和引号的一般用法。

5. 积累课文中的优美词语、精彩句段，以及在课外阅读和生活中获得的语言材料。背诵优秀诗文50篇（段）。养成读书看报的习惯，收藏图书资料，乐于与同学交流。课外阅读总量不少于50万字。

（二）内容建议

1. 阅读方式：学习有感情地朗读课文。默读时能边读边思考，自觉地边读边圈画。

2. 词语理解：借助词典理解生词或成语的意义。运用学过的方法，在具体语境中理解生词的意思。

3. 文章的主要内容：阅读时要有总结文章主要内容的意识，辨析文章的主要内容和次要内容，抓事情的起因、经过、结果，用段意归并法、抓关键语句等总结文章主要内容。

4. 文章的表达形式：结合语境，体会生动的词语、有变化的词语的运用及其表达效果。体会名句格言和比喻句、拟人句等修辞手法的恰当应用及其表达效果。在语境中认识语言、动作、外貌神态的描写，要了解写作方法，并体会其表达效果。认识由远及近、由上到下、点面结合等描写景物和事物的方法。

5. 各类文体阅读：阅读浅近的童话、寓言故事，能用有感情的朗读方式读出自己的情感体验，并对文中的人物和事件发表自己的看法。诵读儿歌、儿童诗和浅近的古诗，展开想象，获得初步的情感体验，感受语言的优美。阅读优秀诗文，能自觉体会作品中生动形象的语言表达方式，并与他人交流自己的阅读感受。

6. 阅读习惯：阅读时能从文章的内容、标题以及遣词造句等方面提出疑问，通过请教他人、查阅工具书等途径解决问题。阅读课文或课外书籍，能自觉积累并摘录优美词语、精彩句段和格言警句。背诵优秀诗文，不少于50篇（段）。每天读书看报不少于半小时，收藏图书资料，课外阅读总量不少于50万字。

（三）评价建议

采取自评、同学评、教师评、家长评的多元主体评价。采用口头评价、书面评价等方式，定量评价与定性评价相结合，口头评价与等级评定相结合进行及时评价。主要有：①期末书面测试。②作业展评。③课堂达标检测。④基本能力测试。⑤阅读考级。⑥古诗词诵读抽测。

三、以高段的“习作”为例

（一）教学目标

1. 懂得写作是为了自我表达和与人交流。养成留心观察周围事物的习惯，有意识地丰富自己的见闻，珍视个人的独特感受，积累习作素材。

2. 能写简单的纪实作文和想象作文，内容具体，感情真实。能根据内容表达的需要，分段表述。学写读书笔记，学写常见应用文。

3. 会修改自己的习作，并主动与他人交换修改，做到语句通顺，行款正确，书写规范、整洁。根据表达需要，正确使用常用的标点符号。

4. 习作要有一定的写作速度。课内习作每学年16次左右。

（二）内容建议

1. 积累素材：养成留心观察周围事物的习惯，有意识地丰富自己的见闻，积累习作素材。

2. 选择材料：能围绕写作目的恰当地选择写作材料。

3. 组织材料：能条理清楚地表达，段落衔接自然，能把重点内容写具体。

4. 运用语言：能根据需要运用积累的语言。语言表达通顺、连贯。能根据表达的需要，恰当使用标点符号。

5. 修改作文：会运用修改符号修改习作，根据习作目的和要求修改习作，与他人交换修改。

（三）评价建议

采取自评、同学评、教师评、家长评的多元主体评价。定性评价与定量评价相结合、口头评价与等级评定相结合进行及时评价。主要有：①期末书面测试。②习作展评及比赛。③基本能力测试。④日常作文评价。

（二）小学语文素养考查综合评价方案

为达成学科质量目标，语文学科主要从笔试、面试和平时观察三方面，对学生的识字与写字、阅读、习作、口语交际、思维发展和文化积累几个方面进行综合评价，针对各年级学习目标拟定综合评价方案。

【案例】 小学语文五年级综合评价方案

一、笔试 70%

1. 综合检测 60%

(1) 主要考核本册教材中的识字，能读准多音字、形近字，分辨常见误读字的字音。能结合语境区分常用汉字。能在简单语境中选择运用常用汉字。能运用工具书独立识字。阅读文章，能够完整把握主要内容，并比较准确、简练地进行概括，厘清文章表达顺序，体会作者表达的思想感情。能根据需要提取与内容、情感相关的信息。能充分利用文中内容和自己的积累，对关键词语、重点句段及情节、形象等做出符合文章的解释。对富有表现力的语言能有自己的看法，并能联系文本简单说明理由。

(2) 能够借助文本中的语言、内容、表达形式等，增强自身语言的表现力，能综合利用文本信息，解决学习和生活中的问题。能围绕写作目的恰当地选择材料，条理清楚地表达，把重点内容写具体，并能根据需要运用积累的语言，语言表达通顺连贯，根据表达的需要恰当使用标点符号。

(3) 评价办法及标准参见试卷。

2. 专项检测 10%

(1) 评价内容：10 分钟听写词语 80 字。

(2) 评价标准：能按照笔画和笔顺规范书写汉字，做到书写正确、规范、端正、整洁，有一定速度。

A 等 19—20 分：笔顺正确，笔画准确到位；字迹工整、美观；布局合理、匀称，整体效果好；纸面整洁。

B 等 17.5—18.5 分：笔顺正确，字迹工整、美观；布局匀称，整体效果较好；纸面整洁。

C 等 16—17 分：笔顺正确，字迹较工整，大小匀称；纸面比较整洁。

D 等 15.5 分以下：笔顺正确，但结构比例失调；书写较潦草；纸面不整洁。

二、面试（课外阅读积累）20%

1. 古诗词诵读 10%

（1）评价内容：教育部统一推荐的 20 首课外古诗词。

（2）评价方式：现场任抽一首进行诵读，要求正确、熟练且有韵味地诵读，还可适当运用肢体语言等。

（3）评价标准：分值 10 分。正确（5 分，错一字扣 0.5 分，少一句扣 1 分，扣完为止；停顿超过 30 秒还不背诵，视为背不下来）、流利（2 分，分 3 档，分差以 0.5 分计分）、有节奏（3 分，分 3 档，分差以 0.5 分计分）。

（4）校级考查：每学期一次；市级抽查：每学年一次。

2. 阅读考级 10%

（1）评价内容："快乐读书吧"的必读书目，教育部统一推荐的必读书目。

（2）考查方式：①阅读存折、阅读打卡记录，每天坚持阅读 30 分钟以上。②完成必读书目的阅读考级内容。③有良好的写读书笔记的习惯。

（3）评价标准：见阅读考级评价标准。

三、平时观察 10%（学习习惯 5%+学习兴趣 5%）

1. 评价内容及方法：①学习习惯主要观察学生是否能认真对待上课、作业、测试等学习活动。②学习兴趣主要观察学生是否喜欢参加各种语文学习活动。

2. 评价标准：依据课标，根据学生的日常行为进行定性评价（语言描述）。

3. 评价主体：教师、家长、同学及学生本人。

四、三点说明

1. 综合成绩评定应做到定量与定性相结合。

2. 定量评价，合计三部分成绩总分达到 90 分以上为优秀，75—89 分为良好，60—74 分为合格，60 分以下为不合格。

3. 定性评价主要是从本学期语文学习的档案资料和考试结果来进行分析，用最具代表性的事实描述学生的进步，对学习中的不足提出建议。

数学

（一）小学数学学科建设发展规划

小学数学课程应培养学生获得适应社会生活和进一步发展所必需的数学基础知识、基本技能、基本思想、基本活动经验。体会数学知识之间、数学与其他学科之间、数学与生活之间的联系。能运用数学思维方式进行思考，增强发现和提出问题的能力、分析和解决问题的能力，了解数学的价值，提高学习数学的兴趣，增强学好数学的信心，养成良好的学习习惯，具有初步的创新意识和科学态度。

数学素养指会用数学观点、数学思维方式和数学方法观察、分析、解决问题的能力及其倾向性（包括数学意识、数学行为、数学思维习惯、兴趣等）。

小班化的数学教学要面向全体学生，使学生获得基本的数学素养；更要关注学生的个体差异，让每一个学生都能在已有基础上获得发展。评价的内容与标准应该紧扣课标要求，对学生在数与代数、图形与几何、统计与概率、综合与实践等领域进行综合评价。

为实现这一目标，数学教师应明确数学学科各学段的教学目标、内容及评价建议。

【案例】　小学数学教学目标、内容及评价建议

一、以“数与代数”为例

（一）教学目标

1. 知识技能

①经历从日常生活中抽象出数的过程，理解万以内数的意义。②初步认识分数和小数。③理解常见的量。④体会四则运算的意义，掌握必要的运算技能，能准确地进行运算。⑤在具体情境中能选择适当的单位进行简单的估算。

2. 数学思考

①能运用数及适当的度量单位描述现实生活中的简单现象。②在对运算结果进行估计的过程中发展数感。③会独立思考问题，表达自己的想法。④在观察、操作等活动中能提出一些简单的猜想。

3. 问题解决

①能在教师的指导下，从日常生活中发现和提出简单的数学问题，并尝试解决。②了解分析问题和解决问题的一些基本方法，知道同一个问题可以有不同的解决方法。③体验与他人合作交流解决问题的过程。④尝试回顾解决问题的过程。

4. 情感态度

①对身边与数学有关的事物有好奇心，能参与数学活动。②在他人帮助下感受数学活动中的成功，能尝试克服困难。③了解数学可以描述生活中的一些现象，感受数学与生活有密切联系。④能倾听别人的意见，尝试对别人的想法提出建议，知道应该尊重客观事实。

（二）内容建议

1. 数的认识

①在现实情境中理解万以内数的意义，能认、读、写万以内数，能用数表示物体的个数或事物的顺序和位置。②能说出各数位的名称，理解各数位上的数字表示的意义；知道用算盘可以表示多位数。③理解符号“<”“=”“>”的含义，能用符号和词语描述万以内数的大小。④在生活情境中感受大数的意义，并能进行估计。⑤能结合具体情境初步认识小数和分数，能正确读、写小数和分数。⑥能结合具体情境比较两个一位小数的大小，能比较两个同分母分数的大小。⑦能运用数表示日常生活中的一些事物，并能进行交流。

2. 数的运算

①能结合具体情境，体会整数四则运算的意义。②能熟练地口算 20 以内的加减法和表内乘除法，能口算简单的百以内的加减法和一位数乘除两位数。③能计算两位数和三位数的加减法，一位数乘两位数和三位数、两位数乘两位数的乘法、两位数和三位数除以一位数的除法。④认识小括号，能进行简单的整数四则混合运算。⑤会进行同分母分数的加减运算以及一位小数的加减运算。⑥能结合具体情境，选择适当的单位进行简单估算，体会估算在生活中的作用。⑦经历与他人交流各自算法的过程。⑧能运用数及数的运算，解决生活中的简单问题，并能对结果的实际意义做出解释。

3. 常见的量

①在现实情境中认识元、角、分，并了解它们之间的关系。②能认识钟表，了解 24 时计时法，结合自己的生活经验，体验时间的长短。③认识年、月、日，了解它们之间的关系。④在现实情境中感受并认识克、千克、吨，能进行简单的单位换算。⑤能结合生活实际，解决与常见的量有关的简单

问题。

4. 探索规律

探索简单情境下的变化规律。

（三）评价建议

①期末书面测试。②作业展评。③书写能力测试。④课堂评价。⑤计算能力竞赛。

二、以“图形与几何”为例

（一）教学目标

1. 知识与技能

①探索一些图形的形状、大小和位置关系。②了解一些几何体和平面图形的基本特征。③体验简单图形的运动过程，能在方格纸上画出简单图形运动后的图形。④了解确定物体位置的一些基本方法。⑤掌握测量、识图和画图的基本方法。

2. 数学思考

①初步形成空间观念，感受几何直观的作用。②在观察、实验、猜想、验证等活动中发展合情推理能力，能进行有条理的思考，能比较清楚地表达自己的思考过程与结果。③会独立思考，体会数学的一些基本思想。

3. 问题解决

①尝试从日常生活中发现并提出简单的数学问题，并运用所学知识解决这些问题。②能探索分析和解决简单问题的有效方法，了解解决问题方法的多样性。③经历与他人合作交流解决问题的过程，尝试解释自己的思考过程。④能回顾解决问题的过程，初步判断结果的合理性。

4. 情感态度

①在他人的鼓励和引导下，体验克服困难、解决问题的过程，相信自己能学好数学。②在运用数学知识和方法解决问题的过程中，认识数学的价值。③初步养成乐于思考、勇于质疑、言必有据的良好品质。

（二）内容建议

1. 图形的认识

①结合实例了解线段、射线和直线。体会两点间所有连线中线段最短，知道两点间的距离。②知道平角与周角，了解周角、平角、钝角、直角、锐

角之间的大小关系。③结合生活情境了解平面上两条直线的平行和相交（包括垂直）关系。④通过观察、操作，认识平行四边形、梯形和圆，知道扇形，会用圆规画圆。认识三角形，通过观察、操作，了解三角形两边之和大于第三边、三角形内角和是180°。⑤认识等腰三角形、等边三角形、直角三角形、锐角三角形、钝角三角形。⑥能辨认从不同方向（前面、侧面、上面）看到的物体的形状图。通过观察、操作，认识长方体、正方体、圆柱和圆锥，认识长方体、正方体和圆柱的展开图。

2. 测量

①能用量角器测量并画出指定度数的角，会用三角尺画30°、45°、60°、90°角。②探索并掌握三角形、平行四边形和梯形的面积公式，并能解决简单的实际问题。③通过操作，了解圆的周长与直径的比为定值，掌握圆的周长公式；探索并掌握圆的面积公式，并能解决简单的实际问题。④认识面积单位：平方千米、公顷。⑤会用方格纸估计不规则图形的面积。⑥通过实例了解体积（包括容积）的意义及度量单位，能进行单位之间的换算，感受体积单位以及容积单位的实际意义。⑦结合具体情境，探索并掌握长方体、正方体、圆柱体的体积和表面积以及圆锥体积的计算方法，并能解决简单的实际问题。⑧体验某些实物体积的测量方法。

3. 图形的运动

①通过观察、操作等活动进一步认识轴对称图形以及对称轴，能在方格纸上画出轴对称图形的对称轴，能在方格纸上补全一个简单的轴对称图形。②通过观察、操作等在方格纸上认识图形的平移与旋转；能在方格纸上按水平或垂直方向将简单图形平移，会在方格纸上将简单图形旋转90°。③能利用方格纸按一定比例将简单图形放大或缩小。

4. 图形与位置

①了解比例尺，在具体情境中会按给定的比例进行图上距离与实际距离的换算。②能根据物体相对于参照点的方向和距离确定其位置。③会描述简单的路线图。

（三）评价建议

综合运用教师评价、学生自评与互评、家长评价等多元评价方式，定性与定量评价相结合、口头评价与等级评定相结合进行及时评价。主要采用：①期末书面测试。②作业展评。③课堂达标检测。④基本能力测试。⑤口头测验。⑥开放式问题。⑦活动报告。⑧课堂观察。⑨探究活动。

（二）小学数学素养考查综合评价方案

为达成学科质量目标，数学学科主要从笔试、面试和平时观察三方面，对学生的学习习惯、课堂参与、数感、符号感、运算能力、空间观念、统计观念以及应用意识与推理能力、数学实践活动等几个方面进行综合评价。针对各年级学习目标拟定综合评价方案。

【案例】　小学数学五年级综合评价方案

一、期末测试 70%

1. 综合检测 60%

（1）评价内容：

①能理解百分数的意义，能运用百分数知识解决一些简单的实际问题。②理解比例的意义和性质，会解比例，能根据正、反比例解决实际问题。③理解比例尺的意义，能运用比例尺的知识解决简单的实际问题。④能熟练地进行整数、分数、小数四则运算，系统掌握常见的数量关系和解决简单实际问题的方法。⑤掌握圆的周长和面积计算公式，能解决实际问题。⑥掌握圆柱、圆锥的特征，能够运用圆柱、圆锥的表面积与体积公式解决实际问题。⑦系统掌握统计图表、统计量及可能性知识，并能合理分析数据、解决实际问题。

（2）测试方法：在 60 分钟内完成书面测试题。

（3）评定标准：正确率在 85%以上（含 85%）为优秀；正确率为 70%—85%（含 70%）为良好；正确率为 60%—70%（含 60%）为合格；正确率在 60%以下为不合格。

2. 口算检测 10%

（1）评价内容：本册教材所涉及的口算内容。

（2）评价方法：学生独立完成测试，5 分钟内完成 38 道口算题。

（3）评价标准：优秀：正确率在 90%以上（含 90%）；良好：正确率为 80%—90%（含 80%）；合格：正确率为 70%—80%（含 70%）；不合格：正确率在 70%以下。

二、面试 20%

1. 实践操作 10%

(1) 评价内容：考查学生的实践操作能力，考查内容根据教材的实践操作内容而定。

(2) 评价方法：教师提供给学生若干实践操作的内容，让他们选择自己感兴趣的一个，可以独立完成，也可以选择合作伙伴共同完成。每月检测一次，每位学生一学期只要参加一次检测。教师要做好记录，留好过程性资料。

(3) 评价标准：完成得又快又好的评为优秀；能在规定时间内完成操作任务的评为良好；能基本完成的评为合格；不能完成的评为不合格。

2. 数学表达 10%

(1) 评价内容：数学表达的主要内容是说理，即说算理、说解题思路、讲公式的推导过程等。

(2) 评价方法：学生独立完成测试。在统一的测试卷中抽签一个内容进行测试。

(3) 评价标准：语言表述清楚，思路清晰的评为优秀；能基本表述清楚，思路基本清晰的评为良好；能在少量提示下表述清楚的评为合格；说不清楚，思路比较混乱的评为不合格。

三、平时观察 10%（学习习惯 5%+学习态度 5%）

1. 评价内容及方法：①学习习惯：是否计算仔细、书写整洁、按时完成做作业的学习习惯。②学习态度：是否具有认真、严格、刻苦钻研的学习态度及独立思考、踊跃发言的精神。

2. 评价方法：课堂观察、活动记录、作业评价、课后访谈。

3. 评价标准：依据课标，根据学生的日常行为进行定性评价（语言描述）。

四、三点说明

1. 综合成绩评定应做到定量与定性相结合。

2. 定量评价，合计三部分成绩总分达到 90 分以上为优秀，75—89 分为良好，60—74 分为合格，60 分以下为不合格。

3. 定性评价主要是从本学期数学学习的档案资料和考试结果来进行分析，用最具代表性的事实描述学生的进步，对学习中的不足提出建议。

英语

（一）小学英语学科建设发展规划

根据小学生的生理和心理特点以及发展需求，小学阶段英语课程的目的是激发学生学习英语的兴趣，培养他们对英语学习的积极态度，使他们建立起初步的学习英语的自信心。培养学生一定的语感和良好的语音、语调基础。使他们形成初步用英语进行简单日常交流的能力，为进一步学习打下基础。

小班化教学强调，英语课程要从学生的学习兴趣、生活经验和认知水平出发，倡导体验、实践、参与、合作与交流的学习方式和任务型的教学途径，发展学生的综合语言运用能力，使语言学习的过程成为学生形成积极的情感态度、主动思维和大胆实践、提高跨文化意识和形成自主学习能力的过程。

（二）小班化英语学科评价体系

小班化英语学科评价体系由形成性评价和总结性评价构成，旨在激励学生的学习兴趣和自主学习能力的发展。

在英语教学过程中以形成性评价为主，注重培养和激发学生学习的积极性和自信心。总结性评价则着重检测学生综合语言技能和语言应用能力。评价要有利于促进学生综合语言运用能力和健康人格的发展，促进教师不断提高教育教学水平，促进英语课程的不断发展与完善。

【案例】　小学四年级英语教学目标、内容及评价建议

一、语言技能

（一）教学目标

1. 听

①能在图片、图像、手势的帮助下，听懂简单的话语或录音材料。②能听懂简单的配图小故事。③能听懂课堂活动中简单的提问。④能听懂常用指令和要求并做出适当反应。

2. 说

①能在口头表达中做到发音清楚、语调达意。②能就所熟悉的个人和家庭情况进行简短对话。③能运用一些最常用的日常套语（如问候、告别、致谢、致歉等）。④能在教师的帮助下讲述简单的小故事。

3. 读

①能认读所学词语。②能根据拼读规律，读出简单的单词。③能读懂教材中简短的要求或指令。④能看懂贺卡等所表达的简单信息。⑤能借助图片读懂简单的故事或小短文，并养成按意群阅读的习惯。⑥能正确朗读所学故事或短文。

4. 写

①能模仿范例写句子。②能写出简单的问候语。③能根据要求为图片、实物等写出简短的标题或描述。④能基本正确地使用大小写字母和标点符号。

（二）内容建议

1. 每天坚持听单词、课文的录音不少于20分钟，并在听的过程中进行跟读或做出相应的指令动作。

2. 每天进行口语练习，要注意发音准确、语调标准，并能根据日常生活中的具体情境进行简单的英语交流。

3. 认读课本中所有的单词，在认读过程中领会拼读规则。学会借助图片读懂图片或英语故事，可适当收看英文动画等影视作品。

4. 正确使用标点符号，规范抄写句子和短文。能够根据图片或事物写出简短的句子。

（三）评价建议

①期末书面测试。②作业展评。③书写能力测试。④课堂评价。⑤结合平时的形成性评价。

二、语言知识

（一）教学目标

1. 语音

①了解简单的拼读规则。②了解单词有重音。③语音清楚，语调自然。

2. 词汇

学习有关本级话题范围的600—700个单词和50个左右的习惯用语。

3. 语法

①知道名词有单复数形式。②知道主要人称代词的区别。③知道动词在不同情况下会有形式上的变化。④了解表示时间、地点和位置的介词。⑤了解英语简单句的基本形式和表意功能。

4. 功能：了解问候、告别、感谢、致歉、介绍、请求等交际功能的基本表达形式。

5. 话题：能理解和表达有关下列话题的简单信息：数字、颜色、时间、天气、食品、服装、玩具、动植物、身体、个人情况、家庭、学校、朋友、文体活动、节日等。

（二）内容建议

1. 正确朗读单词，注意语音、语调及拼读规则。

2. 对一般现在时、一般将来时、一般过去式等时态有初步的了解，在不同的情境下能够选取不同的时态来表达意图。

3. 强化英语交际练习，明确不同情境下交际用语的使用。

4. 根据话题来进行总结概况，形成知识网络，把每个话题的相关信息整合起来，增强对所学内容的综合运用能力。

（三）评价建议

①期末书面测试。②作业展评。③书写能力测试。④课堂评价。⑤结合平时的形成性评价。

三、情感态度

（一）教学目标

1. 有兴趣听英语、说英语、背歌谣、唱歌曲、讲故事、做游戏等。

2. 乐于模仿，敢于开口，积极参与，主动请教。

（二）内容建议

能够在生活中找到相关英语信息，乐于观察、乐于发现、乐于模仿，提高参与的积极性，养成乐观的态度。

（三）评价建议

①课堂观察。②歌曲演唱。③英语剧表演。

四、学习策略

（一）教学目标

1. 积极与他人合作，共同完成学习任务。

2. 主动向老师或同学请教。

3. 制定简单的英语学习计划。

4. 对所学内容能进行主动练习和实践。

5. 在词语与相应事物之间建立联想。

6. 在学习中集中注意力。

7. 尝试阅读英语故事及其他英语课外读物。

8. 积极运用所学英语进行表达和交流。

9. 注意观察生活或媒体中使用的简单英语。

10. 能初步使用简单的学生英汉词典。

（二）内容建议

1. 积极参与小组合作，认真完成学习任务。

2. 尝试阅读英语故事及其他英语课外读物，敢于用英语表达和交流。

（三）评价建议

1. 课堂观察，教师评价；课堂展示，互评或教师评价。

2. 课后阅读，自评或家长评价。

五、文化意识

（一）教学目标

1. 知道英语中最简单的称谓语、问候语和告别语。

2. 对一般的赞扬、请求等做出适当的反应。

3. 知道国际上最重要的文娱和体育活动。

4. 知道英语国家中最常见的饮料和食品的名称。

5. 知道主要英语国家的首都和国旗。

6. 了解世界上主要国家的重要标志物，如英国的大本钟等。

7. 了解英语国家中重要的节假日。

（二）内容建议

查阅资料，学习英语国家相关的文化背景、生活习俗、重大节日等相关知识。

（三）评价建议

①期末知识检测。②学生互评。

（三）小学英语素养考查综合评价方案

小学英语课程目标达成度的综合评价主要通过笔试、面试和平时观察三方面，对学生语言知识与技能、情感态度、学习策略、文化意识等几个方面进行综合性评价。针对不同年级制定不同的评价方案。

【案例】 小学英语五年级综合评价方案

一、笔试 70%

1. 综合检测 60%

(1) 主要考核本册教材中的单词和句型的识记、运用及学生的阅读理解能力、分析能力。能够准确区分形近单词，准确读出音近单词，对于“四会”单词能够记忆并灵活运用；能够准确把握句型含义，在图片及创设的情境中可以准确地体会所表达的含义。借助文本提示，能够选取恰当的时态来完成句子。

(2) 阅读短文，能够理清文章思路，体会作者情感；能根据问题抓取相关语句或重点词语，进行相关分析，得出正确答案，提升语言运用及表达能力。了解外国文化、习俗，提高跨文化意识，增强爱国、爱家的情感。

(3) 评价办法及标准参见试卷。

2. 专项检测 10%

(1) 评价内容：10 分钟抄写两个句子和一段短文。

(2) 评价标准：能按照正确笔顺规范书写，做到正确、规范、端正、整洁，版面安排得当，有一定速度。

A 等 19—20 分：单词、标点书写正确，字母占格准确到位；书写工整、美观；布局合理、匀称，整体效果好；卷面干净整洁。

B 等 17. 5—18. 5 分：句子抄写正确，格式安排较为美观，整体效果较好；有个别涂改，卷面较整洁。

C 等 16—17 分：句子抄写存在个别错误，字迹较工整，大小匀称；卷面较整洁。

D 等 15. 5 分以下：单词抄写有错误，标点不准确，格式安排不得当；书写较潦草，卷面不整洁。

二、面试 20%

1. 歌曲演唱 10%

(1) 评价内容：课本中的英语歌曲或统一推荐的 4 首课外歌曲。

(2) 评价方式：现场从课内、课外各抽取一首歌曲，演唱人数为班级总人数的 30%，统一抽取，进行集体演唱，要求正确、熟练，节奏要准确，还可适当运用肢体语言等。

（3）评价标准（分值10分）：

①音调、语速准确。（4分，每唱错一处扣0.5分，整体音调不准扣1—2分，整体语速与伴奏不符，过快或过慢，扣1—2分，此项扣完为止）②单词、句子准确。（3分，分3档，分差以0.5分计分）③服装统一，队形整齐。（3分，分3档，分差以0.5分计分）④有肢体语言设计，加1分。⑤校级考查：每学期一次；市级抽查：每学年一次。

2. 英语剧表演10%

（1）评价内容：结合课文内容，自编英语剧。

（2）考查方式：每班级从排练的所有英语剧中自行挑选一部用来抽查评比，随英语歌曲抽测同时检查。

（3）评价标准（分值10分）：

①发音准确，语音语调优美，语言表达无误。（3分，分3档计分）②表演自然，大方得体，有感染力，相互之间配合默契。（3分，分3档计分）③内容丰富、新颖，有创意，表演手段独特。（3分）④衣着大方，符合剧本内容，有道具。（1分）

三、平时观察10%（学习习惯5%+学习兴趣5%）

1. 评价内容：①学习习惯：主要观察学生是否能认真地对待上课、作业、测试等学习活动，上课时读书、写字能否按要求进行。②学习兴趣：主要观察学生是否喜欢参加各种英语活动。

2. 评价标准：依据课标，根据学生的日常行为进行定性评价（语言描述）。

3. 评价主体：教师、家长、同学及学生本人。

四、三点说明

1. 综合成绩评定应做到定量与定性相结合。

2. 定量评价，合计三部分成绩总分达到90分以上为优秀，75—89分为良好，60—74分为合格，60分以下为不合格。

3. 定性评价主要是从本学期英语学习的档案资料和考试结果来进行分析，用最具代表性的事实描述学生的进步，对学习中的不足提出建议。

道德与法治

（一）小学道德与法治学科建设发展规划

道德与法治课程是一门以学生生活为基础，以学生良好品德形成为核心，促进学生社会性发展的综合课程。根据本课程的特点，全面考查学生的品德与生活素养，不能只用试卷测试的评价作为衡量学生的唯一标准。在小班化教学中，评价应秉承以评价促发展的理念，实现评价内容多样化、评价主体多元化，能够有效提高学生学习的积极性，增强自控能力、合作意识，促进学生良好行为习惯的形成和发展，切实增强德育评价的有效性，从而达成学科核心素养的培育目标。

评价内容与标准重点考核学生的道德认识、判断能力和道德实践能力，评价方法和手段可通过课堂观察评价和阶段性评价两种途径进行。

为实现这一目标，道法教师应明确道法学科各学段的教学目标、内容及评价建议。

【案例】　小学道德与法治教学目标、内容及评价建议

一、低段

（一）德育目标

1. 按时作息，生活有规律。

2. 养成良好的饮食和个人卫生习惯。

3. 生活中自己能做的事情自己做。

4. 爱护家庭和公共环境卫生。

（二）德育内容

1. 良好行为习惯的养成教育：进一步加强《中小学生守则》《小学生日常行为规范》和学校、班级规章制度的教育以及课堂行为规范教育。

2. 安全、卫生教育：使学生懂得自我保护的基本常识，养成良好的饮食和个人卫生习惯。

（三）评价建议

教师观察并记录学生在活动中的各种表现，如学生的行为、情绪情感、活动的状态等，依此对学生进行综合评价。

二、中段

（一）德育目标

1. 做事认真负责，有始有终，不拖拉。

2. 关爱父母长辈，体贴家人，主动分担力所能及的家务劳动。

3. 关心他人，友爱同伴，乐于分享与合作。

4. 认真完成自己承担的任务。

5. 懂礼貌，守秩序，爱护公物，行为文明。

6. 能分辨是非，做了错事勇于承认和改正，诚实不说谎。

7. 尊重社会各行各业的劳动者，爱惜他们的劳动成果。

（二）德育内容

1. 热爱家乡、热爱祖国方面的教育：感受家乡的变化和发展，萌发对家乡的热爱之情；了解我国的自然概况，知道我国是一个地域辽阔、有着许多名山大川和名胜古迹的国家。

2. 热爱集体方面的教育：教育学生在集体中能合作、平等相处，爱护公共财物，听从集体决定，珍惜集体荣誉。

3. 家庭美德、社会公德方面的教育：感受父母长辈的养育之恩，以恰当的方式表达对他们的感激、尊敬和关心，孝敬父母长辈。

4. 热爱劳动、保护环境方面的教育：学会料理自己的生活；尊重不同行业劳动者的劳动，珍惜他们的劳动成果。

（三）评价建议

1. 教师通过开展与学生各种形式的谈话，获得有关学生发展的信息，并了解学生思想情感的变化。

2. 通过考试的方式使教师了解学生对知识的理解程度和理论联系实际的能力，通过考试使学生明白学习是为了达到学以致用的目的。

三、高段

（一）德育目标

1. 能积极地出主意、想办法来推进活动。

2. 学习用观察、比较、调查等方法进行简单的生活和社会探究活动。

3. 能与同伴交流、分享、反思探究的过程或成果。

4. 能对问题提出自己的想法与看法。

5. 学习利用图书、电视、网络等多种方式收集需要的资料。

6. 在成人的帮助下，能总结、提升获得的经验或信息。

（二）德育内容

1. 心理健康教育：培养学生积极向上的学习态度，正确看待自己的成长变化，发扬自己的优势；懂得做人要自尊、自爱，学习反省自己的行为，初步学习控制、调整自己情绪的基本方法；学会倾听他人的意见，与人平等交流。

2. 民族知识教育：了解我国的宪法与法律，形成民族团结的基本意识。

（三）评价建议

1. 教师设计问卷，组织学生回答问卷；获得有关学生发展的信息。

2. 用成长资料袋或活动记录册等方式收集学生成长过程中的各种资料。

3. 通过对学生各种作品、活动成果的分析，了解学生的活动过程和发展状况。

（二）小学道德与法治素养考查综合评价方案

为了了解教学效果，了解学生达成教学目标的程度，以利于教师改进教学，保证课程目标的实现，针对各年级学习目标，拟定道法综合评价方案。

【案例】 小学道德与法治综合评价方案

一、认知能力评价

1. 评价内容

评价学生在小学道德与法治教学内容要求的范围内，对有关道德和生活内容的认识和初步理解能力。各年级的考查范围应根据课程标准和教材所规定的内容和要求，可适当考查过去学过的内容。

2. 评价标准

（1）采用书面考查的形式。考查的内容为本学期课程学习必须掌握的道德认知、道德判断力和道德行为。所出试题应以提供学习生活、社会生活的情景为主，不是死记硬背的东西，充分体现本课程开放性、生活性的特点。本部分占学业成绩评定的40%。

（2）采用期末检测的方法进行。反映小学生道德与认知的行为表现和履行小学生行为规范的情况相结合。

（3）期末检测注意：①测试题要以课程标准为基本依据，注重对学生能力和情感态度与价值观的考查，要考核主干知识，突出重点，杜绝怪题、偏题。②试题要贴近学生的生活实际。③测试成绩采取等级制。

二、行为能力评价

1. 行为能力评价

评价学生在小学道德与法治课教学内容要求的范围内，在认知基础上的行为表现和行为习惯。行为能力的考查是检查学生是否能应用所获得的道德认识和社会认知去指导自己的行为、评价别人的行为，可与考查贯彻《小学生守则》和《小学生日常行为规范》综合起来进行。

2. 评价标准

由任课教师将本学期课程学习的内容和《小学生日常行为规范》的相关内容结合起来，列出本学期考查的若干条目，然后采取学生自评、学生互评、教师评和家长评的方法对该生的成绩做出评定。本部分占学业成绩评定的60%，参与评价的各个主体各占15%。

三、两点说明

1. 一至二年级道德与法治课程不进行书面测试。由任课教师将本学期课程学习的内容和《小学生日常行为规范》的相关内容相结合，列出本学期考查的若干条目，然后采取学生自评、学生互评、教师评和家长评的方法对该生的成绩做出评定。其中学生自评和家长评各占20%，学生互评和教师评各占30%。

2. 在呈现评价结果时，采用定性与定量相结合。定量评价采用等级制，如“优秀”“良好”“合格”等。

科学

（一）小学科学学科建设发展规划

小学科学课程是以培养科学素养为宗旨的科学启蒙课程，承担着对小学生进行科学启蒙的任务。主要培养学生对科学的兴趣和求知欲，引领他们学习与周围世界有关的科学知识，帮助他们体验科学活动的过程和方法，使他们了解科学技术与社会的关系，为后续的科学学习、其他学科的学习、终身学习和全面发展打下基础。

通过科学课程的学习，应该让学生知道一些与日常生活紧密相关的浅显的科学知识，并能在日常生活中加以应用，逐渐养成科学的行为习惯和生活习惯。在学习过程中，初步了解科学探究的过程和方法，并能大胆尝试应用于科学探究活动，逐步学会科学地看问题、想问题。保持和发展对周围世界的好奇心与求知欲，形成大胆想象、尊重证据、敢于创新的科学态度和爱科学、爱家乡、爱祖国的情感。

小班化的科学教学，其教育理念的核心是促进每个学生全面而有个性的发展。其优势在于能使学生更充分地享用教学资源，能有更广阔的科学探究时间和空间，更好地协调学生主体与教师主导之间的关系。小班化科学教学的总结性评价应该紧扣课标要求，对学生的动手实验能力、语言表达能力、归纳总结能力、团队协作能力、自主创新能力、运用知识解决问题能力等进行综合评价。

为实现这一目标，科学教师应明确科学学科各学段的教学目标、内容及评价建议。

【案例】　小学科学教学目标、内容及评价建议

一、方法与概念（小学低段）

（一）教学目标

1. 能从具体现象与事物的观察、比较中提出感兴趣的科学问题。

2. 能依据已有的经验对问题做出简单的假设。

3. 能制定简单的探究计划。

4. 能按照一定的顺序，利用多种感官或简单的工具，观察并描述对象的形态特征及现象。

5. 能借助简单的图形、文字和表格，记录、描述并整理信息。

6. 能利用分析、比较与分类等方法，得出结论。

7. 能准确表达并理解概念的内涵。

8. 能够认真倾听，客观评价，并与他人交换意见。

（二）内容建议

1. 方法

①教师提供需要用目标方法解决问题的实例，学生尝试解决问题，采用个例渗透方法。②教师针对学生学习障碍适时提示做法。③让学生在小组内交流自己解决问题的过程、做法和步骤。组内同学间互相评估，发现问题，

总结得失。④教师出示能用典型事例方法解决的变式问题。学生在规定的时间内自主解决问题。教师或同组同学启发解答受阻的学生。⑤描述解决变式问题的做法和步骤。⑥用分析、比较解决例题和变式问题的方法进行概括提炼。

2. 概念

①选择具有概括本质特征或属性的典型事例。提出问题，设置认知冲突，聚焦目标，引导学生观察、分析对象的特征或属性。②引导学生通过观察、实验等手段收集信息，并做好记录。组内同学间互相评估，发现问题，总结得失。③引导学生对信息进行比较、分类，并有序地、自主地整理信息。④让学生用自己的方式描述本质特征或属性，启发学生初步概括、建立概念。能选用恰当的方式准确表达概念的内涵。解释概念包含的物理意义，并与同学交流，能够做到认真倾听，客观评价，并与他人交换意见。⑤提供正例、反例或特例让学生判断、检验。归纳推理概念的适用范围和条件（外延），反思交流获得概念的过程。⑥出示具体实例（教师提供或学生列举），让学生判断、解释、预测，培养学生解决实际问题的能力，并进行及时检测、反馈、评价和巩固。

（三）评价建议

1. 评价主体：采取自评、同学评、教师评、家长评的多元主体评价。

2. 评价方式：采用口头评价、书面评价等方式，定量评价与等级评定相结合，进行及时评价。主要采用：①期末书面测试。②课堂达标检测。③课堂即时评价。

二、科学探究与技术创新（小学中高段）

（一）教学目标

1. 能从具体现象与事物的观察、比较中，提出可探究的科学问题。

2. 能基于已有经验和所学知识，从现象和事件发生的条件、过程、原因等方面提出假设，并能说明假设的依据。能根据已有的经验和知识，针对假设设计合理的探究方案，并能设计单一变量的实验方案。

3. 选择恰当的工具、仪器，能够通过观察、实验、查资料、调查、案例分析等方式获取事物的结构、功能、变化及相互关系等方面的信息，找到顺序观察、对比观察和分布观察的方法。

4. 能用科学语言、图示符号、统计图等方式记录整理信息，陈述证据和结果。能依据证据，运用分析、比较、推理、概括等方法得出科学结论，并能正确用科学语言进行描述。

5. 在具体情境中，能比较灵活地将所学知识和方法迁移应用到其他学科领域和日常生活中，解决简单的实际问题。

6. 能对自己的探究过程、方法和结果进行反思，做出自我评价与调整。

7. 能从结构、功能、人机关系等方面找出原型中的缺陷或问题，并设计技术创新方案。愿意合作交流，会观察，乐探索，能总结，会描述。

（二）内容建议

1. 科学探究

①创设情境，让学生在观察、实验、调查、阅读中，分析、推断、提出并表述问题，聚焦课题。②引导学生用类比、联想等方法，对问题结果或成因做出猜想，并说出依据。教师引导学生分析猜想，删除不合理的猜想，整合重复的猜想，引导学生将猜想梳理成可检验的假设。③依据假设选择取得证据的途径和方法。选择所需材料、仪器、设备和技术等。确定收集证据的范围和要求。控制变量，下操作定义，制定实验方案。④各小组按实验设计方案合作完成实验，并收集数据、资料和信息。（若实验器材不够，可改做演示实验）教师巡视监控，适时启发指导，并整理收集的证据和信息。⑤尝试描述实验数据和有关信息，引导学生对收集的信息进行比较、分类。依据证据、信息，分析推理，得出规律。⑥展示交流各组的探究过程和探究结论。整合他人的证据和推论，修订探究结论。解释规律包含的物理意义和适应范围。提出新问题，改进探究方法，撰写探究报告。⑦出示具体事例，解决实际问题。⑧反思实验操作过程，交流实验探究的体会，并即时评价。

2. 技术创新

①出示要改进的工具或物品（原型），提出目标，让学生从局部到整体进行深入观察，引导学生先分析方法后综合，把握原型的结构与功能，思考合适的人机关系。②从结构、功能、人机关系等方面找出原型中的缺陷或问题。针对问题，依据现有条件提出意见。做好筛选，进行交流。③明确原型要改进的方面。选择所需材料、仪器、设备和技术等。讨论技术创新设计方案（出点子，想办法）。展示交流方案，评价可行性。④各小组依据实验设计方

案，按各自的分工，合作完成对原型的修改或新型的制作。教师巡视监控，适时启发指导。⑤按设计目标要达到的功能，对新型工具或物品进行操作实验，对其做检验评估。再次返回前面的环节，找出新型的缺陷。尝试撰写实验报告。⑥展示各小组的新型工具或物品。互相评价，发现他人之长和自身不足。将自己的成果与市场上的产品进行对比。

（三）评价建议

1. 评价主体：采取自评、同学评、教师评、家长评的多元主体评价。

2. 评价方式：采用口头评价、书面评价等方式，定量评价与等级评定相结合进行评价。主要采用：①期末书面测试。②课堂达标检测。③试验操作测试。④课外实践评价。⑤课堂即时评价。

（二）小学科学素养考查综合评价方案

小学科学课程的性质是以培养科学素养为宗旨的科学启蒙课程。为达成科学教学目标，我们主要从笔试、面试、平时观察和自评、互评、家长评四个方面对学生的问题意识、猜测能力、实验操作能力、分析归纳概括能力以及迁移应用能力等进行综合评价。评价时，要做到评价主体多元化、评价内容全面化、评价方法多样化和评价时机全程化。针对各年级学习目标，拟定综合评价方案。

【案例】　小学科学综合评价方案

一、笔试 30%（书面考查）

具体操作方法由教研中心根据教学参考书和教学大纲出题，对学生进行阶段性检测，提高命题质量。评价办法及标准参见试卷。

二、面试 20%（实践操作）

由教研中心出题，由学生独立完成本学段每学期的重要科学试验，采用抽签方式，学生分组进行设计和实验，实验中的现象分析等情况可以记录在纸上；或者采用现场提问的方式考查学生对科学概念、科学现象、实验结论的掌握情况。

提示：一般不直接把书上出现过的实验拿来做考试题目。

三、平时观察 30%

1. 平时表现 10%（师评）

教师为每班准备一份点名册，在每次上课时把学生的表现记录下来，主要看学生在回答问题、实验分析、实验操作等的表现，有好的表现就打五角星；有不认真行为，就记三角形。期末根据所得的五角星和三角形数量，确定学生在课堂表现方面的分数。

2. 课外实践 10%

教师精心设计课外实践任务单，以此为抓手，引领学生课外预习、拓展，根据学生任务单的完成情况，确定该学生获得的分数。作业采用等级制，可分派任务给课代表或小组长列表记录。

3. 学习态度 5%

主要包括教师布置的实验材料的准备情况、上课的积极性等表现，先给予学生等级评价，再根据记载情况给予一定的分数。

4. 特长表现 5%（视具体情况确定分值）

主要看学生在一个阶段中的特殊表现，以竞赛类表现为主。例如：①科技节是否做到“三个一”：读一本科普书，写一篇科学小论文，做一件科技小作品。②在各级各类竞赛中获得的奖项与级别，如科技制作比赛、小论文评比等。

四、自评、互评、家长评 20%

1. 自评 10%

可编制问卷让学生自评，看结果确定学生的分值。主要是列举本学期学生应做到的一些具体事例，让学生对照自己做到了哪几条，再加上最后几个开放性的问题让学生答。

2. 互评 5%

通过小组讨论对小组中的成员进行评价是有其合理性的。具体操作办法：自评中的问卷由小组中的成员共同讨论，给本小组中的成员进行评定。

3. 家长评 5%

设计问卷，其内容主要包括学生在家中完成科学实践探究、实践操作等情况，包括教师布置的科学课的课前准备、学生生活中是否关心科学现象或问题，如是否看科技类电视节目、是否看科普书籍、是否问科学问题、是否进行一些科技小制作等。

五、三点说明

1. 最终评价结果应采用等级制和描述性语言评价相结合的方式。

2. 把以上四个方面所得的分数按以下标准转换成等级：90—100 分为优秀，80—89 分为良好，60—79 分为合格，59 分及以下为不合格。

3. 与以往不同的是应该给学生各方面的表现加上描述性的语言。

二、初中各学科的总结性评价

语文

（一）初中语文学科建设发展规划

语文课程应激发和培养学生热爱祖国语言文字的思想感情，引导学生丰富语言积累，培养语感，发展思维，初步掌握学习语文的基本方法，养成良好的学习习惯，具有适应实际生活需要的识字写字能力、阅读能力、写作能力、口语交际能力，正确运用祖国的语言文字。语文课程还应通过优秀文化的熏陶感染，促进学生和谐发展，帮助他们提高思想道德修养和审美情趣，逐步形成良好的个性和健全的人格。

小班化语文课程评价的目的不仅是为了考查学生课程目标的达成程度，更是为了检验和改进学生的语文学习和教师的教学，改善课程设计，完善教学过程，从而有效地促进学生不断提高语文能力，全面提升学科素养。

在小班化初中语文学科评价时应注重明确学科目标和内容以及相关的评价建议。

【案例】　初中语文教学目标、内容及评价建议

一、识字与写字

（一）学段目标与内容

1. 能熟练地使用字典、词典独立识字，会用多种检字方法。累计认识常用汉字 3500 个左右。

2. 在使用硬笔熟练地书写正楷字的基础上，学写规范、通行的行楷字，提高书写速度。临摹名家书法，体会书法的审美价值。

3. 写字姿势正确，有良好的书写习惯。

（二）评价建议

1. 要考查学生认清字形、读准字音、掌握汉字基本意义的情况，以及在具体语言环境中运用汉字的能力，借助字典、词典等工具书查检字词的能力。

初中学段要重视考查学生独立识字的能力。

2. 要考查学生对于要求会写的字的掌握情况，重视书写的正确、端正、整洁，在此基础上，逐步要求书写流利。初中学段要关注学生基本行楷字的书写和对名家书法作品的临摹。义务教育各个学段的写字评价都要关注学生写字的姿势与习惯，引导学生提高书写质量。

3. 评价要有利于激发学生识字、写字的兴趣，帮助学生养成写规范字的习惯，减少错别字。

二、阅读

（一）学段目标与内容

1. 能用普通话正确、流利、有感情地朗读。

2. 养成默读习惯，有一定的速度，阅读一般的现代文，每分钟不少于500字。能较熟练地运用略读和浏览的方法扩大阅读范围。

3. 在通读课文的基础上，理清思路，理解、分析主要内容，体味和推敲重要词句在语言环境中的意义和作用。对课文的内容和表达有自己的心得，能提出自己的看法，并能运用合作的方式，共同探讨、分析、解决疑难问题。

4. 在阅读中了解叙述、描写、说明、议论、抒情等表达方式。能够区分写实作品与虚构作品，了解诗歌、散文、小说、戏剧等文学样式。

5. 欣赏文学作品，有自己的情感体验，初步领悟作品的内涵，从中获得对自然、社会、人生的有益启示。对作品中感人的情境和形象，能说出自己的体验；品味作品中富于表现力的语言。

6. 阅读简单的议论文，区分观点与材料（道理、事实、数据、图表等），发现观点与材料之间的联系，并通过自己的思考，做出判断；阅读新闻和说明性文章，能把握文章的基本观点，获取主要信息；阅读科技类作品，还应注意领会作品中所体现的科学精神和科学思想方法；阅读由多种材料组合、较为复杂的非连续性文本，能领会文本的意思，得出有意义的结论。

7. 诵读古代诗词，阅读浅易文言文，能借助注释和工具书理解基本内容。注重积累、感悟和运用，提高自己的欣赏品位。

8. 随文学习基本的词汇、语法知识，用来帮助理解课文中的语言难点；了解常用的修辞方法，体会它们在课文中的表达效果；了解课文涉及的重要作家作品知识和文化常识。

9. 能利用图书馆、网络收集自己需要的信息和资料，帮助阅读。

10. 学会制定自己的阅读计划，广泛阅读各种类型的读物，课外阅读总量不少于260万字，每学年阅读两三部名著。背诵优秀诗文80篇（段）。

（二）评价建议

1. 阅读的评价：要综合考查学生在阅读过程中的感受、体验和理解，要关注其阅读兴趣与价值取向、阅读方法与习惯，也要关注其阅读面和阅读量，以及选择阅读材料的能力。重视对学生多角度、有创意阅读的评价。语文知识的学习重在运用，其概念不作为考试内容。

2. 朗读的评价：能用普通话正确、流利、有感情地朗读课文，是朗读评价的总要求。根据阶段目标，各学段的要求可以有所侧重。评价学生的朗读，可从语音、语调和语气等方面进行综合考查。评价“有感情地朗读”，要以对内容的理解与把握为基础，防止矫情做作。

3. 诵读的评价：重在提高学生的诵读兴趣，增加积累，加强语感，加深体验和领悟。在不同学段，可在诵读材料的内容、范围、数量、篇幅、类型等方面逐渐增加难度。

4. 默读的评价：应从学生默读的方法、速度、效果和习惯等方面进行综合考查。

5. 精读的评价：重点评价学生对阅读材料的综合理解能力，要重视评价学生的情感体验和创造性的理解。初中学段侧重考查理清思路、概括要点、探究内容等方面的情况，以及读懂不同文体文章的能力。

6. 略读的评价：重在考查学生能否把握阅读材料的大意。

7. 浏览的评价：重在考查学生能否从阅读材料中捕捉有用信息。

8. 文学作品阅读的评价：着重考查学生感受形象、体验情感、品味语言的水平，对学生独特的感受和体验应加以鼓励。初中学段可通过考查学生对形象、情感、语言的领悟程度，以及自己的体验，来评价学生初步鉴赏文学作品的水平。

9. 阅读古代诗词和浅易文言文的评价：重点考查学生的记诵积累，考查他们能否凭借注释和工具书理解诗文大意。

10. 学生课外阅读的评价：应根据各学段的要求，通过小组和班级交流、学习成果展示等方式，了解学生的阅读量和阅读面，进而考查其阅读的兴趣、习惯、品位、方法和能力。

三、写作

（一）学段目标与内容

1. 写作要有真情实感，力求表达自己对自然、社会、人生的感受、体验和思考。

2. 多角度观察生活，发现生活的丰富多彩，能抓住事物的特征，有自己的感受和认识，表达力求有创意。

3. 注重写作过程中收集素材、构思立意、列纲起草、修改加工等环节，提高独立写作的能力。

4. 写作时需考虑不同的目的和对象，根据表达的需要，围绕表达中心，选择恰当的表达方式；合理安排内容的先后和详略，条理清楚地表达自己的意思；运用联想和想象，丰富表达的内容。正确使用常用的标点符号。

5. 写记叙性文章，表达意图要明确，内容要具体充实；写简单的说明性文章，要做到明白清楚；写简单的议论性文章，要做到观点明确，有理有据；根据生活需要，写常见应用文。

6. 能从文章中提取主要信息进行缩写；能根据文章的基本内容和自己的合理想象进行扩写；能变换文章的文体或表达方式等进行改写。

7. 根据表达的需要，借助语感和语文常识，修改自己的作文，做到文通字顺。能与他人交流写作心得，互相评改作文，以分享感受，沟通见解。

8. 作文每学年一般不少于14次，其他练笔不少于1万字，45分钟能完成不少于600字的习作。

（二）评价建议

1. 写作的评价：应按照不同学段的目标要求，综合考查学生写作水平的发展状况。初中学段要通过多种评价，促进学生具体明确、文通字顺地表达自己的见闻、体验和想法。对于作文的评价还须关注学生汉字书写的情况。

2. 写作内容的评价：要重视学生的写作兴趣和习惯，鼓励表达真情实感，鼓励有创意的表达，引导学生热爱生活、亲近自然、关注社会。

3. 写作材料准备过程的评价：不仅要具体考查学生占有材料的丰富性、真实性，还要考查他们获取材料的方法。要引导学生通过观察、调查、访谈、阅读等途径，运用多种方法收集材料。

4. 重视对作文修改的评价：要考查学生对作文内容、文字表达的修改，也要关注学生修改作文的态度、过程和方法。要引导学生通过自改和互改，取长补短，促进相互了解与合作，共同提高写作水平。

5. 评价结果的呈现方式：根据实际需要，可以是书面的，也可以是口头的；可以用等级表示，也可以用评语表示；还可以采用展示、交流等多种方式。

6. 提倡学生在成长记录中收存有代表性的课内外作文和有价值的典型案例分析，以反映写作的实际情况和发展过程。

（二）初中语文素养考查综合评价方案

初中语文学生综合评价主要从书面测试评价、课堂学习评价、成长档案评价三方面，对学生在识字与写字、阅读、习作、口语交际、综合性学习等方面进行综合评价。

【案例】　初中语文八年级综合评价方案

一、书面测试评价 70%

主要考查学生的语言积累与运用、阅读理解、写作能力等。

1. 语言积累与运用，包括字词积累和运用、诗文默写、名著阅读、标点符号、综合性学习、语言运用、文学常识等。

2. 阅读理解，着重考查学生结合具体的语言环境理解文中重要的词语、句子与题目的含义和作用（表达效果），筛选并整合文中的信息，归纳文章的内容要点，概括文章的中心意思，理清文章的思路（线索），把握文章的结构，分析常用表达方式的具体作用（表达效果），鉴赏文章（着重是文学作品）的形象、语言和写作手法（表达技巧），概括作者在文中的观点、态度，评价文章的思想内容与作者的观点、态度，根据文章内容进行推断和想象等。

3. 写作要切合题意，中心突出，内容充实，感情真实，语言要流畅、生动、形象、准确，结构完整，层次清楚，分段恰当等。

4. 评价办法及标准参见试卷。

二、课堂学习评价 20%

1. 主要考查学生课堂学习的过程和方法、情感态度及价值取向。

2. 学生的语文素养，包含智力因素与非智力因素，包含听、说、读、写各方面的能力。主要通过在实际的教学过程中积极主动的、创造性的师生互动来实现。可以采用学生自评与教师评价相结合的方式，以期达到对教学过程中的行为起到正确导向和激励作用。评价主要着眼于学生学习时的情感态度、习惯的养成、学法的掌握以及在自主、合作探究式学习中是否表现出主动意识和进取精神，是否积极参与交流、讨论和思考。还应关注学生多角度、有创意的阅读理解及表达，给予鼓励性的评价。

3. 评价标准：依据课标，根据学生的日常行为进行定性评价（语言描述）。

4. 评价主体：学生本人、同学、教师。

5. 评价方法：个人评、小组评、教师评相结合。

三、成长档案评价 10%

1. 学生是学习的主体，应充分发挥其主观能动性，让他们对自己的学习状况不断进行理智地分析，看到自己的进步与不足，找到继续前进的新起点。

2. 成长档案主要采取记录方式，将那些能反映学生语文学习过程和结果的各方面情况分别设计成表格形式，让学生坚持填写，这里面既有学生自评、互评，也有教师评价、家长评价，力求体现评价的客观性。同时也可让学生将那些有意义的能体现自己才能状况的材料收集保存起来，使学生能看到自己成长的脚印，获得成功的喜悦。

3. 每学期结束，教师应对每个学生的成长档案做出总的评价，主要着眼于学生学习时的情感态度和学生个人的进步情况，以起到督促、鼓励的作用。

4. 评价标准：着眼于学生学习时的情感态度和个人的进步情况。

5. 评价主体：学生本人、同学、教师、家长。

四、三点说明

1. 综合成绩评定应做到定量与定性相结合。

2. 定量评价，合计三部分成绩总分在 105 分以上为优秀，90—105 分为良好，72—89 分为合格，72 分以下为不合格。

3. 定性评价，主要是从本学期语文学习的档案资料和考试结果来进行评价，用最具代表性的事实描述学生的进步，对学习中的不足提出建议。

数学

（一）初中数学学科建设发展规划

初中数学课程应注重培养学生的运算能力、自主学习能力、逻辑思维能力以及解题能力。运算能力是数学学习的基础，是每个学生必须具备的一项基本技能，是一项综合性能力，它不可能独立存在和发展。培养学生的计算能力是中学数学教学的一项重要任务，是学生今后学习数学的重要基础，发展学生的计算能力，让学生拥有良好的数感，具有重要的价值。

在初中的数学教学当中，学生养成学习的自主性，不仅体现在学生对于学习的态度上，也体现在学生对数学学习的兴趣上。初中数学学习是对小学数学知识的升华，同时，初中数学知识又为学生将来的数学学习奠定基础，是学生学习数学的关键时期。所以在初中数学教学中，培养学生自主学习是提高学生数学成绩、增强学习技能的重要方法。

对于初中的孩子而言，他们的逻辑思维能力已经打开，这时就可以从他们的兴趣出发，让他们正确认识数学不是单纯的解题目、练题目，而是有很多解题技巧的。要培养他们总结和分析问题的能力，对数学知识进行梳理，从而形成自己的思想。

问题是数学的心脏，数学学习离不开解题，所有的数学学习归根到底还是要去解决数学问题，所以提高学生的解题能力贯穿数学教学的始终。学生在解题时不仅需要扎实的基础知识，还要有敏锐的发现问题的能力，整合知识、灵活运用的能力，并在解题过程中培养学生的创新能力，所以提高学生的解题能力是多种能力的综合，能够促进学生的全面发展，让学生在解题过程中提升自我，在提高数学学习水平的同时得到能力的提升。

小班化的数学教学要面向全体学生，使学生获得基本的数学素养；更要关注学生的个体差异，让每一个学生都能在已有基础上获得发展。评价的内容与标准应该紧扣课标要求，对学生的运算能力、逻辑思维能力、解题能力、数学阅读能力及审美鉴赏能力等进行综合评价。

为了实现这一目标，数学教师应明确数学学科各学段的教学目标、内容及评价建议。

【案例】 初中六年级数学学科教学目标、内容及评价建议

一、运算能力

(一) 教学目标

1. 在具体情境中，理解有理数及其运算的意义，发展运算能力。

2. 能用数轴上的点表示有理数，会比较有理数的大小。

3. 能借助数轴理解相反数和绝对值的意义，会求有理数的相反数与绝对值。

4. 经历探索有理数运算法则和运算律的过程，体会转化、归纳等思想；掌握有理数的加、减、乘、除、乘方及简单的混合运算（以三步以内为主）；理解有理数的运算律，能运用运算律简化运算。

5. 能运用有理数及其运算解决简单的实际问题。

6. 会用科学计数法表示大数；能对含有较大数字的信息做出合理的解释和推断，发展数感。

7. 了解近似数，在解决实际问题中能用计算器进行近似计算，并会按问题的要求对结果取近似值。

(二) 内容建议

1. 让学生在实际情境中理解有理数的相关概念。除了教科书提供的实例外，还可以根据学生的实际情况选择其他情境帮助学生理解有理数的相关概念。

2. 让学生经历有理数运算法则的探索过程，在具体情境中体会运算的含义，鼓励学生自己探索运算法则和运算律，要重视学生对算理的理解，有意识地培养学生思考和语言表达的条理性。

3. 恰当把握对有理数运算的要求。设置一些分阶段、分层次的运算训练，使学生能准确熟练地进行有理数的加、减、乘、除、乘方及混合运算。

4. 渗透分类和转化的数学思想。

(三) 评价建议

①期末书面测试。②作业展评。③运算能力测试。④课堂评价。⑤运算技巧竞赛。

二、逻辑思维能力

（一）教学目标

1. 理解对顶角、余角、补角等概念，探索并掌握对顶角相等、同角（等角）的余角相等、同角（等角）的补角相等的性质。

2. 理解垂线、垂线段等概念，能用三角尺或量角器过一点画已知直线的垂线。理解点到直线的距离的意义，能度量点到直线的距离。掌握基本事实：过一点有且只有一条直线与已知直线垂直。

3. 识别同位角、内错角、同旁内角。

4. 理解平行线概念，掌握基本事实：两条直线被第三条直线所截，如果同位角相等，那么这两条直线平行。过直线外一点有且只有一条直线与这条直线平行。掌握平行线的性质定理：两条直线被第三条直线所截，同位角相等；了解平行线性质定理的证明。探索并证明平行线的判定定理：两条直线被第三条直线所截，如果内错角相等（或同旁内角互补），那么这两条直线平行。探索并证明平行线的性质定理：两条平行直线被第三条直线所截，内错角相等（或同旁内角互补）。了解平行于同一条直线的两条直线平行。

（二）内容建议

1. 注重空间观念。学会从现实情境中抽象出平行线、相交线的模型，借助几何直观，发展空间观念。

2. 要全面理解数学推理能力，努力把握培养学生推理能力的阶段性要求。关于推理能力的培养，以合情推理能力为主，要借助几何直观培养归纳、类比、联想等合情推理能力，要有意识地逐步培养学生有条理地思考、表达和交流，引导学生在活动中自觉地进行思考，自觉地用自己的语言说明操作的过程，并尝试解释其中的理由。

3. 数学语言的学习对数学思维能力的培养具有十分重要的意义。数学语言及其使用是数学表达和进行数学思考的重要形式。几何学习的难度不仅在于演绎推理有一定难度，还在于数学语言（文字语言、图形语言和符号语言）的转换。

4. 重视学生的主体地位，引导学生积极参与、经历数学活动过程，在活动过程中感受数学思想，积累数学活动经验。引导学生独立思考、主动探索、合作交流，使学生理解和掌握基本的数学知识与技能，体会、运用数学思想和方法，获得基本的数学活动经验。

5. 让学生从事观察、测量、拼摆、折叠、画图等活动，帮助他们有意识地积累数学活动经验，获得成功的体验。

（三）评价建议

1. 评价主体：采取自评、同学评、教师评、家长评的多元主体评价。

2. 评价方式：采用口头评价与等级评定相结合的评价方式。主要采用：①期末书面测试。②作业展评。③课堂达标检测。④基本能力测试。

三、一元一次方程的解题能力

（一）教学目标

1. 经历建立方程模型、解方程和运用方程解决实际问题的过程，体会模型思想。

2. 理解一元一次方程、方程的解等基本概念，掌握等式的基本性质，会解数字系数的一元一次方程，感受转化思想。

3. 探索具体问题中的数量关系和变化规律，掌握数与代数的基础知识和基本技能。

4. 能运用一元一次方程解决实际问题，能根据实际意义检验方程解的合理性。

5. 在经历建立方程模型解决实际问题的过程中，增强应用意识。

（二）内容建议

1. 在方程的学习中要设置丰富的问题情境。方程是刻画现实世界的一种有效数学模型，体会方程的模型思想和“问题情境—数学模型—解释应用”的数学化过程。

2. 一元一次方程求解的训练不能僵化地去理解，应根据具体方程的特点，灵活地选择求解步骤。

3. 掌握列方程的思考方法，用一元一次方程解决实际问题应放在引导学生掌握分析和思考实际问题中数量关系的策略上。

4. 在方程的求解中体会转化思想，解方程的过程就是利用等式的基本性质，通过去分母、去括号、移项、合并同类项、未知数的系数化为1等步骤，将一元一次方程逐步转化为 $x=a$ 的形式。

（三）评价建议

1. 评价主体：采取自评、同学评、教师评、家长评的多元主体评价。

2. 评价方式：定性与定量评价相结合、口头评价与等级评定相结合进行及时评价。主要采用：①期末书面测试。②解方程的能力测试。③运用方程解决问题的灵活性测试。

（二）初中数学素养考查综合评价方案

为达成学科质量目标，数学学科主要从笔试、作业和平时观察三方面，对学生的运算能力、思维能力、解题能力几方面进行综合评价。针对各年级学习目标，拟定综合评价方案。

【案例】　初中数学六年级综合评价方案

一、笔试 70%

1. 综合检测 60%

（1）主要考查本册教材中的知识，会用符号表示线段、角，并会比较它们的大小，会运用角平分线和线段中点进行有关的计算。会进行幂的有关计算，会推导乘法公式，并会运用公式进行简单的计算。能利用平行线的性质和判定定理进行简单的推理计算。会制作扇形统计图和频数直方图，能合理选择不同的统计图表示数据、分析数据。会用适当的方式表示实际情境中变量之间的关系，并能通过计算进行预测。

（2）评价办法及标准参见试卷。

2. 专项检测 10%

（1）评价内容：运算能力。

（2）评价标准：能在要求的时间内完成运算能力测试。

（3）评价办法及标准参见试卷。

二、作业 20%

1. 课堂 10%

观察学生在课堂上的表现来评价学生的目标达成情况，主要从学生参与课堂的积极性、创造性和思维的活跃程度，以及合作意识和能力等方面来考查。①个人预习、听课过程中提出有价值的问题。②解决问题的方法独特。③小组展示时组员间的合作和谐、自然。④听讲细致。⑤小组互帮互助效果明显。

2. 作业10%

①分析学生平时作业，从作业完成质量以及改正质量来评价。②现场提供作业，通过学生完成该项作业的水平和能力来评价，最终根据学生表现做出相关评价。

三、平时观察10%（学习习惯5%+学习兴趣5%）

1. 评价内容及方法：①学习习惯：主要观察学生是否能认真对待上课、作业、测试等学习活动。②学习兴趣：主要观察学生是否喜欢参加各种数学学习活动。

2. 评价标准：依据课标，根据学生的日常行为进行定性评价（语言描述）。

3. 评价主体：教师、家长、同学及学生本人。

四、三点说明

1. 综合成绩评定应做到定量与定性相结合。

2. 定量评价，合计三部分成绩总分达到110分以上为优秀，90—109分为良好，72—89分为合格，72分以下为不合格。

3. 定性评价，主要是从本学期数学学习的档案资料和考试结果来进行分析，用最具代表性的事实描述学生的进步，对学习中的不足提出建议。

英语

（一）初中英语学科建设发展规划

英语课程标准将我国基础教育阶段英语课程的总体目标定位为培养学生的综合语言运用能力。小班化英语教学发展规划则是在课程目标总体定位下的个体发展方向。英语学科的综合语言运用能力可以理解为学生通过学习，在社会交际环境中能够初步运用所学会的英语语言知识和掌握的英语语言技能，进行听、说、读、写四方面交际活动的语言能力。交际活动是综合语言运用能力的核心部分，要使小班化课堂上的每个学生都能形成和发展综合语言运用能力，就必须充分评价形成综合语言运用能力的五大核心素养——语言技能、语言知识、思维品质、学习策略和文化意识。

英语的课程标准是以人为本，遵循“为用而学，在用中学，学了就用”的原则，对各级目标以学生“能做什么（What can you do）”的形式，具体描述该级别听、说、读、写基本技能的操作性要求。这些目标要求不仅有利于调动学生的学习积极性、促进学生语言运用能力的提高，也有利于科学合理地评价学生的学习成果。

小班化的英语教学要面向全体学生，关注每个学生的发展潜能，使学生获得基本的英语素养；更要关注学生的个性特点，让每一个学生都能在已有基础上获得发展，在特长方面有所发现，并施以专门的训练，成为一技之长。评价的内容与标准，应该紧扣课标要求，对学生的语言技能和语言知识、听力和口语交际能力、阅读能力、写作能力、学习态度、学习兴趣、学习策略及审美鉴赏能力等进行综合评价。

（二）初中英语素养考查综合评价方案

为达成学科质量目标，英语学科主要从形成性评价（日常观察）和总结性评价两方面进行。总结性评价包括听、说考试和笔试两部分，听、说考试应用人机对话的形式进行即时考查，考查内容涉及朗读（对话或短文片段）、情景反应（根据屏幕所给的图画和听到的对话内容及问题录音，做出正确的回答）、篇章复述（根据屏幕上的问题和听到的小短文内容进行复述）。笔试部分对学生的语言知识、语言技能、阅读、习作、思维发展（学习态度和学习兴趣）和文化积累几个方面进行综合评价。针对各年级学习目标拟定综合评价方案。

【案例】　初中英语综合评价方案

课标中明确提出，总结性评价不是简单的知识堆砌，不是只考查学生对语言现象的记忆能力，而是要研究如何在检测中着重考查学生在具体语境中运用英语的能力，渗透对思维品质、学习策略和文化意识的考查。

1. 语言技能的评价

语言技能是构成语言交际能力的重要组成部分。语言技能包括听、说、读、写四个方面的技能以及这四种技能的综合运用能力。正确评价这种技能不仅有利于调动学生学习的积极性，促进学生综合语言运用能力的提高，发展学生个性及特长，也有利于科学、合理地评价学生的学习成果。

(1) 听力评价表

级别	评价方法	评价标准
三级 (适合七年级学生)	听课堂用语 听单词和词组 听句子 听对话 听短文	1. 能识别不同句式的语调，如陈述句、疑问句和祈使句等。 2. 能根据语调变化，判断句子意义的变化。 3. 能辨认歌谣中的韵律。 4. 能识别语段中句子间的联系。 5. 能听懂学习活动中连续的指令和问题，并做出适当反应。 6. 能听懂有关熟悉话题的语段。 7. 能借助提示听懂教师讲述的故事。

(2) 听、说能力评价表

评价内容	评价方法	评价标准
语音语调	朗读对话或短文段落。	语速适中，断句清楚，发音准确且清晰，声音洪亮，语调自然，表达完整流利。
流利性与准确性	听对话，根据图示和话题对对话内容及问题进行口头回答。	从语言维度（语法、时态）和信息维度（关键信息、答案完整度）两方面评价。
完整性	听短文，根据语篇和问题进行重组，口头复述短文内容。	在组织语言进行表达时，能有效传递信息，信息要点全面，逻辑篇章结构规范完整，能合理使用衔接语句，语法中人称和时态运用准确，词汇方面错误较少，语音、语调到位。
交际策略	根据给定的情景话题与他人讨论交流。	在口语表达中能使用恰当的交际策略，如重复、澄清，使用表情和手势等，使交流活动能顺利完成。

（3）阅读理解能力评价表

级别	评价内容	评价结果
五级（九年级）	1. 能根据上下文和构词法推断、理解生词的意思。	1. 不能； 2. 基本不能； 3. 基本能够； 4. 能够。
	2. 能理解段落中各句之间的逻辑关系。	1. 不能； 2. 基本不能； 3. 基本能够； 4. 能够。
	3. 能找出文章中的主题，理解故事的情节，预测故事情节的发展和可能的结局。	1. 不能； 2. 基本不能； 3. 基本能够； 4. 能够。
	4. 能获取并选择阅读材料，能读懂常见体裁的阅读材料。	1. 不能； 2. 基本不能； 3. 基本能够； 4. 能够。
	5. 对于难易适度的文章，每分钟阅读速度约为 50 个词，理解正确率达 70%。	1. 不能； 2. 基本不能； 3. 基本能够； 4. 能够。
	6. 每天大约 200 个以上词数的阅读量。	1. 不能； 2. 基本不能； 3. 基本能够； 4. 能够。

（4）写作能力评价表

级别	写作标准	考查方式
三级（七年级）	能使用简单的图表、海报等形式传达信息；能参照范例写出或回复简单的问候卡和邀请卡；能用短语或句子描述系列图片，编写简单的故事。	用英文进行80词左右的书面表达，例如，就某项活动写一份邀请卡，根据图片或所给的提示编写小短文。
四级（八年级）	能用词组或简单句为自己创作的图片写出说明；能写出简短的文段，如简单的指令、规则；能在教师的帮助下或以小组讨论方式起草和修改作文；能独立起草简单的报告、短信、短文等；能简单描述人物和事件。	用英文进行100词左右的书面表达，例如，就某项活动写一篇简短报告或日记；描写熟悉的人、熟悉的地方、节日或食品。简单地写说明文。
五级（九年级）	能写出较连贯且结构比较完整的短文，叙述事情或表达个人的观点或态度。	用英文进行100词左右的书面表达，例如，写一篇最近发生在身边的事，并对此事加以适当评论。

学生的语言发展目标具有阶段性特点。学生的认知能力、语言学习能力和所学的内容都是渐进的，因此，相应年级的检测目标、重点和形式也必须能反映出这种渐进性特点。比如，七年级的语言能力发展重点是听、说技能的提高，那么总结性检测时比重就可以适当体现这一要求；八年级的语言发展能力目标为帮助学生在听、说发展的基础上逐渐提高对阅读能力的培养，总结性检测时就要通过试题形式将比重进行调配，重点测试学生在这些方面的发展状态和应用能力。

2. 语言知识的评价

同语言技能一样，语言知识也是综合语言运用能力的构建基础。评价的范围应包括语音、词汇、语法、功能和话题五个方面的内容。

教师应按照英语课程标准的要求和教学的安排，在小班化课堂教学过程中同时实现语言知识所包括的五个方面的内容，即在功能和话题下，在模拟情境和真实的评价活动中学习知识、发展技能、掌握能力。评价标准可参照课程标准中有关语言知识的分级目标描述。

物理

（一）初中物理学科建设发展规划

物理课程旨在让每一位学生学习终身发展所必需的物理基础知识和方法，养成良好的思维习惯，在分析问题和解决问题时掌握科学知识和科学研究的方法，培养科学探究的兴趣和热情，全面提高学生的物理核心素养。

物理核心素养是学生在接受物理教育过程中，逐步形成的适应个人终身发展和社会发展需要的必备品格和关键能力，是学生通过物理学习内化的带有物理学科特性的品质，这是科学素养的关键成分。

小班化的物理教学要面向全体学生，让学生亲历科学探究的过程，学习科学知识和科学探究方法；关注学生的个体差异，让每一个学生能在已有基础上获得最优发展。评价的内容和标准应该紧扣物理课程标准和要求，关注每一个学生的生活观察能力、科学探究能力以及实验创新能力，进行激励性综合评价。

为实现这一目标，物理教师应明确物理学科不同知识体系的教学目标、内容及评价建议。

【案例】　初中八年级物理教学目标、内容及评价建议（节选）

一、生活观察能力

（一）教学目标

1. 培养学习物理的良好兴趣，善于发现生活中的物理现象，正确识别现象中隐含的物理规律。

2. 熟悉长度、时间、速度、质量、密度的单位，会进行相关估测。

3. 熟知声的产生、声速、声音在不同介质中的传播、声音的利用、噪声的危害和控制，达标率95%以上。

4. 认知三种光现象：光沿直线传播、光的反射和光的折射，能正确判断生活事例，正确率达90%以上。

5. 熟知两种透镜的特征、三条特殊光线以及两种透镜的作用，达标率

95%以上；掌握凸透镜成像规律，熟悉近视眼和远视眼的成因，正确佩戴眼镜，达标率90%以上；熟悉科学用眼策略，达标率98%以上。

6. 正确理解质量和密度的概念，熟悉密度在生活中的各种应用，达标率95%以上。

（二）内容建议

通过观察、交流、操作、解决问题等丰富的体验活动，培养学生对物理学习的兴趣，体验物理探究的快乐，熟悉物理学习对生活的作用，感受物理探究之美。

（三）措施建议

1. 关注每一个学生的主动观察能力与发现能力，培养浓厚的学科兴趣。

2. 规范科学探究物理问题的思路、方法，分层提问，重点关注每个学生对物理规律的归纳。

3. 加强课堂学习常规引领，培养良好的物理素养。

（四）评价方式

①自评与组评结合，进行优秀日作业单和周作业单展评。②物理达人演讲比赛。③课堂分层评价单。④阶段检测与期末检测。

二、科学探究能力

（一）教学目标

1. 目测比较生活中物体的长度、各种速度、时间，达标率85%以上。

2. 估测质量和密度大小，掌握科学的测量方法，达标率85%以上。

3. 熟练运用仪器测量长度、速度、焦距、质量、密度，达标率98%以上；顺利通过实验技能水平测试，达标率95%以上。

4. 正确区分声音的三个特性以及相关的影响因素，正确辨别生活中各种声音的不同，达标率95%以上。

5. 正确辨析三种光现象在生活中的应用，正确率90%以上。

6. 分析凸透镜成像规律，运用此规律分析生活中的问题，达标率85%以上；熟知近视眼和远视眼的纠正方法，正确纠正个人视力问题，达标率95%以上。

7. 掌握科学严谨的实验操作技能，能顺利地完成课标要求的初中物理实验操作技能。

8. 熟练运用密度公式，灵活运用公式进行计算，达标率90%以上。

（二）内容建议

1. 结合生活体验，合理进行猜想与假设。

2. 实验设计：能用合理的物理方法进行实验设计，如控制变量法、转换法。

3. 实验操作技能：掌握刻度尺、弹簧测力计、天平、量筒的使用方法和规范的操作步骤，进行数据分析并得出结论。

4. 熟悉探究实验的结论、规律和适用条件，能将光学规律、密度公式的各个量紧密联系，灵活运用。

（三）措施建议

1. 以实物或实际体验为基础，感受并体验科学探究的学习方法。

2. 以实际操作为基准，掌握基本实验技能。

3. 以解决具体问题为基准，培养学生初步运用密度知识解决生活问题的能力。

（四）评价建议

①每日当堂进行达标测试，自评与互评结合。②单元达标水平测试。③实验技能评价手册，组评达标。④实验技能达标测试，等级评价。⑤期末综合能力检测。

三、实验创新能力

（一）评价建议

1. 尝试通过公式计算，解决生活中的速度计算问题，运用重要的物理概念和规律对生活中的常见现象和问题进行科学解释。

2. 正确分辨声音的三个特性和影响因素，认清生活中不同声音的区别。

3. 结合物理概念、规律和公式，正确判断并分析生活中的运动、声、光、透镜成像以及质量、密度相关问题，养成科学探究的良好习惯，综合分析和解决实际问题。

4. 创新视角，理性分析生活问题，培养善于发现、理性分析以及活学活用解决实际问题的能力，培养科学创新的价值观，提升学生改造自然、创造生活的物理学科素养。

（二）内容建议

1. 紧密联系生活，出示以荣威高速等为背景的速度计算题和以新型建设材料运用为背景的密度计算题。

2. 出示声学相关的材料题。

3. 出示生活场景图：床下寻宝、猴子捞月、渔民叉鱼、近（远）视眼的成因分辨图。

（三）措施建议

1. 通过解题，紧密联系生活，灵活解决实际问题，激发每一位学生学以致用的信心，培养兴趣，提高物理素养。

2. 正确区别声音三特性，灵活运用光的反射、折射、透镜成像规律，解决生活问题，提高学用结合的能力。

（四）评价建议

①每日当堂进行的达标检测，自评与互评相结合。②每周的周测，师评为主。③阶段检测以互评与师评结合。④期末综合能力检测。

四、计算能力

（一）教学目标

1. 知道速度的计算公式及变形、各量含义，规范物理计算题做题步骤，熟练进行相关计算。

2. 知道密度的计算公式及变形、各量含义，规范物理计算题做题步骤，熟练进行相关计算。

（二）内容建议

1. 出示速度以及公式变形计算题。

2. 出示密度以及公式变形计算题。

（三）评价建议

1. 规范计算题做题步骤，进行速度以及变形式计算。

2. 规范计算题做题步骤，进行密度以及变形式计算。

（四）评价建议

①每日当堂进行达标检测，自评与互评相结合。②每周的周测，师评为主。③阶段检测，互评与师评结合。④期末综合能力检测。

五、作图能力

（一）教学目标

能灵活运用光的反射、折射规律以及透镜三种特殊光线，进行规范的光学作图。

（二）内容建议

出示光的反射、折射、透镜成像作图题。

（三）措施建议

规范三种光学作图方法、步骤，引导学生灵活分析题意，自主完成作图。

（四）评价建议

①每日进行当堂达标检测，自评与互评相结合。②每周的周测，师评为主。③阶段检测，互评与师评结合。④期末能力检测。

（二）初中物理素养考查综合评价方案

为达成学科质量目标，物理学科主要从过关测试、实验的技能测试和平时观察等方面，对物理现象分辨识别、概念规律的理解程度、物理知识的灵活应用、实验探究的设计操作等方面进行综合评价，针对八年级、九年级两个年级拟定初中物理综合评价方案。

【案例】　初中九年级物理总结性考查评价方案（电学）

一、过关测试 70%

1. 主要考核九年级教材中电学三个基本元素：电流、电压、电阻的基础知识（电流的形成、测量、单位；电流的产生条件、电路的构成、分类特点；电压的产生、单位、测量；电阻的作用、单位、测量方法；变阻器的构成、接线和作用）以及三个电学元素之间的相互关系——欧姆定律、电流通过导体做功的物理量（电功率）的意义、单位、测量等的重点学习和探究能力。

2. 评价办法和标准参见具体试卷。

二、实验的技能测试 20%（操作技能 15%+物理知识运用 5%）

1. 实验器材：两个小灯泡、两节干电池、定值电阻、滑动变阻器、若干导线、电流表、电压表。

2. 测试内容：

（1）让学生组装两种电路，用电流表测量电路中不同位置的电流；用电压表测量两只小灯泡两端的电压。

语言总结：①串并联电路的电流规律。②串并联电路中的电压规律。③利用干电池、小灯泡、未知电阻、滑动变阻器、导线、电流表和电压表组装串联电路，测量未知电阻和小灯泡电阻。

总结：测量电阻的方法、影响小灯泡电阻的因素、认识滑动变阻器的作用。

（2）利用以上电学器材组装串联电路，测量小灯泡的电功率。

语言总结：影响小灯泡电功率的因素。

测试内容：学生自主从以上三大类实验中抽取一个，通过具体的实验测评方案进行操作。

三、平时观察 10%（学习兴趣 4%+学习习惯 3%+物理思维 3%）

1. 评价内容及方法：①学习兴趣：观察学生是否喜欢上物理课、是否积极参加各种物理学习活动。②学习习惯：观察学生上课、作业、测试等学习活动。

2. 评价标准：依据课标，根据学生的日常行为进行定性语言评价。

3. 评价人员：教师、家长、同学及学生本人。

四、三点说明

1. 评价方式：现场随机抽取部分学生进行实验操作和笔试测试，根据实验评价方案量化打分。

2. 实验操作评价标准：分值 100 分，85 分以上为优秀，75—84 分为良好，60—74 分为合格，60 分以下为不合格，分四档赋分，进行等级评价。

3. 测试安排：校级考查，每学期一次；市级抽查，每学年一次。综合成绩评定做到定量与定性相结合。定量评价，按实验操作标准进行；定性评价，主要是从电学学习的档案资料和考试结果来进行分析，用最具代表性的事实描述学生的进步，对学习中的不足提出建议。

化学

（一）初中化学学科建设发展规划

初中化学以发展学生的科学素养为宗旨，具体包括激励学生积极探究化学的奥秘，增强学生学习化学的兴趣和学好化学的自信心；引导学生学习适应现代生活及未来社会所必需的化学基础知识、技能、方法和态度，具备适应未来生存和发展所必需的科学素养；组织从学生已有的经验出发，让他们在熟悉的生活情境和社会实践中感受化学的重要性；让学生有更多的机会主动体验科学探究的过程，在知识的形成、相互联系和应用过程中养成科学的态度，学习科学方法，在做科学的探究实践中培养创新精神和实践能力，为每一位学生的发展提供多样化的学习评价方式。

化学的总结性评价以身边的物质、化学概念原理、化学实验、科学探究以及学科思想方法等知识水平维度，记忆、理解、应用或转换、重组等认知水平维度以及对比、分类、概括、抽象等应用水平维度三个方面制定评价标准，努力让每一位学生得到良好的发展。

为实现这一目标，教师应明确学科各学段的教学目标、内容及评价建议。

【案例】 初中化学教学目标、内容及评价建议

身边的物质

一、我们周围的空气

（一）教学目标

1. 说出空气的主要成分，认识空气对人类生活的重要作用。

2. 知道氧气能与许多物质发生氧化反应。

3. 能结合实例说明氧气、二氧化碳的主要性质和用途。

4. 初步学习氧气和二氧化碳的实验室制取方法。

5. 了解自然界中的氧循环和碳循环。

（二）内容建议

1. 实验探究空气中氧气的体积分数。

2. 实验探究氧气和二氧化碳的制取和性质。

3. 辩论：空气中的二氧化碳会越来越多吗？氧气会耗尽吗？

4. 实验探究呼出气体中二氧化碳的相对含量与空气中二氧化碳的相对含量的差异。

二、水与常见溶液

（一）教学目标

1. 认识水的组成，知道硬水与软水的区别。

2. 了解吸附、沉降、过滤和蒸馏等净化水的常用方法。

3. 认识溶解现象，知道溶液是由溶质和溶剂组成的。

4. 知道水是最重要的溶剂，酒精、汽油等也是常见的溶剂。

5. 了解饱和溶液和溶解度的含义。

6. 能进行质量分数的简单计算。

7. 认识溶质质量分数的含义，能配置一定溶质质量分数的溶液。

8. 能举例说明结晶现象。

9. 能说明乳化现象。

10. 了解溶液在生产和生活中的重要意义。

（二）内容建议

1. 根据实验现象推断水的组成。

2. 了解或实地调查饮用水源的质量和水净化处理的方法；试验活性炭和明矾等净水剂的净水作用。

3. 利用溶解性表或溶解度曲线，查阅有关物质的溶解性或溶解度；依据给定的数据绘制溶解度曲线。

4. 实验：比较氯化钠、硝酸铵、氢氧化钠三种物质在水中溶解时的放热（或吸热）现象。

5. 观察生产、生活中的乳化现象。

6. 根据已知比例配制某种无土栽培所需的无机盐营养液。

三、金属与金属矿物

（一）教学目标

1. 了解金属的物理性质，认识常见物质的主要性质，了解防止金属腐蚀的方法。

2. 知道常见金属矿物，知道铁矿石炼铁原理。

3. 知道金属中加入其它元素可以改变金属材料的性能，认识生铁和钢等重要合金。

4. 认识金属材料在生产、生活和社会发展中的重要作用。

5. 认识废弃金属对环境的影响和回收金属的意义。

（二）内容建议

1. 交流有关日常生活中使用金属材料的信息，利用互联网或其他途径收集有关新型合金的成分、特性和用途的资料。

2. 实验探究金属的物理性质和某些性质。

3. 调查当地金属矿物的开采和金属利用情况，提出有关的建议。

4. 参观炼铁厂或观看工业炼铁的录像。

5. 用实验方法将氧化铁中的铁还原出来。

6. 收集有关钢铁锈蚀造成经济损失的资料，设计实验探究锈蚀的条件，讨论防止锈蚀的方法。

7. 调查日常生活中金属垃圾的种类，分析其回收的价值和可能性。

四、生活中常见的化合物

（一）教学目标

1. 认识常见酸碱的主要性质和用途，知道酸碱的腐蚀性。

2. 初步学会常见酸碱的稀释方法。

3. 了解酸碱指示剂和 pH 试纸检验溶液酸碱性的方法。

4. 了解食盐、纯碱、小苏打、碳酸钙等在日常生活中的用途。

5. 知道一些常见化肥的名称和作用。

6. 列举生活中一些常见的有机物，认识有机物对人类生活的重要性。

（二）内容建议

1. 试验某些植物花朵汁液在酸性和碱性溶液中的颜色变化。

2. 使用 pH 试纸检验唾液、食醋、果汁、肥皂水、雨水和土壤溶液等的酸碱性。

3. 自制汽水。

4. 常用铵态氮肥的检验。

5. 收集有关酸雨对生态环境和建筑物危害的资料。

6. 实验探究酸碱的主要性质。

（三）评价建议

①期末书面测试。②作业展评。③实验能力测试。④课堂评价。⑤过关考级。

（二）初中化学素养考查综合评价方案

为达成学科质量目标，化学学科主要从笔试、活动表现等方面，对学生的实验设计能力、实验操作能力、三重表征思维、化学价值观几个方面进行综合评价。针对各年级学习目标，拟定综合评价方案。

【案例】 初中化学七年级综合评价方案

一、笔试 80%

1. 观察、描述与解释简单化学现象的能力，初步学会运用所学的知识从化学视角对有关物质的性质、变化进行分析、判断的能力，化学用语的识别与运用能力，简单化学问题的探究能力。

2. 设计纸笔测验的试题，要依据课程内容把握学习要求。考核的重点要以基础知识的理解和运用为主，不要放在知识点的简单记忆和重现上；不应孤立地对基础知识和基本技能进行测试，注意联系生产、生活实际，取用鲜活的情境，体现实践性和探究性。

3. 重视选编具有实际情境、应用性和实践性较强的试题。这样既能了解学生掌握有关知识、技能和方法的程度，又能突出对学生解决实际问题能力的考查；试题可以有适当的探究性和开放性，但不应脱离学生的学习基础和认知水平，防止以“探究”“开放”之名出现新的繁、难试题。

4. 编制联系实际考查学生能力的试题时，情境要真实，避免出现科学性错误；编制联系实际的化学计算试题时，要根据课程内容控制试题难度，不要超越学生的知识基础。在义务教育阶段不宜出下列类型的题目：①反应物不纯与原料损耗并存的化学反应计算。②需要进行反应物过量判断的化学反应计算。③几种反应并存的化学反应计算。

二、活动表现 20%

1. 评价内容及方法：①学习兴趣：主要观察学生是否喜欢参加各种化学学习活动。②学习习惯：主要观察学生是否能认真地对待上课、作业、测试等学习活动。

2. 评价标准：依据课标，根据学生的日常行为进行定性评价（语言描述）。

3. 评价主体：教师、家长、同学及学生本人。

活动表现评价可以考查学生理解和运用知识的水平、分析问题的思路、实验操作的技能、口头或文字表达能力；了解学生的观察能力、想象能力、实践能力和创新能力的发展。活动表现评价还能考查学生主动参与学习的意识、思维品质、情感态度的变化和合作交流的能力等。

教师要注意从不同类型的学习活动中对学生的表现做多次的观察、记录和分析，结合面谈交流等多种形式提高评价的客观性。还可以在学习活动后组织学生对自己和同伴在学习活动中的表现进行自评和互评，提高总结、反思能力。

生物

（一）初中生物学科建设发展规划

初中生物课程面向全体学生，着眼于学生全面发展和终身发展的需要。课程目标和课程内容提出了全体学生通过努力都应达到的基本要求，同时也有较大的灵活性，可以适应不同学校的条件和不同学生的学习需求，实现因材施教，以促进每个学生的充分发展。

生物课程的课程目标、内容和评价都旨在提高每个学生的生物科学素养。生物科学素养是指个人参加社会生活、经济活动、生产实践和个人决策所需的生物科学概念和科学探究能力，包括理解科学技术与社会的相互关系，理解科学的本质以及形成科学的态度和价值观。

生物科学不仅是众多事实和理论的汇总，也是一个不断探究的过程。科学探究既是科学家工作的基本方式，也是科学课程中重要的学习内容和有效的教学方式。本课程倡导探究性学习，力图改变学生的学习方式，帮助学生领悟科学的本质，引导学生主动参与、勤于动手、积极思考，逐步培养学生收集和处理科学信息的能力、获取新知识的能力、分析和解决问题的能力，以及交流与合作的能力等，突出创新精神和实践能力的培养。

小班化的生物教学应面向全体学生，应关注学生在探究活动中逐步形成观察、归纳和发现问题的能力，逐步形成设计实验、调查研究、动手实验的能力，逐步形成收集和分析数据、表达和交流的能力等；应密切关注学生在情感态度与价值观方面取得的进步以及良好行为习惯的养成。在重视对学生的探究能力和情感态度与价值观进行评价的同时，要利用纸笔测验等方式检测学生知识目标的达成。

【案例】　初中生物教学目标、内容及评价建议

生物体的结构层次

生物体有一定的结构层次。细胞是生物体结构和功能的基本单位。细胞的分裂、分化和生长是细胞重要的生命活动。细胞经过分裂和分化形成生物体的各种组织，由功能不同的组织形成器官，完成某种生理功能的器官可以形成系统。多细胞生物体依靠细胞、组织、器官（系统）之间的协调活动，表现出生命现象。理解有关细胞的知识是学习生物学的基础，教师应提供机会，引导学生探究动植物细胞的结构和功能，初步学会显微观察的方法和技能，激发探究的兴趣。

1. 细胞是生命活动的基本单位

<table>
<tr><th>教学目标</th><th>活动建议</th><th>评价建议</th></tr>
<tr><td>说出显微镜的基本构造和作用。
学会使用显微镜和制作临时装片。</td><td>用显微镜观察池塘水中的微小生物。</td><td rowspan="3">进行实验操作技能测试。</td></tr>
<tr><td>阐明细胞是生命活动的基本结构和功能单位。</td><td>给学生提供多种动植物材料，通过制作临时装片，进行观察、比较和归纳。</td></tr>
<tr><td>说明单细胞生物可以独立完成生命活动。</td><td>观察某种原生动物（例如草履虫）的取食、运动、趋性。</td></tr>
<tr><td>区别动植物细胞结构的主要不同点。</td><td>组织学生观察图片，找出动植物细胞的异同点。</td><td>绘制显微镜下动植物细胞基本结构图，并标明各部分结构名称。</td></tr>
<tr><td>描述细胞核在生物遗传中的重要功能。</td><td>有条件的学校可以指导学生从网络上查找有关方面的资料。</td><td>辨认细胞核功能的事实或证据。</td></tr>
</table>

2. 细胞分裂、分化形成组织

教学内容	活动建议	评价建议
描述细胞分裂的基本过程。	观察洋葱根尖细胞分裂的切片（注意细胞分裂过程中有染色体的变化）。	用专业术语、流程图或制作模型展示细胞的分裂过程。
概述生物体的各种组织是由细胞分裂、分化形成的。		通过观察生物体各种组织的特点、分布及其功能，区分不同的组织。
识别人体的几种基本组织。		
识别植物的几种主要组织。		

3. 多细胞生物体的结构层次

教学目标	活动建议	评价建议
描述绿色开花植物体的结构层次：细胞、组织、器官、个体。	通过植物器官的角色扮演，理解植物体各器官的功能及其相互联系。	通过纸笔测试进行评价。
描述人体的结构层次：细胞、组织、器官、系统、个体。		

（二）初中生物素养考查综合评价方案

为达成学科质量目标，生物学科主要围绕纸笔测试、实验技能测试和平时观察三方面，对学生的理解能力、探究能力、阅读材料获取信息能力及综合运用能力进行综合评价。针对各年级学习目标，拟定综合评价方案。

【案例】 初中生物六年级综合评价方案

一、纸笔测试 70%

（一）考试能力要求

初中生物学学业考试纸笔测试依据课程标准中对能力的要求，重点考查以下几个方面：

1. 理解能力：①把握事实性知识间的内在联系，形成生物学概念以及概念性知识的网络结构。②通过比较、分析与综合等方法对生物学现象进行解释、推理，得出正确的结论。③对生物体的结构与功能、部分与整体以及生物与环境之间的关系提供证据、进行解释，并把握它们之间的内在联系。

2. 探究能力：①根据一定的情境提出问题，做出假设。②使用恰当的方法验证简单的生物学事实。③对一些简单的实验方案做出评价和修订。④对实验结果进行解释和分析，得出结论。

3. 阅读材料获取信息的能力：①读懂生物科学方面的文字资料以及图表，从中获取相关的生物学信息并会运用这些信息。②关注生物科学发展史上的重要事件、与生物学有关的社会热点，以及对科学技术和社会发展有重大影响和意义的生物学新进展。

4. 综合运用能力：运用所学的生物学知识、技能和观点解释和解决生活、生产、科学技术发展、环境保护等方面的生物学问题。

（二）考试内容

1. 考试内容及要求：根据课标，知识性内容有不同层次的要求，一般认为，高层次的要求包含低层次的要求。

2. 考试要点：①重视考查核心、具有良好结构的知识。②重视考查对生物学概念、原理的理解和应用。③生物学方面的能力和情感态度与价值观，以知识与技能为载体进行考查。④试题以能力立意，不过于强调知识的覆盖面。

（三）考试形式和试卷结构

1. 考试形式：采用笔试、闭卷的形式，考试时间 60 分钟，试卷满分 70 分，考生成绩最终以等级形式呈现。

2. 试卷结构：分为试题和答题卡。试题分两个大题，第一题为选择题，选择题均为单项选择，30 个小题 30 分；第二题为非选择题，40 分。答题卡为答题区域，所有答案均需填涂在答题卡上。

3. 试题难度：整卷预设难度为 0.75 左右，易、中、难试题分值比例约为 6∶3∶1。

二、实验技能测试 20%

（一）考试能力要求

1. 使用显微镜等生物学实验中常用的仪器和用具。

2. 运用生物实验基本操作方法，按照规范的操作过程完成实验。

3. 采用适当的方式记录实验数据，并对实验数据进行简单处理。

4. 按照实际观察到的物像绘制生物图。

（二）考试范围和内容

1. 考试范围：限定于教材中的“实验”“观察与思考”和“模拟实验”栏目。“探究”“演示实验”及教材中的其他栏目不在实验考试范围之内。

2. 考试内容：①制作并观察植物细胞临时装片。②观察人的口腔上皮细胞。③观察人体的几种常见组织。④观察叶片的主要组织。⑤观察菜豆种子和玉米种子的结构。⑥观察叶片表面的气孔。

（三）考试形式和成绩表达

1. 采用在实验室现场测试、现场评价的方式进行。

2. 考试成绩用分数表达，每个实验满分 10 分。

三、平时观察 10%

（一）评价内容及方法

1. 学习兴趣：主要观察学生是否喜欢上生物课，是否积极参加各种生物学习活动。

2. 学习习惯：主要观察学生是否能认真对待上课、作业、测试等学习活动。

（二）评价标准

依据课标，根据学生的日常行为进行定性评价（语言描述）。

（三）评价人员

包括教师、家长、同学及学生本人。

四、说明

1. 纸笔测试成绩总分 70 分，60 分以上为优秀，53—59 分为良好，42—

52 分为合格，42 分以下为不合格；实验操作评价标准：每个实验分值 10 分，按照操作标准要求赋分，8 分及以上为优秀，7—8 分为良好，6—7 分为合格，6 分以下为不合格，最终按 A、B、C、D 四个等级评价。

2. 测试安排：校级考查，每学期一次；市级抽查，每学年一次。综合成绩评定做到定量与定性相结合。定量评价，按实验操作标准进行。定性评价，主要是从学习档案资料和考试结果来进行分析，用最具代表性的事实描述学生的进步，对学习中的不足提出建议。

道德与法治

（一）初中道德与法治学科建设发展规划

初中道德与法治课程是以初中学生生活为基础、以引导和促进初中学生思想品德发展为根本目的的综合性课程。初中学生正处于身心迅速发展和学习参与社会公共生活的重要阶段，处于思想品德和价值观形成的关键时期，迫切需要学校在思想品德的发展上给予正确引导和有效帮助。为适应初中学生的成长需要，思想品德课程融合道德、心理健康、法律、国情等相关内容，旨在促进初中学生道德品质、健康心理、法律意识和公民意识的进一步发展，形成乐观向上的生活态度，逐步树立正确的世界观、人生观、价值观。

小班化道德与法治课程，在评价目标上，由以往的重视结果转向结果与过程并重；在评价主体上，由一元化转向多元化；在评价内容上，由只关注知识的评价，转向关注学生能力和情感态度与价值观的评价。并将评价贯穿于教学活动的每一个环节，使之真正成为促进学生发展、提高教学效果的手段。

在小班化初中道德与法治学科评价时应侧重提升学生能力，帮助学生在培养综合能力的同时，在发展中认识自己的人生走向，通过这种定位来建立完善的人生目标，不断提升个人修养。

【案例】 初中道德与法治能力提升评价建议

课程需提升的能力	评价建议
阅读和获取信息	能够从题目所提供的材料中获取回答问题的有效信息并合理整合，即有较强的学科阅读能力，能够从文字材料、图表、漫画等材料中，获取回答问题的有效信息并进行科学处理。
调动和运用知识	能够根据试题要求，调动和运用自主学习过程中所获得的学科知识，并与试题有关信息建立正确的联系，理解和分析问题。
情境体验和感悟	能够体验并感悟题目所提供的图文材料中蕴含的主流思想和观点，使学生的情感得以升华，实现思想品德课程的立德树人功能。
论证和探讨问题	能够从试题信息中发现并提出具有科学精神和创新意识的问题，并运用各种方法对有关问题进行论证、评论，体现学科核心素养以及正确的情感态度与价值观。观点明确，表述清晰，逻辑严谨。

【案例】 初中道德与法治评价内容

成长中的我	
【课题一】认识自我	
课程内容	活动建议
1.1 悦纳自己的生理变化，促进生理与心理的协调发展。	
1.2 了解青春期心理生理常识，体会青春期的美好，学会克服青春期的烦恼，调控好自己的心理冲动。	
1.3 正确对待学习压力，克服厌学情绪和过度的考试焦虑，培养正确的学习观念和成就动机。	1.3 讨论游戏活动和学习活动之间既相互矛盾又相互促进的关系，树立正确的学习观念和游戏观念。
1.4 理解情绪的多样性、复杂性，学会调节和控制情绪，保持乐观、积极的心态。	1.4 分组交流当情绪冲动或低落时的表现，和老师一起讨论如何利用倾诉、转移、换位、自我宽慰等方法合理调节情绪。
1.5 客观分析挫折和逆境，寻找有效的应对方法，养成勇于克服困难和开拓进取的优良品质。	1.5 收集“战胜困难和挫折，在逆境中自强不息”的事例，讨论应该如何面对困难和挫折。
1.6 主动锻炼个性心理品质，磨砺意志，陶冶情操，形成良好的学习、劳动习惯和生活态度。	
1.7 了解自我评价的重要性，能够客观地认识自我，积极接纳自我，形成客观完整的自我。	1.7 从“我心目中的我”“同学心目中的我”“老师心目中的我”“父母心目中的我”等不同角度，给自己画像，反思和分析评价的差异，找出前进的方向。

【课题二】自尊自强	
课程内容	活动建议
2.1 认识生命形态的多样性，理解人类生命离不开大自然的哺育。	2.1 以“我们身边的动植物伙伴”为主题，做一次本地区的植物、动物物种及其生存状况的调查，观察每个物种及每个生命个体的独特性，体会生命世界的神奇。
2.2 认识自己生命的独特性，珍爱生命，能够进行基本的自救自护。	2.2 通过观看纪录片、图片等方式，初步了解地震、火灾、水灾等灾害，学习一些自救、互救、他救的常识。
2.3 自尊、自爱，不做有损人格的事。	
2.4 体验行为和后果的联系，懂得每个行为都会产生一定的后果，学会对自己的行为负责。	2.4 开展一次合法安全的“行为后果体验”活动，从中感受对自己行为负责这一意识的重要性。
2.5 能够分辨是非善恶，学会在比较复杂的社会生活中做出正确选择。	
2.6 体会生命的价值，认识到实现人生价值应该从日常生活的点滴做起。	2.6 列举一些中外人物特别是革命领袖和英雄人物的事例，或围绕自己和同学的生活故事，就“人生的意义”开展一次主题讨论。
2.7 养成自信自立的生活态度，体会自强不息的意义。	

（二）初中道德与法治素养考查综合评价方案

初中道德与法治学生综合评价主要从知识技能、学习能力、拓展课程、成长档案四个方面进行，考查学生达成学习目标的程度，提高教学质量，保证课程目标的实现，使评价成为促进教师教学、学生思想品德发展与提高的有效手段。

【案例】　初中道德与法治综合评价方案

一、知识技能

1. 评价要点：了解人际交往的基本知识、基本技能，掌握法律的基本知识，懂得公民享受的基本权利和应该履行的基本义务。

2. 评价目标：学生能成为一个文明懂礼、孝敬父母、尊重师长、诚实守信，正确对待竞争与合作，具有良好道德素养的现代公民。

3. 任务要求：课堂练习，单元检测。

4. 成果呈现：学习检测成绩、能力表现。表现由学生、课代表和教师评定。课堂练习由小组长、课代表评定。学期成绩按 7∶3 评定。

5. 评价分值：参与值 30%，成效值 70%。

二、学习能力

1. 评价要点：了解自我、调控自我；收集、识别、管理、使用信息的能力，发现、分析和解决问题的能力；独立探究和合作学习的能力。

2. 评价目标：培养健全的人格，注意个性发展；学会正确认识社会并做出正确的判断和选择；学会社会交往。

3. 任务要求：道德修养项目考核在合作学习和参与课内课外活动中进行考查。

4. 成果呈现：自我评价，参与活动记录，同学互评。

5. 评价分值：参与值 60%，成效值 40%。

三、拓展课程

1. 评价要点：关注社会生活与时政热点程度，人际交往的能力，法律意识与道德素养。

2. 评价目标：培养能力，树立正确的世界观、人生观和价值观。人际交往的能力加强，法律意识与道德素养提升，文明守纪，有正义感。

3. 任务要求：课前 5 分钟时事演讲或说事，参与各种社会活动。

4. 成果呈现：参与活动及其在活动中的表现。

5. 评价分值：参与值60%，成效值40%。由小组长、课代表登记并评定。

四、成长档案

1. 评价要点：教师应建立学生的成长档案记录袋，记录学生在道德与法治课程学习中的各种表现，主要是进步和成就。以学生的自我记录、自我小结为主，教师、同学、家长共同参与，学生以评价对象和评价者的双重身份参与评价过程。

2. 评价目标：收集学生学习的完整信息，客观评价学生的思想道德状况。

3. 任务要求：以表格形式填写成长记录。

4. 成果呈现：成长档案。

5. 评价分值：参与值60%，成效值40%。

历史

（一）初中历史学科建设发展规划

初中历史课程应从培养学生的历史素养和人文素养出发，遵循历史教育规律，充分发挥历史教育功能，使学生掌握中外历史基础知识，初步学会学习历史的方法，提高历史学习能力，逐步形成对历史的正确认识，并提高正确认识现实的能力，达到培育历史学科核心素养的要求。

历史学科核心素养是学生在学习历史过程中所养成的、相对稳定的、必备的具有历史学科特征的思维品质和关键能力。是通过日常教化和自我积累而获得的历史知识、能力、方法以及情感态度与价值观的有机构成与综合反映。

小班化的历史教学应面向全体学生，使学生获得基本的历史学科核心素养；增强学生的自主学习能力和团队协作意识，让每一个学生都能在已有基础上获得发展。评价的内容与标准，应该紧扣课标要求，对学生的唯物史观、时空观念、史料实证、历史解释、家国情怀等素养养成进行综合评价。

为实现这一目标，历史教师应明确历史学科各年级的教学目标、内容及评价建议。

【案例】 初中历史七年级中国近代史教学目标、内容及评价建议

一、教学目标

1. 了解中国近代重要的历史人物、历史事件和历史现象，了解中国近代历史发展的基本线索。

2. 能够阅读和理解一些基本的历史材料。

3. 能够认识近代中国遭受的深重苦难是专制统治的腐朽黑暗和外国列强入侵造成的；认识捍卫国家主权和民族尊严是中华民族的优良传统。

4. 知道救亡图存和实现现代化是近代中国人民奋斗的基本目标；知道民族民主革命的艰巨性；知道没有共产党就没有新中国的道理，从而坚定为中华民族伟大复兴而奋斗的信念。

二、内容建议

1. 采用各种时空的划分方法：数轴法、大事年表法、曲线图或柱状图、知识结构（思维导图）、历史地图等，再现和重构中国近代史时序、空间；将历史事物置于特定的历史环境中进行考查分析。

2. 运用不同类型的史料对重大历史事件、历史现象做出解释和阐述；通过对史料的辨析，将符合史实的材料作为证据，进而形成对历史正确、客观的认识；构建属于自己的历史叙述，从而培养“史由证来，论从史出”的证据意识。

3. 分解历史事物的构成要素，以史料为依据，以历史理解为基础，对历史事物进行理性分析和客观评判；从公正的角度去理解历史叙述中不同的历史解释；以辩证的眼光评析历史事件、历史人物和历史现象之间的因果关系；以客观的态度评判人类社会的历史与现实问题，培养叙述历史和形成历史认识的能力。

4. 从历史的角度认识中国的具体国情，感悟近现代中国人民为救亡图存和实现中华民族伟大复兴而进行的英勇斗争和艰苦探索，认识中国共产党在中国革命、建设和改革事业中的决定性作用，树立中国特色社会主义理想信念；继承和弘扬以爱国主义为核心的民族精神，认识到国家统一、民族团结和社会稳定是中国强盛的重要保证，初步形成对国家、对民族的认同感，增强历史责任感。

三、评价建议

1. 诊断性评价。

2. 形成性评价。

3. 终结性评价。

（二）初中历史素养考查综合评价方案

为达成学科质量目标，历史学科主要从诊断性、形成性和终结性评价三方面，对学生的唯物史观、时空观念、史料实证、历史解释、家国情怀等素养养成进行综合评价。针对各年级学习目标，拟订综合评价方案。

【案例】 初中历史七年级综合评价方案

一、诊断性评价 10%（学习习惯 5%+学习能力 5%）

1. 评价内容及方法：①学习习惯：主要观察学生的课堂学习行为表现和学习态度。②学习能力：主要考查学生进行新内容学习前的知识、能力准备情况，学习中的历史阅读、观察、理解和陈述等能力。

2. 评价标准：依据课标，根据学生的日常课堂行为进行定性评价（语言描述）。

3. 评价主体：教师、家长、同学及学生本人。

二、形成性评价 20%（单元检测 10%+阅读笔记 10%）

1. 单元检测

（1）评价内容及目的：通过单元测验，监控、调节教学过程和提高教学质量，改进教学方法。

（2）评价方式：在教师的指导下，当堂由学生互相交换评分，最后由教师抽样检查。以此调动学生学习的积极性，当场强化单元教学的重点，减轻教师的批阅负担。

（3）评价标准：依据课标，根据参考答案评分标准和学生批阅质量进行评价。

2. 阅读笔记

（1）评价内容：课堂阅读笔记、圈画注解、读书笔记、读书心得。

（2）评价方式：采用组内和组间互评、教师定性评价，每周查阅一次。夯实学生有效阅读的习惯。

三、终结性评价 70%（综合检测 65%+学习档案 5%）

1. 综合检测

主要考核：①中国现代史的重要历史人物、历史事件、历史现象和历史发展的基本线索。②能够阅读并分析重要的历史文献资料，学会社会调查的基本方法，能够运用所学知识分析、解释历史问题，客观地论证历史事物。③知道中国社会主义初级阶段的基本国情，认识社会主义现代化建设是一个曲折漫长的过程。④能从社会的不断进步和发展中体会到必须坚持中国共产党的领导，坚定建设中国特色社会主义的信念。

2. 评价办法及标准

（1）评价内容及方法：收集学生个人的历史学习作品，建立档案，对学生的历史学习进行评价。

（2）评价标准：依据学生收集整理的历史学习作品档案，进行定性评价，突出学生历史学习的特长和优点。

（3）评价主体：教师、家长、同学及学生本人。

四、三点说明

1. 综合成绩评定应做到定量与定性相结合。

2. 定量评价，合计三部分成绩总分在 90 分以上为优秀，75—89 分为良好，60—74 分为合格，60 分以下为不合格。

3. 定性评价，主要从本学期历史学习的档案资料和考试结果来进行分析，用最具代表性的事实描述学生的进步，对学习中的不足提出建议。

地理

（一）初中地理学科建设发展规划

初中地理课程应使学生掌握地理基础知识和技能，培养学生的地理实践能力和探究意识，激发学生学习地理的兴趣，增强学生的爱国主义情怀，使学生逐步形成正确的人口观、资源观、环境观以及可持续发展观念，这是时代赋予义务教育地理课程的使命。

地理素养是指学习者经过地理学习后所养成的比较稳定的心理品格，包括地理知识、地理观点、地理方法、地理能力、地理态度、地理情感等构成要素。

小班化的地理教学要面向全体学生，使学生获得基本的地理素养；更要关注学生的个体差异，让每一个学生都能在已有基础上获得发展。评价的内容与标准应该紧扣课标要求，对学生的人地协调观、地理实践力、地理综合思维、区域认知等方面的素养和能力进行综合评价。

评价目标的确定不仅要关注学生的地理知识和技能的获得情况，还应关注学生地理学习的过程与方法以及情感态度与价值观等方面的发展与变化。地理学习评价是对学生发展的各个方面进行全面评价：第一，地理学习评价不能局限于对学生的认知发展水平进行评价。第二，地理学习评价要从鉴定性评价转向发展性评价，既注重结果，还要注重过程。地理学习评价目标应该根据地理课程目标和内容标准确定，重点关注学生在以下几个方面的状况和表现：（1）对地理位置、地理概念、地理特征、地理空间分布、地域差异等方面的理解状况。（2）在解释地理事物的空间结构和空间联系、探寻地理事物空间运动和演变规律的学习过程中运用地理知识的状况。（3）在地理探究学习过程中的表现（如怎样提出地理问题，怎样收集、整理、分析地理信息资料，怎样表达研究成果等）。（4）是否学会了相应的地理学习、研究方法（如空间关系分析、区域综合分析、区域比较等）。（5）读写能力、计算能力、图解能力以及默记地图能力的发展状况。（6）地理实践能力与创造意识的形成与发展状况。（7）在地理学习过程中的情感态度与价值观的形成状况。

地理学习评价重在评价学生的达标程度。目的不在于划等分类，不在于将某一学生与他人成绩或班级集体平均分做比较，而在于检测学生达到地理课程标准所规定的“内容标准”的程度。

为实现评价目标，地理教师应明确地理学科各学段的课程标准、活动内容及评价建议。

【案例】　初中地理课程标准、活动内容及评价建议

一、地球与地球仪

（一）课程标准

1. 地球的形状、大小与运动：①提出证据说明地球是球体。②用平均半径、赤道周长和表面积描述地球的大小。③用简单的方法演示地球自转和公转。④用事实分别说明地球自转和公转产生的地理现象。

2. 地球仪：①运用地球仪，说出经线与纬线、经度与纬度的划分。②在有经纬网的地球仪上确定任意地点的经纬度。

（二）活动内容

1. 用乒乓球或其他材料制作简易的地球仪模型。

2. 比较不同季节正午太阳光下物体影子的长度。

（三）评价建议

1. 对地理概念的评价标准：①用自己的语言表达和解释地理概念。②辨别某个地理概念的肯定例证和否定例证。③把一种地理概念的表达方法变成另一种表达方法。④鉴别不同地理概念之间存在的关系。

2. 评价建议：①期末书面测试。②课堂评价。③实地观测观察中的表现。④作品展评。

二、区域认知

（一）课程标准

1. 认识大洲：①运用地图等资料说明某大洲的纬度位置、海陆位置。②运用地图和其他资料概括出某大洲的地形、气候、河流的特点及其相互关系。③运用有关资料说出某大洲存在的人口、环境与发展等问题。④通过实例说明某大洲内部的经济发展水平是不平衡的。

2. 认识地区：①在地图上找出某地区的位置、范围、主要国家及其首都，读图说出该地区地理位置的特点。②运用地形图和地形剖面图，描述某地区地势及地形特点。③运用图表说出某地区气候的特点以及气候对当地农业生产和生活的影响。④运用地形图说明某地区主要河流概况，以及河流对城市分布的影响。⑤运用地图和其他资料，指出某地区对当地或世界经济发展影响较大的一种或几种自然资源，说出其分布、生产、出口等情况。⑥运用资料描述某地区富有地理特色的文化习俗。⑦说出南、北极自然环境的特殊性以及开展科学考察和环境保护的重要性。

3. 认识国家：在地图上指出某个国家的地理位置、领土组成和首都。

（二）活动内容

1. 分组准备某大洲的资料，整理、归纳其地理特征，并选出代表向全班汇报。

2. 将所学大洲与另一大洲的基本地理特征，运用列表、填图等方式进行比较。

3. 收集国际上热点地区的有关资料，并展开讨论。

4. 模拟一次暑期出国旅行，选择旅游路线，说出经过的主要国家和城市，描述可能见到的地理景观。

5. 以极地科考为主题，出一期墙报或举办一次科普报告会，或者观看有关极地科学考察的录像片。

6. 利用不同时期的世界地图，结合历史等课程的学习，了解某些国家名称和版图的演变。

7. 观看介绍某国家地理概况的录像，并写出短文予以介绍。

8. 讨论某国特有自然现象的形成原因。

（三）评价建议

1. 评价标准：①利用各种信息源（杂志、报纸、电视、广播、网络等）收集一手或二手资料。②通过实地观测与调查等方式获得资料。③保证地理信息资料的质量（如资料的多样性、可靠性、全面性、针对性等）。④将地理信息资料恰当归类。⑤将地理信息资料绘制成地理图表以及简单的地图。⑥通过分析地理信息资料得出结论并进行检验。评价学生解决地理问题的过程，了解学生在提出地理问题、收集和整理以及分析地理信息资料、回答地理问题这一完整过程中的表现。

2. 评价方式：①期末书面测试。②课堂评价。③实地观测观察中的表现。④作品展评。

（二）初中地理素养考查综合评价方案

为达成学科质量目标，地理学科主要从笔试、地理实践和平时观察三方面，对学生在地理知识、地理实践力、区域认知、地理综合思维几个方面进行综合评价。针对各年级学习目标，拟定综合评价方案。

【案例】　初中地理七年级综合评价方案

一、笔试 70%（综合检测）

1. 疆域与人口

中国的地理位置、辽阔的疆域、行政区划、人口民族等。

2. 自然环境与自然资源

地形、气候、河流和自然灾害以及自然资源的概况，水资源、土地资源的基本国情。

3. 经济与文化

(1) 经济发展：运用资料并联系实际，说出我国农业分布概况，并举例说明因地制宜发展农业的必要性。运用资料，说出我国工业的地理分布。用实例说明高新技术产业在工业发展中的作用。比较不同交通运输方式的特点，运用地图说出我国交通运输网络的大致分布格局。

(2) 文化特色：知道我国具有地方特色的民居、服饰、饮食、节庆，并举例说明自然环境对文化的影响。结合有关资料，说明我国地方文化特色对旅游业发展的影响。

4. 地域差异

①能在地图上找出秦岭、淮河，说明“秦岭—淮河”一线的地理意义。②能在地图上指出北方地区、南方地区、西北地区、青藏地区四大地理单元的范围，比较它们的自然地理差异。说出四大地理单元自然地理环境对生产、生活的影响。③认识所学区域自然地理和人文地理的主要特征，掌握学习区域地理的一般方法。考查区域地理的地域性、综合性特点，要注重自然地理和人文地理的有机结合。

二、地理实践 20%（观察生活中的地理现象 10%+地理图表、小报的绘制、地理小论文的撰写 10%）

用“评定量表”评价学生从事地理探索活动的质量。运用“评定量表”时，要确定量表的评价项目及其等级。

量表设计案例：

项目	评价等级
地理观察设计	A 级：能达到地理观察的目的，设计新颖。
	B 级：能达到地理观察的目的，设计一般。
	C 级：不能达到地理观察的目的。
操作情况	A 级：操作规范，熟练。
	B 级：操作较规范，正确。
	C 级：不会操作或操作不熟练。

效果	A 级：效果显著。
	B 级：基本达到目的。
	C 级：未达到目的。

三、平时观察 10%（学习兴趣 5%+学习习惯 5%）

1. 评价内容及方法：①学习兴趣：主要观察学生是否喜欢参加各种地理学习活动。②学习习惯：主要观察学生是否能认真对待上课、作业、测试等学习活动。

2. 评价标准：依据课标，根据学生的日常行为进行定性评价（语言描述）。

3. 评价主体：教师、家长、同学及学生本人。

四、三点说明

1. 综合成绩评定应做到定量与定性相结合。

2. 定量评价，合计三部分成绩总分在 90 分以上为优秀，75—89 分为良好，60—74 分为合格，60 分以下为不合格。

3. 定性评价，主要是从本学期地理学习的档案资料和考试结果来进行分析，用最具代表性的事实描述学生的进步，对学习中的不足提出建议。

第五章　课堂教学模式及案例

在小班化教学理念指导下，我们探索构建了适合学段与学科特点的课堂教学模式。目的是引导教师自觉依照一定的教学活动结构框架和活动程序开展教学活动，实现思想观念的更新、教学内容和教学方法的改革和创新，进而取得良好的教学效果。

经过反复实践探索、总结提炼，乳山市逐步形成了各学段、各学科的课堂教学模式，本书以新授课和复习课为例加以说明。

第一节　小学各学科新授课课堂教学模式

一、语文

（一）模式简介

小班化小学语文新授课课堂教学模式力求体现“有效互动，深度参与”，通过组织有效的自主学习、合作学习，引导学生深入文本，在与文本的深度对话中品悟语言文字的魅力，感受作者的表达方法，锻炼并提升学生对语言文字的理解力和感受力，助力学生语文素养的提升。教学模式初步概括为：激发兴趣，导入新课—检查预习，掌握学情—合作探究，品悟文本—拓展延伸，总结提升—布置作业，学以致用。图示如下：

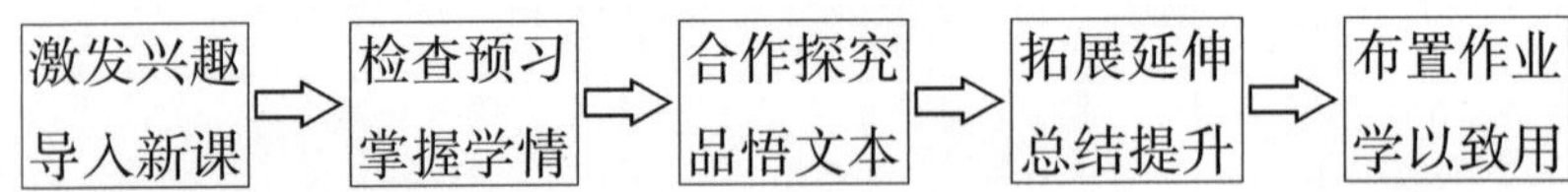

（二）教学流程

1. 激发兴趣，导入新课

课前，依据文本内容或主题，创设一定的情境，激发学生的学习兴趣，同时建立学生与文本的联系，拉近学生与文本的距离，引导学生快速融入学习氛围。

2. 检查预习，掌握学情

（1）检查重点字词

教师通过对分层设置的“课前采集卡”的检查，了解学生的预习情况，掌握学生易错的字词。课堂上针对学生出错较多的词语，组织学生进行二人小组互学，并进行重点检查和讲评。

（2）整体感知文本

小组合作交流，概括课文的主要内容。一般安排各小组按D、C、B、A层的顺序进行交流，能力较弱的学生交流时，能力较强的学生可给予补充完善。

（3）交流质疑文本

全班集体交流自己对文本的质疑，教师注意问题的深度，较简单的问题可引导学生互助交流解决，重点问题引导全体学生通过探究解决。

3. 合作探究，品悟文本

（1）教师主线引导

教师在检查预习的基础上，结合学生的质疑，提炼学生学习的聚焦点，并以此为主线引导学生围绕相关问题进行文本的赏析与品悟。

（2）小组合作探究

根据学习内容，借助问题引领，学生在个性化阅读和品悟的基础上，在小组内交流自己的学习收获。一般由A层学生担任组长，组织研讨交流，其余学生按照D、C、B层的顺序进行交流，一般情况下，能力稍弱的学生交流难度较低的问题，能力较强的学生交流略有难度的问题。某位学生交流时，其他学生可做纠正或补充。

（3）全班集体交流

共性问题、重要知识点，如品悟文本主旨与赏析写作方法等，教师引领学生当堂交流。

4. 拓展延伸，总结提升

在学生品悟文本主旨、赏析写作方法之后，教师借助“课中补给卡”，为学生提供课外补给。围绕写作方法运用或其他知识点提升设计的拓展练习，要考虑学生的能力水平，分层设置，供学生选择学习。交流反馈时，可根据练习的内容，采取同质分组或异质分组的方式，组织学生进行交流合作与分享。

5. 布置作业，学以致用

根据不同层级学生的理解能力和发展目标，为学生提供不同难度的作业。教师要鼓励学生挑战高一层次的作业，争取获得更好的发展。

【案例】 人教版三年级语文上册《海滨小城》新授课教学设计

乳山市冯家镇中心学校 徐晓静

【教学目标】

知识与技能目标：

掌握“抓关键句”和“抓主要景物”两种阅读方法；能找出第四至六自然段的关键句。

过程与方法目标：

A层：能正确、流利地朗读课文；通过自主阅读，能借助关键语句理解段落的意思；能说出课文描写的主要景物及其样子。

B层：能正确、流利地朗读课文；通过学习，能借助关键语句理解段落的意思；能说出课文描写的主要景物及其样子。

C层：能正确、流利地朗读课文；通过学习，能借助关键语句理解段落的意思；能简要说出课文描写的主要景物。

情感态度与价值观目标：

通过朗读课文，感受作者对自己家乡的热爱之情。

【教学重难点】

掌握“抓关键句”和“抓主要景物”两种阅读方法；能找出第四至六自然段的关键句；能说出课文描写的主要景物及其样子。

【教学过程】

一、激发兴趣，导入新课

师：同学们，上节课我们跟随作者林遐一起走进了具有南国风光的海滨小城，并且通过朗读，领略了海滨的美丽风光。那么，在这样广阔无垠而又绚丽多彩的海滨的衬托下，小城又是什么样的呢？这节课，我们继续前往小城，你会看到另一番迷人的景色。

【设计意图：承接第一课时的学习，直接导入本节课的学习，体现课文内

容的有机衔接，让学生明确本节课的学习内容。】

二、检查预习，掌握学情

1. 师：在进入小城之前，我们先来闯一闯词语关，同学们有信心吗？

（出示“课前采集卡”中的词语）指名朗读。教师将学生读错的词语板书在黑板上，全班齐读，纠正字音。

同桌二人互相认读黑板上的词语，相互指正。

2. 小组交流：课文的第四至六自然段分别描写了小城哪几个地方的景色？哪些景物给你留下了深刻的印象？

指名交流。（师板书：庭院、公园、街道）

3. 自由交流“课前采集卡”中自己的疑问，师引导学生通过互相交流和讨论探究的方式解决。

【设计意图：通过检查词语的认读情况，为正确、流利地朗读课文扫清障碍。通过交流“课前采集卡”中的问题，了解学生对课文内容的掌握情况，为深入探究文本提供了前提。】

三、合作探究，品悟文本

（一）学习第四自然段

1. 师：这座海滨小城是作者的家乡，作者首先向我们介绍了小城的庭院。小城的庭院到底是什么样子的呢？让我们来看一看。

（出示读书要求）请同学们默读第四自然段，思考作者是围绕着哪句话来写小城的庭院的。

2. 指名交流。师总结：第四自然段是围绕“小城里每一个庭院都栽了很多树”这句话来写的。读了这句话，我们就知道整个段落的意思了，这样的句子叫关键句。关键句一般出现在段落的开头，起到“引出下文”的作用，能够概括整个自然段的意思。

3. 师总结阅读方法：我们刚才学习第四自然段的方法就是抓关键句。（板书：抓关键句）

4. 师：这一自然段的关键句找到了，那么作者围绕着关键句写了哪几方面的内容呢？（生交流）

5. （出示树的种类部分）引导学生借助语句中的重点词语体会树的种类多。

6.（出示各种树的图片）引导学生感受树的种类之多。指导学生读出树的“多”。

7.（出示桉树叶子部分）引导学生通过“满街满院”体会作者通过描写桉树叶子香，说明了小城庭院的树多。指导朗读，读出桉树叶子的“香”。

8.（出示凤凰花部分）引导学生抓住“热闹”和“笼罩”两个词语体会作者通过描写凤凰花美，说明了小城庭院的树多。

9. 引导学生感受拟人、比喻两种修辞手法的妙用。指导朗读凤凰花部分，读出“美”的感受。

10. 师引导学生总结写法：我们通过学习第四自然段，知道作者通过描写“树的种类多，桉树叶子香，凤凰花红”表现了“小城庭院的树很多、很美”。这样的阅读方法叫作“抓主要景物”。（板书：抓主要景物）

11. 师：刚才我们通过“抓关键句”和“抓主要景物”两种方法，一起学习了小城的庭院部分，你能用一句话来评价一下小城的庭院吗？（生交流）

12. 师范读第四自然段，学生闭着眼睛想象画面。师引导学生带着感受读出小城庭院的美。（学生配乐朗读，师生评价）

【设计意图：在引导学生自读自悟的基础上，提炼出了“抓关键句”和“抓主要景物”两种阅读方法，体现“教为主导，学为主体”的理念，为下面的合作学习提供了方法指导。】

（二）学习第五、六自然段

1. 师：“抓关键句”和“抓主要景物”两种阅读方法对于我们理解课文内容很有帮助，请同学们用这两种方法自己朗读第五、六自然段。

2. 组内交流：第五、六自然段的关键句分别是什么？作者围绕着这句话，描写了哪些主要景物？

3. 请几个小组展示学习成果。

4. 师：通过刚才的学习，你觉得小城的公园和街道美吗？请同桌一人选择一个地方来朗读，比一比谁读得美。（同桌比赛读）

5. 指名朗读第五自然段，引导学生体会比喻句的妙用。

6. 指名朗读第六自然段，引导学生仿照“咯吱咯吱”说 ABAB 式表示声音的词语，用“甚至”说句子。

【设计意图：通过小组合作探究的学习方式，检验学生对两种阅读方法的

掌握程度，发挥合作学习的优势，引导学生在相互学习的基础上，获得语文阅读能力的有效提高。】

（三）学习第七自然段

1. 师：通过这节课的学习，我们跟随作者的脚步欣赏了小城的庭院、公园、街道的景色。这座海滨小城给你留下了怎样的印象？（生交流）

2. 引导学生分别带着作者的“自豪”和自己的“赞美”读第七自然段：“这座海滨小城真是又美丽又整洁。”（板书：美丽、整洁）

【设计意图：通过带着感受朗读，培养学生有感情地朗读课文的能力，引导学生体会作者热爱家乡的思想感情。】

四、拓展延伸，总结提升

1. 方法回顾：这节课我们学习了两种很重要的阅读方法，分别是“抓关键句”“抓主要景物”。通过这两种阅读方法，我们领略了海滨小城的美景。

2. 学习的目的在于运用，下面就让我们把这两种阅读方法运用到课外阅读中。请同学们默读《南海明珠》这篇文章，完成练习题。

（出示练习题）

（1）文章第二、三自然段分别是围绕哪句话写的？请用“________”在文中画出来。

（2）第二自然段作者主要写了海南岛的哪些物产？请在文中圈出来。

（3）第三自然段作者围绕着关键句，描写了哪四个景点的风光？请用“________”在文中标出来。

3. 指名交流。

【设计意图：借助《南海明珠》这篇短文进行课外阅读文本拓展，引导学生将学到的两种阅读方法运用到课外阅读中去，实现课内阅读与课外阅读的有效衔接。】

五、布置作业，学以致用

1. 课后，请同学们把课文中精彩的词语或句子摘抄在“积累本”上。

2. 仿照课文，选取自己家乡的一处美景进行描写，围绕着一个关键语句，写一个小片段。

【设计意图：鼓励学生仿照课文描写家乡的一处美景，目的在于引导学生学习作者的写作方法，以读促写，在深入阅读的基础上，提高自己的写作

能力。】

【板书设计】

19. 海滨小城

小城的庭院　抓关键句

小城的公园　抓主要景物

小城的街道

小城：美丽　整洁

附：

《海滨小城》课前采集卡

1. 你能正确认读下面的词语吗？快试一试吧！

凤凰树　亚热带　满街满院　笼罩　榕树　绿绒大伞

密不透风　遮太阳　挡风雨　咯吱咯吱　甚至　整洁

2. 朗读课文的第四至六自然段，思考这三个自然段分别描写了小城哪几个地方的景色？哪些景物给你留下了深刻的印象？（请选择适合自己能力的任务来完成）

A 层：★★★

第四自然段描写了小城（　　）的景色。

印象深刻的景物：__________感受：__________________________

第五自然段描写了小城（　　）的景色。

印象深刻的景物：__________感受：________________________

第六自然段描写了小城（　　）的景色。

印象深刻的景物：__________感受：__________________________

B 层：★★

第四自然段描写了小城（　　）的景色。印象深刻的景物：__________

第五自然段描写了小城（　　）的景色。印象深刻的景物：__________

第六自然段描写了小城（　　）的景色。印象深刻的景物：__________

C 层：★

第四自然段描写了小城（　　）的景色。

第五自然段描写了小城（　　）的景色。

第六自然段描写了小城（　　）的景色。

3. 读了课文，你有哪些疑惑呢？请写在下面。

我的疑惑：

《海滨小城》课中探究卡

请同学们默读下面的短文，用本课学到的阅读方法，完成下面的题目。

南海明珠

在我国南海的万里碧波上，有一颗灿烂的明珠，它就是富饶美丽的海南岛。

海南岛土壤肥沃，物产丰富。岛上有许许多多的热带植物园，腰果、咖啡、芒果、荔枝，在不同的季节里挂满了枝头；海参、海龟、大龙虾等名贵水产不计其数；铁矿、石油和天然气等矿产资源也非常丰富。

海南岛上一年四季气候宜人，风景优美。高高的五指山挺立在海南岛中部，山上的林木郁郁葱葱，四季常青。由山间小溪汇成的万泉河滔滔奔流，浇灌着两岸的农田。地处最南端的“天涯海角”，海天一色，美丽壮观。旅游胜地亚龙湾海滩，有七千多米长。一望无际的海滩沙白如银，各种颜色的贝壳在阳光下闪闪发光，景色十分迷人。

每当清晨或傍晚，你坐在沙滩的礁石上，面对着大海，听着海浪拍打的声音，望着海上红日东升或落日西沉的奇景，你一定会高歌一曲，赞美这秀丽的海南风光。

（1）文章的第二、三自然段分别围绕哪句话写的？请用“________”在文中画出来。（A、B、C 层学生）

（2）在第二自然段里作者主要写了海南岛的哪些物产？请在文中圈出来。（A、B 层学生）

（3）在第三自然段里作者围绕关键句，描写了哪四个景点的风光？请用“～～～～”在文中标出来。（A 层学生）

《海滨小城》课后补给卡

1. 你喜欢课文中哪些精彩的词语或句子呢？赶快积累下来吧！

词语：________________________________

句子：________________________________

2. 同学们，你们的家乡也一定很美吧！请你选取自己家乡的一处美景，围绕着一个关键句，写一个小片段。(请选择适合自己能力的任务来完成)

★★★A 层：写出关键句，对每个景物进行细致的描写，适当用上修辞方法。字数不少于150。

★★B 层：写出关键句，在描写景物时可以用上平时积累的好词好句。字数不少于120。

★C 层：写出关键句，写出景物美在哪里。字数不少于100。

二、数学

（一）模式简介

小班化小学数学新授课课堂教学模式围绕“质疑能力与思辨能力的培养”“任务驱动与数学核心问题引发深度思考”等问题，通过问题导学，引导学生合作探究，力求打造深度研究课堂。教学模式初步概括为：因地质疑，引入新课—探究分享，解疑释惑—教师提炼，引领提升—练习反馈，达标测评。图示如下：

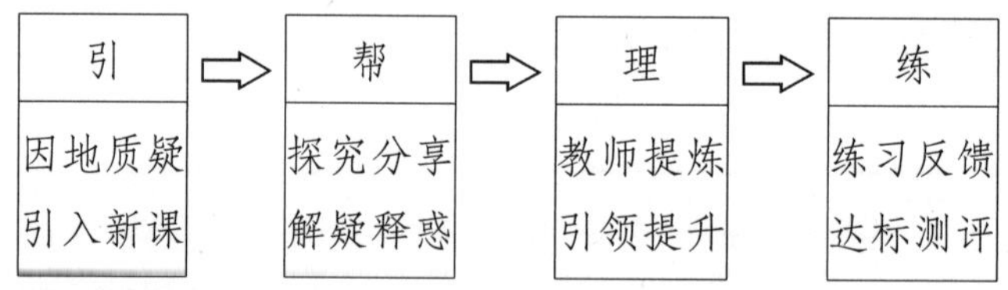

（二）教学流程

【课前】任务驱动，问题导学

可以采取“任务单+微视频”的形式，即数学思维较好的学生直接利用任务单进行自主学习，思维较差的学生可以先观看微视频，然后在任务单的引领下进行自主学习；也可以采取“问题分层”的形式，即任务单中的研究问题可以分两到三个层次，学生根据自己的实际水平，自主选择研究的问题，然后进行自主学习。如中高年级的概念教学，主要采取按目标提示预习的方式进行，低年级以及中高年级中有关“数与代数”等以解决实际问题为主的课，主要采取尝试学习的方式进行。

【课中】深度对话，深度思考

1. 因地质疑，引入新课——引

低年级教学，教师可通过创设情境，激活学生思维；中高年级教学，可借鉴黄爱华老师的“大问题”教学法，根据实际情况设疑引入。

2. 探究分享，解疑释惑——帮

（1）小团体的合作交流。结合课前自主学习任务单，学生进行预习或尝试练习之后，开展交流。概念课主要按预习目标提示互相交流、质疑；解决实际问题课，则针对尝试练习题进行评判，查出本组成员的问题点，共同分析错因。

（2）集体合作交流。针对前面环节中出现的共性问题，教师引领学生采取生生互动、师生互动等形式进行交流分享。

3. 教师提炼，引领提升——理

这一环节的时间不能固定，得根据上一个环节中学生的收获和问题而定。如果问题在生生互动中基本解决，那教师只要引领学生提炼升华即可；如果上一个环节达成效果不明显，这一环节就要充分发挥教师的作用，在学生交流的基础上，找准学生的思维障碍或受阻点，采取质疑、追问、点拨、启发等形式，利用多种教学手段，让学生形成对知识系统而深刻的印象，同时对知识进行归类总结。这一环节时间应该控制在 10 分钟以内，有时甚至只要很短的几分钟。

4. 练习反馈，达标测评——练

教师可以采取提问的形式进行评估，也可以通过出示练习，当堂检测学生的掌握情况。

【课后】课后巩固，拓展延伸

课后巩固任务单主要设计三个层面的练习：平行性练习、变式练习、拓展练习。前两项为必做内容，拓展练习可以作为选做内容。

【案例】 青岛版二年级数学《有序地数图形》教学实录

大孤山镇中心学校 王芳

【教学目标】

知识与技能目标：

借助问题情境，从中发现问题、提出问题，会按照一定的顺序数出图形的个数。

过程与方法目标：

A层：(1) 自主探究“一共有多少个长方形”，经历观察、操作、比较等学习活动，体会到按一定顺序去数可以做到不重复、不遗漏，发展有序思维，渗透分类思想。(2) 感受数图形、数线段等之间的联系，学会方法的迁移，呈现生活和数学知识的有序性，沟通知识间的联系，让学生感受有序思考的好处。

B层：(1) 自主探究“一共有多少个长方形”，经历观察、操作、比较等学习活动，体会到按一定顺序去数可以做到不重复、不遗漏，发展有序思维，渗透分类思想。(2) 采用知识迁移法，体会有序思考的好处。

C层：自主探究“一共有多少个长方形”，经历观察、操作、比较等学习活动，体会到按一定顺序去数可以做到不重复、不遗漏。

情感态度与价值观目标：

1. 在学习过程中发展思维能力，培养思考的有序性、完整性及合作学习的习惯。

2. 通过活动激发学生学习数学的兴趣和欲望，体验成功的乐趣，产生学好数学的自信心。

【教学重难点】

在数图形的过程中，体验有序地数图形的方法，学会有序思考。

【教学过程】

【课前】任务驱动，问题导学

在课前自主学习任务单的引领下进行自主学习，学生根据自己的实际水平，自主选择研究的问题，然后进行自主学习，完成各层面的达成目标。

A层：运用知识迁移，体会实际生活中数图形的应用。

B层：通过画一画、数一数，会画出相应图形并数出长方形个数。

C 层：复习基本的图形，会找出组合图形是由哪些基本图形组成的。

【课中】深度对话，深度思考

一、因地质疑，引入新课——引

1. 图片引入

师：孩子们，老师为你们带来一幅漂亮的图片。（展示图片）看，这是什么呀？

生：机器人。

师：对。在机器人身上，有哪些熟悉的图形？

生 1：我看到有长方形、平行四边形，还有正方形。

生 2：还有一个三角形和圆形。

师：同学们的眼睛可真亮，发现了这么多的图形。你能快速数出每种图形各有几个？

（课件出示）

学生回答各种图形的个数。

图形	正方形	长方形	圆	平行四边形	三角形
个数					

预想：三角形有 3 个。其他学生有不同的意见：4 个、6 个……

师：咦？老师听到了不同的答案。那三角形到底有几个？是不是都想去数一数啊？这节课我们就来研究怎样数图形的问题。（板书：数图形）

【设计意图：通过课前交流中出示的机器人图片，吸引学生的注意力，让学生找一找熟悉的图形以及每种图形的个数，激发学生的学习兴趣，并对一年级所学知识进行复习，让学生直观感知分类思想，由“三角形到底有几个”的矛盾冲突，找到学生思维的起点，引入这节课的研究主题——数图形。】

2. 出示信息窗

师：其实，图形在我们的生活中无处不在，（出示情境图）瞧，这窗户上面有什么图形？

生：长方形。（点击课件出示）

师：课前同学们根据老师布置的课前自主学习任务单进行了自学，把你学到的知识和同学们交流一下吧！

二、探究分享，解疑释惑——帮

探究3个小长方形组成的长方形，初步感知有序思想。

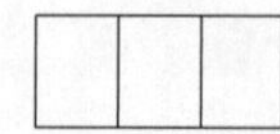

1. 交流课前自主学习任务单

师：你们认为有几个呢？

生1：3个。

师：还有没有不同的想法？

生2：4个。

生3：6个。

师：嗯？到底有几个？想知道答案，该怎么办呀？

生：数一数。

师：现在我们就来认真地想一想、画一画、数一数这个图形中一共有几个长方形。

2. 反馈任务单

师：哪位同学愿意先来交流自己的数法？

师：第一位小勇士，你来。请先说一说一共数出几个长方形，再说说你是怎样数的，下面的同学可要听仔细，一会儿你要当小法官呢！

生1：（边画边说）我一共数出了3个长方形。

师：他数出了最小的长方形，有3个。还有没有不同的答案？

生2：我一共数出了4个长方形，（边画边数）1、2、3，再加上最大的一个，就是4个。

师：（红笔标出）我们一下子清楚地看出来，他又数了一个最大的长方形，它是由三个小长方形组成的大长方形。

师：还有没有不同的答案？

生3：一共有6个长方形。（边画边数）

师：（领学生回顾）你们听清楚了吗？他是先数出小长方形，又数出大长方形，最后数出的是中长方形，也就是由两个小长方形组成的中长方形。为了交流方便，咱们以后就这样说，可以吗？

师：还有没有其他答案？（生摇头）

师：看来，同学们的答案有3种（板书：3个，4个，6个），老师可糊涂了。小法官们，考验你们的时候到了，你们同意哪个答案呢？

生1：6个。

师：同意6个的请举手，嗯，谁来说说为什么不同意另两个答案呢？

生：那两个答案都数少了。

师追问：你能说说4个是少数了哪个长方形吗？

生：（边画边介绍）4个是少数了中长方形。

师指着图形边画边说：原来是漏数了这两个藏着的中长方形呀！看来你们都是合格的小法官，都判断出了一共有6个长方形，既没漏数，也没有把同一个长方形数两遍。

3. 提升规律

师：刚才这位同学是这样数出了6个长方形，先数出小长方形，又数出大长方形，最后数出中长方形。哪位同学的数法有和他不一样的吗？把你的数法和大家交流一下。

生1：（边画边介绍）我先数小长方形有3个，再数中长方形有2个，最后数大长方形有1个，一共有6个。

师：哦，比较一下刚才的两种数法，你比较喜欢哪一种，为什么呢？

生2：我喜欢从小到大地去数。

师：能具体说说，怎样从小到大数吗？

生2：先数小长方形，再数中长方形，最后数大长方形。

师：还有谁想说？

生3：我觉得从小到大的顺序比较好，如果顺序打乱了的话，不好记。

师：看来，同学们都喜欢第二种数法，按照从小到大的顺序来数比较好。那就是先数小长方形（板书：小，有3个），再数中长方形（板书：中，有2个），最后数大长方形（板书：大，有1个）。这样，按照从小到大的顺序去数比较好。

师：（手指着板书说）看来这个图形中的长方形有小、中、大三种，那合起来一共有几个？

生：6个。

师：怎样列式呢？

生：3+2+1=6（个）。

【设计意图：先让学生自主探究：由3个小长方形组成的长方形中一共有几个长方形？学生出现了不同的答案，在交流反馈过程中引发学生的认知冲突。在观察比较的过程中，鼓励学生说出自己的想法，初步体会按一定顺序去数，可以做到不重复、不遗漏。发展学生的有序思维，渗透了分类思想，为下一步探究积累了经验。】

三、教师提炼，引领提升——理

探究4个小长方形组成的长方形，体验有序数的价值。

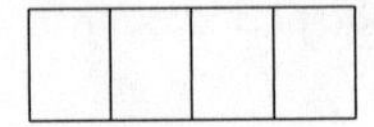

师：刚才，我们研究了由3个小长方形组成的图形中一共有几个长方形的问题，如果是由4个小长方形组成的图形，你们还能数出“一共有多少个长方形”吗？

师：拿出课中学习任务单，画一画，数一数，比比谁的速度最快。

（生探究，师巡视）

师：我看同学们都有答案了。谁愿意先来说说你的想法？

生1：我是这样数的，我先数出小长方形有4个，再数出中长方形有3个，又数出大长方形有2个，最后数出最大的长方形有1个。

师：哪位同学还有不一样的数法？

（不同数法的学生交流）

师：刚才同学们在交流的过程中，老师做了个简单的记录，比较一下，你赞同哪种数法，为什么？

生2：我赞同第一种数法，因为从小到大的数法不容易乱套。

师：还有谁想说？

生3：我也赞同第一种数法，因为从小到大数很有规律。

师：具体说说是什么规律？

生3：就是先数1个长方形，再数2个长方形，又数3个长方形，最后数4个长方形。

师：看来大家都同意第一种数法，按照从小到大的规律去数比较好。想一想，有顺序地去数有什么好处呢？

生4：这样数长方形不容易漏数。

生5：也不容易把一个长方形数两遍。

师：正如大家所说的，像这样按照一定的顺序分类去数，既不会漏数，也不会把同一个长方形数两遍，也就是既不重复，也不遗漏。（板书：不重复、不遗漏）

师：我们一起来看看电脑小博士的演示吧。（师生齐总结）先数小长方形有几个？

生（齐）：4个。（演示课件）

贴  板书：有4个。

师：再数中长方形。（演示课件）

贴 板书：有3个。

师：又数大长方形。（演示课件）

贴 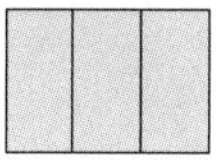 板书：有2个。

师：最后数最大的长方形。（演示课件）

贴 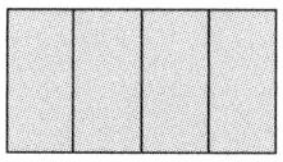 板书：有1个。

师：同学们请看，图中的长方形有4种，有小长方形，有2个小长方形组成的长方形，有3个小长方形组成的长方形，有4个小长方形组成的长方形，合起来一共有几个呢？

生：10个。

师：怎样算出来的？

生：4+3+2+1=10（个）。（师板书）

师：像这样有顺序地去数，（箭头）就能做到不重复、不遗漏。这就是我们这节课研究的“有序地数图形”的问题。（板书：有序地）看，同学们真了不起啊！和电脑小博士想到一块儿去了。为我们自己伟大的发现鼓鼓掌吧！

师：现在我们就用这种有序地数图形的好方法来解决几个问题，好吗？

【设计意图：从探究“由3个小长方形组成的长方形中一共有几个长方

形”引入对“由4个小长方形组成的长方形中一共有几个长方形”的探究，让学生的思维得以深入，在交流中让学生体验从无序到有序的思考过程，体会数图形的过程中按一定的规律去数就会不重复、不遗漏，体验有序思考的优越性。借助课件的演示，生动直观地呈现数图形的过程和方法，充分调动学生各种感官参与到学习活动中，激发了学生的学习兴趣，总结出数图形的方法。】

四、练习反馈，达标测评——练

完成《课中学习任务单》中的练习题。

1. 小练笔

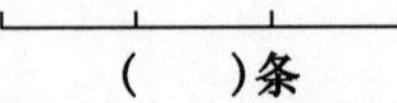

(　　)条

师：数一数，图中有多少条线段，你会选择哪个答案呢？

生1：6条。

师：说说你是怎样数的。

生1：(边比画边数) 先数最短的线段有3条，再数中线段有2条，最后数长线段有1条，一共有6条。

师和其他学生一起总结：先数了最短的线段有3条，又数了由两条线段组成的线段有2条，最后数由三条线段组成的线段有1条，合起来就是6条。

师：这位同学数得怎么样？

生：非常好。

师：好在哪里？

生：他是按照从短到长的顺序去数的。

师：这种有顺序地数比较好。谁刚才也数出了6条线段？请举手。

师：第一题完成得不错，请看第二题。

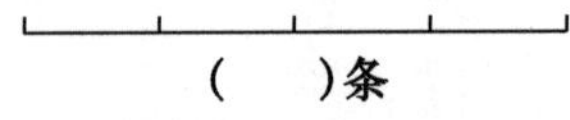

(　　)条

师：这次，我想请一位同学当小老师，领着大家一起来数一数。谁愿意来？

生2：我数了10条。先数最短的线段有4条；再数由两条线段组成的线段有3条；又数由三条线段组成的线段有2条；最后数最长的线段有1条，一共有10条。

师：小老师讲解得怎么样？（生齐答：非常好）把掌声送给他。谁能说说小老师的表现好在哪里？

生：这位同学也是有顺序地数的。

师：看来同学们都认可有顺序地数图形这个好方法了。

师小结：你们发现了吗？刚才我们数线段的方法和数长方形的方法是一样的，都是有顺序地数。

2. 变式练习1：数三角形

师：还记得课前机器人那幅图片吗？它的帽子是什么形状的？

生：三角形。

师：现在你还认为一共有4个三角形吗？（课件出示）现在我们就来数一数，快速完成变式练习第1题。开始。

师：同学们数得真快呀，哪位同学来说说你是怎么数的？

生1：我数了6个三角形。先数最小的三角形有3个；再数中三角形有2个；最后数大三角形有1个，合起来3+2+1=6（个）。

师：大家同意吗？

师：这位同学不但数得好，讲解也特别清楚，掌声送给他。

【设计意图：让学生感受数图形、数线段等之间的联系，并学会方法的迁移，沟通知识间的联系，体会到有序数图形的方法可以应用于不同的图形中，进一步巩固数图形需要有序思考。变式练习1是对课前冲突的解决，使学生在具体的操作中巩固和提高数图形的方法，培养思维的有序性。】

3. 变式练习2：数田字格里正方形的个数

师：同学们，我们平时写字用的田字格纸里面也藏着今天研究的数学问题呢。你能数出一个田字格里面共有几个正方形吗？（生开始数）。

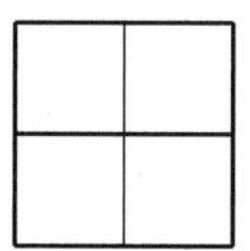

师：有两个好朋友丽丽和豆豆因为这个事都吵起来了（课件播放）。

师：你们同意谁的说法？

生：丽丽。

师：都同意丽丽的呀，那我们猜一猜，豆豆是怎样数出来的呢？（课件

演示）

听完之后学生笑，立即举手。

师疑惑：发现问题了？

生1：我发现豆豆数的正方形里有长方形。

师：快来指一指。

生1指着说。

师：谁来说一说，怎样数出了5个呢？

一生指着，其他生齐数：小正方形有4个，大正方形有1个，合起来4+1=5（个）。

师：我们来看看丽丽是怎么数的。（课件播放）

师：我们和丽丽的想法一样了。

师：豆豆听了你们的解释，心服口服了，我们听听他想对大家说什么呢？（点击课件）

【设计意图：通过两个好朋友对正方形个数的争执，引发学生思考，让学生充分交流、展示自己的思考过程，一方面通过总结反思，提升学生的观察和思考能力，进一步发展他们的有序思维，另一方面也培养了学生积极思考、认真审题的好习惯。】

4. 提升练习

师：同学们，这次谁又来了？（课件出示：机器人）

师：他的肚子的形状是……（生齐答：平行四边形）老师把这个平行四边形变一变，你能数出图中一共有多少个平行四边形吗？（点击课件出示问题）这次咱们来个小组比赛，在规定的时间内，比比哪组数对的人数最多。请同学们快速完成自主练习2。开始。

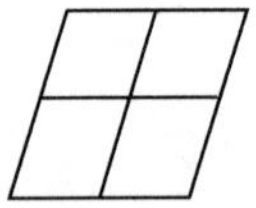

师：时间到。老师来公布答案，平行四边形一共有9个，数对的请举手。（师数人数）一组有7人做对，二组有2人做对，三组有6人做对。我宣布，第一次比赛一组获胜！（学生欢呼）

师：二组和三组的同学不要灰心，老师给你们一次反败为胜的机会，你们能不能推选一位代表来说说怎样数出了9个平行四边形？

三组代表：首先，我先数小的平行四边形（生齐数4个），然后，我再数由两个平行四边形组成的平行四边形（生齐数4个），最后，数由4个平行四边形组成的大平行四边形有1个，合起来就是9个。

师：这位同学真优秀，这么有难度的问题，数的过程中也做到了不重复、不遗漏。不简单！现在我宣布：一、三组同学并列第一！把掌声送给自己！

5. 课堂检测

数一数，图中有多少个长方形？

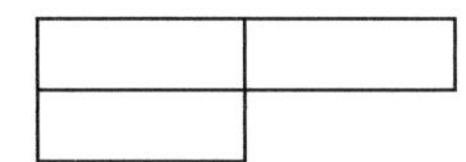

【课后】课后巩固，拓展延伸

师：这节课我们一起探索了数图形的奥秘，请爱动脑筋的你谈一谈自己的收获。

生1：我知道以后数图形的时候，要有顺序地数，能做到不重复、不遗漏。

师：你学会了有序地数图形的好方法。

生2：我以前都是乱数图形，现在我知道了要先数小长方形，再数中长方形，最后数大长方形了。

师：你体会到有序地数图形的好处了。

生3：我明白了数图形一定要看清题目的要求。

师：看来，豆豆的错误给了你特别好的启示。

师：其实，数图形还真是一门大学问，里面还藏着更多的秘密和规律等待我们去探究。比方说由3个小长方形组成的图形中共有3+2+1=6个长方形。

(课件演示) 3+2+1=6（个）

4个呢？共有4+3+2+1=10（个），

(课件演示) 4+3+2+1=10（个）

那么5个、6个呢？

(课件演示)

感兴趣的同学课下可以继续探究并完成课后巩固任务单，相信在探究的过程中，你能更深刻地体会到有序地数图形的好处。这节课我们就上到这里。下课！

【设计意图：在巩固学生所学知识后，把原有的知识进行拓展延伸，把这种探究的意识延伸到了课外，让他们探究规律，形成新的技能。】

【板书设计】

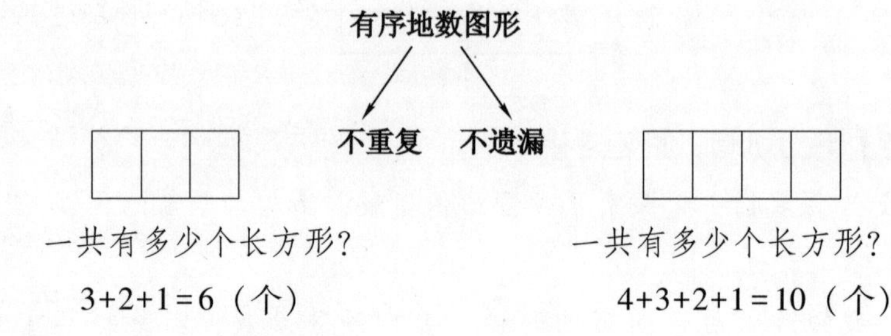

附：

《有序地数图形》课前自主学习任务单

<table>
<tr><td>学科</td><td>数学</td><td>班级</td><td></td><td>姓名</td><td></td></tr>
<tr><td rowspan="7">学习指南</td><td>学习内容</td><td colspan="4">二年级数学《有序地数图形》</td></tr>
<tr><td rowspan="3">达成目标</td><td colspan="4">C 层：复习基本的图形，会找出组合图形是由哪些基本图形组成的。</td></tr>
<tr><td colspan="4">B 层：通过画一画、数一数，会画出相应图形并数出长方形个数。</td></tr>
<tr><td colspan="4">A 层：运用知识迁移，体会实际生活中数图形的应用。</td></tr>
<tr><td>学习方法建议</td><td colspan="4">1. 动手操作法：利用直观图，通过画一画、数一数找到解决问题的方法。
2. 观察法：通过观察、比较找到解决疑难问题的策略。</td></tr>
<tr><td>学习资源</td><td colspan="4">想一想，画一画，数一数
1. 你想提出什么数学问题？
2. 你能数出图中一共有多少个长方形吗？</td></tr>
</table>

<table>
<tr><td rowspan="3">学习任务</td><td>★ C 层任务：
1. 认真阅读学习资源，找到关键信息并圈出来。
2. 你提出的数学问题是：________________________
3. 图中的窗户是由______个小长方形组成的。
4. 数一数，你发现了______个长方形。</td></tr>
<tr><td>★★ B 层任务：
1. 认真阅读学习资源，找到关键信息并圈出来。
2. 你提出的数学问题是：________________________
3. 你能用画一画的方法，把你数出的长方形表示出来吗？
画图区　　　　　　　　　　解答区
□□□□　　　　　　　　　共有____个长方形。</td></tr>
<tr><td>★★★ A 层任务：
1. 认真阅读上面的学习资源，找到关键信息并圈出来。
2. 你提出的数学问题是：________________________
3. 你能用画一画的方法，把你数出的长方形表示出来吗？
（画图的时候，可以采用不同方法来表示）
画图区（方法一）
□□□□
（方法二）
□□□□
想一想：这几种方法哪种好？</td></tr>
<tr><td>学习收获与困惑</td><td>通过刚才的学习，你还有什么困惑？</td></tr>
<tr><td>学习评价</td><td>根据自己的学习过程，完成 A 层学习可以获得 3 颗星，完成 B 层学习可以获得 2 颗星，完成 C 层学习可以获得 1 颗星。
☆☆☆</td></tr>
</table>

《有序地数图形》课中学习任务单

<table>
<tr><td>学科</td><td>数学</td><td>班级</td><td></td><td>姓名</td><td></td></tr>
<tr><td rowspan="5">学习指南</td><td>学习内容</td><td colspan="4">二年级数学《有序地数图形》</td></tr>
<tr><td rowspan="3">达成目标</td><td colspan="4">C层：通过动手画一画、数一数，使学生学会有序地数长方形，培养学生观察、分析、比较的能力。</td></tr>
<tr><td colspan="4">B层：通过合作探究，让学生发现有序数图形的方法，体会有序数图形的好处。</td></tr>
<tr><td colspan="4">A层：通过探究有序数图形的方法，渗透借助直观图研究问题的意识和方法，使学生感受数学与生活的密切联系。</td></tr>
<tr><td>学习方法建议</td><td colspan="4">1. 动手操作法：利用直观图，通过画一画、数一数找到解决问题的方法。
2. 观察比较法：通过观察、比较，发现怎样数图形比较好，总结归纳出有序地数图形的方法。
3. 迁移转化法：通过知识迁移，归纳总结有序地数图形的方法，完善学生的认知结构。
4. 练习法：通过练习，巩固运用所学知识。</td></tr>
</table>

<table>
<tr>
<td rowspan="3">学习任务</td>
<td>★ 基础学习：
1. 想一想，如果是由 4 个小长方形组成的图形，你们还能数出一共有多少个长方形吗？
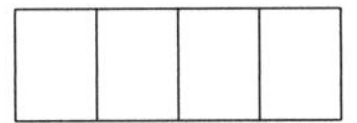
2. 你是怎么数的？在图中边画边数。
想一想：我发现 4 个小长方形组成的图形的数法与 3 个小长方形组成的图形的数法（　　），都是先数（　　）。
3. 想一想，怎样数能够既不把一个图形数两遍，也不漏数？
小练笔：
1. 数一数，图中有多少条线段？
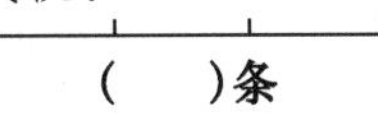
（　　）条
①4　②5　③6
2. 数一数，图中有多少条线段？
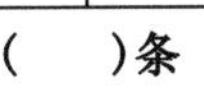
（　　）条
①5　②10　③8</td>
</tr>
<tr>
<td>★★ 变式练习：
1. 数一数机器人的帽子上一共有多少个三角形？

2. 你能数出一个田字格里面共有多少个正方形吗？</td>
</tr>
<tr>
<td>★★★ 提升练习
图中一共有多少个平行四边形？（画一画、数一数）
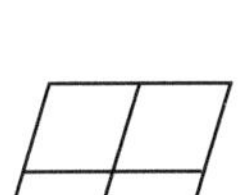</td>
</tr>
</table>

课堂检测	数一数，图中有多少个长方形？
学习收获与困惑	
学习评价	根据自己的学习过程，完成 A 层练习可以获得 3 颗星，完成 B 层练习可以获得 2 颗星，完成 C 层练习可以获得 1 颗星。 ☆☆☆

《有序地数图形》课后巩固任务单

学科	数学	班级		姓名	
学习指南	学习内容	二年级数学《有序地数图形》			
	达成目标	C 层：能够数出组合简单的图形的个数。			
		B 层：能用画图的方法数出稍复杂的组合中图形的个数，感受有序思考的好处。			
		A 层：能数出复杂的组合中有余数除法的图形的个数，体会生活和数学知识的有序性。			
	学习方法建议	1. 动手操作法：利用直观图，通过画一画、数一数找到解决问题的方法。 2. 练习法：通过练习，巩固运用所学知识。			

<table>
<tr><td>学习任务</td><td>

★ 平行性练习：
1. 数一数，图中各有多少个角？
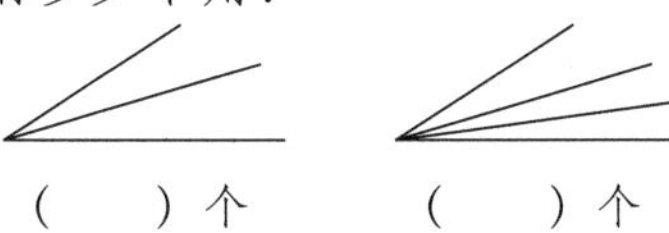
（　　）个　　（　　）个
（先在图中画一画，然后数一数，再想一想先数什么，再数什么，最后解答）
2. 数一数，图中各有多少个长方形？
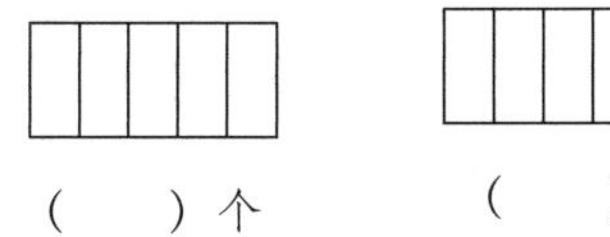
（　　）个　　（　　）个
想一想：通过数上面两个长方形的个数，你有什么发现？
★★变式练习：
图1中一共有多少个正方形？
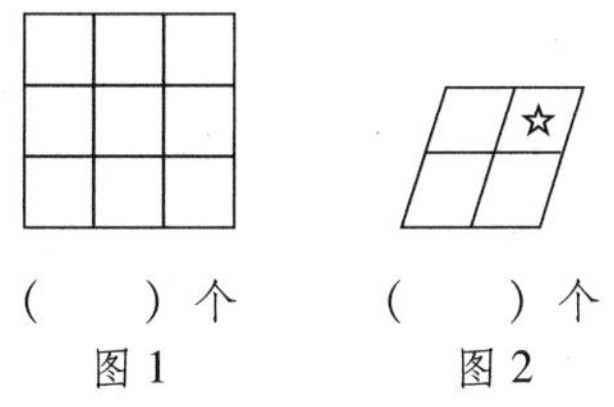
（　　）个　　（　　）个
图1　　图2
★★★ 拓展练习：
1. 数一数图2中包含☆的平行四边形有多少个？（选一选）
①1个　②2个　③3个　④4个
2. 数一数，图中各有多少个三角形？
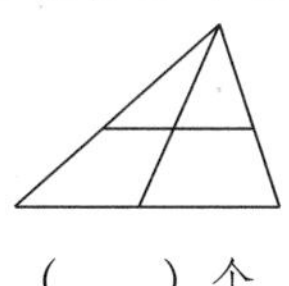 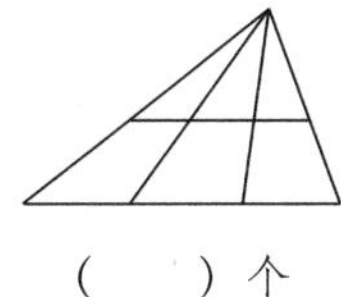
（　　）个　　（　　）个

</td></tr>
<tr><td>学习收获与困惑</td><td></td></tr>
<tr><td>学习评价</td><td>根据自己的学习过程，完成A层练习可以获得3颗星，完成B层练习可以获得2颗星，完成C层练习可以获得1颗星。
☆☆☆</td></tr>
</table>

三、英语

（一）模式简介

小学英语学科的课堂教学，旨在培养全体学生运用语言的能力，以学生为主体，以具体的任务为教学核心内容。结合我市小班化教学理念，我们提出了小学英语“四化五环”新授课教学模式。“四化”指小班化英语课堂的教学理念：课堂教学活动化，活动教学任务化，任务学习小组化，小组学习动态化；“五环”指课堂教学的五个环节：创设情境，导入新课—师生合作，探究新知—语言训练，巩固提升—交际运用，展示交流—小结评价，课后延伸。图示如下：

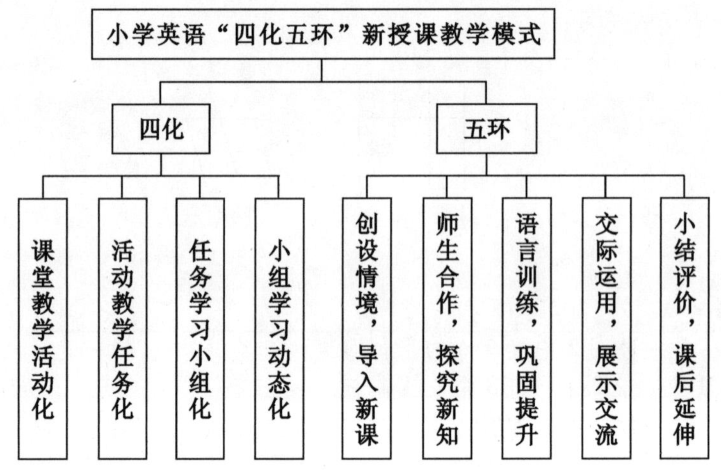

（二）教学理念——“四化”

1. 课堂教学活动化

在教学的导入阶段，教师要以歌曲、歌谣、游戏等多种形式让学生动起来，通过创设贴近学生生活经历和学习经验的情境，让学生进入学习英语的状态。这段时间可以是 3 至 5 分钟，坚决杜绝与课堂教学内容无关的课前热身活动。

2. 活动教学任务化

在设计教学活动时，教师必须以教学任务为主线，围绕教学目标设计活动，以听促说、以读促写，每个活动都要有明确的目标及任务。

3. 任务学习小组化

小组合作能有效提升小班化课堂教学的课堂效率。以小组合作的形式来完成学习任务，要充分利用“一带一”的优势，发挥好小组长的作用。优秀的小组长要能高效、合理地进行小组分工，组织小组快速、高效地完成学习任务。

4. 小组学习动态化

在意义操练之前，课堂上的小组学习以异质小组合作为主，让 A、B 层学生带动 C、D 层学生，促进学生成绩整体提升。从意义操练到交际操练，由于语言运用的难度加大，小组开始重组，进行同质分组，每组选取不同层次的任务进行训练，为所有学生提供语言输出的机会，保证让每一层次的学生都能达到自己的目标，真正做到“关注每一个”。

（三）教学流程——“五环”

本模式充分地将小班化教学理念应用于英语课堂教学，通过理解文本情景、走入文本情景、走出文本情景、走入生活的学习模式，为培养学生的语言交际能力提供展示与交流的平台。

1. 创设情境，导入新课

教师通过情境创设，将学生带入英语学习环境中，通过激活大脑和已学知识，使学生迅速进入角色，产生求知欲望，积极参与到课堂学习中。同时，从学生的实际出发，根据文本的不同内容和要求，灵活创设情境，为学生在轻松愉快的环境中感知与理解新的语言做好铺垫。

活动的主要形式有：（1）Sing an English song.（2）Say the chant.（3）Play some games.（4）Do the actions.（5）Free talk. 活动的互动形式应为师生互动或生生互动。

2. 师生合作，探究新知

根据本节课内容设计问题链，采用任务驱动式教学，让学生带着问题听录音，加深对文本的理解。本环节要让学生在理解的基础上学习语言，加强对重点知识的掌握。

本环节一般采用异质小组合作的形式，在教师的引领下，由组长组织小组成员合作学习，发表观点、相互交流，同时以 A 带 D、B 带 C 来解决后进生的辅导问题。

3. 语言训练，巩固提升

通过学习新知，学生对本节课的语言知识已经有了初步的认知，需要利用练习来巩固。这里的语言训练分机械训练和意义练习。结合分层学习任务单，机械训练以文本练习为主，采用异质小组合作的方式进行，以A带D、B带C，促进小组成员共同提高；意义练习以同质小组合作的方式进行，从任务单中选取适合自己的学习活动，同质小组成员互动，进行能力提升。

训练中的课堂评价要及时跟上。一个善意的微笑、一个友好的点头、骄傲地竖起大拇指……都是学生前进的动力。

语言训练方法主要包括：替换练习、问答交流、描述图片、游戏、诗歌朗诵、角色表演、复述文本等。

4. 交际运用，展示交流

遵循"源于教材，尊重教材"的理念，关注如何拓展教材内容，将学到的新知转化为综合运用语言的能力，鼓励学生自愿结合，根据教师或自己创设的情境，通过与他人实践、交流、合作等方式，运用所学知识进行语言训练，完成学习任务。在这个过程中，培养学生的合作意识与合作能力，发展实际语言运用能力，培养思维创新能力。

活动的主要形式有：改编对话、调查采访、情境表演、话题讨论等。

5. 小结评价，课后延伸

教师要用简洁的语言对本节课的知识点进行梳理总结，同时还要对学生的学习情况、小组活动情况、课堂参与积极性等各方面进行评价，评价包括教师评、组长评、生生评等形式，目的是让每个学生了解自己在活动中的表现。

教师尤其要注重对小组进行整体评价，强化小组成员的集体荣誉感，激励学生不断提高小组合作学习的水平，从而促使小组合作成为真正意义上的合作学习。

四、道德与法治

（一）模式简介

道德与法治课程把生活作为本源，努力让学生从生活中来，带着更高的道德标准、更清晰的规范意识和更高的品质回归到生活中去。根据小班化教学的特点，整合道德与法治课标要求，初步摸索出小班化道德与法治学科“四步”教学模式：创设情境，导引新知—合作学习，探究新知—育情导行，内化新知—拓展延伸，回归生活。图示如下：

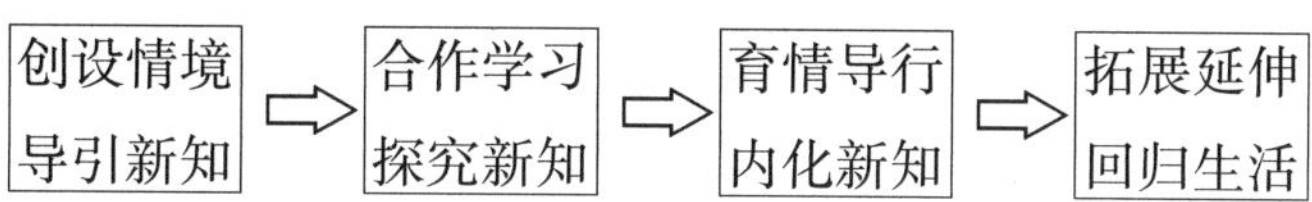

（二）教学流程

1. 创设情境，导引新知

根据学生年龄小、爱玩好动、模仿能力强的特点，依托学生现实生活，搭建生活平台，创设有利于学生全面发展的学习情境。如通过学生熟悉的或感兴趣的具体事例导入新课，运用栩栩如生的描绘，吸引学生；又如灵活运用电教媒体，为学生提供丰富的感性材料，激发学生的情感，既能培养学生良好的社会情感，又能提高学生的认知能力。

导入新课作为小班课堂教学的一部分，应选准切入点，通过活动激发学生的情感，把学生的情绪调到“优势兴奋中心区”，为新课学习做好积极的准备。

2. 合作学习，探究新知

分两步进行：首先是组内资料的交流梳理，然后是班级内的也就是小组之间、小组和教师之间的交流互动。小组内部讨论时，要充分发挥学生的主体作用，让学生自由发表意见。小组内部的资料要研究透彻，以便在接下来的汇报交流中做到心中有数。小组之间的汇报交流、资源共享是这一环节的核心部分，是了解其他小组研讨情况、获取知识的重要途径。当然，在这一环节中一定要提醒学生认真听取其他组的汇报，否则不能获取知识，更不会提出有价值的问题。

3. 育情导行，内化新知

本教学环节强调两项内容：一是对新知的理解和掌握。教师应承接上一个教学环节，引导学生对所学的知识、方法加以归纳总结，形成规律性认识并上升到方法高度；二是通过对知识的学习使学生产生行为和情感方面的积极影响。教师应结合课堂教学对学生的思维表现及时加以整合、优化和提升，以求共同提高、共同发展。让学生通过亲身体验学习过程、积极参与问题的研讨，逐渐明晰自己的观念，从认知、情感、行为上产生认同和共鸣，从而形成正确的态度和价值观、社会观。

4. 拓展延伸，回归生活

结合学生的生活实际，对知识点进行适当的延伸，将学生有可能适用的常识、经验等补充进去，使学生能够触类旁通，收到一举多得的效果。通过教师点拨后，学生课下留心生活，获取新信息，形成新认识，也可以引导学生处处留心，并精心设计课外习题，找到新鲜的话题和结合点，促进学生的心理认同。

五、科学

（一）模式简介

小学科学课程是以培养学生科学素养为宗旨的科学启蒙课程。让学生亲身经历以探究为主的学习活动，是学生学习科学的主要途径。结合小班化教学特点，我们提出小学科学“探究式”新授课教学基本模式：提出问题—大胆猜测—制定方案—合作探究—表达交流—拓展延伸—梳理小结。图示如下：

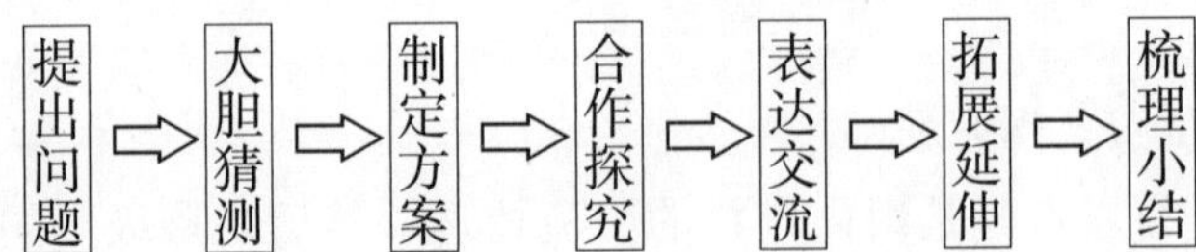

（二）教学流程

1. 提出问题

教师可以从讲述一些著名科学家的探究故事入手，让学生了解提出问题对于科学发现的重要性。同时，创设情境，让学生尝试提出有价值的问题，激发学生的学习兴趣，培养学生的思维，调动他们学习科学的积极性。

2. 大胆猜测

教师引导学生以小组或全班为单位，针对要研究的问题，运用已有的知识和经验，进行预测或做假设性解释。要引导学生展开想象，并在想象的基础上畅所欲言。

3. 制定方案

在猜想或假设的基础上，师生制定出详细的探究方案，明确所要收集的证据以及收集证据的方法。制定方案不仅可以帮助学生完成好探究活动，而且能够培养学生分析、比较、设计、表达等综合能力。

4. 合作探究

给学生足够的时间，让学生带着疑问，选择合适的材料，开展观察、实验、制作、考察等多种探究活动，验证自己的想法和假设是否正确。探究过程大致分三步：开展探究，数据的收集与整理，得出结论。

5. 表达交流

各小组通过实验现象，发现并总结出实验结论和规律，在全班交流。表达交流一般分两步进行：

第一步是组内交流。主要是针对本组内进行的探究活动，对所积累的各种信息资料进行整理、分析、讨论，达成共识。小组内交流学习收获，一般由 A 层学生担任组长，组织研讨交流，其余学生按照 D、C、B 的顺序进行交流，一般情况下，能力稍弱的学生交流难度较低的问题，能力较强的学生交流略有难度的问题。某位学生交流时，其他学生可做纠正或补充。

第二步是班内交流。是在各个小组汇报交流的基础上，通过分析、整理、讨论，得出科学的解释或结论。

6. 拓展延伸

学完新知后，教师要及时引导学生把学得的知识应用于生活。

7. 梳理小结

教师指导学生从知识、能力和情感态度价值观等方面，谈谈这节课学到了什么，总结这节课的所得，检查学生这节课的学习情况。学生出现的问题，教师可适当进行纠正补充。

第二节　小学各学科复习课课堂教学模式

一、语文

（一）模式简介

在小班化教学实践中，基于差异化教学理论，通过不断实践和论证，探索出小学语文复习课教学模式，具体流程为：激情导入，乐中求学—整体回顾，温习主题—归类拓展，深化提高—学法迁移，单元小结。图示如下：

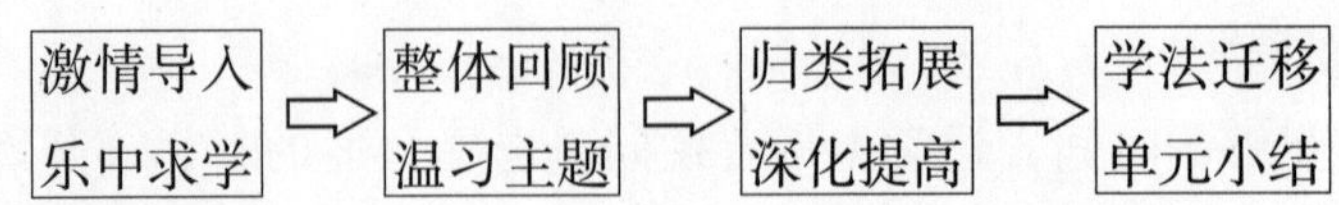

（二）教学流程

1. 激情导入，乐中求学

单元复习课的导入，教师应充分认识到单元导语的内涵价值，要拉近学生与文本的距离，让学生明确学习目的，激发学习动机，使学生保持对课文学习的热情与欲望，促进学生在后面的各个环节里主动探索、积极思考。

2. 整体回顾，温习主题

着眼整组，整体回顾单元的主题，围绕单元主题，温习每篇课文的主要内容，对单元内容进行初步的整体梳理，让学生对单元每篇课文的内容进行知识的有效衔接。

3. 归类拓展，深化提高

（1）复习字词

一是充分利用课前任务单，同桌之间相互交流本单元中容易读错和容易写错的字，在互动交流中加强记忆、深化巩固。

二是进行字词检测闯关，通过闯关的形式，增加趣味性，激发学生复习字词的兴趣，提升复习效果。检测闯关题，以分层教学为核心，分 A、B、C 三层来设置闯关典型题目，主要是通过课中任务单来完成检测。

三是进行展示评价。树立典型学习榜样，激励学生积极参与学习过程，促进学生在学习过程中进行自我监控、及时改进，积极反思学习效果，从而改变学习方式、学习方法、学习习惯。

（2）复习课文内容及表达方法

①出示本单元的阅读提示，让学生对照阅读提示，快速浏览课文，以小组为单位，基于合作学习策略，以四人异质小组合作学习方式，借助表格、思维导图，通过合作探究、记录、交流、汇报等各种形式，合作完成对单元的内容、表达方法的有效梳理，构建单元的知识框架。

②精读课文中的重点段落，回顾、温习其表达方法。通过温习重点段落，深化理解文本内容，进一步体会作者的表达方法，内化为自己的习作方法，为后面的仿写练笔做好铺垫。

③进行阅读题的拓展训练，做到学以致用。拓展阅读对写作的重要性不

言而喻，结合单元主题，进行阅读理解的扩展训练，习得阅读方法，将阅读与写作有机结合，提升学生的阅读理解能力和语文素养。

4. 学法迁移，单元小结

一是运用本单元课文所学到的表达方法，进行迁移仿写练习。练笔作为阅读教学中的一种综合性课堂练习，设计的关键在于语言训练点的捕捉与铺设要与文本内容、阅读感悟有机地结合起来，让学生在“有情有形”的语境中拓展延伸思维的广度和深度，并发展语言运用的能力，从而全面提高学生的语文素养。二是展示和评价。通过展示交流、师生评价，及时反馈、及时矫正、及时改进，将学习落到实处，学而有获。

二、数学

（一）模式简介

基于对复习课存在问题的剖析，为提升复习课的有效性，我们对复习课教学模式进行了探索，基本结构为课前：知识点整理+知识网络自主构建；课中：交流完善+练习提升；课后：分层巩固+查漏补缺。其中课中流程为：情境导入或开门点题—任务单交流—教师引领提升—分层设练，整体提升—达标检测，提效增益—课堂总结，画龙点睛。图示如下：

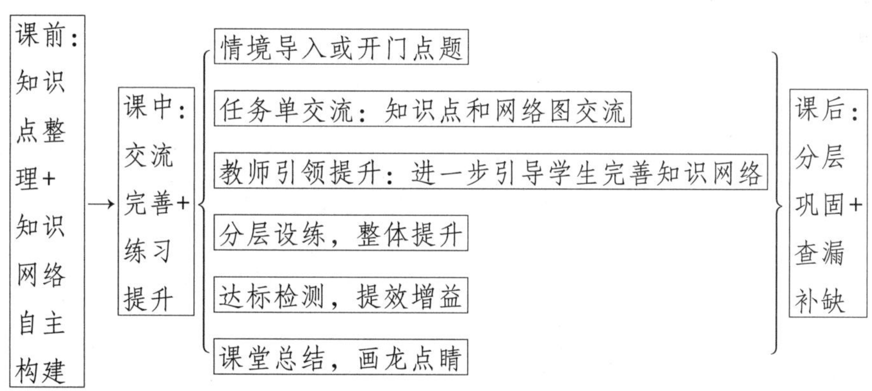

（二）教学流程

【课前】知识点整理+知识网络自主构建

利用课前任务单，引导学生进行知识点的整理和知识网络的构建。

1. 低年级：A 层和 B 层学生可以利用气泡图，关注知识点之间的联系；

C 层学生可以利用圆圈图关注知识点，然后利用“知识树”“智慧花”“大括号”等学生喜闻乐见的形式进行知识网络的构建。

2. 中高年级：A 层和 B 层学生可以利用气泡图，关注知识点之间的联系；C 层学生可以利用圆圈图关注知识点，然后利用思维导图的形式对知识点进行网络构建。

【课中】交流完善+练习提升

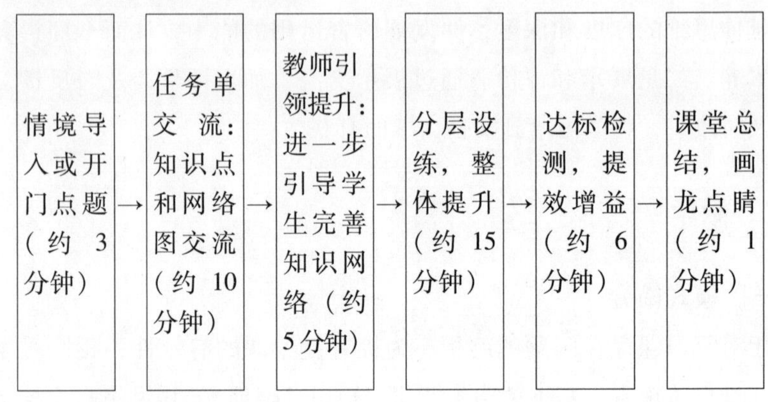

1. 情境导入或开门点题

对低年级学生提供信息量比较大的情境图，融合本单元所学知识点，激发学生对复习活动的兴趣，明确复习的必要性，从而引出主题。对中高年级学生可以开门见山，直接点题，进入复习。

2. 任务单交流

（1）小组交流补充知识点

知识点的整理相对来说比较简单，可以放在小组内独立完成，交流时根据能力强弱，按从弱到强的顺序进行交流，在交流的基础上学生自行补充完善。

（2）小组内交流修改知识网络图

引导学生利用课前任务单交流知识网络图，交流时根据能力强弱，按从弱到强的顺序进行交流，并进行补充。

（3）集体汇报，组织评价

小组长进行汇报，其他小组进行补充，并引导学生及时进行评价。

3. 教师引领提升，完善知识网络

教师在学生自主构建的网络图的基础上进一步引领提升，做好以下三点：一是“整”，对知识点进行整合，前后贯通；二是“理”，对知识点进行系统整理；三是“通”，融会贯通，理清思路。

4. 分层设练，整体提升，重视“因材施教”

练习的主要形式包括：

（1）综合性练习。要求学生能通过题目解答，建立起相关知识间的联系。

（2）探索性练习。要求学生综合运用已有的知识和方法，经过不断尝试与探索后，找到问题的答案。

（3）开放性练习。可以让学生自己设计问题并解答。

（4）解决问题类练习。要求题目具有较强的现实性与开放性，培养学生筛选信息、合理选择信息、发现问题实质的能力。

设计练习时，分层设计。A 层学生：针对能力强的学生，设计一些具有探索性和开放性的练习题目；B 层学生：针对能力较强的学生，设计一些综合性较强的练习题目；C 层学生：针对能力稍差的学生，设计一些基础性的练习题目。

5. 达标检测，提效增益

（1）检测题的设计应与前面课堂练习设计相对应，分层明确，针对性强。

（2）当堂检测可以是记住几个公式，也可以是做几道计算题或是做几道应用题；可以在书上填几个空，也可以是在作业本上做一次作业。

（3）教师检查的形式包括：背诵的内容，请小组长帮忙检查，互相背诵并签名；计算类题目，逐人进行面批面改；应用题，教师先批阅 A 层学生，然后请他们帮忙去检查 B 层学生，教师则有更多的时间去关注 C 层学生。

6. 课堂总结，画龙点睛

通过知识图的整理与分层练习，学生对本单元所学知识有了比较系统的认识，利用课堂总结，进一步引导学生梳理知识间的联系，起到画龙点睛的作用。

【课后】分层巩固，查漏补缺

分层设计相应的课后任务单。

三、英语

（一）模式简介

结合小班化教学实践探索，将小班化小学英语复习课课堂教学模式初步概括为：课前热身，激发兴趣—目标展示，导入新课—知识梳理，归类整合—交际应用，评价检测—总结深化，反思提升—布置作业，课后延伸。图示如下：

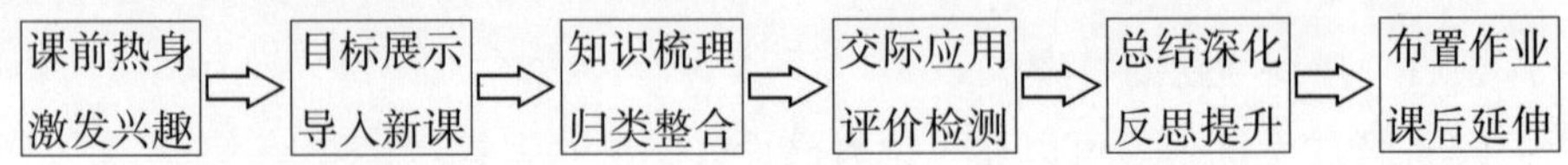

（二）教学流程

1. 课前热身，激发兴趣

课前，依据文本内容或主题，通过自由对话或歌曲，激发学生的学习兴趣，同时建立学生与文本的联系，拉近学生与文本的距离，引导学生快速融入英语学习氛围。

形式：songs，chant，say and do……可以集体参与、生生对话、师生对话、小组合作、个人展示等。

2. 目标展示，导入新课

分层设置学习目标，通过目标展示，学生对本课要完成的复习内容（情感态度、学习策略……）有初步的了解，为学生课堂学习打下基础。

3. 知识梳理，归类整合

以单元为单位，以词汇为基础，以句型为抓手，围绕话题进行交际应用。

（1）单词训练

提供丰富的图片进行相关单词的分层复习。设计的教学活动要由易到难、可操作性强，能适应不同层次学生的需求（活动主体为 B、C、D 层的学生）。活动设计主要有：listen and number，match，guess，missing the word……

（2）词句链接

在单词训练的基础上，结合主要句型，展开小组合作，由课文中的句型到句型的替换练习，做到词不离句、句不离词。此环节要充分发挥小组合作的优势，以 A 带 D、B 带 C，提升小组整体学习效果，让每一个学生都不掉队。

（3）梳理归类

利用思维导图，打破单元概念，对重点知识进行对比、归纳、梳理，培养学生分析问题、处理信息的能力，形成知识网络体系。

4. 交际应用，评价检测

（1）创设情境，交际评价

围绕单元话题，设计综合性的对话，让学生整体感知语言、输出语言，提高语言综合运用能力，完成交际应用。教师要设计不同深度的问题，引导学生小组合作，选取适合的问题，根据情境提示补全对话并进行交际展示，加深对重点知识的掌握。教师要适时给予适当的评价或指导学生自评与互评，学生评价时要给出明确的标准，例如：

Wonderful ☆☆☆☆☆

内容设计正确，交际流畅，能注意语音、语调、停顿、表情等。

OK ☆☆☆

交际基本正确，但不够流利或还有些方面需要继续练习。

Come on ☆☆

在交际过程中有错误，需要同伴的提示或帮助。

（2）书面检测，查漏补缺

利用课堂任务单，对所学的知识进行深层次的运用和巩固。特别是针对易混、易错的题目，查漏补缺，设计诊断性练习，重点考查对单词、重点句型的巩固和掌握，强化记忆，达到熟能生巧、自由运用的程度。同时，对学生本节课的学习情况进行量化评价。

5. 总结深化，反思提升

让学生总结本课所学的知识，最好让大多数学生发言，了解学生对教学目标的掌握情况，从而完成本课的课后反思。

6. 布置作业，课后延伸

根据不同层级学生的认知能力和发展程度，为学生提供不同层次的作业，教师要鼓励学生挑战高一层次的作业，争取获得更好的发展。

四、道德与法治

（一）模式简介

在小学道德与法治复习课中，我们探索出“自补—练习—展示—反馈”四步教学模式，即自主复习，查漏补缺—巩固练习，能力提升—展示点评，达成共识—当堂检测，及时反馈。图示如下：

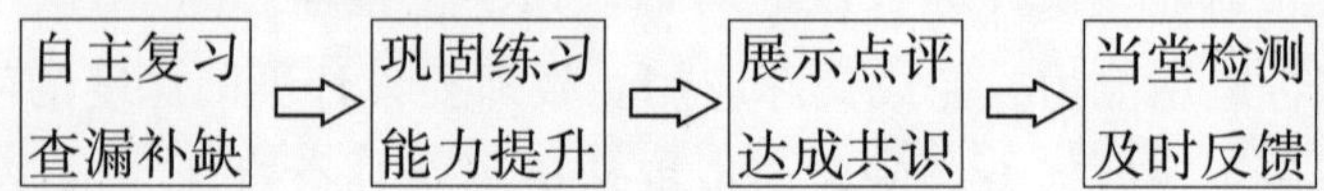

（二）教学流程

1. 自主复习，查漏补缺

学生带着学习任务单中教师提出的问题进行自主复习，注重查漏补缺和对新授内容的拓展延伸、重新感悟。自主复习完成后再独立完成任务单中教师提出的问题。

（1）课前准备：教师课前布置学生初步梳理教材，让学生对知识的网络结构有初步的了解，且对自身知识的掌握情况有一定认识，可以为复习过程中有针对性地查漏补缺做铺垫，提高复习效率。

（2）师生共建知识网络：教师指导学生从已有的知识和经验出发，运用各种教学策略，帮助学生梳理学过的内容，完善知识结构，提取主干知识，构建知识网络。

2. 巩固练习，能力提升

选择综合性、有跨度的题目，帮助学生掌握做题方法，提高学生分析问题、解决问题的能力。方法上要有侧重点，注重全面性及规范性。

教师要指导学生在小组中相互总结、相互交流，让每一个学生都能参与到这一活动中，并在此过程中内化本节课的复习内容。

教师针对学生暴露的知识缺陷设计试题，组织学生进行反馈矫正，让学生形成较完整的知识链条，弥补知识点上的认识不足与缺陷。

3. 展示点评，达成共识

各小组推荐代表展示本小组的复习成果及疑难问题，其他小组学生进行全方位的点评并解答疑问，之后教师进行总结，形成全班的共识。展示过程中，学生要注意倾听并及时做好记录或进行修改。

4. 当堂检测，及时反馈

根据复习内容有针对性地设计练习题或当堂检测题，学生独立限时完成。教师公布正确答案，小组内交换批阅，组内评价。教师要及时统计集中出错的题目，学生自纠后将集中出错的题目分配到各小组，从读题、审题、解题方法、解题思路、错因分析等方面集体研讨后展示交流。

五、科学

（一）模式简介

为提高复习课的系统性和有效性，科学学科复习课教学模式大致分为如下四步：梳理教材，建构知识网络—借助概念，回顾探究活动—查漏补缺，巩固拓展应用—交流总结，课堂检测反馈。图示如下：

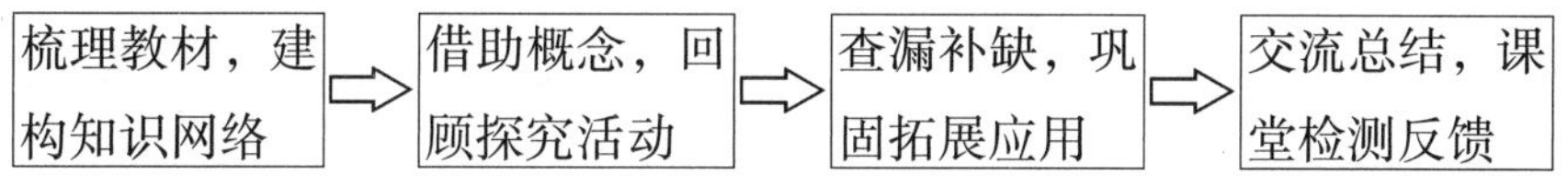

（二）教学流程

1. 梳理教材，建构知识网络

梳理教材、整理知识能够帮助学生形成知识网络，理解知识之间的相互联系，为知识的熟练运用夯实基础。

（1）课前准备

课前布置学生对知识的网络结构进行初步整理，可以为在复习过程中有针对性地查漏补缺做铺垫。

（2）师生共建知识网络

教师在学生梳理教材、整理知识的基础上，完善知识结构，提取主干知识，根据知识点前后的关系，把一个一个知识点链接起来，横成串、竖成链。应从学生已有的知识和经验出发，运用各种教学策略，帮助学生构建知识网络。

2. 借助概念，回顾探究活动

（1）回顾分课或单元知识点

学生以小组为单位选取自己最感兴趣的探究活动进行回顾，之后在全班进行交流。全班交流时，全体学生要认真倾听别人的发言，准备对别人发言的内容进行点评或质疑。

（2）系统整理本单元科学概念

指导学生回顾科学探究活动，从而真正理解科学概念，挖掘概念的内涵。

3. 查漏补缺，巩固拓展应用

有针对性地进行反馈矫正，让学生形成较完整的知识链条，弥补在知识点上的认识不足与缺陷。

4. 交流总结，课堂检测反馈

小组合作，总结交流。要求每一个学生都参与其中，并在这一过程中内化本节课的复习内容。

当堂检测的内容要具有典型性和代表性，要紧紧围绕课时复习目标，挖掘科学概念的内涵，深化科学探究活动的过程，使基础知识、基本技能与解题规律相结合，符合学生的认知规律。通过检测，学生巩固了复习内容，找出复习过程中的遗漏点、模糊点，使思维得到纵深发展，同时，让教师了解了复习的效果。

第三节　初中各学科新授课课堂教学模式

一、语文

（一）模式简介

基于差异化教学理论，形成以分层教学为核心的目标分层、学习分组、反馈分类、作业分档的初中语文新授课“四分六环”教学模式。其中“四分”指目标分层、学习分组、反馈分类、作业分档；“六环”指课堂教学分为六个环节：导入新课—明确目标—初读感知—赏读研习—拓展迁移—布置作业。图示如下：

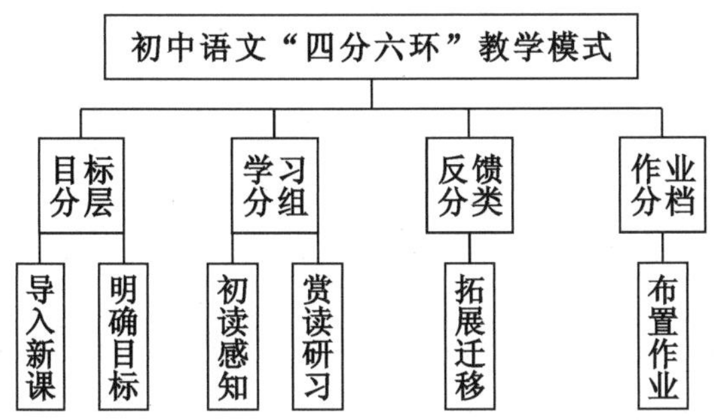

（二）分层教学——四分

1. 目标分层

教学目标设计时，要求德育目标一致，知识与能力目标分层。即针对不同层次、不同学习水平的学生，设计不同层次的知识与能力目标，使目标指向每一个学生的“最近发展区”。

鼓励不同层次的学生在达成本学习领域共同性目标后，选择高一层次的目标进行学习，用不断递进的分层目标来引导和要求学生，使教学要求和学生可能性的关系始终处于动态协调之中。

2. 学习分组

学习分组，即按照组内异质的原则，每个小组都安排优、中、差三个层次的学生，并适当分工，各尽其责。一节课内既安排统一的师生互动讲解、答疑，又保证学生分组合作学习的内容与时间，调动小班中每一名学生的积极性。

3. 反馈分类

设计反馈练习时，教师根据学生的不同能力设计难度不同的几个反馈练习，学生选择适宜的练习自行完成。

交流反馈练习时，根据实际情况，两种组合方式任选其一：一是同质组合：组内成员交流，互相评价优劣，提出改进的建议。每个反馈练习至少评出一个优等，全班交流。二是异质组合：组内成员互助互学，共同解决问题。

4. 作业分档

作业分档，体现弹性，让不同认知能力的学生完成不同层次的作业，但德育作业不分层。当然，教师要鼓励学生创造条件，向高一层次努力、突破，争取更多收获。

（三）教学流程——六环

1. 导入新课

导入新课的内容与形式，根据教材、学情、课堂内容适当安排，不拘形式，不拘内容。

2. 明确目标

下达教学目标，让学生明确学习内容与方向，不同层次的学生可以选择适合自己的学习目标。

3. 初读感知

（1）扫除生字词障碍。一般安排各小组中的 C 层学生回答。

（2）把握文章主要内容。一般安排各小组中的 B 层学生回答。具体操作中，先由 C 层学生回答，回答不到位，再由 B 层学生回答，当然，最后可由 A 层学生补充。

4. 赏读研习

深入理解文章内容（包括分析人物形象、品味语言、把握写作手法、理解含义、体味情感等）。

（1）重点知识，集体学习，师生合作完成。这是统一的学习、答疑的过程，根据问题的难易，适当让不同层次的学生都能参与其中。

（2）根据内容，小组合作，全班交流展示。组内，一般由 A 层学生负责组织讨论与合作，B、C 层学生积极参与、各尽其责，共同完成学习任务；班内，选择代表交流学习成果。

说明：在组内合作学习中，能力较弱的学生主要完成相对简单的问题或是复述已经完善好的内容，能力较强的学生则需要完成所有问题。在组内讨论交流时，按能力较弱、较强、强的顺序发言或补充，尽量让小班中每名学生通过合作在知识方面有所学、有所得，在能力方面有所提高、有所进步。

5. 拓展迁移

学生根据能力水平完成难度不同的反馈练习，并在组内交流互助。

6. 布置作业

作业分能力作业与德育作业。能力作业要分层，如写一个故事，学生可自行选择分层任务（较易，达到简要叙事层面；适中，达到叙事完整、简单议论层面；较难，达到叙事完整且有一定细节，适当议论抒情层面）。

【案例】　人教版七年级语文下册《伟大的悲剧》新授课教学设计

乳山市教学研究中心　宫水平

【教学目标】

1. 通过初读文章，简要概括悲剧故事。(A、B、C层)

2. 通过细读法、走进角色法，借助相关材料，感受探险家的伟大精神。(A、B层)

3. 通过拓展延伸，认识到人类挑战自我、实现生命价值的伟大，激发勇于探索的精神。(A、B、C层)

【教学过程】

一、导入新课

以故事的形式介绍背景，导入新课。

二、明确目标

下达本节课分层学习目标。

三、初读感知（知“悲剧”，理清故事）

1. 学习生字（A、B、C层，提问以C层为主）

吞噬（　　　）　步履（　　　）　羸（　　　）弱

遗孀（　　　）　告罄（　　　）　忧心忡忡（　　　）

白雪皑皑（　　　）跟跟跄跄（　　　）

2. 谁能用简洁的语言把这个悲剧故事讲给大家听？（A、B、C层，提问以B层为主）

3. 为什么说这是个悲剧故事？(A、B层，提问以A层为主)

【材料链接】挪威国旗耀武扬威、扬扬得意地在这被人类冲破的堡垒上猎猎作响。它的占领者还在这里留下一封信，等待着这个不相识的第二名的到来，他相信这第二名一定会随他之后到达这里，所以他请他把那封信带给挪威的哈康国王。斯科特接受了这项任务，他要忠实地去履行这一最冷酷无情的职责：在世界面前为另一个人完成的业绩做证，而这一事业正是他自己所热烈追求的。

——节选自《伟大的悲剧》

【设计意图：问题分层，人人进步。难易不同的问题由不同层次的学生回答，让每个层次的学生都能有所学、有所进步。当然，鼓励不同层次学生在达成本学习领域共同性目标后，选择高一层次的目标进行学习，用不断递进的分层问题来引导学生，使教学要求和学生可能性的关系始终处于动态协调之中。】

四、赏读研习（说“伟大”，感受精神）

1. 说说人物的伟大（A、B、C 层合作互助，提问以 A 层为主）

你从文章中哪个人物身上感受到了何种精神的伟大？请具体说说。

小组合作：(1) 细读课文，找到令你感动的人物的细节描写，分析其精神品质。(2) 小组内交流解疑，选择代表发言。

2. 说说奥茨的心里话（提问以 C 层为主）

当“奥茨突然站起身来，对朋友们说：‘我要到外边去走走，可能要多待一些时候。’”时，他的内心想的是什么？（提示：用第一人称）

3. 说说斯科特的书信（A、B、C 层探究猜想，提问以 B 层为主）

“斯科特海军上校在他行将死去的时刻，用冻僵的手指给他所爱的一切人写了书信。”猜想一下，他会给祖国、给朋友、给妻子写些什么？

【材料链接】对祖国，他写道——“我不知道，我算不算是一个伟大的发现者。但是我们的结局将证明，我们的民族还没有丧失那种勇敢精神和忍耐力量。”

对朋友，他表白——“在我一生中，我还从未遇到过一个像您这样令我钦佩和爱戴的人，可是我却从未向您表示过，您的友谊对我来说意味着什么，因为您有许多可以给我，而我却没有什么可以给您。”

对妻子，他劝导——“如果有合适的男人和你共同面对困难，你应该走出悲伤，开始新的生活。”

4. 说说英雄的影响（A、B、C 层自由发言）

作家茨威格、英国以及世界如何对待五位伟大的英雄？

【材料链接】1957 年，美国在南纬 90 度的南极点建成了科考站，命名为“阿蒙森—斯科特”站。其名称是为纪念在 1911 年第一个抵达南极点的罗尔德·阿蒙森和在 1912 第二个抵达南极点的罗伯特·斯科特。

【设计意图：赏研分组，相互促进。适当地运用小组合作互助的方式，引导学生深入理解文章内容、分析人物形象、体味情感等，让学生在合作中分

享个人理解，碰撞智慧火花，相互促进，形成学习成果。】

五、拓展迁移（话“群星”，拓宽视野）

1. 了解作者，荐读《人类的群星闪耀时》

斯蒂芬·茨威格，奥地利著名作家，被誉为“历史上最好的传记作家”。为歌德、托尔斯泰、列宁等名人写过传记，这些都收录在《人类的群星闪耀时》。

教师建议学生阅读《人类的群星闪耀时》这本书。

2. 谈谈历史上的英雄之星（A、B、C 层自由发言）

古今中外，有多少有志之士，怀揣着梦想，砥砺前行，无论成败，他们都是英雄，他们都是人类文明天宇上闪烁的星辰。谁能说说你心中最亮的那颗星？

学生说说自己心中的星，老师向学生推荐自己心中的星。

【设计意图：德育同步，立德树人。通过了解作者，引导学生阅读名著，通过谈历史上的英雄之星，达到立德树人的教育目的，将道德教育落实到每一个学生。】

六、课堂小结

学生全体起立，一起为英雄朗读《英雄赞歌》。（A、B、C 层齐读）

英雄赞歌

当太阳升起的那一秒钟，
昂起头，面向东。
不受伤不知血有多浓，
不流泪不知情有多重。
再刻骨，也不痛，
用鲜血，去歌颂。
名垂千古万人仰慕，
万里河山永远光复。
怀揣梦想，忍受孤独，
一生情，情系牵挂，
赤子心，心动国家。
看！五颗星升起在南极天宇！
看！无数星闪耀在历史上空！

七、布置作业

读一本好书,《人类的群星闪耀时》(C 层达到阅读积累层面，B 层达到阅读感悟层面，A 层达到阅读评价层面)。

写一个故事,《心中最亮的那颗星》(C 层达到简要叙事层面，B 层达到叙事完整、简单议论层面，A 层达到叙事完整且有一定细节，适当议论抒情层面)。

学一种精神，心怀梦想，勇于探索，永不言弃。

【设计意图：作业分档，体现弹性。让不同认知能力的学生完成不同层次的作业，但鼓励学生创造条件，从容易档作业向高一层次努力、突破，争取更多收获。】

二、数学

(一) 范式简介

通过不断的学习实践，我们在小班化教学方式方法上做了许多积极的探索，推行了“三步六环六字方针”小班化自主学习课堂教学范式。所谓“三步”是指“课前预习—课内探究—课后拓展”三个步骤；“六环”是指课堂教学中的“科学导入，预习反馈—自主学习，呈现目标—合作交流，释疑巩固—师生合作，提炼升华—跟踪训练，全面评价—反思总结，分层达标”六个环节；“六字方针”为：独做，共学，乐教。图示如下：

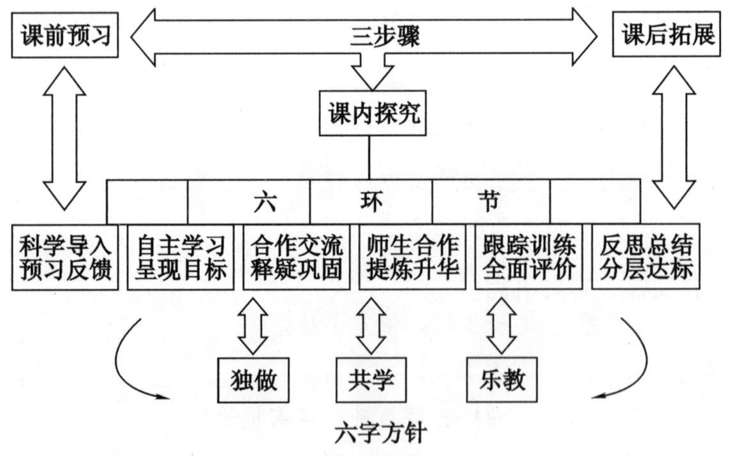

（二）教学流程

1. 科学导入，预习反馈

科学导入，指根据具体教学内容灵活选择导入方式，可以是温故导入，也可以是设疑导入、衔接导入……

预习反馈，指教师布置预习内容，学生通过认真阅读研究课本，自学并完成预习任务单，各组小组长负责监督并检查本组学生预习任务单的完成情况。教师要提问检测预习内容，检查学生的预习情况并进行评价。

2. 自主学习，呈现目标

（1）教学目标的制定与出示。

在制定教学目标时，要突出教学目标的层次性，既要重视教学中的统一目标，突出教学要求的一致性，更要注意每位学生的个性差异，做到“统一性”和“层次性”相统一。教学目标的叙写尽可能细致，实施“微目标”教学，使学生对本节课需要掌握的知识有一个准确的把握。

出示目标的基本原则是：自然、灵活，学生愿意接受，能够认可，能够很好地起到目标的激励和导向作用。还可以尝试让学生自主设计学习目标，带着目标完成学习任务。

（2）自主学习的方式与要求。

①独立阅读教材，思考并完成老师预设的内容。

②记录下自学过程中遇到的难点、不解之处。

③组长要负责找到本节课的核心知识并相互交流了解掌握情况，找出每位组员的具体知识盲点，做好记录。每位组员要提出有针对性的问题，为接下来的小组交流做好准备。

④教师巡视指导：适时点拨，有针对性地辅导，收集教学信息（记录学生好的做法，独到的见解，疑难点，需纠正、需深化提升的部分等），实现课堂教学的过程是学生在教师指导下的自学过程。之后，教师进行简单点评。

3. 合作交流，释疑巩固

（1）合作交流，全班展示。

组内交流。学生在组内交流讨论自己解决不了的问题，对于小组成员提出的问题要认真对待，组内解决不了的可以向其他小组或教师求助。

全班展示。当展示的学生遇到困难时，教师要以问题串的形式，给学生阶梯式的提示，或找其他小组代表帮助解决（学生进行交流时，教师要根据问题的难易程度，有针对性地找同学讲解，重难点的突破可以借助微视频）。

（2）典例示范，质疑点拨。

例题的处理方式，主要是学生先尝试自主完成，再小组讨论，学生展示。展示过程中教师要进行指导和纠正，并规范步骤（注意：例题需要进行规范步骤书写的，由教师和学生一起完成）。

4. 师生合作，提炼升华

（1）师生合作。教师要帮助、引导学生及时将所学的新知识进行整理、内化，融入原有的知识体系中，以迎接下一步的学习。

（2）提炼升华。引导学生引申、推广所学的知识，把问题的探索和解决的过程延续到课外和后续学习之中。

5. 跟踪训练，全面评价

（1）针对性练习或提问。根据目标、问题，进行典型习题、基础性习题的巩固练习。

（2）变式训练或提问。掌握和巩固知识的多样性与多元化，提高学生的解题能力与应变能力。

题组设计要坚持三个原则：第一，低起点。第一组题目要对应教学目标，低起点、小台阶，具有层次性、递进性、典型性。第二，密台阶。从第二组题目开始，要按目标要求有提高、有深化。台阶必须要小，一组一个台阶，逐步实现高层次、高难度的目标。第三，小坡度。坡度要有，但必须保证做到“有坡度、无难度”或“无大难度”。

（3）师生合作评价。①变教师监管为引导参与，积极提供帮助。②变单纯关注任务为重视小组及其成员自身的发展。③变教师单向评价学生为定期组织学生评价教师和师生互评。在整个过程中，教师引导学生进行自评、他评、组评，也可由教师进行评价。

6. 反思总结，分层达标

教师引导学生自己梳理知识结构，进行总结：知识结构、解题步骤、规律和方法、收获与不足。要突出教材中基本概念、基本规律和基本特征与方法的掌握（注重学习态度的培养、总结反思习惯的养成、情感态度与价值观的培养）。教师可根据总结，补充学生遗漏的，解答学生疑难的，精讲学生不会的，串联新旧知识，拓展提升重点知识。

测试题和作业题的设计要分层，设置基础题和拔高题，激发学生的学习兴趣和积极性，给不同层次的学生创造体验成功的机会。

【案例】　鲁教版七年级数学下册《等腰三角形》新授课教学设计

乳山市诸往镇中心学校　官淑一

【课标要求】

1. 探索并证明等腰三角形的性质定理：等腰三角形的两个底角相等；底边上的高线、中线及顶角平分线重合。探索并掌握等腰三角形的判定定理：有两个角相等的三角形是等腰三角形。

2. 知道证明的意义和证明的必要性，知道证明要合乎逻辑，知道证明的过程可以有不同的表达形式，会综合法证明的格式。

【学习目标】

1. 经历探索证明等腰三角形性质定理和判定定理的过程，会证明定理，掌握并运用定理的符号语言进行说理，培养学生的逻辑思维能力，让学生体会类比、转化的数学思想，培养勇于质疑、严谨求实的科学态度。

2. 初步运用等腰三角形的性质定理和判定定理进行论证，体会定理的作用，提高分析问题的能力及运用数学符号语言进行表达的能力。

3. 借助等腰三角形的性质，获得添加辅助线的方法。

要求：课前对学生进行异质分组，每组 4 名同学，按学习成绩分为：1 号、2 号、3 号、4 号。

每组 1 号、2 号同学要求熟练掌握目标 1—3；

每组 3 号同学要求理解并掌握目标 1—3；

每组 4 号同学要求理解并掌握目标 1、2。

【教学过程】

一、科学导入，预习反馈

课前任务单：

问题 1. 如图，把一张长方形的纸板沿图中虚线对折，并剪下阴影部分，再将它展开，所得到的三角形是什么三角形？为什么？

问题 2. 结合前面剪、画的图形说一说“腰”“底边”“顶角”“底角”等概念。

问题 3. 等腰三角形还有哪些性质?

【设计意图：课前预习让学生能对本节知识有一个了解，通过问题的设定让学生主动参与学习过程，充分调动学生的主观能动性，激发其好奇心和求知欲。】

二、自主学习，呈现目标

1. 投放学习目标

(1) 经历探索证明等腰三角形性质定理和判定定理的过程，会证明定理，掌握并运用定理的符号语言进行说理，培养学生的逻辑思维能力，让学生体会类比、转化的数学思想，培养勇于质疑、严谨求实的科学态度。

(2) 初步运用等腰三角形的性质定理和判定定理进行论证，体会定理的作用，提高分析问题的能力及运用数学符号语言进行表达的能力。

(3) 借助等腰三角形的性质，获得添加辅助线的方法。

2. 学生进行自主学习

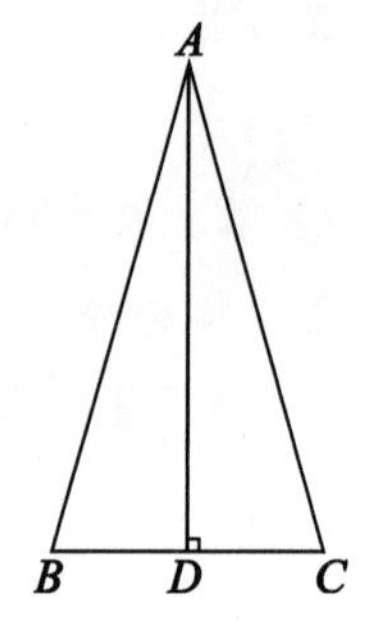

活动 1. 把剪出的等腰三角形 ABC 沿折痕对折，找出其中重合的线段和角，你发现了什么现象? 能猜一猜等腰三角形 ABC 有哪些性质吗?

活动要求：先自己把答案写在学案上，然后由 1 号同学综合小组意见，借助手中的模型给其他三位同学讲解，遇到困难可向其他小组 1 号同学求助。

①$\angle B=\angle C$ →两个底角相等

②$BD=CD$ →AD 为底边 BC 上的中线

③$\angle BAD=\angle CAD$ →AD 为顶角 $\angle BAC$ 的平分线

④$\angle ADB=\angle ADC=90°$ →AD 为底边 BC 上的高

教师在学生猜想的基础上，引导学生观察、完善、归纳出性质 1 和性质 2。

性质 1. 等腰三角形的两个底角相等（简述为“等边对等角”）。

性质 2. 等腰三角形的顶角平分线、底边上的中线、底边上的高互相重合（简述为“三线合一”）。

【设计意图：通过教师的引导、同学们的动手操作、小组间学生的帮学活动，讨论、归纳出等腰三角形的性质，在这个过程中培养了学生文字语言与符号语言的互换意识，培养了学生自主探究的能力，增强了学生的小组合作意识，使学生观察分析、归纳概括的能力得到了提升。】

活动 2. 用全等三角形的知识验证等腰三角形的性质。

活动内容：

问题 1. 性质 1“等腰三角形的两个底角相等”的条件和结论分别是什么？用数学符号如何表达条件和结论？如何证明？

学生根据猜想的结论画出相应的图形，写出已知和求证，小组内讨论、交流，完成证明思路，每组 1 号相互交流本小组成果，归纳成以下两点：

①利用三角形的全等来证明两角相等，为证 $\angle B=\angle C$，需证明以 $\angle B$、$\angle C$ 为元素的两个三角形全等，需要添加辅助线构造符合证明要求的两个三角形。

②添加辅助线的方法有很多种，常见的有作顶角 $\angle BAC$ 的平分线，或作底边 BC 上的中线，或作底边 BC 上的高，让学生自主选择一种辅助线并完成证明过程。（教师巡视学生小组活动情况，对有困难的小组给予帮助）

问题 2. 回顾性质 1 的证明方法，你能用这种方法证明性质 2 吗？（“等腰三角形的顶角平分线、底边上的中线、底边上的高互相重合”）

学生可以类比性质 1 的证明过程证明性质 2，鼓励学生用多种方法证明，由 1 号同学反馈小组内同学的完成情况。

活动要求：

1. 学生独立完成在学习单上。由 1 号同学先批 2 号同学的，然后由 2 号同学负责 3 号同学、1 号同学负责 4 号同学，并进一步探究有没有其他证法。

2. 小组内交流展示，1 号同学评价其他同学。

3. 每组 1 号同学代表自己小组展示交流，由其他小组 1 号同学进行评价。

4. 学生自主订正完善。

三、合作交流，释疑巩固

证明：等腰三角形的两个底角相等。

已知：如图，在 $\triangle ABC$ 中，$AB=AC$.

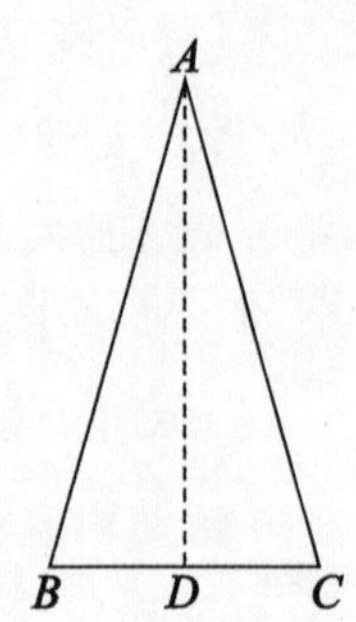

求证：$\angle B=\angle C$.

(方法1) 证明：取 BC 的中点 D，连接 AD.

$\because$ $AB=AC$，$BD=CD$，$AD=AD$，

$\therefore$ $\triangle ABD\cong\triangle ACD$（SSS）.

$\therefore$ $\angle B=\angle C$（全等三角形的对应角相等）.

(方法2) 证明：作顶角的平分线 AD.

$\because AB=AC$，$\angle BAD=\angle CAD$，$AD=AD$，

$\therefore \triangle BAD\cong\triangle CAD$（$SAS$）.

$\therefore \angle B=\angle C$（全等三角形的对应角相等）.

归纳总结：

1. 两种证法的共同思路是什么？(小组归纳)

添加辅助线，构造全等三角形。

2. 得出性质定理：等腰三角形的两个底角相等，简述为“等边对等角”。

3. 今后便可直接运用该定理进行推理。

【符号语言】

$\because$ $AB=AC$，

$\therefore$ $\angle$____ $=\angle$____（　　　　　　）.

在刚才性质定理的证明中，除证出 $\angle B=\angle C$ 外，还可以得到哪些结论？为什么？

进一步得到性质定理：等腰三角形顶角的平分线、底边上的中线、底边上的高互相重合。

【符号语言】

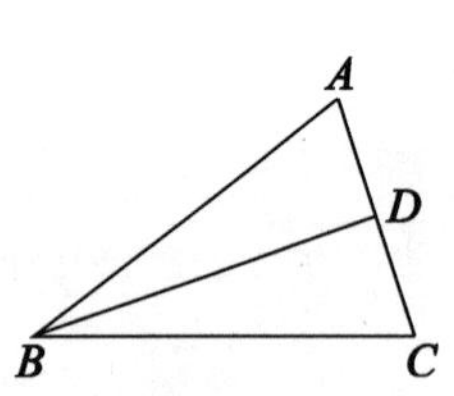

已知：如图，在 $\triangle ABC$ 中，$AB=BC$.

(1) $\because$ $AB=BC$，$BD\perp AC$，

$\therefore$ $\angle$____ $=\angle$ ____，____ $=$ ____.

(2) $\because$ $AB=BC$，BD 是中线，

$\therefore$ ____ $\perp$ __ ，$\angle$ ____ $=\angle$____.

(3) $\because$ ________，________，

$\therefore$ $BD\perp AC$，$AD=DC$.

进一步向学生追问：三线合一的性质对于我们今后的证明有什么作用？

【设计意图：在学生的自主探索和小组合作中，完成了重点知识的教学，突破了教学难点，培养了学生的合情推理能力和演绎推理能力，增强了学生的合作意识。】

【马上检测】

A 组：（基础巩固，每题 5 分）

如图，$\triangle ABC$ 中，$AB=AC$，$\angle A=36°$，则 $\angle B=$____°

B 组：（能力提升，每题 10 分）

1. 若等腰三角形的一个角是 110°，另两个角为多少度？

2. 若等腰三角形的一个角是 70°，另两个角为多少度？

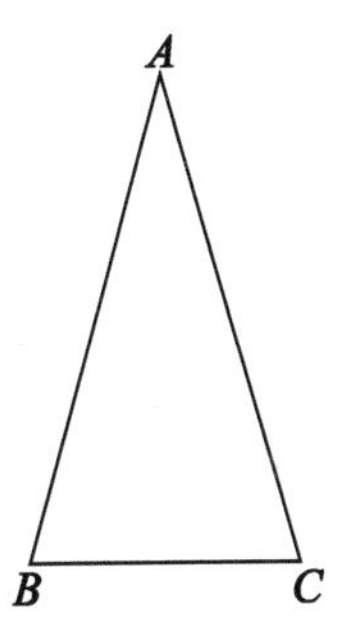

要求：学生根据自己的能力选择适当的题目进行自测，原则要求 1、2、3 号同学能完成 A、B 两个组的全部题目，4 号同学能完成 A 组题目（4 号同学可以超额完成，超额完成的，除了原有分数，再奖 5 分），最后由组长将本小组的得分情况进行合计，记录自己小组的分数。

【设计意图：等腰三角形性质的探索与验证是本节课学习的重点和难点。本环节中，利用小组活动，充分调动学生的主观能动性，借助折纸的过程，使学生认识到添加辅助线是命题得以证明的关键，有了思考方向，再让学生大胆猜想、小心求证，借助小组内、小组间学生的思维碰撞，让学生经历性质证明的过程，增强理性认识，体验性质的正确性和辅助线在几何论证中的作用，此过程中，学生的逻辑思维能力得到提升。证明过程放手让学生独立书写，目的在于暴露和检视学生用数学语言进行表达时存在的问题，规范学生的证明步骤，使学生养成条理、严谨的思考表达习惯。通过符号语言的练习，锻炼学生的识图能力、推理能力及符号语言表达能力，让学生体会定理的作用。】

问题应对：在证明“等腰三角形的两个底角相等”时，可能会有学生通过作底边上的高并利用勾股定理来证明。对此，一方面要保护学生的学习积极性，另一方面也要引导学生认识到：虽然以前探索并认识了勾股定理，但尚未用基本事实证明过，所以从逻辑上来说，勾股定理不能作为这里证明的依据。

四、师生合作，提炼升华

前面我们证明了等腰三角形的两个底角相等。反过来，有两个角相等的三角形是等腰三角形吗?

活动内容:

证明：有两个角相等的三角形是等腰三角形。

活动要求:

1. 个人完成后，组内交流。

2. 小组2号展示，集体交流、评价。(提倡用多种方法证明，表现突出的小组可奖5分)

已知：如图，在$\triangle ABC$中，$\angle B=\angle C$.

求证：$AB=AC$.

(方法1)

证明：作$\angle A$的平分线AD.

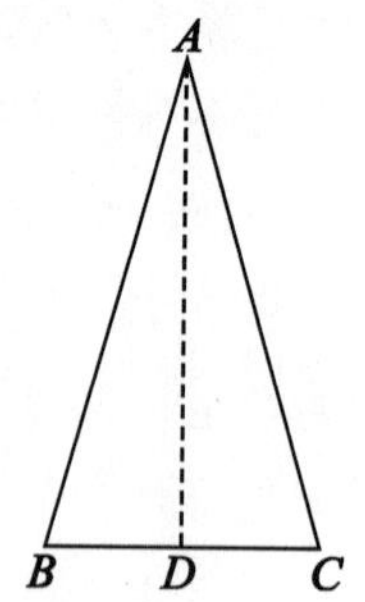

$\because$ $\angle B=\angle C$，$\angle BAD=\angle CAD$，$AD=AD$，

$\therefore$ $\triangle BAD\cong\triangle CAD$ (AAS).

$\therefore$ $AB=AC$ (全等三角形的对应边相等).

(方法2)

证明：作BC边上的高AD.

$\because$ $\angle B=\angle C$，$\angle ADB=\angle ADC$，$AD=AD$，

$\therefore$ $\triangle ABD\cong\triangle ACD$ (AAS).

$\therefore$ $AB=AC$ (全等三角形的对应边相等).

由上得到判定定理：有两个角相等的三角形是等腰三角形，简述为“等角对等边”。这为我们证明两条线段相等提供了新的依据。

【牛刀小试】

[符号语言]

1. 如图，

$\because$ $\angle B=\angle C$，

$\therefore$ ____ = ____ (   ).

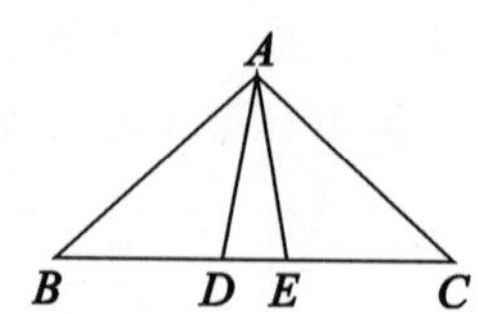

2. 如图，下面的推理是否正确？为什么？

$\because$ $\angle B=\angle C$，

∴　$AD=AE$（等角对等边）.

要求：根据自己的能力选择适当的题目进行自测，原则上要求1、2、3号同学能完成A、B两个组的全部题目，4号同学能完成A组题目（4号同学可以超额完成，超额完成的，除了原有分数，再奖5分），最后由组长将本小组的得分情况进行合计，记录自己小组的分数。

【设计意图：整个环节采用小组合作探究的学习方式，既活跃了课堂气氛，充分展示了生生之间的交流学习，又拓展了学生思维的广度，激发了学生的求知欲。组内的相互交流，组与组之间的互相补充，也培养了学生分析推理及合作交流的能力。借助课堂检测，可以审视学生的证明过程，反馈学生对知识的掌握情况，激发学生的集体荣誉感，培养学生勇于质疑、严谨求实的科学态度。】

问题应对：在证明等腰三角形的判定定理时，可能会有学生作BC的中线，教师应组织学生探讨这种方法的可行性，让学生去做选择和取舍，培养学生的推理能力，体会从基本事实和已知定理出发进行推理的公理化思想。

五、跟踪训练，全面评价

1. 已知：如图1，AC和BD相交于点O，且$AB//DC$，$OA=OB$.

求证：$OC=OD$.

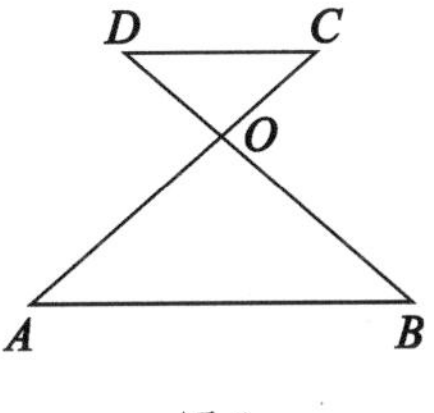

图1

2. 已知：如图2，在$\triangle ABC$中，$\angle ABC$、$\angle ACB$的平分线相交于点O，过点O作$DE//BC$，分别交AB、AC于点D、E.

求证：$DE=BD+EC$.

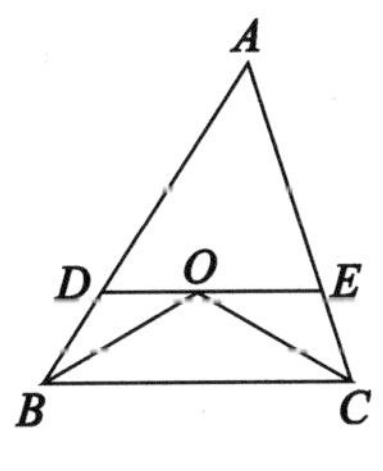

图2

快手园地：

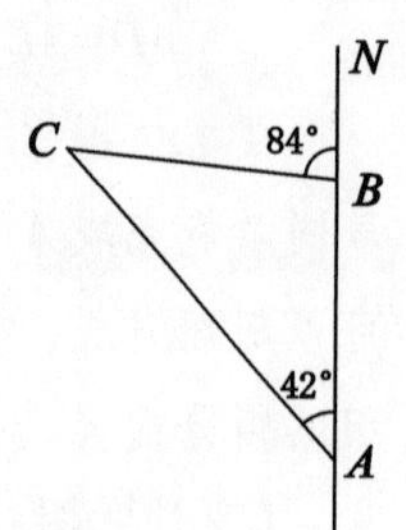

如图，一艘船从 A 处出发，以 20 千米/时的速度向正北方向航行，经过 1.5 小时后到达 B 处。分别从 A、B 处望灯塔 C，测得 $\angle NAC = 42°$，$\angle NBC = 84°$。求从 B 处到灯塔 C 的距离。

【设计意图：通过 1、2 两题，运用等腰三角形的性质定理及判定定理进行论证和解决问题，使学生能够结合图形，从已知条件出发，步步有据地推出结论，以此增强推理能力及分析问题、解决问题的能力，并进一步体会定理的作用。】

问题应对：由于学生的学习存在着个体差异，特设计了快手园地，以供学有余力的学生继续探究，挖掘学生的学习潜能，拓宽学生的视野，增强学生对数学的学习兴趣。

六、反思总结，分层达标

1. 通过本节课的学习，你有哪些收获和体会？同号同学相互交流，1 号同学带领全组进行知识梳理。

2. 采用知识树（如图）的形式引领学生回顾本节主要知识点。

3. 公布小组成绩，评定两个表现优秀的小组、两名表现优秀的同学，以此激励其他同学。

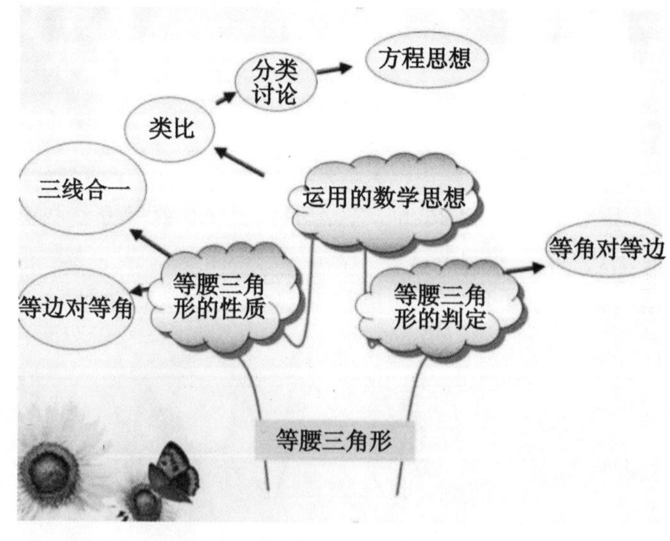

【设计意图：采用同号交流、小组长带领交流的小结方式，给学生畅所欲言的机会，使学生对所学知识有一个完整、系统的认识，锻炼学生的归纳表达能力，使学生养成及时反思的学习习惯，同时关注学生的情感态度，为学生的后续学习注入新动力。】

问题应对：搭建平等和谐的交流平台，使同号同学间的交流沟通无障碍，能更大程度上让他们主动发言、积极发言，从各方面激发学生的学习积极性，使学生真正成为课堂学习的主人。

【达标检测】

A 组：（10 分）

1. $\triangle ABC$ 中，$AB=AC$，$\angle B=35°$，则$\angle A=$____°；

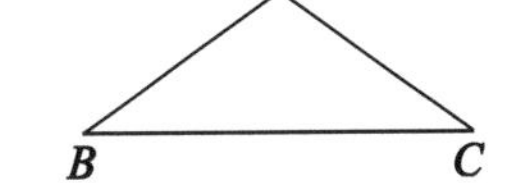

2. 已知：如图 1，在$\triangle ABC$ 中，BE 平分$\angle ABC$，$DE/\!/BC$。

求证：$\triangle BDE$ 是等腰三角形。

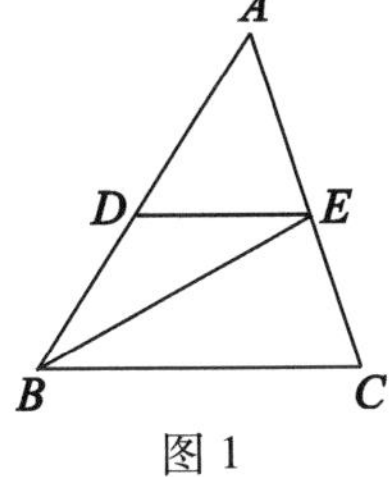

图 1

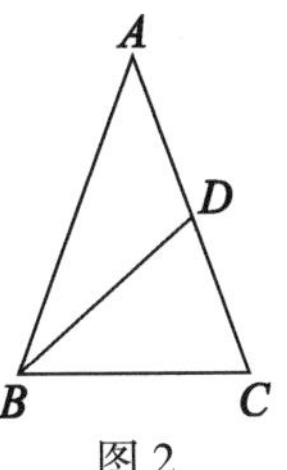

图 2

B 组：（15 分）

已知：如图 2，在$\triangle ABC$ 中，$AB=AC$，点 D 在 AC 上，且 $BD=BC=AD$，求$\triangle ABC$ 各角的度数。

三、英语

（一）模式简介

初中英语“三段六步”教学模式，体现了“以学为本”“为学而教”的教育理念，教师根据学生的能力水平，在引导学生独立探索的基础上，进行点拨、启发和精讲。其中“三段”指三个阶段，即课前预习探究阶段、合作提升阶段、巩固拓展阶段；“六步”即自主学习、合作探究、交流展示、质疑点拨、巩固提高、梳理整合六个步骤。图示如下：

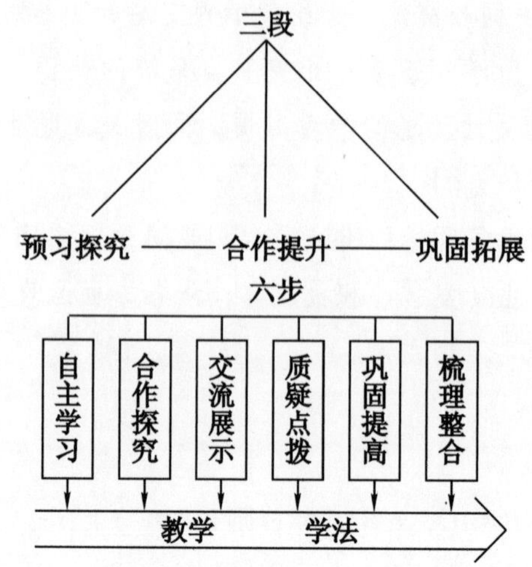

（二）教学流程

“三段”是通过三个任务单来完成的，即“课前预习任务单”“课堂学习任务单”“课后巩固作业单”。

1. 预习探究阶段

（1）教师根据学生层次，紧扣教材内容设计“课前预习任务单”。

（2）通过预习导学案分别对不同能力的学生进行自学指导，明确学习目标与任务，让不同能力的学生通过查询各种资料自主学习。

（3）学生用不同颜色的笔进行圈点勾画，有疑问的地方做好标记，独立思考，尝试解决问题。解决不了的，要记下疑惑，生成问题，等待小组“对学”研讨和全班“群学”展示质疑时再解决。

（4）以小组交流并展示的方式，检查学生自学情况。

2. 合作提升阶段

这一阶段包括自主学习、合作探究、交流展示、质疑点拨、巩固提高、梳理整合六大步骤。

（1）激趣导入

课前教师可以通过设置悬念、使用多媒体信息技术、利用课本图片信息等方式，使学生对所学知识内容产生好奇。尽可能新颖快捷地导入新课，使学生明确本节课的学习内容。

（2）自主学习、合作探究、交流展示

根据差异化教学的理念，教师设计“课堂学习任务单”，为学生提供有针对性的、分层次的学习引导。

引导学生通过自主学习、小组合作学习进行自主探究、合作探究学习，分层次完成课堂中的教学任务，解决学习中遇到的困难。

小组互助的步骤如下：分工合作，明确任务—结对讨论—组内交流与辨析—交流展示。任务是整体感知学习内容，并能根据自己的理解，找出问题的答案，初步生成疑难问题。

（3）质疑点拨

教师根据学生交流探究中反馈的问题和重点、难点、易错点、易混点、考点做精讲点拨。

（4）巩固提高

通过分层次设计活动巩固知识，让不同层级的学生“有饭吃、能吃饱”。学生通过听、说、读、写的能力检测，综合梳理知识并灵活运用知识，发展思维能力，提高语言表达能力。

（5）梳理整合

学生以小组合作的形式对学过的知识进行巩固，建构知识结构，总结学习规律和学习方法。引导学生学懂相关内容，形成知识体系，总结学习规律，培养学生的求异思维和发现、探究、解决问题的能力。

3. 巩固拓展阶段

通过“课后巩固作业单”进行分层设计，让学生自主选择作业，进而巩固所学知识。分层作业针对学生实际水平，让学生有兴趣且高质高效地完成作业。

【案例】　鲁教版七年级英语下册 Unit 4《How do you make a banana milk-shake?》（Section B 2a–2d）**新授课教学设计**

乳山市南黄镇中心学校　丁在娜

【学习目标】

知识目标：

1. 能够读、记基础单词。

2. 能够掌握并使用祈使句。

3. 能够正确使用表示顺序的副词来描述制作过程。

能力目标：

1. 能够学会制作程序的动词和动词短语的表述。(A、B、C 层)

2. 能正确描述食物的制作步骤并依据提示完成步骤。(A、B 层)

3. 能够运用自己的语言描述其他事物的制作过程。(A 层)

情感态度与价值观目标：

1. 了解美国节日和传统食物，引发学生联想中国传统节日和小吃，激发爱国热情。

2. 体验中西方文化的差异。

【教学重难点】

教学重点：

1. 正确使用表示顺序的副词 first，next，then，finally。

2. 描述食物的制作过程。

教学难点：描述中国传统节日的饮食习俗以及地方风味小吃。

【教学过程】

Module 1 Lead-in			
教学环节	教师活动	学生活动	设计意图
Play a game	Play a game. Read the description and ask the students to guess the festival.	Students guess a festival according to the teacher’s description. Guess the food that people usually eat on special days.	这一环节既是课前的一个任务诊断，同时导入新课。 1. 通过设计一个与中国传统节日及相关食物有关的游戏，提高学生学习的积极性，让学生沉浸在使用英语的环境中，进行有意义的交际活动。同时进行了有效的课前诊断。 2. 引出中国最重要的节日——春节，以及春节的传统食物——饺子，为接下来的导入环节做铺垫。

Module 2　Pre-reading			
教学环节	教师活动	学生活动	设计意图
Play a short video	Play a short video about the Spring Festival.	Enjoy the short video and try to know how to make dumplings.	通过观看视频，了解中国传统节日——春节的相关背景知识，以及包饺子的步骤。在看和听的过程中，学生很快进入所设定的学习任务中，并引导他们渐渐进入到学习的最佳情境，使其对即将要学的新内容做好心理准备。

Module 3　While-reading			
教学环节	教师活动	学生活动	设计意图
Step 1 Skimming	Lead students to read the text quickly. Introduce the task to the students.	A、B：Read the text quickly and try to get the main idea of each part. C：Circle the main sentences. Share the answers.	本环节对学生进行分层教学，A、B 层学生自己归纳文章中心，C 层学生画出体现中心的句子。为不同层次的学生搭建问题支架，让学生理解文章大意，明确文章的写作视角。同时，减轻了学生的学习难度。

Step 2 Scanning	Divide the text into two parts and lead students to read Part 1 carefully.	Read Part 1 carefully and answer the questions.	仔细阅读文章第一部分，并通过回答5个相关问题，让学生明确第一部分文章的主要内容。
	Watch a video. Explore the historical background of Thanksgiving with students.	Know the historical background of Thanksgiving in the United States.	通过观看视频，了解美国感恩节的历史背景，加深对美国传统文化的理解。
	Lead students to read Part 2 and number.	Read Part 2 and number the pictures.	通过图片排序检查学生对火鸡制作步骤的理解。
	Introduce the task to the students. Choose a color soccer and finish the task	Students choose a color soccer and finish the task.	让学生找到适合自己能力的任务，掌握所学知识，加深认识。为完成下面的写作任务做好铺垫。

Module 4 Post-reading			
教学环节	教师活动	学生活动	设计意图
Step 1 Finish the task	Show the task again and give some verb phrases which are useful for writing. At the same time, give some cue words for students.	Discuss the process of making dumplings with group members. Write down the process on the paper.	通过把包饺子的步骤写下来这一活动，学生学会了一些动词词组以及表示顺序的连接词，将阅读材料的所得所想运用到自己的写作过程中，很好地实现了以读促写的目标。
Step 2 Sharing	Choose students to show their letters on the screen.	Enjoy the letters on the screen. Learn to make comments on letters.	学生分享自己的作品，老师进行适当点评，相互学习，相互提高。
Step 3 Summary	Draw the mind-map of the text and make a short summary about the text.	Make clear the mind-map of the text and learn the writing style.	根据文章的思维导图，重新回顾文章的写作思路与写作结构，并引导学生学习这种写作方式，将该种写作方式运用到今后的文章中。

Module 5 Chicken soup for the soul			
教学环节	教师活动	学生活动	设计意图
Affective education	Tell students that Thanksgiving is a good time to give thanks.	Speak out the person that he/she wants to give thanks to.	情感教学有利于让学生在眼花缭乱的课堂表演过后有更深的情感体会。感恩节是感恩人和事的好时机，适当对学生进行情感教育，让学生对周围的一切事物心存感恩，有利于深化主题，升华情感。

Module 6 Homework			
教学环节	教师活动	学生活动	设计意图
Homework	Show the homework to students. Choose a color soccer and finish the homework.	Know the homework today: ⚽ Read and write the recipe for turkey. ⚽ Write the recipe for the dumplings. ⚽ Write a recipe for your favorite food.	分层选择作业，学生可以根据自己的学习水平和学习能力有效地选择适合自己的作业。帮助学生巩固学习效果，进一步运用所学目标语言。

<table>
<tr><td>课前预习任务单</td></tr>
<tr><td>一、Read and find out the information.（A、B 层）
1. What special holidays are there in China?
2. What kind of traditional food do people eat on special holidays in China?
3. Know about the history of Thanksgiving in the United States.
二、Read and find the words and phrases.（C 层）
1. 预习短文，从中找出下列单词：
传统的秋天旅行者________。
庆祝甜椒装满________。
烤箱盘子覆盖肉汁________。
2. 从短文中找出下列短语：
大多数国家在特殊的节日里________。
和他们的家人一起吃大餐________。
制作火鸡的一种方法________。</td></tr>
<tr><td>课堂学习任务单</td></tr>
<tr><td>Task 1：Skimming
（A、B 层）1. Read the whole passage quickly and get the main idea of each part.
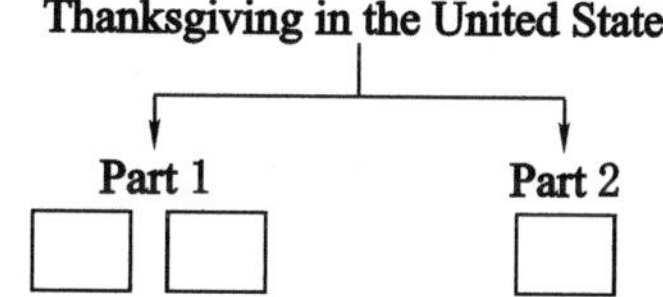
</td></tr>
</table>

(C 层) 2. Read the whole passage quickly and (circle) the main sentences of the two parts.

Task 2: Scanning

1. Read Part 1 and answer the following questions.

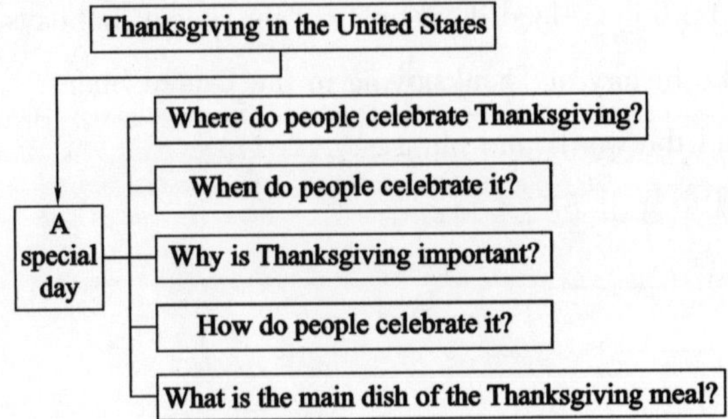

2. Read Part 2 and number the pictures [1-5].

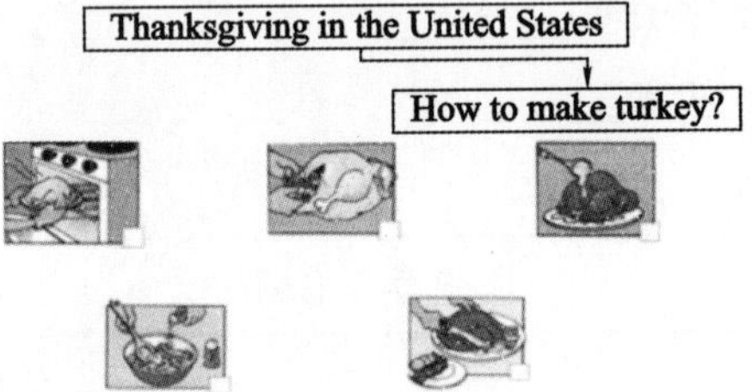

3. Choose a color soccer and finish the task.

Find the phrases and remember.

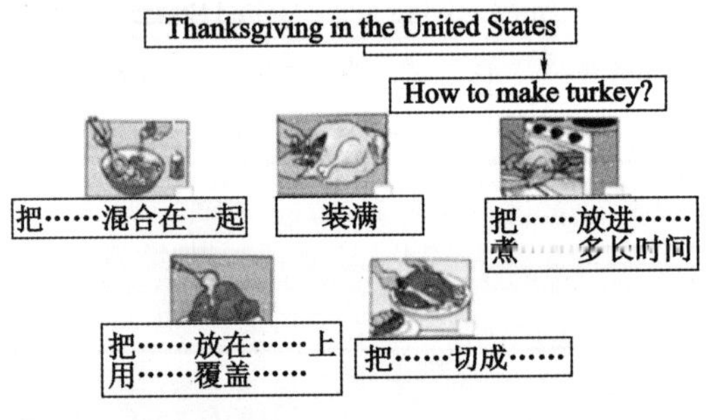

Fill the blanks and read.

First ________ some bread pieces, onions, salt and pepper.

Next ____ the turkey ____ this bread mix.

Then ____ the turkey ____ a hot oven and ____ it ____ a few hours.

When it is ready, ____ the turkey ____ a large plate and ____ it ____ gravy.

Finally ____ the turkey ____ thin pieces and ____ the meat ____ vegetables like carrots and potatoes.

Read and retell.

Thanksgiving in the United States

How to make turkey?

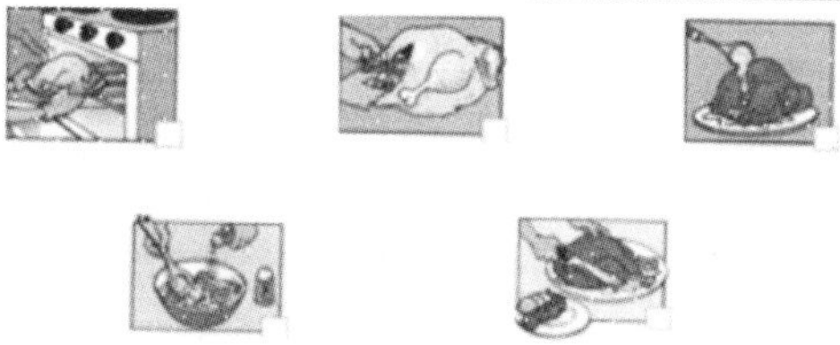

Task 3: Discuss in group and write a recipe for dumplings.

Read the words and phrases.

Read the words and phrases and write the sentences.

Write down the recipe.

Mix together...

Make...and cut...into...

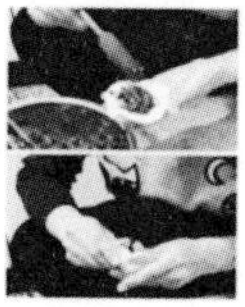

Fill...with

put...in...and cook...for...

Words:
dough 面团
wrapper 面皮
filling 饱的

Summary:

What or who do you want to thank for?

课后学习作业单
作业： Choose a color soccer and finish the homework. Read and write the recipe for turkey. Write the recipe for the dumplings. Write a recipe for your favorite food. 随堂小测： 一、基础练习（A、B、C 层） Fill in the blanks. First, ________ some bread pieces, onions, salt and pepper. Next, ________ the turkey ________ this bread mix. Then, ________ the turkey ________ a hot oven and ________ it ________ a few hours. When it is ready, ________ the turkey ________ a large plate and ________ it ________ gravy. Finally, ________ the turkey ________ thin pieces and ________ the meat ________ vegetables like carrots and potatoes. 二、拓展提升（A、B 层） The Dragon Boat Festival is coming. Write an article about the steps of making zongzi. 三、Write down your questions.

四、理、化、生

（一）模式简介

为着力培养学生的学习习惯，发展学生的自主学习能力，引领学生学会倾听、表述、合作与交流、收集资料，提升学以致用的能力，促进不同能力水平的学生都得到提高，我们探索构建理、化、生学科“三单五步”教学模式。其中“三单”是指以课前任务单、课中任务单、课后作业单贯穿课堂教学；“五步”是指五个教学步骤：自主学习—合作探究—交流展示—精讲点拨—智能训练。图示如下：

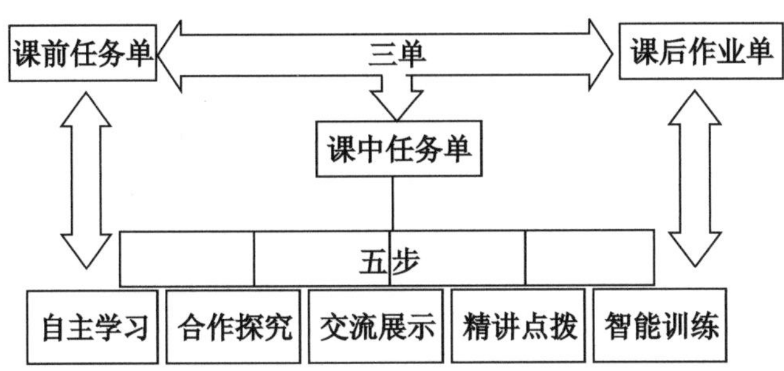

（二）教学流程

1. 预习生疑阶段

（1）教师研读课标，按 A、B、C 层次设计教学目标，将教、学、评一致性的理念贯穿课堂教学的始终。

（2）按 A、B、C 层次，紧扣教材内容设计“课前任务单”。

（3）任务单要能引领不同层次的学生明确学习目标与任务并进行自学，任务单中的驱动性问题要有深度，能激发学生探究学习的兴趣。

（4）学生要用不同颜色的笔进行圈点勾画，记下疑惑，做好标记，独立思考，尝试生成问题、解决问题，等待小组交流研讨和全班展示时解决。

2. 合作探究阶段

这一阶段包括自主学习、合作探究、交流展示、精讲点拨、智能训练五大步骤。

（1）情景导入

教师可以通过有探究价值的驱动性问题设置悬念，亦可采用形象的视频、实验等手段，尽可能以新颖的方式引入新课，使学生对所学知识内容产生兴趣，明确本节课的分层学习目标。

（2）自主学习、合作探究、交流展示

①依据小班化因材施教的理念，教师利用“课中任务单”设计有针对性的分层问题，引导学生通过自主学习、小组合作学习，分层次地完成学习任务，解决困难。②小组合作探究的程序如下：针对学习目标分工合作—讨论交流—辨析释疑—归纳总结。然后全班交流展示，根据自己的理解，解决其他小组的疑惑。

（3）精讲点拨

教师围绕本节课的学习目标，根据学生交流探究中反馈的问题和重难点、易错点、易混点、考点，确定精讲点拨的内容，力求形式多样、言简意赅，引导不同层次学生达成学习目标，梳理总结学习内容。

（4）智能训练

通过分层次设计练习，以“生活小实验”“进一步探究”“中考会考题”等有探究价值的练习，让不同层次的学生学会灵活运用知识，发展思维能力，提高综合运用知识的能力，真正实现目标与评价的一致性。

3. 拓展提升阶段

分层设计课后作业单，注重设计学以致用的练习，让学生进一步提升能力，在生活中主动运用知识解决实际问题。

【案例】 鲁教版七年级生物上册《物质运输的途径》新授课教学设计

乳山市冯家镇中心学校　姜华美

【学习目标】

知识目标：

1. 描述心脏的结构和功能。(A、B、C 层)

2. 通过观察、识别人体心脏图和模型，培养识图能力。(A、B、C 层)

3. 观察思考、分析总结心脏瓣膜的作用，从而培养思维能力。(A、B、C 层)

4. 结合手头资料，小组讨论寻求解决问题的方法，从而培养合作学习能力。(A、B 层)

能力目标：

在观察、推理、归纳、比较的学习过程中，发展学生处理信息的能力。

1. 描述心脏的结构和功能。

2. 识别人体心脏的结构图和模型，总结心脏瓣膜的作用，从而培养思维能力。

情感态度与价值观目标：

学生通过学习能够认识到心脏对身体的重要性，形成多参加体育锻炼、热爱生活、珍爱生命的观念。

【学习过程】

一、预习生疑阶段

学生利用课前任务单，自主预习心脏的相关知识，完成任务单，尝试独立思考，解决问题，做好标记，记下疑惑（A、B、C 层学生均需自主完成）。

二、合作探究阶段

（一）情境引入

1. 猜谜语：“胸中有个大桃子，拳头大小差不离。劳逸结合巧安排，任劳任怨干到底。”（打一人体器官）

答案：心脏。

质疑：从这个谜语中你了解到心脏的哪些知识？

答案：心脏的位置、形状、大小。

【设计意图：通过猜谜小活动，调动学生的学习兴趣，让学生马上进入学习状态。】

2. 多媒体投放学习目标。

【设计意图：教师通过投放学习目标，让学生明确学习方向。】

（二）自主学习、合作探究、交流展示

1. 第一战——初显身手

（1）知识点一：心脏的结构

请各小组结合大屏幕提供的图片或课本第 72 页的插图，完成探究卡中心脏的结构部分练习（自主完成 5 个探究点）。

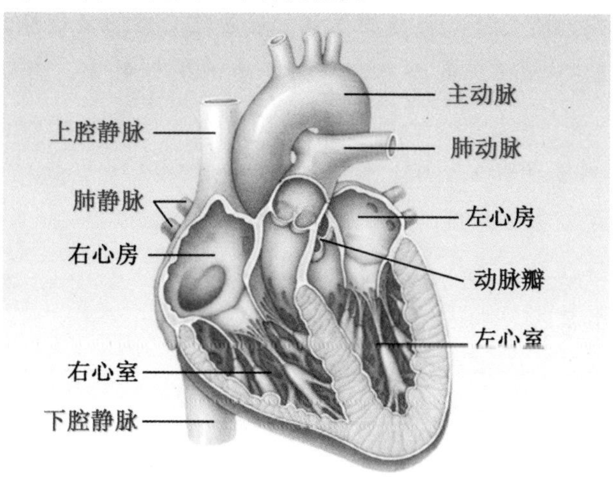

探究点①：心脏由哪几个腔构成？它们的名称分别是什么？

探究点②：左右心房是否相通？左右心室是否相通？同一侧的心房和心室是否相通？

探究点③：从心脏壁的厚薄来看，心房和心室有什么不同？左心室壁和右心室壁又有什么不同？

探究点④：心脏的四个腔分别与什么血管相连？

探究点⑤：心房和心室之间、心室和动脉之间有什么特殊的结构？

（以上5点A、B、C层学生均需自主完成）

（2）知识点二：心脏的功能（小组合作探究，组内交流展示）

探究点①：相通的腔以及腔与血管之间是否有瓣膜？若有，分别位于什么位置？有什么作用？

探究点②：心脏不同腔的壁的厚度是否一样？你能试着解释为什么会有这些不同吗？

【设计意图：初次的学习是需要帮助的，特别是C层学生。小组合作完成这一小节的任务，有助于帮助学生快速进入状态，并在交流时体验合作成功的喜悦。】

（3）交流展示，互动评价

每组一名成员交流，其他小组补充评价。

【设计意图：通过学生自我评价，培养学生的总结归纳和交流展示能力。】

（4）师生合作，解决疑惑

通过再触摸，感受猪心脏壁的厚薄，理解左心室的壁最厚，左心室连接主动脉，主动脉将血液送到全身各处，需要的压力最大，所以左心室的壁最厚。

（5）反馈训练（自主完成，有疑问小组合作探究）

演示心脏灌流实验，推测心脏瓣膜作用。

①从肺动脉注水，水从__________流出。

②从主动脉注水，水从__________流出。

③从肺静脉注水，水从__________流出。

④从上、下腔静脉注水，水从__________流出。

（A层学生需自主完成，B、C层学生可在A层学生帮助下完成）

【设计意图：根据交流反馈中学生存在的问题，确定点拨内容，能帮助不同层次学生达成学习目标。】

（6）精讲点拨

①在心脏结构中，右心室与肺动脉之间有动脉瓣，动脉瓣只朝向肺动脉开，只允许血液由右心室流向肺动脉，不能倒流，所以从肺动脉向心脏内倒水，水仍然从肺动脉流出。

②在心脏结构中，左心室与主动脉之间有动脉瓣，动脉瓣只朝向主动脉开，只允许血液由左心室流向主动脉，不能倒流，所以从主动脉向心脏内倒水，水仍然从主动脉流出。

③在心脏结构中，肺静脉连着左心房，在左心房与左心室之间有房室瓣，只朝向左心室开，允许血液由左心房流向左心室，不能倒流，且由于动脉瓣的存在，使得血液只能从左心室流到主动脉，所以血流方向是：肺静脉→左心房→左心室→主动脉，因此，从肺静脉往心脏内灌水，水会从主动脉流出。

④在心脏结构中，上腔静脉连着右心房，在右心房与右心室之间有房室瓣，只朝向右心室开，允许血液由右心房流向右心室，不能倒流，又由于动脉瓣的存在，使得血液只能从右心室流到肺动脉，所以血流方向是：上腔静脉→右心房→右心室→肺动脉，因此，从上腔静脉往心脏内灌水，水会从肺动脉流出。

2. 第二战——乘胜追击

有人说，在人的一生中，心脏是从不休息的，你认为这个说法对吗？

请同学们结合大屏幕或者课本第 73 页插图，自主完成探究卡中的第二板块，了解心脏是如何工作的。

（1）自主学习，合作探究

学生结合插图，教师巡视指导。

①多媒体展示心脏工作动态图。

②多媒体展示学习课本第 73 页心脏工作示意图。

a. 心房收缩，心室舒张，血液进入________，此时，房室瓣________，动脉瓣__________。

b. 心室收缩，心房舒张，血液进入__________，此时，房室瓣__________，动脉瓣__________。心房舒张，血液流回________。

c. 心室、心房的舒张，血液继续流回__________。

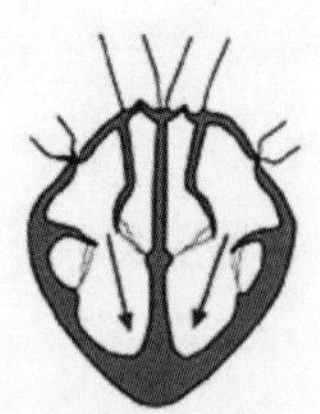

左、右心房收缩，左、右心室舒张，血液被压入心室。

图一

左、右心室收缩，分别将血液压入主动脉和肺动脉；左、右心房同时舒张，血液流回心房。

图二

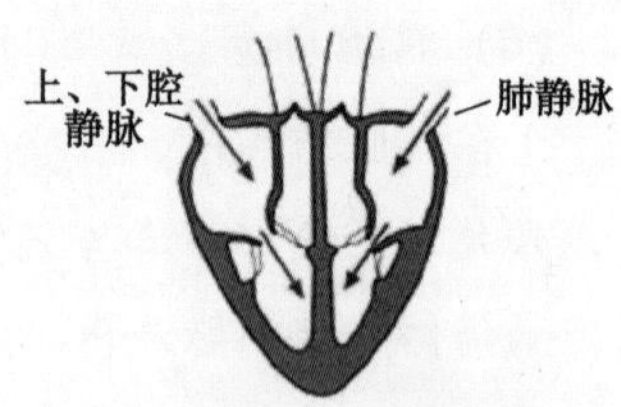

心室、心房均舒张，血液继续流回心房。

图三

③左、右心房（心室）是同时收缩，还是一个收缩一个舒张？

【设计意图：本小节知识对于B、C层学生来说，略有困难，所以仍然采用小组合作学习的形式来完成。】

（2）动画展示，解读心脏工作示意图

图一：当心房收缩，此时房室瓣打开，血液从心房流到心室。

图二：当心室收缩，此时房室瓣关闭，动脉瓣打开，血液从心室流到动脉，左心室血液从主动脉流到全身，右心室血液从肺动脉流到肺部。

图三：当心房、心室均舒张时，肺部血液经肺静脉回到左心房，全身各处的血液经上、下腔静脉回到右心房。房室瓣和动脉瓣保证了血液流动的方向，从心房到心室到动脉。

（3）学生交流展示

小组间、班级内交流展示心脏工作的原理，生生评价、师生评价。

【设计意图：通过学生班级内交流展示，互相评价，培养学生的总结归纳能力、交流展示能力。根据交流反馈中学生存在的问题，确定点拨内容，能帮助不同层次的学生完成学习目标。】

（4）反馈训练

①人在参加劳动或体育活动时，心跳会加快，这样可以保证心脏输出的血量能够满足机体的需要。但是，缺乏锻炼的人在进行较长时间的剧烈运动时，心跳会特别快，并出现不适感。这是为什么？

（A、B层学生需自主完成，C层学生可以在同学的帮助下尝试完成）

缺乏锻炼的人，心脏壁有肌肉但不够发达，收缩和舒张的功能不强，心室每次射出的血量不够多，在进行较长时间的剧烈运动时，只有靠加快心跳次数才能勉强满足机体的需要。

②左、右心房（心室）是同时收缩，还是一个收缩一个舒张？（小组合作解决，组内交流展示）

（A、B 层学生均需自主完成，C 层学生在组内成员帮助下完成）

左、右心房（心室）同时收缩，同时舒张。

③你知道哪些与心脏有关的疾病？

（A、B 层学生需自主完成，C 层学生可以在同学的帮助下尝试完成）

冠心病、心脏瓣膜病、心肌病、心肌炎、先天性心脏病。（学生了解即可）

④心脏是输送血液的“泵”，一次心跳包括心脏的收缩与舒张过程，下图是心脏工作示意图，请回答相关问题：

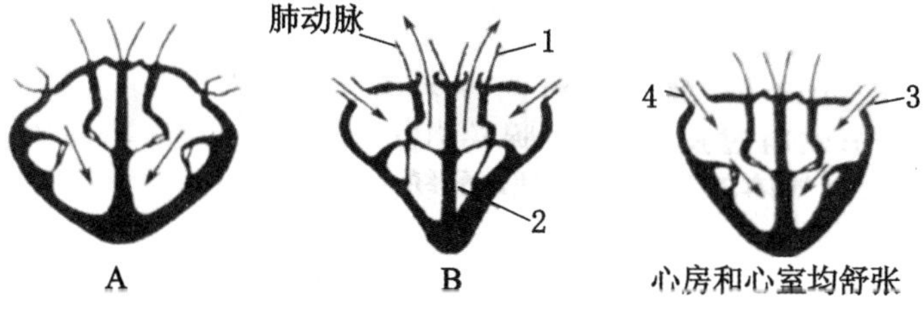

a. 心脏能将血液泵至全身，主要是________组织收缩与舒张的结果。

b. A 表示__________的过程，血液的流向是____________。

c. B 表示__________的过程，其中 2 ____________中的血液进入（　）______________，当血液流经毛细血管后，发生的变化是____________，血液最终由（　）____________返回心脏的______________。

（5）精讲点拨

①心脏是动力器官，血管是运输血液的管道。通过心脏有节律性的收缩与舒张，推动血液在血管中按照一定的方向不停地循环流动，称为血液循环。心脏能将血液输送至全身各处是心脏肌肉组织的收缩和舒张的结果。

②图 A 表示心房收缩、心室舒张的过程，血液由心房流向心室，是血液流回心脏的过程。

③图 B 表示心室收缩、心房舒张的过程，血液由心室流向心房，是血液流出心脏的过程，是体循环和肺循环的开始，体循环将血液输送至全身各处，

在全身组织细胞处交换营养物质和氧气，动脉血变为静脉血，最后经上、下腔静脉流回右心房。

(6) 学生指图交流，其他学生评价

【设计意图：通过学生的交流展示，培养学生的总结归纳能力、交流展示能力，能有效地反馈学习目标达成情况。】

三、拓展提升阶段

能不能获得最后的胜利，赢得红旗呢？请大家完成补给卡。(10 分钟)

学生独立完成。

1. 上图为心脏灌流实验装置图，图中的下腔静脉被结扎。请回答：

(1) 在连接心脏的血管中，饭后血液里含氧较少、含营养物质较多的血管是（ ）。

(2) 伴随着心室的收缩和舒张，主动脉基部的动脉瓣有规律地开和闭。当动脉瓣开始关闭时，标志着________的开始。

(3) 若水从漏斗注入血管 H，则水会从 F 流出，那么，H 的名称是__________，水在心脏内的流动途径是 H→______→ ______→ ______。(用字母表示)

(4) 上述实验证明：血液通过心脏时流动方向的规律是：________→心房→__________→__________。

2. 识图题

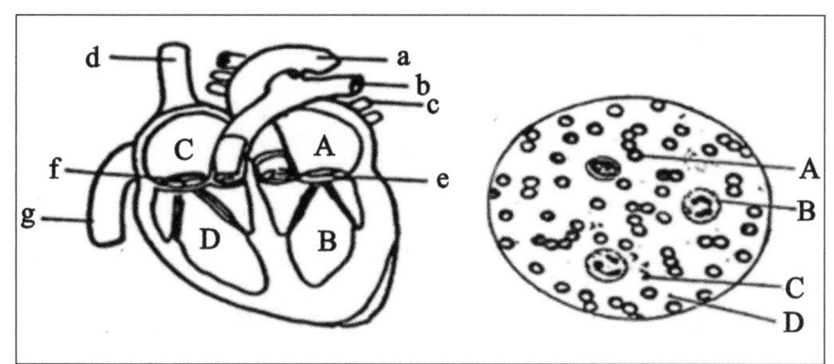

（1）左图是心脏结构图，请据图回答。

（第①至③题A、B、C层学生均需自主完成，第④题A、B层学生自主完成，C层学生在组内成员帮助下完成）

①在心脏的四个腔中，图中代表左心室的编号是__________。

②与左、右心房相连的血管分别是________和__________。

③心脏四个腔中壁最厚的是__________。

④以心脏左侧为例，血流方向从________→________→________→________。（填序号）

（2）右图是血涂片在显微镜下的一个视野图，请据图回答。

（第①③题A、B、C层学生均需自主完成，第②④题A、B层学生需自主完成，C层学生可以在组内成员帮助下完成）

①写出图中字母代表的血液成分。

A. __________ B. __________ C. __________ D. __________

②人体的血液呈现红色，是因为________（填序号）中含有________所致。

③能吞噬侵入人体内的病菌，从而保护人体健康的是__________，促进止血和加速血液凝固的是__________，担负运输养料和废物功能的是__________。（填序号）

④“饭后百步走，活到九十九”，其中所蕴含的生物学原理是________。

抽生交流。

【设计意图：通过学生表达交流，培养学生的总结归纳能力、交流展示能力。】

四、拓展延伸

人体各个系统是相互联系、相互协调来完成生命活动的，任何一个器官或者系统出现了问题，人体的生命活动就无法顺利进行。下面，请大家阅读学案中的拓展资料，看看从中你可以得到哪些启示。

（学生交流自己的感受。）

正如大家所说的，身体是宝贵的，对于正处在黄金时期的你们，一定要养成良好的生活习惯，不吸烟、不酗酒，合理饮食，均衡营养，积极参加体育锻炼，保持乐观向上的心态，做一名阳光健康的中学生。

附：

课前采集卡

班级：　　小组：　　使用时间：　　年　　月　　日

同学们：我们每天需要的营养物质和氧气以及产生的废物排出体外都必须依靠循环系统来运输，拥有一个健康的身体不仅与我们的生活息息相关，而且对我们未来的发展起着至关重要的作用。如何拥有健康的身体？我们应该怎样做？今天，我们首先来了解一下心脏的结构。

发现	血液流动的动力来自哪里呢？
质疑	心脏是如何提供动力的呢？
我的探究	【摸一摸】摸摸胸口，感受心脏的跳动。看看图片，判断心脏的位置。 （A、B、C 层学生均需自主完成） 【看一看】看看课本上的图片和实物完整的心脏，感受心脏的形状。 （A、B、C 层学生均需自主完成） 【捏一捏】学生用手感觉心脏的厚薄，观察猪的心脏实物标本。 （A、B、C 层学生均需自主完成） 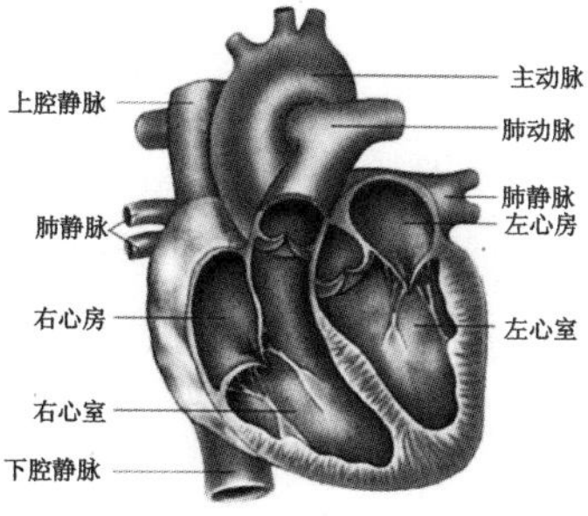 心脏解剖图 心脏结构：________________________。 心脏的腔： ________、________、________、________。 相连的血管： ________、________、________、________。
我的评价	根据自己的学习过程，你认为自己能获得几颗星呢？ ☆☆☆☆☆

课中探究任务卡

发现	1. 心脏的结构与其功能相适应的关系。 2. 心脏一直不停地跳动，会不会感觉累？
质疑	1. 心脏的厚薄不一样，与心脏功能有何关系？ 2. 心脏的肌肉发达，能够有节奏地收缩，就像抽水用的泵一样将血液泵至全身各处。这个泵是怎样工作的？

<table>
<tr>
<td>我的探究</td>
<td>
1. 心脏的结构和功能
(1) 心脏的结构（自主学习）
请各小组结合大屏幕提供的图片或课本第72页的插图，完成探究卡。
(一) 心脏的结构（自主完成5个探究点）
探究点①：心脏由哪几个腔构成？它们的名称分别是什么？
探究点②：左右心房是否相通？左右心室是否相通？同一侧的心房和心室是否相通？
探究点③：从心脏壁的厚薄来看，心房和心室有什么不同？左心室壁和右心室壁又有什么不同？
探究点④：心脏的四个腔分别与什么血管相连？
探究点⑤：心房和心室之间、心室和动脉之间有什么特殊的结构？
(以上内容A、B、C层学生均需自主完成)
(2) 心脏的功能（小组合作探究，组内交流展示）
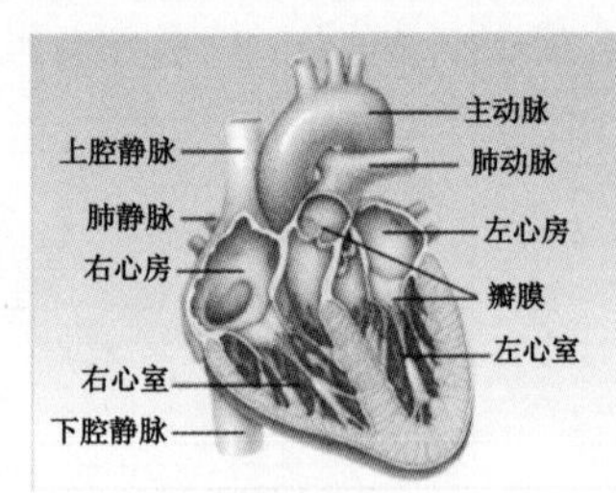

探究点①相通的腔以及腔与血管之间是否有瓣膜？若有，分别位于什么位置？有什么作用？
(A、B层学生均需自主完成，C层学生在组内成员帮助下完成)
组内交流房室瓣使血液只能由心房流向心室，动脉瓣使血液只能由心室流向动脉，我们推测瓣膜起到了防止血液倒流的作用。血液由静脉流向心房，由心房流向心室，由心室流向动脉。
探究点②心脏不同腔的壁的厚度不一样，你能试着解释为什么会有这些不同吗？
(A、B层学生均需自主完成，C层学生在组内成员帮助下完成)
</td>
</tr>
</table>

我的探究

(3) 反馈训练（自主完成，有疑问小组合作探究，老师答疑）

演示心脏灌流实验，推测心脏瓣膜作用。

a. 从肺动脉注水，水从____________流出。

b. 从主动脉注水，水从____________流出。

c. 从肺静脉注水，水从____________流出。

d. 从上、下腔静脉注水，水从____________流出。

（A 层学生需自主完成，B、C 层学生在 A 层学生帮助下完成）

精讲点拨：心脏里有房室瓣、动脉瓣，保证血流方向只能从心房到心室到动脉，而不能倒流。

答案：

a. 肺动脉　　b. 主动脉　　c. 主动脉　　d. 肺动脉

2. 心脏工作

(1) 自主学习，合作探究

①多媒体展示心脏工作动态图。

肺动脉　主动脉　上、下腔静脉　肺静脉

左、右心房收缩，左、右心室舒张，血液被压入心室。

图1

左、右心室收缩，分别将血液压入主动脉和肺动脉；左、右心房同时舒张，血液流回心房。

图2

心室、心房均舒张，血液继续流回心房。

图3

②根据多媒体展示学习课本第 73 页心脏工作示意图。

a. 心房收缩，心室舒张，血液进入________，此时，房室瓣________，动脉瓣__________。

b. 心室收缩，心房舒张，血液进入__________，此时，房室瓣________，动脉瓣__________。心房舒张，血液流回__________。

c. 心室、心房均舒张，血液继续流回____________。

（本小节知识对于 B、C 层学生来说，略有困难，所以仍然采用合作学习的形式来完成）

答案：

a. 心室　打开　关闭

b. 动脉　关闭　打开　心房

c. 心房

<table>
<tr>
<td>我
的
探
究</td>
<td>(2) 动画展示，解读心脏工作示意图
图1：当心房收缩，此时房室瓣打开，血液从心房流到心室。
图2：当心室收缩，此时房室瓣关闭，动脉瓣打开，血液从心室流到动脉，左心室血液从主动脉流到全身，右心室血液从肺动脉流到肺部。
图3：当心房、心室均舒张时，肺部血液经肺静脉回到左心房，全身各处的血液经上、下腔静脉回到右心房。房室瓣和动脉瓣保证了血液流动的方向，从心房到心室到动脉。
(3) 反馈训练
①人在参加劳动或体育活动时，心跳会加快，这样可以保证心脏输出的血量能够满足机体的需要。但是，缺乏锻炼的人在进行较长时间的剧烈运动时，心跳会特别快，并出现不适感。这是为什么？
(A、B层学生需自主完成，C层学生可以在同学的帮助下尝试完成)
②左、右心房（心室）是同时收缩，还是一个收缩一个舒张？（小组合作解决，组内交流展示）
(A、B层学生均需自主完成，C层学生在组内成员帮助下完成)
③你知道哪些与心脏有关的疾病？
(A、B层学生需自主完成，C层学生可以在同学的帮助下尝试完成)
④心脏是输送血液的“泵”，一次心跳包括了心脏的收缩与舒张过程，下图是心脏工作示意图，请回答相关问题：
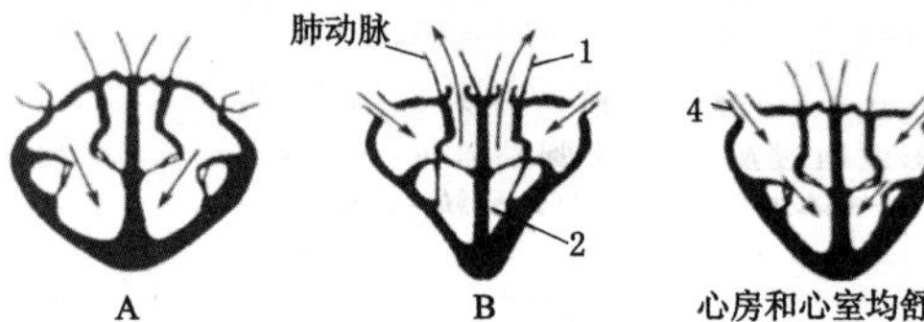

a. 心脏能将血液泵至全身，主要是________组织收缩与舒张的结果。</td>
</tr>
</table>

<table>
<tr><td>我的探究</td><td>b. A 表示__________的过程，血液的流向是________。
c. B 表示__________的过程，其中 2________中的血液进入（ ）___________，当血液流经毛细血管后，发生的变化是____________，血液最终由________返回心脏的________。
答案：
a. 肌肉
b. 心房收缩，心室舒张　由心房流向心室
c. 心室收缩，心房舒张　左心室　1　主动脉　动脉血变成静脉血　上、下腔静脉　右心房
（4）精讲点拨
①心脏是动力器官，血管是运输血液的管道。通过心脏有节律地收缩与舒张，推动血液在血管中按照一定的方向不停地循环流动，称为血液循环。心脏能将血液输送至全身各处是心脏肌肉组织收缩和舒张的结果。
②图 A 表示心房收缩，心室舒张的过程，血液由心房流向心室，是血液流回心脏的过程。
③图 B 表示心室收缩，心房舒张的过程，血液由心室流向心房，是血液流出心脏的过程，是体循环和肺循环的开始，体循环将血液输送至全身各处，在全身组织细胞处交换营养物质和氧气，动脉血变为静脉血，最后经上、下腔静脉流回右心房。
心脏工作示意图小结：虽然左、右心房（心室）不相通，但心脏的左右两侧是同时并协同工作的，左心室泵至全身的血液最终进入右心房，而右心室泵至肺部的血液最终进入左心房。左心室比右心室的壁厚，从左心室泵出的血液流经的路线长，这些都体现了结构与功能相适应的特点。只有心脏不停地收缩舒张，才能推动血液在血管里循环流动。</td></tr>
<tr><td>评价</td><td>根据自己本小节的学习过程，你认为自己的学习能评几颗星呢？
☆☆☆☆☆</td></tr>
</table>

课后补给卡

班级：　　小组：　　使用时间：　　年　　月　　日

同学们，关于心脏，我们已经探究完了，且感受到了心脏的重要性。接下来我们来检验一下学习收获，请完成下面的补给卡，并对自己的表现评价一下吧！

<table>
<tr><td>发现</td><td>学了心脏的知识，知道心脏结构以及瓣膜的作用。</td></tr>
<tr><td>质疑</td><td>本节课的学习内容掌握了吗？</td></tr>
<tr><td>我的探究</td><td>1. 右图为心脏灌流实验装置图，图中的下腔静脉被结扎。请回答：
(1) 在连接心脏的血管中，饭后血液里含氧较少、含营养物质较多的血管是（　　）。
(2) 伴随着心室的收缩和舒张，主动脉基部的动脉瓣有规律地开和闭。当动脉瓣开始关闭时，标志着＿＿＿＿的开始。
(3) 若水从漏斗注入血管H，则水会从F流出，那么，H的名称是＿＿＿＿，水在心脏内的流动途径是H→＿＿＿＿→＿＿＿＿→＿＿＿＿。(用字母表示) 
(4) 上述实验证明：血液通过心脏时流动方向的规律是：＿＿＿＿→心房→＿＿＿＿→＿＿＿＿。
(A、B层学生均需自主完成，C层学生努力自主完成，可以求助组内成员)</td></tr>
</table>

我的探究	2. 识图题 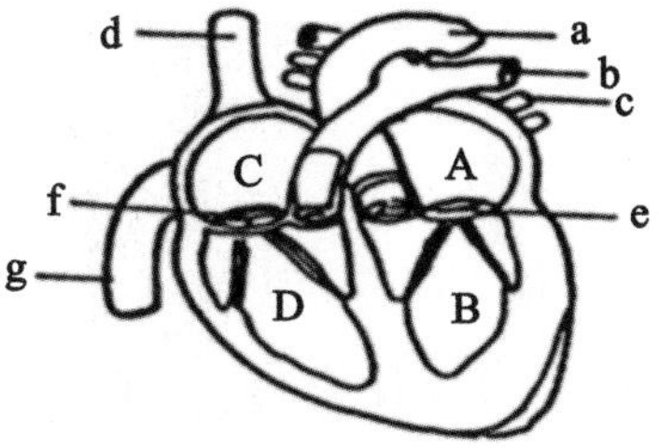 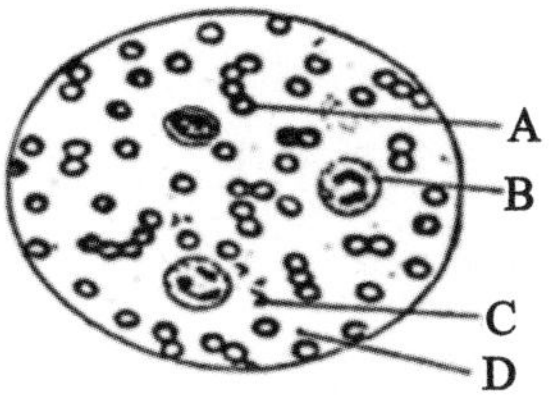 (1) 左图是心脏结构图，请据图回答。 ①在心脏的四个腔中，图中代表左心室的编号是__________。 ②与左、右心房相连的血管分别是________和________。 ③心脏四个腔中壁最厚的是__________。 ④以心脏左侧为例，血流方向从______→______→______→______。(填序号) (第①至③题 A、B、C 层学生均需自主完成，第④题 A、B 层学生自主完成，C 层学生在组内成员帮助下完成) (2) 右图是血涂片在显微镜下的一个视野图，请据图回答。 ①写出图中字母代表的血液成分。 A. __________ B. __________ C. ____________ D. __________ ②人体的血液呈现红色，是因为________（填序号）中含有________所致。 ③能吞噬侵入人体内的病菌，从而保护人体健康的是________，促进止血和加速血液凝固的是________，担负运输养料和废物功能的是__________。(填序号) ④“饭后百步走，活到九十九”，其中所蕴含的生物学原理是________________。 (第①③题 A、B、C 层学生均需自主完成，第②④题 A、B 层学生需自主完成，C 层学生可以在组内成员帮助下完成)
我的评价	根据自己本小节的学习过程，你认为自己的学习能评几颗星呢？ ☆☆☆☆☆

五、政、史、地

（一）模式简介

在初中政、史、地学科新授课的课堂教学模式上，我们力求体现新课程理念，实现三维目标的有机统一。立足知识基础，着眼提高能力，“教为主导，学为主体，思维训练为主线”，以问题激起思维、以探究产生共鸣、以争辩掀起高潮、以问题解决实现目标达成，高效地完成初中政、史、地学科的教学任务。课堂教学主要环节为：创设情境，导入新课—问题引领，探究新知—巩固检测，拓展延伸—课堂小结，能力提升。图示如下：

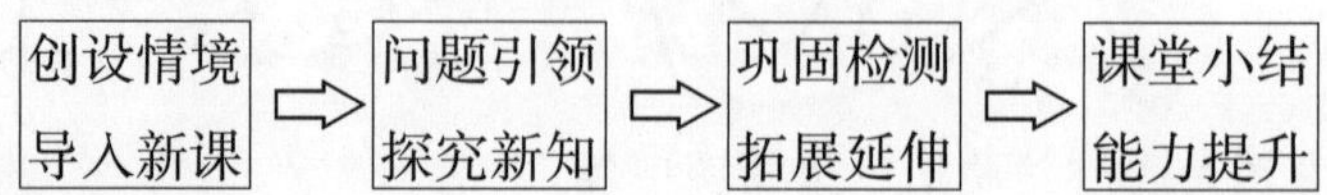

（二）教学流程

1. 创设情境，导入新课

导入新课的方法有很多，教师应根据教学内容、教学条件、学生情况等选择恰当的、富有情趣的导入方法，关键是要创设适当的教学情境，吸引学生对政、史、地知识的关注，激发学生积极参与学习的兴趣。

（1）导入的主要方法：①小故事、小游戏导入。②视频播放导入。③表演简短课本剧导入。④出示图片，设疑导入。⑤新闻素材生活实例等导入。⑥回顾前面知识导入。

（2）教学目标的设计与出示：①教学目标要根据学生的水平差异分层设计。②一般采用投影出示的方式，或由声音洪亮的学生读出，或全部齐读，或一个小组齐读，或教师说出等。注意要让学生找出目标中的关键词。③展示时间不超过 1 分钟。

2. 问题引领，探究新知

（1）依案自学，初步探究

学生首先在学案的指导下对课本内容进行有针对性的自主学习，通过阅读相关资料，初步掌握基础知识。学生要带着问题看书，用红笔圈画出重点内容，并标出自学过程中出现的疑难问题。

教师要巡回指导，控制好学生的自学时间，检查学生自学的情况，发现学生学习中的难点，确定重点讲解的内容及方法，同时可对个别学生进行知识或方法上的引导。

（2）生生互动，合作探究

学生自学中个人不能解决的问题，采用同桌商量、小组讨论等合作方式，充分发挥优秀学生的带头作用，通过学生的互帮互学，最大限度地消化个体疑点，以此锻炼学生的观察分析与合作交流能力。

小组不能解决的问题，教师或给予个别指导，或汇总普遍存在的疑点和难点，为精讲点拨做好充分的准备，也可以及时发现生成性问题，因势利导，引导学生深入探索与思考。

（3）精讲点拨，解疑答难

精讲点拨要体现“教为主导，学为主体，思维训练为主线”的教学原则，教师要帮助学生厘清零散知识间的逻辑关系，引导学生构建完整的知识体系。

一是“精讲”。对于重点、难点知识，教师要进行细致讲解，教给学生分析解决问题的方法，提升学生的综合思维能力。二是“点拨”。针对几个存有不同意见的问题，让观点不同的小组代表进行交流，教师要及时进行诱导、点拨。教师提出的点拨、诱导性问题，要结合学生知识水平和智力发展的实际，让学生经过努力可以得到解决；也可以采用“生教生学”的办法，让已经解决问题的小组内成员充当老师，面向全班进行讲解，教师适时进行补充、点拨。

3. 巩固检测，拓展延伸

教师根据教学目标精心设计习题。习题要针对学生的差异，体现梯度性、层次性，既要突出教学内容的重难点，又要灵活多样、富有新意。

注意做好三步：

①训练前——复习巩固。为了让学生在训练中充分发挥真实水平，教师应给学生几分钟时间，快速巩固本节课所学知识。

②训练时——严格要求。教师出示检测题，要求学生独立、快节奏地完成，教师不做任何辅导。检测题一完成就组织学生进行批阅，教师及时了解测试结果，从中找出哪些学生在哪些目标上还没有达成，从而及时发现教学中存在的问题。

③训练后——二次学习。检测批改后教师有针对性地组织学生进行“二次学习”，即补充教学。针对本堂课存在的问题，进行方法指导，使学生牢固掌握重点知识，并会用所学知识灵活解决实际问题，顺利完成教学目标。

4. 课堂小结，能力提升

教师应引导学生主动进行知识的内化整理，把新知识纳入个体的认知结构中，将刚学习的知识升华到一个更高的水平，并且能主动将知识应用到实际中，对现实生活问题提出自己的合理化建议与应对措施。教师要走出以教材为中心、以知识为中心的弊端，注重对学生情感态度价值观的培养，体现新课程改革的理念。

【案例】 鲁教版七年级地理下册《“东方明珠”——香港和澳门》新授课教 学设计

乳山市南黄镇中心学校 李淑丽

【教学目标】

1. 能通过香港、澳门特别行政区的地形图，说出香港、澳门的位置及组成，并分析其地理位置的优越性。

2. 运用港澳地形图和人口、面积资料归纳香港、澳门地狭人稠的特点，以及如何实现空间拓展与环境保护的双赢。

3. 能通过生活素材说出祖国内地与香港、澳门优势互补的合作关系，以及与珠江三角洲的经济合作模式。

4. 通过了解香港留有大片城市绿地的实例，初步树立既要发展经济，也要搞好人地协调的可持续发展观念。

【教学重难点】

1. 教学重点：香港和澳门的位置、范围；港澳地区与祖国内地密切的经济联系（A、B、C 层）。

2. 教学难点：针对地狭人稠的现状，香港、澳门如何实现空间拓展与环境保护的双赢；香港、澳门与祖国内地合作模式的转变。(A、B 层)

【教学过程】

一、创设情境，导入新课

1. 情境引入：2020 年我国抗击新冠疫情取得了阶段性的胜利，人们的生活回到了正常轨道。寒假期间，南黄镇的畅畅要跟随父母赴香港、澳门游玩，打听到需要办理港澳通行证，他很疑惑，香港、澳门是祖国的一部分，为什么去港澳地区还要办理通行证呢？你知道这是为什么吗？

2. 生生互动：同桌探讨。(香港、澳门是特别行政区)

3. 课件展示港澳通行证，让学生观看港澳通行证，激起他们的好奇心，激发起他们的学习欲望。

【设计意图：从生活中的实际问题出发，引出特别行政区的概念，符合生

活化教学理念。】

二、问题引领，探究新知

（一）特别行政区———香港和澳门

1. 问题引领1

师：走进历史，同学们知道香港和澳门成为特别行政区的原因吗？

（1）学生展示自己收集的历史资料。（香港曾经被英国占领，澳门曾经被葡萄牙占领）

（2）学生观看香港、澳门回归视频，说出自己的感受。

（3）视频播放香港、澳门被占领的历史。

师总结：1997年7月1日我国恢复对香港行使主权，成立了香港特别行政区；1999年12月20日我国恢复对澳门行使主权，成立了澳门特别行政区。这两天将永久载入史册。香港和澳门的回归，意味着中国任人宰割的时代已经一去不复返了。

【设计意图：联系历史知识，理解港澳特殊的“身世”——特别行政区。通过查阅资料和观看视频，直观感知香港和澳门的历史，培养学生的爱国情感。】

2. 问题引领2

师：生活中同学们能分清香港和澳门的区旗吗？清楚如此设计的理念吗？

（1）学生通过收集的信息资料进行小组讨论。（香港特别行政区的区旗：红底紫荆花；澳门特别行政区的区旗：绿底白莲花）

（2）学生明白香港、澳门区旗这样设计的理由。

（3）小组组长出示收集港澳的区旗素材，带领小组成员交流。

3. 问题引领3

师：港澳除了有区旗外，他们还“特别”在什么地方？

生举手发言。（祖国内地实行社会主义制度，香港和澳门实行资本主义制度）

【设计意图：理解“一国两制”政策是为了照顾香港和澳门回归后的实际情况，为保证香港和澳门的稳定和更加繁荣而做出的制度安排。】

【精讲点拨：我国政府为了使香港和澳门回归后能平稳过渡、持续发展，照顾历史和现状，决定实行“一国两制”。所以，尽管香港、澳门实现了回

归，但内地公民赴港澳仍需办理通行证。】

4. 问题引领4

师：畅畅在赴港澳旅游之前，想先了解一下港澳的地理位置。他找来了中国行政区划图，你能帮他描述一下吗？

（1）生生互动：互相介绍香港和澳门的地理位置及优越性。

（2）课件展示中国行政区划图。

【设计意图：通过让学生从行政区划图中找到香港和澳门，让学生了解其位置，培养学生的地图空间感。】

【精讲点拨：香港和澳门地处中国大陆东南端，分别位于珠江口东西两侧，与广东省相邻。】

（二）位置和组成

1. 问题引领1

（1）小组合作完成表格。

	位置	组成
香港		
澳门		

（2）学生观看课件，教师出示港澳特别行政区的地形图。

【设计意图：利用港澳地形图，用读图、填表对比的方法，顺利完成对香港和澳门位置和组成的学习。】

2. 问题引领2

师：畅畅刚下飞机，就感觉到衣服穿得有点多啦！你知道为什么吗？

（1）生生互动：在中国行政区划图中绘出穿越我国的北回归线。讨论香港比乳山气温高的原因。

（2）课件展示中国行政区划图，学生依图分析，得出答案。

【设计意图：分组活动，学生针对不同的要求解决不同的问题，让每一个学生都能积极参与，调动其学习积极性。】

师总结：同学们能从出示的中国行政区划图中发现香港比乳山纬度低，所以气温高。能用地理知识来解决生活中的实际问题。

3. 问题引领3

师：畅畅乘车离开香港国际机场后，满眼都是高楼林立的景象。（播放畅畅到达香港后首先映入眼帘的视频）面对密集且高耸入云的大楼，你有什么想法？

学生举手回答：①香港地少人多。②香港多山。

【设计意图：让学生观看视频，激发其求知欲望。面向全体，使每一个学生都能积极参与。】

4. 问题引领4

师：请同学们先完成下列表格。

香港、澳门的面积与人口（2010年）

	面积（km^2）	人口（万人）	人口密度（人/km^2）
香港	1 104	710	
澳门	29. 7	55	

计算出香港的人口密度为6431. 16人/km^2；计算出澳门的人口密度为18518. 5人/km^2；依据计算数值，分析香港、澳门的人地关系。

【设计意图：此处设计成分组计算，既培养了学生的动手能力，又加深了学生对港澳地区人口稠密的认知。】

师总结：通过计算发现，香港和澳门的人口密度非常大，是地狭人稠的地方。

5. 问题引领5

师：香港拓展用地的方式之一是建设高层建筑，俗称“上天”。你知道香港、澳门还有哪些拓展城市用地的方法吗？

（1）小组讨论：①港澳还有哪些拓展城市用地的方法。②填海造地也有许多弊端。

（2）课件展示香港繁华的地下商场。

【设计意图：让学生从生活中发现地理知识，地理来源于生活又服务于生活。】

（三）港澳经济发展与祖国内地的联系

1. 问题引领1

师：畅畅发现，虽然用地紧张，香港的绿地面积可真不少！你知道香港为什么保留这么多绿地吗？

（1）生生互动：学生思考，然后小组交流讨论。（绿地有净化空气、吸烟滞尘、减少噪音、美化环境等作用。）

（2）课件展示香港众多绿化图片。

【设计意图：利用读图的方法，分析土地利用与地形的关系，并通过香港保留大量绿地的实例，感悟人地和谐的理念。】

2. 问题引领2

师：畅畅发现，香港真是个购物的好去处，不愧有“购物天堂”的美称。你知道香港为什么商业发达、物价便宜吗？

（1）自主探究。学生阅读课本第61页，举手发言。（香港是个自由贸易港，进口商品免关税。）

（2）组长出示本组收集的资料。

材料一：香港是国际贸易中心，对外贸易是香港重要的经济支柱之一。香港转口贸易发达。

材料二：香港是仅次于纽约、伦敦的世界第三大金融中心。此外，香港还是著名的信息服务中心和旅游中心。

材料三：澳门被称为“海上花园”，博彩旅游业是澳门经济发展的支柱。

师总结：香港的经济支柱是对外贸易，澳门的经济支柱是博彩旅游业。

【设计意图：设计材料题，让学生通过阅读发现港澳的经济支柱。】

（四）港澳与祖国内地的紧密合作

1. 问题引领1

师：阅读课本第62页，说一说香港和祖国内地各有哪些优势？

（1）生生互动：分组合作。

（2）学生读图，归纳。

2. 问题引领2

思考一下，根据双方各自的优势，港澳和祖国内地，特别是临近港澳的珠江三角洲地区，应该如何发挥各自的优势，进行紧密合作？

3. 问题引领3

学生阅读课本第64页，讨论：①港澳地区和珠江三角洲各自扮演着什么角色？②这种合作能给双方带来哪些好处？

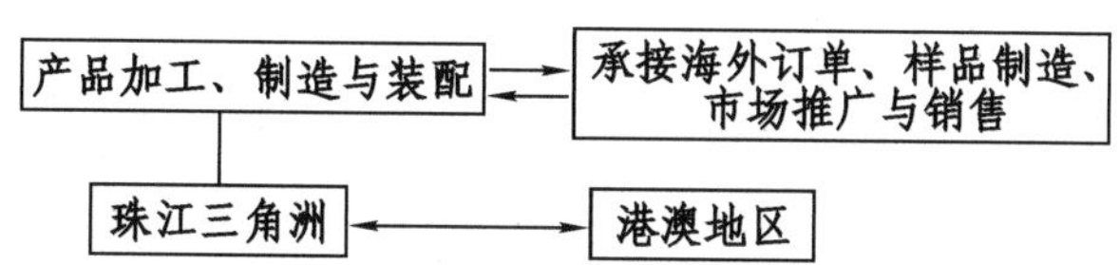

【设计意图：运用地图和资料分析港澳地区与祖国内地为什么需要合作？如何合作？目前的合作模式有哪些优点？】

师总结：香港、澳门是祖国内地联系世界的重要窗口，祖国内地则是港澳发展的坚实后盾，香港、澳门的明天会更美好。

三、巩固检测，拓展延伸

1. 香港是一个非常有潜力、经济繁荣的特别行政区。下面对香港的叙述正确的是 （　　）

A. 香港位于珠江口的西侧，与深圳相邻。

B. 香港回归后实行的是“一国两制”。

C. 香港区旗底色是绿色，象征着和平与安宁。

D. 大三巴牌坊是香港的代表性建筑。

2. 香港的一家公司计划在祖国内地建一家工厂，你觉得选择在下列哪个地方比较合理 （　　）

A. 珠江三角洲。

B. 新疆的乌鲁木齐。

C. 东北的哈尔滨。

D. 有“日光城”之称的拉萨。

3. 香港人多地少，可供城市发展的土地有限，解决香港土地不足的办法是 （　　）

A. 建设城市绿地。

B. 建设高层建筑。

C. 工业转移到祖国内地。

D. 减少城市绿化用地。

4. 通过阅读地图，下列描述正确的是 （ ）

A. 港澳位于北温带，四季分明。

B. 北京直达香港的铁路干线是京广线。

C. 港澳位于我国四大地理区域中的南方地区。

D. 港澳濒临黄海。

5. 香港回归后，加大和祖国的合作，经济发展速度很快，你能解释它们的合作模式吗？

【设计意图：检测题的设计既有基础题又有能力提升题。通过检测，了解学生对本节课知识的掌握情况并加强其能力的培养。（A、B 层学生完成第 1 至 5 题；C 层学生完成第 1 至 4 题）】

四、课堂小结，能力提升

学生以小组为单位，交流本节课的收获。

【设计意图：以小组为单位，力争使每个学生都能参与，有利于对本节课知识的掌握。】

五、板书

特别行政区——“一国两制”。

地狭人稠——“上天”“下海”“入地”。

港澳与祖国内地的合作——从“前店后厂”到“先进制造业和现代化服务业基地”。

【设计意图：运用这种比较简单的板书，有利于突出教学重点。】

第四节　初中各学科复习课课堂教学模式

一、语文

（一）模式简介

立足小班课堂差异化教学，结合初中语文复习的各个环节，形成了“两线六分层”的教学模式，“两线”即知识线、能力线，“六分层”即“明确目标—积累整合—检测知识—析例得法—检测能力—布置作业”。图示如下：

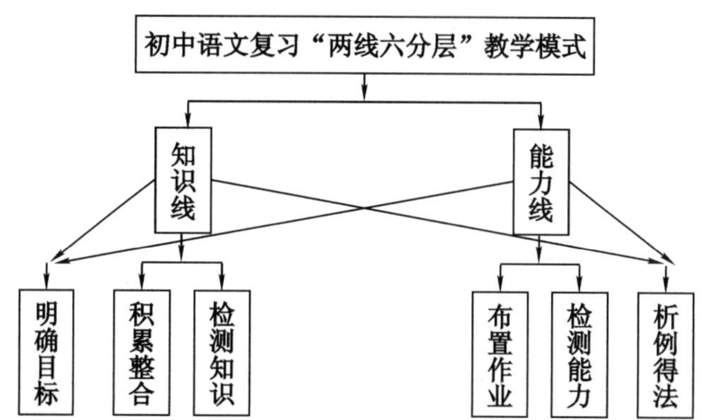

（二）教学流程

1. 明确目标——双线要求

教学目标在知识与能力方面实行分层，即针对不同层次、不同学习水平的学生，设计不同层次的知识与能力目标，使目标指向每一个学生的“最近发展区”。鼓励不同层次学生在达成本学习领域共同性目标后，选择高一层次的目标进行学习。

2. 积累知识——知识线

学生通过自主学习（或生生合作、师生合作）的方式对所学基础知识进行梳理、总结，将复习的内容条理化、系统化，查漏补缺，提炼知识点，理清知识线。

组内同质，分两层进行。

积累整合层，即积累知识与整合知识。能力较弱的小组完成生字、成语、文学文化常识等的识记与理解，实现知识积累；能力较强的小组在此基础上完成知识网络构建，实现知识整合。

检测知识层，教师根据学生的不同能力设计难度不同的几个反馈练习，学生选择适宜的练习自行完成。

3. 提升能力——能力线

学生通过自主学习（或生生合作、师生合作）的方式解决针对重难点的典型性问题（问题可来自课内材料和课外材料），总结解决有关问题的思路、方法，提高运用所学知识解决有关问题的能力。

强弱组合，分两层进行。

析例得法层，即剖析典例和总结方法。能力较强的小组成员带领较弱小组成员合作解决复习中的典型性问题；能力较强的小组成员要能根据不同单元的不同能力训练点，总结出答题的思路与方法。具体操作时，先由能力较弱的学生回答，回答不到位，再由能力较强的学生进行补充。

检测能力层，教师根据学生的不同能力设计难度不同的几个反馈练习，学生选择适宜的练习自行完成。

说明：交流反馈练习时，根据实际情况，两种组合方式任选其一。

一是同质组合，组内成员交流，互相评价优劣，提出改进建议。每个反馈练习至少评出一个优等，全班交流。

二是异质组合，组内成员互助互学，共同解决问题。

4. 布置作业——双线并行

教师针对复习的内容和易错点设计作业题。

作业应适当进行分类分层，既有知识方面，也有能力方面，体现弹性，让不同能力的学生完成不同层次的作业。当然，教师要鼓励学生创造条件，向高一层次努力、突破，争取更多收获。

补充说明：

1. 积累知识线与提升能力线两个板块，可以分别进行相对应的检测反馈，也可在两个板块全部结束后进行综合检测。

2. “两线六分层”不必严格进行六次分层教学，如积累知识时，可根据实际不用分层。

二、数学

（一）模式简介

为提升复习课的系统性、针对性，我们探索了初中数学复习课课堂模式，具体流程为：出示目标—梳理建系—板块训练—达标检测—评价提升。图示如下：

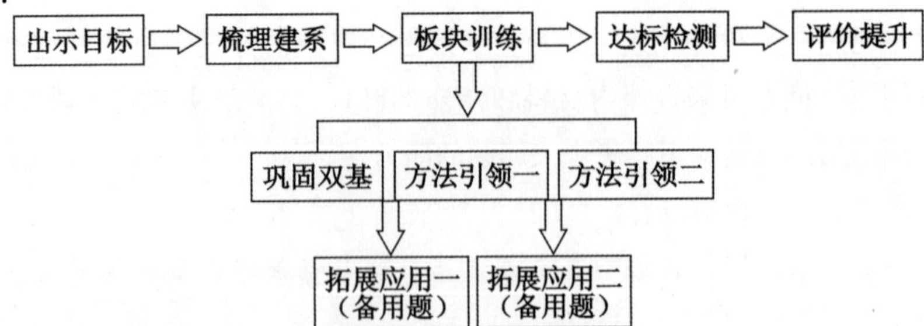

（二）教学流程

1. 出示目标

针对每个层次的学生出示分层目标，让每位学生明确本节课自己的复习目标与任务。

2. 梳理建系

本环节引领学生构建知识网络，形成知识体系。分课前、课中、课后三步走。

【课前】

教师：对本章的重点知识、思想方法、易错点进行全面梳理，绘制思维导图，并设计好在课堂的哪个环节呈现哪一部分内容。

学生：针对所要复习的内容收集资料，翻阅课本，查阅笔记本、错题集，罗列出本章节的知识点、自己的常错题及错因，并对重点题型的解题思想和方法进行归纳。绘制思维导图的草图，不断进行调整，最后绘制出涵盖知识网络、思想方法、易错点等多方面内容的思维导图。

【课中】

学生：小组内展示自己绘制的思维导图，进行交流完善。

教师：展示优秀的思维导图，边提问边板书绘制，对于学生遗漏的重要知识点要进行重点强化。

【课后】

学生：结合教师的板书以及本节课的学习，对自己的思维导图再次进行完善，并妥善收存。

教师：适时地对个别学生最终的定稿抽查，进行课后反思。

3. 板块训练

板块一：巩固双基

教师：设计相应的巩固练习，题组的设计以基础题为主，要涵盖本章节的所有知识点。课堂上教师要巡视了解各个层次学生的做题情况，针对课堂的生成问题，制定相应的反馈措施。

学生：独立完成，学生小组交流答案，个别问题集体矫正。要求学生解题时联系基础知识，重在系统运用。

板块二：方法引领

教师：设计能够体现本章重要思想方法引领的例题，例题要有典型性、代表性、综合性。出示例题后，让学生独立寻找解题方法。交流探究后，要引领学生提炼数学思想，总结解题方法技巧。

学生：仔细审题，弄清题意，探索解题方法，解题后要及时反思归纳，内化为自己的能力，把收获整理在笔记本上。

板块三：拓展应用

教师：设计针对典型例题的题组训练，题组的设计要注重梯度，注重例题的变式应用，注重学生能力的提升，同时要适度进行分层。

学生：独立解题。同桌交流（或小组交流、集体交流），或教师点出个别题目，学生到黑板前充当教师进行讲解，锻炼思维能力。

特别说明：

教师：在每一节数学课上，教师都要准备备用题，备用题的选择包括中档和高档两个层次，中档题目用于某一个环节学生达成度不高的临时补救；高档题目由学有余力的学生完成，教师提前设计好思路引导，在题目右上角以小窗口形式予以点拨。

学生：独立完成，交流讨论，互帮互学，共同提高。

4. 达标检测

教师针对本节课的复习内容，设计一定的题目对学生掌握的情况进行检测，当堂批阅，了解学生的掌握情况，为下一阶段的教学提供依据。

5. 评价提升

教师：就本节课复习的某一知识点或思想方法进行重点强调，强化提升。

学生：参考教师板书、参考学案，自己对本节课易错点、重要知识点、数学思想方法等进行梳理归纳，整理在错题本上或用红笔在思维导图上完善。

三、英语

（一）模式简介

为了强化学生的课堂主体意识，尊重个体差异，我们结合教学实际，探索了“三段五步”小班化英语复习课模式。“三段”即课前准备—课中提升—课后延伸三个阶段；“五步”即自主复习—交流展示—合作探究—梳理点拨—拓展提升五个步骤。图示如下：

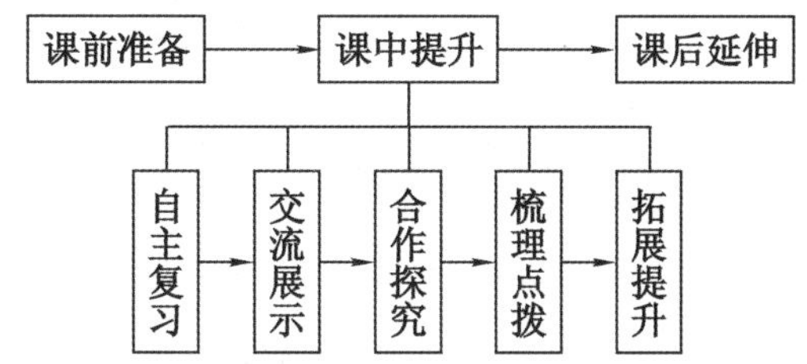

（二）教学流程

【课前准备】构建单元思维导图或知识网络图。

1. 教师按 A、B、C 层次，紧扣教材内容设计课前复习任务单。

2. A、B 层学生根据课前任务单，结合教材、笔记等相关学习资料进行自主复习，自主设计单元思维导图或知识网络图；C 层学生根据课前任务单完成基础知识梳理。

3. A、B 层学生用不同颜色的笔进行勾画，有疑问的地方做好标记，独立思考，记下疑惑，等待小组“对学”研讨和全班“群学”展示质疑时再解决。

【课中提升】这一阶段分自主复习、交流展示、合作探究、梳理点拨、拓展提升五个步骤。

1. 话题导入

教师通过设置话题情境，用新颖快捷的方式导入单元复习，把学生尽快引入课堂，使学生明确本节课的学习内容。

2. 自主复习

学生按课前任务单自主复习后，分小组进行交流，小组按 C、B、A 层的顺序交流，成员补充完善自己的网络图。教师巡视，个别答疑。

3. 交流展示

复习成果的展示，可组内推荐优秀的思维导图进行展示交流，其他小组补充。

4. 合作探究，梳理点拨

（1）教师根据学生对知识点的归纳情况，针对单元整体知识重难点，对单元知识进行整体梳理。要善于抛出疑难问题，引导学生进行合作探究，自主解决问题。

（2）根据预设复习目标及学生学习过程中反馈出的问题，分层设计针对性的练习，进行跟踪训练；设计专项练习，各个击破，进行检测、巩固和强化训练。

（3）通过综合练习发现的问题要及时解决，可采取结对、小组互评等形式，对本课进行小结，强调重难点，帮助学生进一步厘清知识脉络。

5. 拓展提升

（1）分层设计单元话题，通过对话交流提升语言知识的整体运用能力，同时对语言表达进行提升训练。

（2）设计写作练习，通过单元知识训练，进一步提升学生对知识的整合运用能力。

【课后延伸】

1. 复习巩固

复习当天所学内容，整理课堂笔记，掌握词汇、语法知识等并辅以巩固练习。

2. 分层作业

作业内容可以分层次，设置必做题与选做题。可以分层次布置内容不同的作业，也可以布置探究性作业。

四、理、化、生

（一）模式简介

小班化复习课中，为了充分体现出学生的主体地位，让学生动起来，做到全员参与，我们探索了初中理、化、生学科“三环六步”复习课教学模式。“三环”是指教学分三大环节：课前温故、课中知新、课后巩固；“六步”是指整个课堂复习过程包括六步，即导入课题—交流展示—目标引领—深化提高—总结完善—达标检测。图示如下：

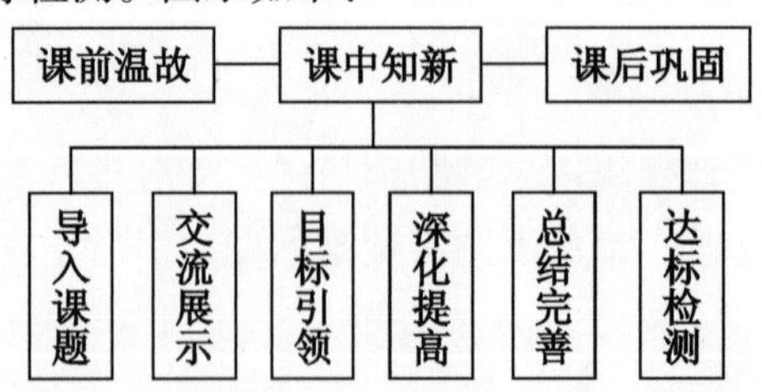

（二）教学流程

【课前温故】——自主梳理，建构体系

课前学生自主复习，梳理回顾本章节的知识和方法。教师以课前自主复习任务单的形式，分板块让学生先进行基础知识的填空或问答，然后由学生自主设计思维导图，完成本章节知识和方法的初步构建。

1. 目的是让学生对复习内容有整体的系统回忆。

2. 内容是对本章节知识和方法的梳理。

3. 形式是课前自主复习任务单。

（1）知识和方法以重难点和易错点为主，以填空或提问的形式出现。

（2）学生通过设计思维导图，初步构建本章节知识和方法的结构体系。

【课中知新】——查漏补缺，提升能力

1. 导入课题

以链接中考、时事热点、实验激趣、情境再现等形式导入，要围绕复习课的主题，激发学生积极思考的兴趣，提高复习课的课堂效率。

2. 交流展示

学生分板块交流课前自主复习任务单，将疑惑问题分小组集中展示，小组间互相帮扶解答后，再由教师汇总学生的问题，有意识地向本节复习课的重难点和易错点方向归纳，但不能回避学生的共性疑难问题。

3. 目标引领

结合“交流展示”环节中学生提出的问题，归纳出教学目标。目标的出现要自然过渡，能最大限度地反映学生的问题疑惑。某些学生未能觉察到的疑难问题，教师要灵活搭桥延伸，以满足学生的发展需求。

4. 深化提高

小板块复习以例题为载体，每个小板块至少有一个例题。

（1）典型例题。本环节主要让学生充分参与题目思路的思考和交流，培养发散思维，要暴露出学生在知识或方法方面的盲区。

（2）教师小结。教师根据例题的处理和师生的交流情况，小结本板块涉及内容的重难点、易错点或方法规律等。

（3）变式训练。变式训练的题目要跟例题相近又相异，难度大的题目要进行小组交流。

5. 总结完善

教师再次投放学习目标，学生反思自己的学习目标达成情况，然后交流自己在知识规律、方式方法、能力技巧等方面的收获，最后完善自己设计的思维导图，完整构建本章节的知识和能力体系。

6. 达标检测

达标检测的题目不必多，但一定要有针对性、综合性和梯度性。检测后，教师要针对检测暴露出的问题进行补救点拨，消除教与学的盲点并科学合理地评价学生的课堂表现。

【课后巩固】——课堂重现，拓展提升

学生完成课后作业，巩固课堂复习的效果。作业设计要针对复习的重难点和易错点，体现分层教学理念，有前后知识的链接和方法规律的迁移应用。

五、政、史、地

（一）模式简介

根据小班化教学及政、史、地学科的特点，探索出初中政、史、地学科复习课教学模式：问题驱动，自主复习—合作探究，解决疑难—知识梳理，点拨归纳—问题引领，典例剖析—拓展延伸，巩固提高—整理反思，总结升华。图示如下：

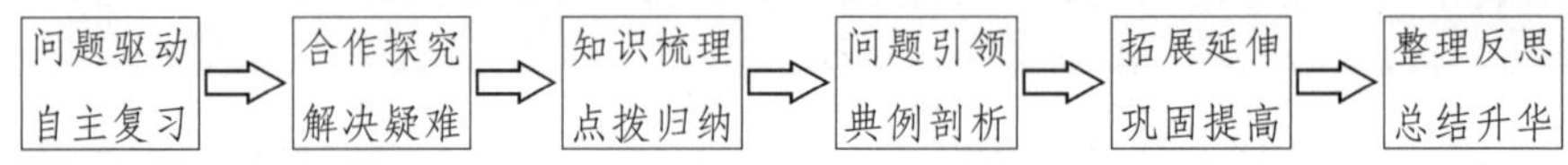

（二）教学流程

1. 问题驱动，自主复习

（1）根据课标和考试说明对知识和能力的要求，为学生设计自主学习提纲和针对性练习题（根据学生能力进行分层设计），以学案形式呈现。

（2）学生依据学案，自主完成对课时内容的复习，基本完成学案内容，基本掌握重点知识和主干知识。

2. 合作探究，解决疑难

（1）小组合作，解决自己不能理解的问题，重在展示自己的思维过程。

（2）以小组为单位，汇总不能解决的问题，提交教师梳理指导。

3. 知识梳理，点拨归纳

（1）教师引导学生构建课时知识结构，突出知识联系，引领思考方向。

（2）在构建知识结构的过程中，同步处理本课重点、难点问题和学生提交的未知问题，点拨归纳规律和方法。

（3）同步进行目标问题的巩固训练，做到教学目标问题化、问题前置化。

4. 问题引领，典例剖析

（1）问题引领：针对重难点问题，设计相关问题，学生思考。

（2）同桌互助：同桌之间互相交流，初步形成科学合理的解题思路。

（3）学生展示：交流展示解决问题的方法和结果。

（4）教师点拨：教师在学生解答的基础上，剖析例题，点拨思路，提炼方法，总结规律。

5. 拓展延伸，巩固提高

（1）学生完成基础练习题。

（2）学生完成能力提升训练题，交流展示解决问题的方法和结果，实现知识的迁移。

6. 整理反思，总结升华

对本节课所学知识、方法进行再梳理，完善学案，记录典型题目。

尾声

来自一线的教学实践

“三单学习成长档案”让每一个学生真正成长

乳山市乳山口镇中心学校

乳山市乳山口镇中心学校以深厚的文化积淀、砥砺前行的进取精神、鲜明的办学特色、丰硕的办学成果，勇立小班化教学改革的潮头。校园内环境优美、文化氛围浓郁，秉承“激扬生命，彰显活力；精彩生命，奠基未来”的办学理念，打造“活力教育”特色。教学的核心是学生的主动学习，教育的最高境界是学生的自我教育。随着小班化课堂教学研究的不断深入，教师意识到构建科学的、基于学校特色的教学评价手段，能够激发学生的学习热情，激励学生探究，实现学习目标，从而让每一位学生真正成长。基于此，我校推行“三单学习成长档案”，旨在让每一位学生亲身参与学习历程，让每一位学生学会学习，主动发展，真正成长。

一、“三单学习成长档案”的构成

“三单学习成长档案”为活页成册，各学科教师根据教材内容，通过组内研讨、集体备课设计出每一课的学习单活页，学习单活页主要由课前预学单、

课中导学单、课后拓学单三个内容构成。学期结束，分学科成册，所有学科汇集在一起，形成每个孩子每学期的学习成长档案。

学习单活页是基于课程标准的“目标教学评价一致性”，教师依据学生的认知水平、知识衔接、教学内容等创造性地设计出以学生为主线的功能性学习单。学生通过自主学习、合作探究、互动交流、拓展积累来亲历知识建构的全过程，实现学习目标的达成。教师通过深入观察，准确判断每个学生在学习过程中遇到的困难与不足，敏锐地捕捉到学生学习与思维跃升的关键点，并根据学生个体的学习特点，提供有针对性的指导与点拨，帮助学生不断优化学习方法与策略。

“三单学习成长档案”记录学生学习成长的全过程，是每位学生参与学习历程、积极主动地建构知识体系的有力载体，是教师科学评价每个学生的重要依据。

二、“三单学习成长档案”的实施

（一）课前预学单

学生通过自主预习，初步梳理教材内容，基于相关的知识衔接，依靠自身的认知能力，形成对问题的理解。教师要把学生的思考和问题作为新知识的生长点，引导学生从原有的知识经验中学有新获。

课前预学单这一设计，让学生能自学、会自学，围绕“读、思、做、问”四个版块进行设计，指明了预学内容的基本结构和要素，将学生的课前预习方式规范化，让学生的预习有序进行，学会预习方法，掌握预习内容，做到预习有获，将预习落到实处。

教师批阅课前预学单时，要做出科学、准确的批注及评语，并提出改正建议。通过课前预学单，教师可以了解每位学生的认知差异，及时调整自己的教学内容和教学策略，明确什么不需要教，什么必须教，在课堂上做到有的放矢。基于差异化教学，还可以根据学生的自学情况进行知识点的个案式针对性备课，从根本上解决学生在预习中产生的困惑，这样可以使学生的学习目标更精准，教师的教学目标更明晰，从而使每一位学生都能得到充分的关注，每一位学生都能得到切实的发展，每一位学生都能够真正的成长。同时，把预习效果显著的学生的预学单通过展评、讨论、互评等方式，让学生的个性化优势得到最大程度的挖掘。为个性显著的学生提供展示的舞台，为每一位学生提供可持续发展的提升空间。

检查预习环节，可采用小组检查和评价的方式进行。小组内成员相互检查，认真记录，并按照预学单上的评价标准进行星级评价。组内评价有利于学生快速反馈和矫正，激发学生的求知欲，形成积极、主动、活泼的学习氛围。

（二）课中导学单

课中导学单上，教师根据课型和教材特点设计并呈现教学过程，一是体现明确的目标性，目标指向多元，对教学重难点具有突破作用。教师在设计导学单时，从细处着眼，将课程标准具体细化到清晰可行的课时目标中。二是尊重学生差异，从学生认知的实际出发，关注学生独特的个性差异，尤其是学习能力、学习动机、学习兴趣及学习自制力等方面，进行多角度、多方位设计。三是符合学生的认知规律，具有层次性和条理性，时间安排合理、恰当，保证学生有足够的读写时间、独立思考时间和合作交流时间。四是既面向全体，又关注每一个个体，学习任务体现层次性，使不同的学生都能得到发展。

课中导学单的设计有助于实现学生课堂百分之百的参与度。围绕“组内合作探究”“互动交流”两个版块，引导学生有效地参与到学习中，通过合作探究、记录、交流、汇报等各种形式，让学生成为学习的主人。课中导学单的使用，让教师更清楚地了解到每位学生对问题的理解，在课堂上与学生共同针对某个问题进行探究，不但培养了学生合作探究的能力，而且给学生提供了自身成长的空间。由于学生的认知差异和知识储备不同，在完成学习任务的过程中，每个人的思路、想法各具特点。学习过程中，在教师的引导下，学生进行思维的碰撞与交流，教师适时地给予点拨与科学的评价，可以采用口头即时评价、书面语言评价等不同方式反馈学生的学习情况，使每位学生看到与自身不同的观点，从而审视自我、反思自我。学生评价主要体现在小组学习中的互评与自评，每位同学要认真记录组内其他成员在小组学习中的表现与评价，可以采用多种形式进行记录，如星级评价、批注评价等。

（三）课后拓学单

课后拓学单的设计内容，一是课内知识的巩固；二是课内知识的拓展延伸；三是补充与拓展课外知识，以满足不同层次学生的需求。学生通过完成课后拓学单，实现了由已知到未知的迁移，由书本到生活的迁移，由课内到课外的迁移。学生掌握知识、技能，正是通过广泛的迁移转化为能力。

课后拓学单，一方面，实现了举一反三、触类旁通的横向迁移。如根据学习的课文进行练笔，或是对人物的语言、动作、神态做描写，或是对景物的动态、静态做描写，或是对修辞方法的运用等。这些小练笔是写的迁移，是看得见的、最直接的横向迁移。另一方面，实现了温故知新、循序渐进的纵向迁移。通过课后拓展练习，引导学生将学过的知识串联起来，形成系统的知识网络，完成知识的纵向迁移。由学到悟，由悟到用。

课后拓学单，是每位学生及时反思本节课所学内容、掌握程度以及学科素养提升的有力评价载体。

“三单学习成长档案”有效克服了传统教学评价周期长、反馈慢、矫正难的弊端，使每一学科每一课都有学习的过程记录及反馈评价。

三、“三单学习成长档案”的成效

“三单学习成长档案”的成效主要体现在以下三方面。

（一）优化学习过程

“三单学习”让每一位学生依照学习目标的提示进行自主学习，这样连贯使用、整体推进、目标明确、方法科学，有利于促进学生掌握学习内容及学习策略；促进学生在学习过程中进行自我监控，及时改进；有利于激励学生积极参与学习过程，积极反思学习效果，进而改变学习方式、学习方法、学习习惯，优化自主学习。

（二）使过程评价看得见

“三单学习”引导学生有效地参与到课前、课中、课后的学习之中，通过预学、合作、探究、交流、拓学等各种形式，使学习过程看得见。教师根据“三单学习成长档案”及时得到反馈信息，及时评价学生的知识掌握、学习方法、学习能力、学习优势与不足，及时矫正学生学习过程中存在的问题。在矫正过程中，学生掌握了自我反馈和矫正的方法，能主动获取信息，进行自我调节，从而实现及时反馈、及时矫正、及时强化、及时跟进、及时达标。

（三）素养提升明显

“三单学习”特别强调学生的自主学习，让学生掌握自主学习的方法，具有自主学习的意识和能力；提升了学生参与的广度和深度，为学生提供了优质高效的学习服务，使学生在学习上有自信，行动上有能量，过程中有创新，效果上有突破，素养上有提升；让学生养成有耐心、有毅力、持之以恒的良好的学习习惯，让学生成为学习上真正的主人。

“三单学习成长档案”有效地促进了教学与评价的有机结合，是我校小班化课堂教学的创新与突破。它促进了学生学习方式的改变，打破了原有的单一的学习评价模式；全面调动学生的情绪状态、参与状态、思维状态、生成状态，让学生主动参与、乐于探究、勤于动手；使学生收集和处理信息的能力、获取新知识的能力、分析解决问题的能力以及交流合作的能力得到全面提升。今后，我们将不断探索，持续优化“三单学习成长档案”的应用，最大化地发挥其学习与评价功能，促进学生的全面发展。

四、“三单学习成长档案”活页展示

小学语文五年级下册《草船借箭》“三单学习成长档案”活页

（课前、课中、课后）

<table>
<tr><td>课题</td><td colspan="2">草船借箭</td><td>课型</td><td>新授课</td></tr>
<tr><td>学习小组</td><td></td><td>学生姓名</td><td>类型</td><td></td></tr>
<tr><td colspan="5">一、学习目标（“三维”目标）</td></tr>
<tr><td colspan="5">1. 知识与能力：
(1) 自主学习，认识“瑜、忌”等9个生字，会写“妒、忌”等11个生字，正确读写“妒忌、呐喊、预计、神机妙算”等词语。
(2) 有感情地朗读课文，理清故事的主要内容。
2. 过程与方法：
初步学习阅读古典名著的方法，对比阅读不同风格的语言，关注文中描写人物特点的语句，感受人物特点，研究小说怎样把人物形象写得鲜活，学会对比及多角度看待人物形象。
3. 情感态度价值观：
借助资料了解人物形象的多面性，培养阅读古典名著的兴趣。</td></tr>
</table>

<table>
<tr><td colspan="3">二、学习资源推荐</td></tr>
<tr><td colspan="3">微视频、精品读本的同步阅读、工具书等。</td></tr>
<tr><td colspan="2">三、学习过程</td><td>方法与评价</td></tr>
<tr><td>课前预学</td><td>1. 朗读课文，自主积累重点词语。（小组互检互评）
妒忌　幔子　都督　水寨　丞相　呐喊　调度
军令状　吩咐　擂鼓　支援　翎毛　曹操　周瑜
弓弩手
组内评价：☆☆☆
2. 我能理解重点词语的意思。
妒忌　调度　神机妙算　军令状
组内评价：☆☆☆
3. 我能把本课的生字写正确、写规范。
(1) 写一写
____
____
(2) 这几个字很难写，比如：
____
____
4. 课文读 3 遍以上。
5. 我能理解课文内容，并能回答问题。
(1)《草船借箭》节选自____________，作者是________。
(2)《草船借箭》这个故事的主要内容是______
____。</td><td>我能认真完成课前预学的内容。</td></tr>
</table>

<table>
<tr>
<td>课中导学</td>
<td>活动一：小组交流并展示自学内容，组内、组间进行补充、评价。
活动二：小组学习
1. 寻找自己感兴趣的人物的相关描写，勾画出来。
2. 品读人物描写，推测人物内心的想法，写批注。
活动三：视频助学
1. 看微课（走近《〈草船借箭〉中的人物》），研读人物特点，做笔记。
周瑜——
诸葛亮——
鲁肃——
曹操——
2. 我学会的读名著的方法：________________________________。
3. 我读名著的感受：________________________________。
活动四：合作、探究、展示、交流
我能根据提出的探究性问题进行学习和思考。（小组合作、探究、交流、汇报）
活动五：互动交流、评价
________________________________。</td>
<td>我能积极参与小组学习。

我能积极发言、清楚表达自己的见解。

我能进行补充。</td>
</tr>
</table>

<table>
<tr>
<td>课后拓学</td>
<td>一、基础任务
★品读细节描写，感受人物特点
1. “鲁肃……回来报告周瑜，果然不提借船的事，只说……”从这句话中，我感受到鲁肃________。
①忠厚守信　②欺骗周瑜　③不诚实
2. “诸葛亮又下令把船掉过来，船头朝东，船尾朝西，仍旧擂鼓呐喊”，从这句话中，我感受到诸葛亮__________。
①胆量很大　②谋划周密，安排巧妙　③鲁莽毛躁
3. “雾这么大，曹操一定不敢派兵出来。我们只管饮酒取乐，雾散了就回去。”这段话是________对________说的，我感受到他________的特点。
①鲁肃　诸葛亮　贪酒　②诸葛亮　周瑜　勇敢　③诸葛亮　鲁肃　自信
4. “曹操得知江上的动静后，就下令说：‘江上雾很大……不要轻易出动。拨水军弓弩手朝他们射箭便是。’”从这句话中，我感受到诸葛亮________，曹操________。
①足智多谋　谨慎多疑　②勇敢机智 小心谨慎　③神机妙算　爱惜士兵
二、拓展任务
★思维拓展，连歇后语
曹操南下　　　　略施小技
诸葛亮立军令状　　　　有借无还
鲁肃上了孔明的船　　　　来得凶，败得惨
诸葛亮三气周瑜　　　　面不改色心不跳
草船借箭　　　　糊里糊涂</td>
<td>分层要求：
A、B 层学生：完成 1、2、3、4 题。
C 层学生：完成 1、3 题。</td>
</tr>
</table>

<table>
<tr>
<td>课后拓学</td>
<td>三、深化任务
★拓展阅读
(一) 赤壁之战（资料）
曹军先采用压服策略，同时迅速组建了强大的水军，可以说尽占优势。唯一的失误在于没有考虑到周瑜全面反攻的可能。
而周瑜抓住了对方的弱点，通过周密的布置，一举击溃曹军，奠定了他的千古美名，纵有“百气”周瑜，也不能忽略他的军事才能。赤壁之战，论其知名度可谓千古一战。
但中国历史上，以弱胜强的战役不胜枚举，其中也有很多战役对当时局势的改变起到了决定性的作用。为什么独有赤壁之战能得到这样的重视？苏轼一语道破：“江山如画，一时多少豪杰。”
(二) 三国人物（赏析）
马超：面如傅粉，唇若抹朱，腰细膀宽，声雄力猛，白袍银铠，手执长枪，立马阵前。
刘备：身长七尺五寸，两耳垂肩，双手过膝，目能自顾其耳，面如冠玉，唇若涂脂。
关羽：身长九尺，髯长二尺；面如重枣，唇若涂脂；丹凤眼，卧蚕眉，相貌堂堂，威风凛凛。
赵云：身长八尺，浓眉大眼，阔面重颐，威风凛凛。
张飞：身长八尺，豹头环眼，燕颔虎须，声若巨雷，势如奔马。</td>
<td></td>
</tr>
</table>

课后拓学	（三）三国演义（书评） 《三国演义》描写了大大小小的战争上百次，构思宏伟，手法多样，像官渡之战、赤壁之战、夷陵之战等，每次战争的写法都随战争特点发生变化。在写战争的同时，兼写其他活动作为战争的前奏、余波，或战争的辅助手段，使紧张激烈、惊心动魄的战势张弛有度、疾缓相间。如在赤壁之战前孙、刘两家合作一节，诸葛亮、周瑜之间的矛盾，曹操的试探，孙、刘联军诱敌深入的准备等，都有着分明的层次，能让人从另外的角度去感受阴霾笼罩的战争氛围。 《三国演义》主要人物的刻画鲜明、生动，像足智多谋的诸葛亮、雄才大略的刘备、狡诈多疑的曹操、义胆忠肝的关羽、粗中有细的张飞、心胸狭窄的周瑜、恃才傲物的祢衡等，不一而足。作者擅长以细节刻画人物，细致入微的笔墨让人物栩栩如生，令人过目不忘。 《三国演义》是历史演义小说中的经典。它以宏伟的结构，把百余年头绪纷繁、错综复杂的事件和众多的人物组织得完整严密，叙述得有条不紊，并且前后呼应，彼此关联，环环紧扣。	

自评：☆☆☆☆☆　**组评：**☆☆☆☆☆　**师评：**☆☆☆☆☆

山花学习卡，助力小班化自主学习

乳山市冯家镇中心学校

我校地处乳山市冯家镇，是著名红色经典“三花”作家冯德英先生的故乡。作为红色经典“三花”故事的发祥地，冯德英先生的代表作《苦菜花》《迎春花》《山菊花》，便是这片底蕴丰沃土地上绽放出的一朵朵“山花”，而冯老先生也是植根这片沃土的一朵耀眼的“山花”。他扎根生活的治学态度、精益求精的治学作风、广采博纳的治学方式，尤其值得我们学习和借鉴。在这样的大背景熏染下，我校提出“山花教育”的办学特色，就是期待我们的孩子练就山花的精神和气质，让“山里娃”如“山中花”一样，不畏土地的贫瘠，不畏环境的艰险，深深扎根于脚下的土地，汲取养分，顽强生长，竞相绽放，最终实现“山花烂漫”的教育愿景。

近几年，学校借力小班化教育改革，探索把“关注每一个，成就每一个”的思想与“山花教育”特色有机融合，充分渗透在校园文化建设、师资培训、课堂教学、师生评价等各方面，不仅推动了教育理念、教学方法的变革，而且助推了教师能力和办学质量的提升，收到了“一点突破，多面开花”的效果。

我们深知，小班化的“新音符”要完美地融入学校建设的“大乐章”，就必须在学生发展上“调音定调”。为此，我们抓住小班化“成就每一个”与“山花教育”学校特色的共同点——“百花齐放春满园”，将目光聚焦于学生的自主学习，为每一个学生量身打造适合个体发展的“山花学习卡”，助力学生自主学习能力的提升。

“山花学习卡”是基于任务驱动的学习任务单，它的创新之处在于任务驱动的有效性。它具有明确的目标指向，是教师在深刻分析教材以及研究学生发展水平的基础上，为学生自主学习、有效学习设计的贴近学生实际的教学活动。将“山花学习卡”应用于小班化教学，能够最大限度地为“学”让路，充分发挥“以生为本”的功效，可以让小班化“以学为主，分层学习”的教育追求在日常教学中真正发生。

“山花学习卡”分为“山花采集卡”“山花探究卡”和“山花补给卡”三

类。“山花采集卡”是学生有效学习的预备和引领，“山花探究卡”为学生的自主学习、合作学习提供平台和抓手，“山花补给卡”是课中探究的延续与补充。三者相互补充，相互完善，相辅相成。“山花学习卡”能激发学生自主学习的愿望，当学生在使用学习任务单的过程中，就会产生“学习是自己的事”的心理，从而更加积极主动地参与到学习中去。

一、山花采集卡—— 以学定教，关注个性化学习

为了改变以往“一刀切”“同起点”的教学预设，充分尊重每一位学生的个体差异，教师以“山花采集卡”为载体，引导学生课前进行个性化预学。“山花采集卡”主要针对预学内容，设置“我会读”“我会写”“我会概括”“我质疑”“我评价”等几个可选版块，通过具体、个性化的问题和要点提示，引导学生自主学习、探究和反思，简要记录自己预学活动中的个性化收获与发现。教师通过阅读采集卡，可以精准地掌握学生的预学水平、学习需要、学习兴趣、学习起点等状况，从而依据不同学情，有针对性地制定或调整教学目标、教学内容、教学方法等，使教学预设更具针对性和实效性，从而更好地“关注每一个，成就每一个”。

二、山花探究卡——依学而教，关注分层与合作

为找准每一个学生的“最近发展区”，促进学生获得不同层次的提升，我们开发了适合课堂使用的“山花探究卡”，设置“我会思考”“我会表达”“我会提问”等几个学习版块供教师自由选择，为培养学生的主动探究能力搭建平台。探究卡适用于课堂上的自主学习或小组合作学习的场景。合作学习时，我们将不同特质、不同能力的学生优化组合，进行有效的组内合作。合作时，遵循学习能力由低到高的交流顺序，抓住知识的重难点处、能力的体验迁移处、知识的形成巩固处等重要节点，为每个学生提供不同层次的探究任务，引导学生独立思考、有序表达，既保证每一个学生都能有思考、有感受，又促进了不同层次的学生交流探讨、互教互学，将新课程改革倡导的“自主、合作、探究”落到实处，同时有效助力“每一个”的发展。

三、山花补给卡——练为学设，关注巩固与提升

课堂练习和课后作业是帮助学生巩固知识、学以致用的重要途径。为此，我们通过“山花补给卡”的使用，为不同层次的学生提供“双层补给”：一级补给面向全体学生，主要针对课内知识的巩固以及与课内学习相关联知识的拓展，旨在敦促学生夯实基础知识、丰富积累、开阔眼界；二级补给主要针对学有余力的学生，为他们提供学习方法、思考问题的路径，鼓励学生课后活用学习策略，锻炼学生综合运用知识解决实际问题的能力，提升学生的学科素养和学习能力。“山花补给卡”充分考虑到学生的差异性，科学设置内容的梯度，便于学生结合自己对知识的理解和兴趣自主选择补给内容。

“山花学习卡”有效打通了学生课前、课中、课后的个性化学习与合作探究，实现了小班化关注个体与面向全体的有效对接。合理有效、实用多元的“山花学习卡”是进行小班化课堂教学研究的重要支点，它能教会学生自主学习的方法和手段，充分调动学生学习的主动性和参与兴趣，助力学生学习。

小班化小组合作学习“十二范式”

乳山市徐家镇中心学校

徐家镇中心学校在小班化教学中始终坚持以人为本的原则，积极开展基于小班化教学条件下的小组合作学习，总结出了小组合作学习的“十二范式”，来发掘每一位学生的特长，促进每一位学生的发展。

一、总体布局，开发“十二范式”

小组合作学习的有效性主要体现在是否把握了合作学习开展的时机，因为只有在学生萌发了合作的需求时，开展小组合作学习才能收到预期效果。因此，学校小班化实验教师经过多轮打磨，将小组合作学习提炼总结为五大类：交流、辅导、展示、检查、探究，每大类又细分为不同的教学范式。交流类分为谈旧知、谈收获、谈观点、谈整理；辅导类主要是导疑难；展示类主要是展文本；检查类分为查准备、查预习、查练习、查作业；探究类分为探疑难、探方法。在小班化课堂教学中，学校以小组合作学习“十二范式”为抓手，大面积推广小组合作学习新模式，提高了学生学习的自主性，使小班课堂教学动起来、活起来，提高了课堂教学效果。

在小组合作学习“十二范式”的运行过程中，学校又根据实验情况提炼出了“导、练、评”合作流程。

“导”指明确合作内容，确定合作目标。所以，“导”的关键是“七彩阶梯任务卡”的设计。要求任务明确，每一层次的孩子“做什么，怎么做”要交代得清清楚楚。为此，学校组织了“七彩阶梯任务卡”设计评比，并通过听评课活动，对任务卡的设计及使用情况进行分析、总结、改进，进一步提升了“七彩阶梯任务卡”使用的有效性。

“练”指组内分工合作，开展学习活动。要想有序、有效地开展合作学习，当务之急是落实合作分工，这时常务小组长和学科组长就显得格外重要。对于常务小组长和学科组长，每个班级都会组织专门培训，让他们明确责任分工，学会组织和管理，提高小组合作的有效性。

“评”是指评价与提升，对活动之后的展示进行总结评价。学校专门制定了小组合作学习评价方案，为教师提供评价方法指导。学生也可以根据评价方案明确自己努力的方向。

二、细化分解，实施“十二范式”

下面从小组合作学习“十二范式”中选取六种范式，进行解读。

1. 交流类

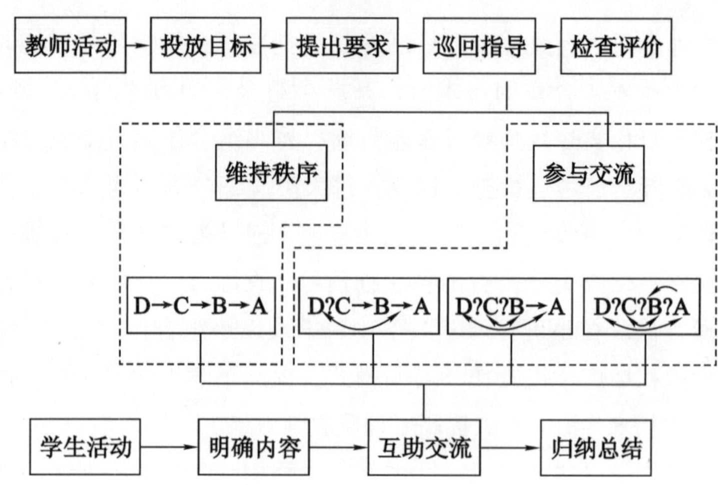

谈旧知主要运用在教学的导入环节，用于复习上节课的知识，为本节课的新授内容打下基础。在小组合作之前，教师首先要利用“四星任务卡”投放小组合作的目标，并提出相关要求，学生要明确本次活动的内容。学生在明确内容之后进入互助交流阶段。小组四名成员按照 D→C→B→A 的顺序依次进行交流，交流有困难则按流程图设置进行。在学生互助交流阶段，教师要维持好各小组的纪律，查看各小组的合作情况。如果遇到个别小组交流困难，教师则参与小组交流，帮助小组完成合作任务。最后，各小组要将交流内容进行总结，全班交流，教师以此进行评价。

2. 辅导类

导疑难主要运用于解决学习过程中遇到的难题。教师备课过程中要对学生的知识掌握情况做到心中有数，从而有效投放小组合作的目标，并提出相关要求。学生在明确本次活动的任务之后，开始进行结对帮扶式的小组合作，结对形式有以下三种：1. AD、BC结对辅导。2. 由A辅导B，然后再按照AD、BC结对的方式进行辅导。3. 如果小组成员均不能解决问题，则由教师进行辅导。通过练习巩固，检查学生的掌握情况。最后，由教师进行总结评价。

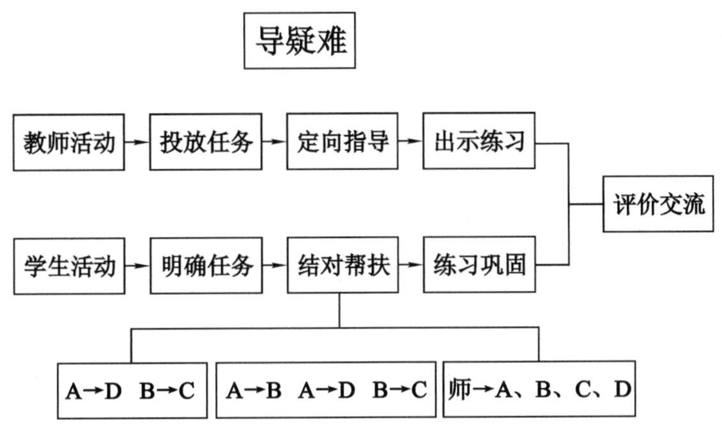

3. 展示类

展文本主要运用于课堂中对学生作品的展示，包括书写、习作、作业、朗读、英语口语等。

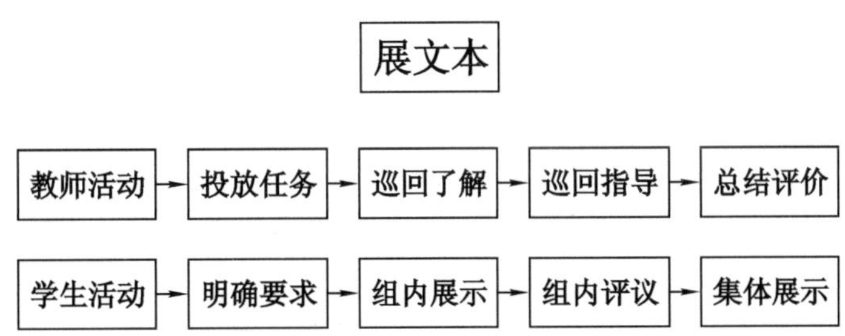

在小组合作之前，教师首先要投放小组合作的目标，并提出相关要求。学生要明确本次活动的内容，做好准备工作。组内展示时，小组成员要认真倾听或欣赏，讨论总结优秀作品的长处，并与自身进行对比，找出并学习别人的优点，同时对组内作品进行生生互评。此时，教师要巡视观察，并参与小组活动，提出合理建议，指导学生查找优缺点。最后，教师对展示的作品及小组活动情况进行总结评价，点评出今后需要注意的问题，鼓励学生今后继续努力，争取让自己的作品也能展示出来。

4. 检查类

查课前的准备主要运用于上课之前，由常务小组长和学科代表对其他同学的课前准备情况进行检查、督促。

查准备

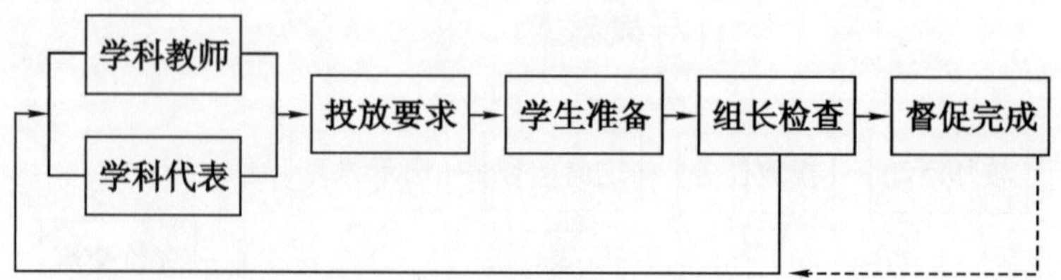

首先，由学科代表与学科教师进行沟通，明确本节课课前需要同学们做哪些准备，然后由学科代表回到班上对全班同学提出课前准备的要求，其他同学按照要求进行准备。然后，由小组长检查本组成员的准备情况，一般包括学习用品的准备和知识的准备，针对准备情况对小组成员进行评价。检查完成后，小组长将检查结果汇报给学科代表或学科教师。最后，小组长还要负责督促本组没有准备好的同学抓紧准备，尽快完成准备任务。

检查作业主要运用于检查学生课后作业的完成情况。作业形式和内容根据知识特点可以是书面作业，也可以是非书面作业。这一范式的实施，需要教师课前将每个小组内 A 层学生的基础性作业批改完，然后在课堂上进行本环节的小组合作学习。

查作业

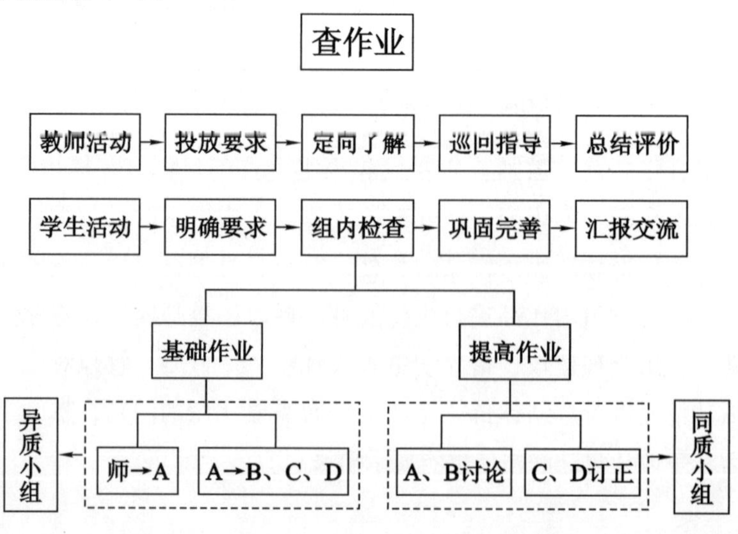

教师首先要对作业的检查提出明确要求，然后再按照流程图进行组内检查，检查完之后进行巩固完善，最后组长汇报、交流作业检查情况，教师进行总结评价。

5. 探究类

探疑难主要运用于探究新课学习中难以理解的问题，通过探究学习，集思广益，寻求答案。

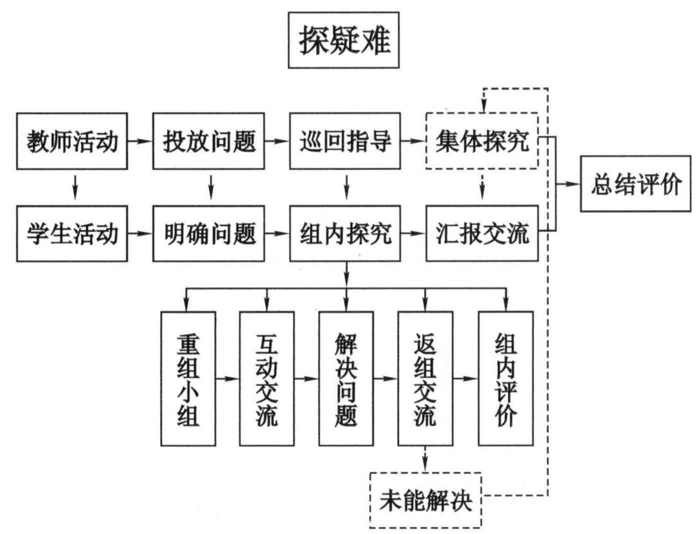

首先教师要面向全体学生投放疑难问题，学生明确学习任务之后，先独立思考，然后进行小组合作。合作流程如下：1. 重组小组。每小组的 A、B 层学生重新组成同质小组，互动交流，解决疑难问题，C、D 层学生巩固基础性知识。2. 返组交流。A、B 层学生回到原来的异质小组，将探究的结果在组内进行交流，并辅导 C、D 层学生，然后进行组内评价。3. 集体探究。如果小组合作仍然解决不了的疑难问题，则将问题反馈给教师，最后进行全班集体探究。教师根据各小组探究情况进行总结评价。

三、互动评价，增效“十二范式”

在互动评价这一点上，学校倡导多样性评价、自我评价、综合性评价、即时性评价，以激励为主，要求教师在小组互动学习的评价上，一定要下足功夫，要及时地、正面地给予学生充分的评价，使学生乐于互动、乐于学习。

小组合作学习“十二范式”的应用，极大地调动了学生的积极性，形成知识和资源的互补，增强了学生自主学习、独立思考的能力，培养了学生敢于表达、乐于展示、勇于合作的精神。

让小组合作在小班化教学中绽放光彩

乳山市午极镇中心学校

乳山市午极镇中心学校位于乳山市北部，始建于 1987 年。历经 30 多年的发展，学校先后涌现出一大批德才兼备的优秀学生：全国小有名气的书法家杨京玉，威海市“五四”奖章获得者、全国“十佳好少年”王萍，家贫志坚的山东“十佳春蕾”女童石洁，山东省“十佳好少年”于文强……在他们的身上闪耀着学校人性化教育的光辉。

近年来，受城市化进程加快、镇域内企业搬迁、乡村青壮年流失等多项因素叠加，学校生源急剧萎缩，师资流失严重，教育教学质量下滑明显。痛定思痛，以问题为导向的教育管理反思，倒逼学校管理必须实施大改革，打破旧有发展定势，向改革要动力，向创新要效益。自 2016 年开始，学校积极响应市教体局小班化教学改革号召，申请成为首批“市小班化改革发展联盟校”，全面推进小班化教学改革，在教学组织形式上不断开拓实践，特别是将小组合作学习真正落到课堂教学实处，厚植小组合作意识，促推学生齐头并进、和谐发展，使教育教学面貌焕然一新。

一、实施小组合作学习的综合考量

我校地处农村，留守儿童、单亲儿童较多，许多孩子性格懦弱、缺乏自信心；学生家庭背景复杂，不少儿童是单亲家庭又寄居在祖父母家中，家长参与学校教育的能力弱；学生学习习惯较差、教育基础薄弱，学习能力迫切需要大幅提升。

鉴于此，仅靠教师 45 分钟的课堂教授，很难照顾到不同层次的学生。尤其是学生羞涩内向、自信心不足等性格上的弱点，是学生今后实现更优发展亟须突破的瓶颈之一。在小班化教学改革试点中，我校积极践行小组合作教学，搭建小组合作学习平台，让更多的学生参与教育教学的全过程。尤其在 2018 年，我校主动对接先进的“学帮理练”教学模式，坚持“学习实践，调研锤炼，改进推行”的原则，按照“课例示范，反思交流，改进推广”的试验模式，不断实现小组合作教学的“落地生根”。经过几年的实际运行，效果显著。

二、小组合作的分组方法

小班化教学的核心理念是“关注每一个，成就每一个”，即注重每一位学生的知识掌握、能力提高与情感激发等。遵循这一理念，我校按教学成绩把学生分成优、中、差三个等级，作为分组的蓝本，再统筹兼顾学生的性别、能力、性格甚至身高，统筹协调，组成四人学习小组。这样，确保各小组间相对平衡，便于学生之间的相互交流、合作与竞争。各学习小组采取主动竞聘的方式选拔组长，对组长实行动态管理，每学期选聘一次，提倡将发展、进步明显的学生优先选拔为组长，负责讲题、监督、检查小组成员的学习。这样做的目的旨在激励学生人人争先创优。各个小组实行“足迹式”管理评价，教师为每个小组建立动态管理台账，每天记录各个小组的课前预习、精神风貌、习惯养成、课堂表现、合作意识、课后作业等状况，每周总结公示，以评价促进学生形成良好的学习习惯，激励学生努力进取。

小组的构建贯彻相对稳定与动态调整相结合的原则，每学期调整 1—2 次。新学年初粗略划分，2—4 周内综合单元检测等多种情况，调整 1 次；期中考试后，调整 1 次，至上学期结束；下学期初，1—2 周内、期中考试后各调整 1 次，至学年末结束。其他时间除特殊情况外，力求小组内成员相对稳定。

三、小组合作的学习成效

小组合作将教育的部分管理权赋予学生，管理重心的下移进一步锻炼了部分学生的综合管理能力，培育了其认真负责、客观公正、自我管理的优良品质，同时进一步降低了教师的教学管理成本。

（一）通过小组合作，变“要我学”为“我要学”。

日常课堂上，部分学习习惯差的学生总会开小差、偷着玩。小组合作学习以后，学生纪律变“老师一个人管”为“小组共同管”；学生的学习由“老师一个人着急”为“小组成员都着急”。小组捆绑式评价让小组成员成为发展链条上不可或缺的一环，谁也不想成为集体的“短板”，集体的期待效应被进一步放大，这样，学生的积极性能够被有效激发，进步往往很大。教师再适时加以鼓励，整个小组的学习积极性就高涨起来，成绩自然也会有所提高。

（二）通过小组合作，提高了学习效率，优化了学习方法。

在小组合作中，教师有意识地增加“做一做”“想一想”“议一议”等环节，这些环节如果由单独一个人做要花费很多时间，进行小组讨论能节省时间，各小组因“组”而异，因“组”制宜，在“想一想”“议一议”等环节，以同龄人的思维和语气，互相点拨，同频共振，学习效率提升明显。学习的方法很多，适合的就是最好的。在合作的过程中，我们搭建起相互讨论、互助学习的平台，提倡让学生领悟方法，进行学法交流，比一比谁的方法好，让学生之间取长补短，发挥小组合作独有的优势，有效优化了学生的学习方法。

四、小组合作学习的具体实施

（一）示范引路，革新理念

理念是行为的先导。要从旧有的“满堂讲”教学模式中走出来，就必须将师生理念的转变放在首要位置。小组合作教学的理念转变，不可能一厢情愿、一蹴而就。我们认为，关键是在教师层面，要充分调动教师的积极性，抓实“顶层设计”“上令下效”。如果能用事实说话，比任何形式的动员都有力度。2018 年，我们派出骨干教师，去青岛实地观摩刘永春教授的“学帮理练”教学模式，以“真经”激发改革动力。同时，学校积极设立教育科研小课题，突出对“学帮理练”、小组合作学习等的融合研究。有了学科课题的引领与级部实践成功的经验，教师在“精讲巧练”“小组合作”等一些理念的理解和操作方法上实现了融合与变通，且与教师课堂实践密切结合，真正实现了小组合作的有效推进。

（二）科学分组，合理优化

为了充分发挥学生个体及学习小组的优势，在组建小组时尽量使成员在性格、才艺、个性特征、学习成绩等方面保持合理的差异，突出它的异质性。为了公平竞争，还要考虑各小组的均衡，便于今后各小组的竞争评比。每小组由 4—6 人组成，每人在组内有不同的角色，如组长、记录员等，而且不定期地互换角色，保证每个学生积极参与。

（三）明确任务，循序渐进

在合作学习时，先要明确学习任务与目标，小组内要协商好合作的方法，提高小组合作学习的效率，完成学习任务。我校提倡发放学习任务单，让小组合作有的放矢。为突出小组成员间的客观差异，学习任务单应该体现任务分层，不同层次的学生预设不同的任务，鼓励小组长带领大家完成高层次任务。同时，在平时的学习中，应培养学生养成良好的合作学习习惯，如虚心听取别人意见、积极实践、动手操作等。

（四）平等合作，快乐活动

小组合作学习的目的是要让每个学生都参与到学习过程中，收获成功的喜悦。但是如果处理不好优等生与学困生的关系，非但达不到目的，相反会加剧两极分化，优生更优，差生更差。小组合作活动中，每个人要各司其职，既是学习的参与者，又是活动的组织者，使每个学生都能平等合作、快乐学习，在有限的时间内达到最好的学习效果。

（五）多样评价，比学赶超

我校采用“知行少年金星榜”“学科小组创星榜”等，按小组顺序在教室后面对学生进行全面评价，大大激发了小组内、小组间、班级间学生学习的积极性，班级文化日益浓厚，效果显著。

总之，小组合作学习最大的优势是充分发掘和利用了人力资源。通过优化合作学习小组，建立有效的竞争机制，使学生在学习中形成同奖同罚、荣辱与共的观念。这样，在一个小组里，一个人的进步或退步不仅仅是个人的事，还与学习小组中每个人的奖罚密切相关，促使人人自觉学习，互相帮助，互相督促，优势互补，共同提高。

差异化教学的“七层七化”

乳山市诸往镇中心学校

坐落于乳山市红色旅游景区马石山下的诸往镇中心学校，是一所九年一贯制学校，学生在基础知识、学习能力、学习态度等方面差异较大。教材统一、教学内容统一的常规教学，通常从大多数学生能掌握的角度去设计学案和授课。学生站在同一起跑线上学习，教师统一起点的教学方式，形成了“塔基学生”占比过多，“塔尖学生”不易培养的现象。如何解决这个问题？如何既考虑到学习的共性，也能照顾到学生的差异？如何实现每个学生在原有的基础上得到最大限度的发展，让每一个学生体验并享受学习成功带来的趣味和快乐？我校本着“关注每一个，发展每一个，成就每一个”的小班化办学理念，实行了“七层七化”差异化教学。

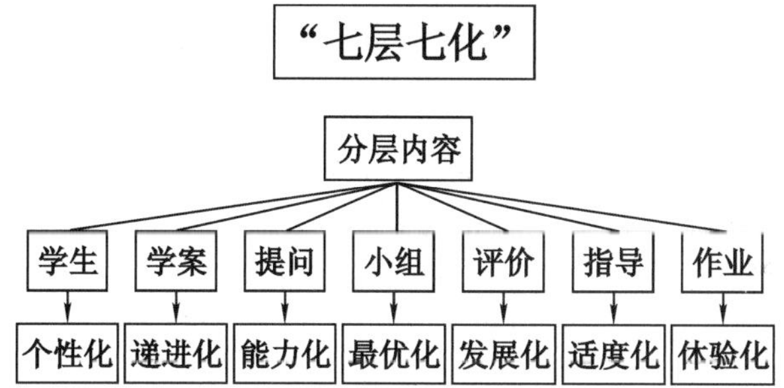

所谓差异化教学的“七层七化”，即教师在教学过程中通过给学生营造一个差异学习的环境，根据学生的学习特点、学习方式、学习习惯、学习成效等方面的不同，进行综合考量，分层划分。对不同层次的学生提出不同的学习要求、不同的讲解、不同的练习、不同的辅导、不同的作业、不同的评价，使每一位学生都有一个适合个体成长与发展的空间，促进学生全面和谐发展。

一、学生分层个性化

在小班化课堂中，教师既要关注学生个体之间的差异，也要关注学生个体内在的差异。我校要求教师从目标教学出发，根据学生的学习兴趣、学习态度、学习习惯、学习方式等的不同，进行综合考量，将学生的发展视同一株植物的生长发育阶段，按照由低到高分为幼芽、叶茂、繁花三个层次的群体。

班级分层的总体要求是幼芽层、叶茂层、繁花层的占比为3∶6∶1。班主任主要依据学生的学习成效，结合学习态度、学习习惯将学生按比例划分为三个层次。

任课教师既可以运用班主任的综合考量分层，亦可以根据自己学科特点和学生学科学习能力，以学科学习属性为标准进行单科分层，各自确定数量，各层学生数量没有严格的划分比例。

分层时要注意一个问题，学生的分层不是一成不变的。教师要随时注意观察学生的动态变化，根据学习能力和学习结果，鼓励低层次的学生向高层次发展。

二、学案分层递进化

教师设计学案时，既要关注学生的群体差异，更要关注学生的个体差异，对教学目标与教学内容进行综合性分层和有所侧重的知识分层，并对各层次学生提出相应的学习要求。要注意的一点是，情感态度价值观方面要对所有学生提出相同的目标，不能因学习能力的差异而将情感目标的培养也进行差异教育。

<table>
<tr><td colspan="2">课题</td><td colspan="3">鲁教版八年级上册 Unit 4《An old man tried to move the mountains》(Section A 3a-3c)</td></tr>
<tr><td colspan="2">学校</td><td colspan="2">乳山市诸往镇中心学校</td><td>姓名　隋继东</td></tr>
<tr><td colspan="2">教材内容定位</td><td colspan="3">本课的设置主要是为了培养和提高学生对寓言故事、神话故事和童话故事的阅读和理解能力。本节课主要通过对美猴王的描写来体现中西方文化差异。文章的人文内涵直接指向学生的精神层面，对学生形成正确的价值观和人生理想具有重要的促进作用。这也正符合英语课程标准所明确的任务。</td></tr>
<tr><td rowspan="5">学习目标</td><td colspan="2" rowspan="2">group（分组）</td><td colspan="2">Aim（学习目标达成度）</td></tr>
<tr><td>基础知识达成</td><td>能力提升</td></tr>
<tr><td>基础层</td><td>幼芽层</td><td>能够读、记基础单词和动词。</td><td>能够掌握一些描述故事的重点句。</td></tr>
<tr><td>提高层</td><td>叶茂层</td><td>能够掌握基础单词、词组和重点句式。</td><td>1. 能够根据提示复述故事。
2. 理解并学会运用 unless，as soon as，so... that 引导的状语从句。</td></tr>
<tr><td>拓展层</td><td>繁花层</td><td>能够灵活运用基础单词、词组和重点句式。</td><td>1. 能够灵活判断与运用一般过去时。
2. 能够根据一般过去时，灵活运用自己的语言来讲述一篇故事。</td></tr>
</table>

对于学习能力强的“繁花层”学生，通过自学，除完成预习任务外，要拓展延伸学习知识，尝试运用知识分析现象、解决问题。对“叶茂层”的学生则要求他们能初步了解学习内容，完成预习导学设计的知识点，如有时间和兴趣，可以查阅有关资料。对“幼芽层”的学生则要求他们能预习学案，了解所学内容，努力完成预习导学案上的基础知识。

三、提问分层能力化

课前，教师就学习内容和学习目标以促进每一个学生最大化发展为目的预先设计分层问题，并根据学生实际，确定哪些问题在课堂上使用。“繁花层”的问题设计要考虑学习内容的重难点和拓展延伸性的知识。“叶茂层”的问题设计重在理解性、运用性及重点知识。给“幼芽层”的学生设计问题要重在基本能力和基础知识。课堂提问时，教师要根据实际情况灵活改变问题的认知层次，假如教师发现一个问题对被提问的学生来讲太深，就应该向他提出较浅的问题；相反，如果一个问题对被提问的学生来讲太浅，就可以尝试向他提出较深的问题。

以九年级上册《道德与法治》第一课第二节《走向共同富裕》为例。

关于“为什么改革只有进行时”这一问题的设计，我校一位教师对不同的学生提出了不同的问题。对“幼芽层”的学生，教师提出：“中华民族伟大复兴，不是敲锣打鼓就能实现的，必须要坚持改革开放，改革只有进行时没有完成时。请你说一下阻碍祖国复兴的社会主要矛盾、经济发展的新常态及我国经济发展面临的现实挑战分别是什么?”通过“主要矛盾”“新常态”“现实挑战”这三个关键词语，将一个复杂的综合性强的问题，引导学生通过自主学习很容易找出答案来。对于具有一定分析问题能力的“叶茂层”同学，则无须提供任何的关键词语提示，教师提问则非常直白：“为什么改革没有完成时?”而对“繁花层”的同学，他们不仅要顺利完成“叶茂层”的问题，且增加了理论与实际相联系的问题：“请你结合社会热点和焦点现象，分析说明为什么改革只有进行时，没有完成时?”将学生综合分析问题的能力引向更深层次。

同一问题，不同问法，学生不仅获得了相同的知识点，而且收获了不同的学习能力。人人都有收获，人人都获得提问机会，人人都有机会展示自己解决问题的能力，因而既尊重了学生的个性，又培养了学生的特长。

四、小组分层最优化

构建合作学习小组的最优方法和原则是异质同组。任课教师在对全体学生了解的基础上，根据学生的学习能力，将全班学生分成“幼芽层”“叶茂层”“繁花层”三层，在此基础上将三个层次的学生再组合，分成不同的学习小组。小组的构建和划分，既可是教师为主导划分，也可是学生为主体的“半自由”组合。

在小组组建的过程中，除了保证每组内有学习成绩突出的学生外，还要考虑分配一名管理能力强的学生。同时，要注意学生的性格因素对学习的影响，活泼型学生与内敛型学生相结合，以增强小组的活力。

<table>
<tr><th rowspan="2"></th><th rowspan="2">Task
（基础知识任务）</th><th rowspan="2">Aim
（目标达成）</th><th rowspan="2">Activity
（学习活动）</th><th colspan="3">Appraisement（评价）</th></tr>
<tr><th>方式</th><th>星级</th><th>标准</th></tr>
<tr><td rowspan="4">课堂基础知识任务学习检测评价</td><td rowspan="2">Words:
shoot, stone, weak, god, remind, bit, silly, object, hide, tail, magic, stick, excite, Western</td><td rowspan="2">你能根据音标正确拼读和默写这些单词吗?</td><td>Learning by oneself（自学）</td><td>自我评价</td><td>☆☆☆☆☆</td><td rowspan="2">说明：（五星标准）
繁花层：14个单词必须全部掌握。
叶茂层：掌握10个以上单词。
幼芽层：掌握6个单词。</td></tr>
<tr><td>Help each other（组内互帮）</td><td>组长评价</td><td>☆☆☆☆☆</td></tr>
<tr><td rowspan="2">Phrases:
a little/bit, instead of, turn into, be able to make, 72 changes, as soon as, give up, make something small/big/long</td><td rowspan="2">你会灵活运用这些词组吗?</td><td>Learning by oneself（自学）</td><td>自我评价</td><td>☆☆☆☆☆</td><td rowspan="2">说明：（五星标准）
繁花层：掌握不少于7个词组。
叶茂层：掌握不少于5个词组。
幼芽层：写出3个词组即可。</td></tr>
<tr><td>Help each other（组内互帮）</td><td>组长评价</td><td>☆☆☆☆☆</td></tr>
</table>

教师指导采用“1∶N教学法”，即1名教师负责解决N名组长的问题，掌握N个小组的学情；1名组长负责解决N名组员的问题，掌握N名组员的学情。小组合作实行层级负责制，即“繁花层”负责“叶茂层”，“叶茂层”负责“幼芽层”。

五、评价分层发展化

对学生的分层评价，要以各层学生“最近发展区”为标准，以体验成功为目的，确定不同的评价标准，在评价中努力体现即时性、差异性和鼓励性。分层评价因层而异，重在激励，重在发展，要用不同的评价标准来衡量不同层次的学生。“繁花层”学生侧重拔高发展，“叶茂层”学生侧重渐进发展，“幼芽层”学生侧重稳步发展。要重点围绕教学目标补缺补差，一步一步从基础知识做起，不好高骛远，也不降低标准。评价的终极目标是让每一个学生获得最大化的发展。

学生评价形式灵活多样，通过自我评价、组长评价、教师评价等多种评价方式，采用星级评价或是小图标评价，如“大拇指”或“你真棒”等鼓励性小印章，谁表现好，直接盖章表扬。

我校一位教师结合自己对差异化教学的理解，从促进学生发展的角度考虑，采用了“金字塔”命名分层，对学生学习能力采用了星级评价。

为了让每个学生都有奋斗目标，我校还进行阶段性的星级学生评价：周之星、月之星、学期星和校园年度人物四个层次。

“周之星”评价通过学生自主申报、演讲展示、民主评议，由班主任及任课教师综合各方面的情况协商评定产生。“周之星”获得者由班主任在班级内表彰，并颁发由班主任签名的证书。

“月之星”由年级设立评审组。评审组人员由年级主任、教师代表、学生代表组成。基本程序是班级推荐，评审组根据推荐学生的个人事迹，在学生演讲展示基础上综合确定。“月之星”获奖者由学校统一颁奖。

“学期星”每学期组织一次评选。“学期星”的评选表彰人数根据实际情况确定。学校成立校评委会，由校教代会、学代会评选各级部候选人，校长亲笔签发证书，将获奖学生事迹整理宣传。

获得“学期星”的同学有“校园年度人物”申报评选资格。“校园年度人物”的评选程序同“学期星”的评选程序。

六、指导分层适度化

根据学生差异化的学习目标，教师要预估小组学习差异，在小组学习指导环节中，适时落实对不同小组的差异指导；教师还要预估学生的个体差异，在独立预习或小组学习指导环节中，适时落实对个别学生的指导。同时，指导要适度。对于知识、能力水平较低的学生，应采用个别辅导，将复杂问题分解化，逐层解决，引导模仿学习；对于基础较好、思维较为活跃的学生，重点采用自主学习方式，引导学生自查自纠，发现问题并改正错误，或通过小组合作解决问题，教师只需适时、适度、适当地进行启发点拨。

七、作业分层体验化

课堂练习及课后作业的设置要有层次性，针对不同层次的学生，设置数量不同、难度不同的作业，由学生自主选择，目的是让全体学生都能较好地完成作业，体验到学习成功的乐趣。各学科的课堂练习和作业设置要遵循“十二字诀”。

诸往镇中心学校作业设置“十二字诀”

层级	具体要求
幼芽层	要普及，宜识记，重基础，有理解
叶茂层	要提升，宜重点，重思考，有延伸
繁花层	要拓展，宜综合，重能力，有拔高

总之，“七层七化”差异化教学，需要教师有敏锐的感知能力和专业素养。要深入了解每一位学生，认真钻研教材，精心设计每一个教学环节，灵活使用现代化教学工具，让不同层次的学生均能积极参与到课堂活动中去，发展并成就每一个学生。

优化教学预设　演绎精彩课堂

乳山市乳山寨镇中心学校

国家3A级森林公园岠嵎山脚下，蜿蜒的乳山河畔，矗立着一所花园式学校——乳山寨镇中心学校。这里，依山傍水，书声琅琅；这里，钟灵毓秀，人文荟萃；这里，华章迭出，精彩无限。在学校中心甬道的尽头，矗立着一块造型奇美的太湖石，上面镌刻着一个红色的小篆“賞”，就是“赏”。这个不常见的繁体字，诠释了学校的办学理念——全纳教育，即“接纳每一个孩子，通过精致优质的教育，实现培养‘最优这一个’”。为了让小班化教学“关注每一个，精彩每一个”的核心教育理念赋予“全纳教育”锦上添花的魅力，我校以课堂教学预设为切入点，围绕教谁、教什么、怎么教三大主题，扎实开展教学研究，将“关注每一个，赏识每一个，激励每一个，幸福每一个”的核心理念融入课堂，促推小班化教学改革。

一、目标层次化，力求全覆盖

目标的预设是课堂教学的基点，也是谋篇布局、因材施教的坐标轴。根据小班化教学尊重差异性、关注每一个的要求，我们对全体学生采取了层级式、个体化管理方式，这样就能充分发挥班小人少的教学优势。

坚持分层、定标两步走。首先，教师根据平时的测试成绩和观察了解，按照分层教学的要求，大致将学生分为A、B、C三个层次，做到“心中有数”。然后，结合课程标准、知识结构，根据不同层次学生的个体差异，量身定制个体目标，做到“心中有人”。为将定标这个“绣花活”做精致，我们要求教师以两种方式“行针走线”：一是“上下浮动”，在面向全体的基础性目标横轴上，帮A层学生制定“跳一跳，摘桃子”的发展目标，帮C层学生确定“跨栏向前冲”的过关目标，并以文字表述的方式进行定向管理；二是“条分缕析”，将预先准备的识记类基础目标投放给全体学生，将理解应用类发展目标投放给A、B层学生，将应用分析类提高目标投放给A层学生，让目标与学生一一对号入座，确保不跑偏、不错位。

【案例】 六年级语文上册《书戴嵩画牛》教学目标预设

<table>
<tr><td rowspan="3">分项教学目标</td><td>知识与能力</td><td>1. 通过复习巩固，进一步积累文中重点的字词句。
2. 通过朗读、品读，更加准确地把握文意，理解文中蕴含的哲理。</td></tr>
<tr><td>过程与方法</td><td>通过迁移练习，初步掌握课外文言文的做题方法。</td></tr>
<tr><td>情感态度价值观</td><td>通过合作学习，培养学生的合作意识、质疑探究精神。</td></tr>
<tr><td rowspan="2">分层教学目标</td><td>上限（发展性目标）</td><td>1. 在准确掌握本课字词句的翻译、理解文章内容的基础上，初步掌握文言文的做题方法。
2. 在合作学习中能够积极主动地自学、助学和质疑探究。</td></tr>
<tr><td>下限（基础性目标）</td><td>准确掌握本课重点字词句的翻译，理解文章内容，有合作意识和质疑探究精神。</td></tr>
</table>

二、内容自助化，力求全参与

内容的预设是课堂教学的着力点，也是促进学生全面个性化发展的重要抓手。根据小班化教学更易关注个体、实现全纳的特点，我们在内容上不仅实行了“集体配餐+个人订餐”的双管理模式，还预先开发出“自助餐”，让学生有更多的选择，避免学生因兴趣爱好、吸收能力不同而出现厌学、偏学问题。

为了科学、精准地供给学习内容，学校准确定位课前任务单的设计、学科内外知识的整合、教学内容呈现的方式三个突破口，让小班额里的全体学生在课堂上以悦纳的心情进行有效学习。通过课前投放的任务单，老师可以较为全面地了解学情、教情，提前迈出知己知彼的关键一步，为有的放矢地解决重难点提供了先决条件。以拓展性课程开发为载体，引导教师树立大课程观念，主动打破学科壁垒，以纵横关联的方式进行学科知识整合，培养学生的发散思维能力；尤其是在德育课程一体化的研究实践上，我校综合实践、生物、心理等学科积极作为，在威海市优质课评选中，一举夺得了1个一等奖、2个二等奖，创造了我校新纪录，彰显了知识整合的潜能。另外，引导教师抓住小班化教学的特质，别开生面地以生活化、活动化、开放化、趣味化的方式呈现内容，有效地激发了全体学生的求知欲，从而提升教学效果。

【案例】　六年级语文上册《书戴嵩画牛》课前、课中、课后任务单

课前预习任务单

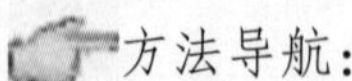方法导航：

1. 个人完成任务单。
2. 小组合作伙伴助学、诊断、校正易错点和困惑点。

目标任务：

1. 复习背诵本课需要积累的字词句，我能行！（难度系数★★）
2. 认真整理任务单中本课需要积累的字词句，我能行！（难度系数★★）
3. 能够结合翻译方法翻译句子，再攀一阶，我能行！（难度系数★★★）

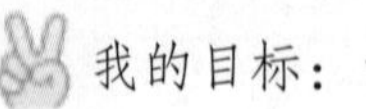我的目标：☆☆☆☆☆

一、小积累，大智慧

（一）我积累的文学常识

1. 本文选自____，作者______，字____，号____，____代文学家、书画家、词人、诗人、美食家，“唐宋八大家”之一，豪放派词人代表。

2. 戴嵩，______代______家。

（二）我积累的重点字词

1. 我会读（给画横线的字注音）。

处士（　　）　好书画（　　）　戴嵩（　　）

曝书画（　　）　拊掌（　　）　尾搐入两股间（　　）

2. 我会译（解释画横线的词语的意思）。

（1）古今异义词

①尾搐入两股间　股：古义：______________。

今义：事物的分支或一部分；屁股。

②今乃掉尾而斗　掉：古义：______________。

今义：落下。

（2）词类活用

①所宝以百数（　　）　②锦囊玉轴（　　）（　　）

（3）一词多义

①以{所宝以百数（　　）；常以自随（　　）}　②之{有一牧童见之（　　）；处士笑而然之（　　）}

（4）其他重点词语

①处士（　　　　　　　　）

②好书画（　　　　　　　　）

③所宝（　　　　　　　　）

④尤所爱（　　　　　　　　）

⑤一日曝书画（　　　　　　　　）

⑥拊掌大笑（　　　　　　　　）

（三）我积累的重点句子翻译

1. 需要补充省略成分的句子。

如：所宝以百数。

译文：（杜处士）所珍藏的宝贝数以百计。

(1) 锦囊玉轴，常以自随。　译文：______________。
(2) 一日曝书画，有一牧童见之。　译文：______________。
2. 倒装句。
有戴嵩《牛》一轴。　译文：______________。
3. 判断句。
此画斗牛也。译文：______________。
4. 其他含有重点实词、虚词的句子。
(1) 蜀中有杜处士，好书画，所宝以百数。　译文：______________。
(2) 牛斗，力在角，尾搐入两股间。今乃掉尾而斗，谬矣。
译文：__________________________________。
方法总结
翻译文言文的方法：____________________。
翻译文言文的原则：____________________。
(四) 我的疑惑或整理的易错词句：____________________。

课中学习任务单

方法导航：

1. 积极参与课堂活动，认真倾听，认真记录。
2. 积极参与小组合作伙伴助学，解决重难点。

目标任务：

1. 读准字音，掌握词义，勇闯字词关，我能行！(难度系数★★)
2. 灵活运用翻译方法准确翻译句子，积极参与小组探究任务，勇闯翻译关，我能行！(难度系数★★★)
3. 学以致用，完成拓展研学，再攀一阶，我能行！(难度系数★★★★)
4. 认真倾听，认真思考，勇闯释疑关，我能行！(难度系数★★★)

我的目标：☆☆☆☆☆

学习流程预设：
依据课前任务单，四人小组合作探究翻译方法的运用，做好充分的知识储备，依次闯过字词关、翻译关、释疑关、检测关。

一、小思索，大提升

1. 牧童见到这幅画，为什么会“拊掌大笑”？和杜处士的“笑而然之”有什么不同？（难度系数★★）

2. 应该如何理解“耕当问奴，织当问婢”？（难度系数★★★）

温馨提示：表面义+深层含义。

3. 作者讲这样一个故事，想要说明什么道理？（难度系数★★★）

温馨提示：通过事件分析道理，抓住关键句分析道理。

4. 联系实际谈一谈你从这个故事中获得了什么启示。（难度系数★★★★）

二、拓展研读

正午牡丹

欧阳公尝得一古画，牡丹丛下有一猫，未知其精粗。丞相正肃吴公与欧阳公姻家，一见曰：“此正午牡丹也。何以明之？其花披哆而色燥，此日中时花也；猫眼黑睛如线，此正午猫眼也。有带露花，则房敛而色泽；猫眼早暮则睛圆，日高渐狭长，正午则如一线耳。”此亦善求古人笔意也。

1. 用现代汉语翻译下面的句子。

猫眼早暮则睛圆，日高渐狭长，正午则如一线耳。（难度系数★★★）

2. 丞相吴公能一眼看出画的是“正午牡丹”的原因有哪些？（难度系数★★）

3. 读完短文，你从中悟到了怎样的道理？（难度系数★★★★）

三、小检测，大进步

书戴嵩画牛

蜀中有杜处士，好书画，所宝以百数。有戴嵩《牛》一轴，尤所爱，锦囊玉轴，常以自随。

一日曝书画，有一牧童见之，拊掌大笑，曰：“此画斗牛也。牛斗，力在角，尾搐入两股间，今乃掉尾而斗，谬矣。”处士笑而然之。古语有云：“耕当问奴，织当问婢。”不可改也。

（一）基础过关（难度系数★★）

1. 下列句子中，加点词的解释有误的一项是（ ）。

A. 锦囊玉轴（用玉作画轴） B. 处士笑而然之（这样）

C. 尾搐入两股间（大腿） D. 乃掉尾而斗（却）

2. 下列句子中，括号里补出的省略成分错误的一项是（ ）。

A.（杜处士）所宝以百数 B.（戴嵩）尤所爱

C.（牧童）拊掌大笑 D.（这个道理）不可改也

（二）牛刀小试（难度系数★★★）

1. 文中表现杜处士对画作非常珍视的句子是：________________。

2. 文中的画线句子属于________描写，表现了牧童____________的性格特点。

（三）我的收获

本课还有什么困惑？

收获了哪些知识点？

合作学习，收获体会

解决了哪个疑难点？

课后作业任务单

作业自选超市

1. 根据本节课所学内容为本课绘制一份思维导图。（难度系数：★★）

2. 这个故事对你有哪些启示？任选一个角度，结合实际写一写你的看法。300 字左右。（难度系数：★★★）

我的目标：摘取☆☆☆☆☆颗星

自我评价：☆☆☆☆☆ 小组评价：☆☆☆☆☆

评价依据：任务目标达成情况和小组合作学习记录表成绩。

三、过程丰富化，力求全兼顾

教学目标、教学内容的落地，关键要看教学各个环节如何组织。因此，科学地提问、活动、练习等常规性过程预设不可缺位。关于提问，我们除了要求教师做到课内兼顾全体学生，灵活采用举手回答、轮流回答、点名回答等形式，还要做到问题与学生的精准呼应，让每个学生都有发言权。关于活动，在粗线条预设空间位置以确保无盲区、关注到每一个学生的基础上，在细线条预设学生的座位安排、小组活动方式、教师巡视轨迹等，在师生、生生有效互动中完成重难点的合作探究。关于练习，采取分层实施、异步达标的策略，对基础薄弱的，以“带”为先，扶为主、放为辅；对学力有余的，以“引”为先，放为主、扶为辅。如此一来，课堂教学就能有效促推教师由“面向大多数”转向“成就每一个”，厚植学生个性发展的土壤。

【案例】　六年级语文上册《书戴嵩画牛》课堂教学

整体预设：采用竞赛闯关的形式，激发学生的课堂参与热情。本节课按字词、句、问题分为由易到难三个关卡，并在最后设置检测关，学生在教师指导下分组合作闯关。以小组合作竞赛闯关模式调动学生的竞争意识和参与积极性。

建立抱团发展评价机制。在课堂竞赛闯关中，一个小组就是一支参赛队伍，每组每人完成一个闯关任务就能为本队赢得一分，这一分既是个人得分，也是小组得分。每一轮闯关答题过程中都有一个替补答题的机会，替补只能由下一位同学担任，这样如果替补者答对，既能引起答题者的警醒，又能提高替补者的自豪感。

“不放弃每个学生”是学校的庄严承诺，“让每个孩子都成才”是学校至高的追求，小班化教学是学校发展的又一个新起点。在课堂教学中，只有让学生真正“动”起来、“活”起来，我们的课堂才能焕发出生命的活力，才能让每个学生学有所获，使他们的个性得到真正发展。

“四学一体”课堂教学模式的架构

乳山市育黎镇中心学校

小班化教学的主阵地在课堂，主体是学生。学生的学习能力直接影响着教学的质量。育黎镇中心学校通过研究学生自学、导学、互学、深度学的教学活动，整合高质量的教学课堂模式，形成了“四学一体”的课堂教学模式。

一、厚积薄发，认知、理解、提升三步走

（一）以主题活动为载体，提升对课堂教学模式的认知

育黎镇中心学校举办了“五个一工程”，旨在拓宽教学模式认知。要求教师每月读一本与专业相关的书籍，每月写一篇读书反思、教学反思或案例分析报告，每学期做一次教研活动中心发言人，每学年执讲一节小班化优质观摩课，每学期争取外出学习考察一次。通过读专业书籍、写读书感悟、做发言报告、展精品课堂，促进教师对小班化课堂的认知，深化专业知识，拓宽知识结构，为课堂模式的科学高效注入活力。

（二）以课题研究为驱动，促进对课堂模式的深入理解

2018 年，我校申报威海市教育科研“十三五”规划课题“义务教育阶段小班化下‘四学一体’教学模式的研究”。以课题研究为载体，把教学和研究有机地融为一体，使教学与研究真正成为教师工作的一部分。教师在课例研究过程中分析问题、解决问题，不断反思自己的行为，或对行为产生的结果进行深入地审视和分析，总结提炼自己的成果，把“知”与“行”结合起来，并对自己的教学实践进行再研究，用专业的理论术语概括、归纳、表述，形成具有很强经验性、指导性、实用性的教育理论，从而加深了对小班化课堂模式的理解。

（三）请专家团队指导，加强对课堂模式的全面提升

为探索高效的语文课堂教学模式，促推教育质量的稳步提升，育黎镇中心学校组织骨干教师于 2016 年 11 月前往青岛、12 月奔赴潍坊参加了“语文主题学习”观摩研讨学习。骨干教师在本校开展了两次培训学习，帮助语文老师进一步加深对“语文主题学习”教学模式的理解。同时，通过与总课题

组的交流，将我校申请为“语文主题学习”课题实验校，得到了青岛市总课题组的全程指导。

为推进小班化课堂教学改革，2016 年 10 月 5 日，育黎和冯家两家试点学校的数学骨干教师参加了青岛市黄岛区开展的“省际初中‘学帮理练教学法’课堂教学交流研讨会”。2016 年 11 月 12 日，育黎镇中心学校邀请青岛市黄岛区教科所所长刘永春到校进行小班化课堂教学现场指导，小班化教学试点学校的骨干教师、教研员均参加。刘永春所长在育黎镇中心学校做了“学帮理练”专题报告，带领小班化实验学校教师进行了现场教学设计，并执讲数学示范课；通过与本校教师同课异构，共同研讨教法，提出改进意见，以课例对比、教研实战的形式提高教师的认识。“学帮理练”四步教学法在数学教学中传递了“从学开始，从练入手，以学为主，一练到底，在学中练，在练中理”的教学理念。

为巩固学习效果，学校组织教师编写出适合每个年级的“语文主题学习”校本教材，教师指导学生在“语文主题学习”中进行专题和深度学习。“学帮理练”四步教学法彻底改变了教师的传统教学理念，使教学效率大幅提高。“走出去，请进来”的成功经验丰富了小班化下“四学一体”课堂教学模式的内涵，为“四学一体”课堂教学模式的构建奠定了实践基础。

二、分工合作，在团队合作中携手前行

（一）领导带头，保证课堂教学模式的实践意义

我校完善了领导定点负责年级、学科组的教育教学视导制度，即要求领导每周至少一次推门听课；每月组织定点年级的测评、分析；每月参加定点学科的教学研讨活动。通过听评课、调研学生、常规检查等方式，了解教师课堂教学实际，矫正“四学一体”课堂教学模式的实践问题，全面审视、矫正偏差，保证课堂教学模式的实践意义。

（二）骨干引领，推动课堂教学模式的点面渗透

充分发挥骨干教师的榜样力量与引领作用，完善“二示范”制度。第一，业务示范。组织骨干教师外出培训学习，返校后开展校级教研活动，帮助教研组内其他教师，并以面对面辅导、教学经验交流、报告讲座等形式进行二次校级培训。第二，课堂教学示范。广泛开展骨干教师示范课，教研组内每

两周进行一次观课、议课、学课活动。以点带面、以面促点，在常态化的活动渗透中实现课堂教学模式的有效推行。

三、精准定位课堂，落实课堂教学效果

（一）自学——教师在学生自学中的指导

1. 适时指导。开始自主学习时，教师需要指导学生从哪儿入手、该学什么、该完成什么。教师要在授课中对学生多一些学习方法的指导，比如如何做好预习、如何记笔记等，帮助学生归纳各类学习方法，使其具备自学能力。

2. 肯定评价和积极鼓励。当学生的回答出现知识性错误时，教师要给予正确引导；当学生的回答有个别小错时，教师要予以包容；当学生的回答有独到的见解时，教师要及时予以鼓励。评价时要尊重学生个体差异，如学习基础的差异、能力水平的差异、性别的差异，让学生体会到成功的喜悦。

（二）互学——小组分层合作学习

小组分层合作学习中应遵循以下几点：合作学习必须建立在学生自主思考、积极参与的基础之上；教师在掌握好学情的基础上，提前预设不同的范式；组长、副组长都要监控组员的参与情况，随时查看小组成员是否在认真思考和倾听，及时提醒、督促走神或没进入状态的组员，对组员讲解有问题的要适时进行补充或指导；注意小组长要发挥主导作用，给每个成员以发言交流的机会，杜绝“一言堂”现象。

（三）导学——教师把握关键节点，指导学生有效学习

1. 在新旧知识联结处给予点拨指导。便于引导学生从旧知识过渡到新知识，促进知识的迁移。

2. 在学习新知关键之处点拨指导。有益于重难点问题的突破，使学生对所学知识理解得深、理解得透、掌握得牢固。

3. 在学生疑惑之处点拨指导。设计合适的坡度，帮助学生寻找思维的突破口，排除疑难，解决困惑。

4. 在学生争议之处点拨指导。教师要针对学生争议的热点、焦点问题进行认真分析，找出问题的症结，然后进行适当点拨，或给予正确的解释，或启发学生按照正确的思路、方法、步骤进一步探讨，自己找出问题的答案。

5. 在思维受阻之处点拨指导。在课堂上，新课中的难点往往会使学生的

思维受阻，这时教师可适当分解这些问题，体现一定的层次性与诱导性，巧妙地让学生在探究中突破难点，同时，也能提升学生的逻辑思维能力。

6. 在思维定式干扰之处点拨指导。设计探究问题，可以引导学生冲破原有思维方式的束缚，从不同的角度、方向寻求正确解决问题的途径和方向。

（四）深度学——通过多样的分层练习，进行有效拓展

练习巩固要有针对性，针对实际情况实施分层训练。

1. 练习之前先了解学生的学习状况，根据不同学生的学习状况，在练习的容量、难度等方面分别提出不同的要求，做到各有所得、共同进步。同时，在组织练习时应逐步递进，不能超越常规跳跃式前进。

2. 有效练习要多样化。设计练习题力求做到分层要求、形式多样、讲求实效。在教学过程中，设计训练题时可适当将一些常规型题目改为开放型题目或将题目的条件、结论拓宽，使其演变为一个发展型问题，或给出结论，再让学生探求条件等，让学生有充分讨论与发展的空间和时间。在教学中，我们可以设计基本练习、综合练习、应用练习和开放练习等多种不同层次的练习，反馈教与学的效果。这样既有利于引导学生进一步巩固和加强对知识的理解，又有利于调动学生学习的积极性，培养创新意识，提高分析问题和解决问题的能力，发展学生的应用能力。

3. 强化反馈矫正，及时调整练习，提高练习的有效性。教师选准反馈时机，制定恰当的反馈方式，拟定有针对性的练习题，引导学生总结知识应用的规律，掌握正确的思维方式、方法，当堂扫除学习障碍，逐步消灭学习上的误区，使学习的效能得到提高。课后教师还要对过程反馈做必要的反思，辨析教学调节的效能，寻求有效的反馈时机、方式和措施。

聚焦“三段六步”模式，完善“合作学习”

乳山市南黄镇中心学校

乳山市南黄镇中心学校位于黄海之滨，随着沿海经济的迅猛发展，2016年以来，大量的外地学生进入学校，造成学生之间的差异较大。我校立足生源差异较大的实际，以小班化教学促进差异教育改革。在以小班化教育促进自主课堂建设的过程中，我校逐步探索“三段六步”的小班化课堂教学模式的实践研究。针对实际情况，我们在合作学习中完善“三段六步”方面做了积极的探索与思考。

一、初探“三段六步”模式，规范合作

“三段六步”模式突出课堂教学以教师为主导，以学生为主体，并致力于形成一种新的双边关系。在教师的启发与引导下学生去发现问题；教师针对问题进行精讲，师生紧密配合，教学相长。“三段六步”模式致力于学生通过动眼、动耳、动口、动手、动脑，营造互动生成的情况，使学生的身心共同参与到学习活动中，强化吸收知识，提高技能，发展智力，彰显课堂教学的靓丽色彩。它突破“三要素”（教师、学生、教材）的结构关系，变“教师—教材—学生”结构关系为“学生—教材—教师”，使学生与教材直接关联沟通，教师则扮演架桥、摆渡的角色，体现了知识的掌握是学生自己智慧活动的产物这一基本认识原理。

具体操作过程：“三段”是通过三个任务单来完成的，即“课前预习任务单”“课堂学习任务单”“课后巩固作业单”。

（一）预习探究阶段

1. 教师按A、B、C层次，紧扣教材内容设计“课前预习任务单”。

2. 通过预习导学案分别对不同能力的学生进行自学指导，使学生明确学习目标与任务，通过查询各种资料独立自学、自测，让不同能力的学生都能实现充分自主学习。

3. 学生用不同颜色的笔进行圈点勾画，有疑问的地方做好标记，独立思考并尝试解决问题，记下疑惑并生成问题，等待小组研讨和全班“群学”展

示质疑时再解决。

4. 以小组交流展示的方式，检查自学情况。

（二）合作探究阶段

这一阶段包括科学导入、合作探究、交流展示、质疑点拨、巩固提高、梳理整合六大步骤。

1. 科学导入

课前教师可以通过设置悬念，利用多媒体信息技术、课本图片信息等，使学生对所学知识内容产生兴趣，尽可能快捷地导入新课，使学生明确本节课的学习内容。

2. 合作探究

（1）根据差异化教学理念，教师利用“学习任务单”“选择任务单”，设计有针对性、分层次的问题。

（2）引导学生通过自主学习、小组合作学习进行自主探究、合作探究学习，分层次完成课堂中的教学任务，解决学习中遇到的困难。

（3）小组互助的步骤如下：分工合作，明确任务—结对讨论—组内交流与辨析—交流展示。达到能整体感知学习内容，并能根据自己的理解找出问题的答案，小组进行交流展示，解决疑难问题。

3. 质疑点拨

教师根据学生交流探究中反馈的问题和重点、难点、易错点、易混点、考点做精讲点拨。

4. 巩固提高

教师围绕学习巩固知识，通过分层次设计活动，让不同等级的学生有事可做，让学生综合梳理知识从而灵活运用知识，发展思维能力。

5. 善于引导学生感知新知，梳理整合

让学生感悟自学、探究、质疑过程中的知识、问题和方法，以小组的形式进行巩固和回顾，探究建构知识结构，总结学习规律和学习方法。引导学生学会相关内容，形成知识链条，构建学习方法，总结学习规律，掌握本环节所学知识，培养学生的求异思维和发现、探究、解决问题的能力。

（三）拓展提升阶段

通过课后学习作业单进行分层设计，从不同角度让学生自主选择作业，进一步巩固所学知识。

二、完善“三段六步”模式，推进合作

1. 改变座位排列方式

学生课堂中的座位排列方式直接影响到学生合作与参与的方式和程度，因此，变“插秧式”排列形式为长方形并桌式，每组4—6人，这样可以大大增加学生之间、师生之间语言和非语言交流，有利于学生平等关系的形成，能最大限度促进学生之间的相互交往和相互影响。

小班化课堂较之于大班额的配置，其教育活动在时间和空间上会得到保证，我们应该充分利用小班的空间资源，使师生互动、生生互动的密度、程度、效率得到增加或增强，让每个学生享受到教育资源，促进学生的个性发展。

在小组合作的座位排列上，我们尝试了很多种形式，具体如下：

方形排列：每组的桌子按正方形排列，学生围着坐。这种方式有利于以小组形式进行自读、自学和讨论。

弧形排列：不用桌子，把椅子面对黑板排成2—3个弧形，这种方式使学生与教师更贴近。

对面排列：面对黑板，把桌椅分左右两边排列，在中间留出空地给学生进行活动。

经过实践，我校选择在常规课堂上经常使用“非”字形和“U”字形两种座位排列形式，并根据这两种排列形式设置具体的课堂模式——听课式、自学式、讨论式，从而学生在课堂上能够充分利用空间优势进行学习。

2. 构建小组

根据班级总人数，以每组4—6人进行分组。分组可依据组间同质、组内异质的原则，也可结合学习内容和阶段学习情况的需要，按照学生的学习水平、性别角色、智力状况、个性特点、组织操作能力等因素进行合理分组。这样有利于分层教学、分层辅导，有利于开展帮教活动。

3. 选拔、培训小组长

小组长的选择应符合几个要求：一是有一定的组织能力，二是学习成绩优良，三是在同学中有一定的威信。

选好小组长后还要经常对小组长的工作进行指导培训：首先，帮助小组长摆正心态，即组长是本组的核心，要以身作则，不能违反纪律，不能滋生骄傲心理、孤芳自赏心理，在组内不能有高高在上的姿态；其次，帮助小组长明确责任，即小组长是组内活动的组织者、协调者，要带领全组成员提高成绩、争先创优，让每个组员都有展示自己才华、发表自己见解的机会，不能只表现自己。小组长是可以定期轮换的。

4. 设定目标

个体目标：①小组成员要增强集体主义观念，每个组员的言行都将对小组产生影响。②通过一段时间的合作学习，使每个成员无论是学习成绩还是学习能力以及与同学的交往能力方面，都有不同程度的提高和改变，并逐步学会思考、学会提问题、学会倾听、学会补充、学会合作与交流。

集体目标：成为班级中会学习、会合作、会反思、有发展的优秀小组。

5. 组内分工

学习小组在建立时要充分考虑到学生的各方面因素，合理地进行搭配。我校在小组成员的划分形式上主要有两人互助式、四人小组式、自由组合式三种。小组成员之间根据学习水平划分为同质组和异质组，组内异质为互助学习奠定了基础，而组间同质又为小组间交流、开展公平竞争创造了条件。小组按活动内容划分为练习型小组、讨论型小组、互帮型小组和比赛型小组。

为了使每个小组成员都能参与到活动中，对小组内的成员进行了明确的分工：一名组长，负责组织讨论与合作；一名记录员，负责记录、整理合作学习的成果。汇报员，在小组合作学习完成后临时确定。小组内任何一个成员都应理解小组合作学习的成果，并能较好地展示合作成果。一定周期后，组内分工要进行调换，让每个学生对组内工作都有了解、都能胜任。

我们在操作中遵循互补配对原则，组间并不是一成不变的，可以根据需要进行互换调整，可以互换角色，自由灵活才能充分调动学生学习的积极性。

三、优化“三段六步”文化，激励合作

小组要开展真正意义上的学习需要一种氛围，需要有团队合作的意识，只有在小组内形成积极向上的小组文化和正确的集体舆论，小组内的每一位成员才有不竭的进取动力，才能紧紧地凝聚在一起。学习小组成立后，就要

着手建设小组文化。

1. 积极向上的组名、响亮的口号、富有警示意义的组训。可以通过设计小组名称、小组口号、成员职责等，激发学生的团队合作意识。

2. 建立简洁而又有针对性的小组公约：

小组成员是一家，你荣我荣大家夸。
相互扶持不拆台，自控守约听安排。
组织发言要有序，率先质疑要鼓励。
听取汇报不插嘴，面带微笑认真听。
说服别人先肯定，语言委婉少批评。
独立思考后求助，互帮互助共进步。

四、升华“三段六步”评价，提升合作

合作学习如果缺少教师的直接指导，学生学习较易“走过场”、流于形式，因此教会学生如何评价同伴的学习很重要。科学的评价制度追求多种评价方式相结合：学生自评、组员互评、教师评价以及形成性评价和终结性评价。

（一）表格评价

小组活动自评表

你参与小组活动的态度如何	A. 积极	B. 较积极	C. 一般	D. 不积极
你对老师布置的任务理解吗	A. 理解	B. 较理解	C. 模糊	D. 不理解
在活动中你出的主意如何	A. 很好	B. 好	C. 一般	D. 不好
你通过活动收获如何	A. 很多	B. 多	C. 少	D. 没有
在小组活动中，你对自己最满意的方面是：				

小组长评价表

参与活动积极性	A. 高	B. 一般	C. 低
活动中组员反应	A. 快	B. 一般	C. 没反应
合作效果	A. 有成就感	B. 基本能达成一致	C. 完不成任务

有时为了督促学生积极发言，教师要让组长记录本组成员的课堂发言次数，以周为单位进行评比。

课堂发言记录表

姓名	星期一	星期二	星期三	星期四	星期五	合计

在平时的学习过程中，每个小组都有自己的小组合作学习记录本，用来记录学生个人和小组得分，主要由作业（课堂作业、家庭作业）、听写、课堂回答、课文朗读与背诵、检测等组成；每天一小结，每周一总结，评选出最优秀的合作学习小组；每学期评选出优秀的小组若干个，并给予一定的奖励。

（二）星级评价

如果一个组的某一个同学在课堂上有精彩的表现，那么就可以给他们组加一颗“★”，五颗“★”可兑换一面红旗。一节课统计一次，评出日冠军，一个星期后评出周冠军，一个月后评出月冠军，得“★”最多的组为优胜组。

在评价的具体实施过程中，我们主要从课程本身评价和学生学习评价两方面进行了实验与探索。

1. 课前预习评价

针对教学内容，教师提前设计预习导学案，依据学案，学生自主进行预习，圈出问题，或者对某个知识点提出自己的看法并记录下来，便于课堂上开展组间交流。课前组长检查预习成果，本组成员都完成的加四颗“★”，完成一半的加两颗“★”，完成不到一半的加一颗“★”。

2. 课上评价

（1）课堂上教师设计必答问题环节，每个小组依次回答问题，答不上来的转给下一组，答对一个加一颗“★”。对于学困生，老师要为他们定一个水平线，学困生在本节课能回答对基础问题，就奖励两颗“★”。

（2）一题多解加分，简单新颖加分。一题多解最能培养学生的思维，也最具竞争性。所以需要老师选好题目，题不宜多，一道即可，给学生创造一个讨论的氛围，老师所做的就是巡视指导，让学生们去发挥，他们会为本组加“★”积极努力表现。

（3）提出问题、发现问题、解答别人问题加分。以前的教学都是老师提问学生回答，现在的课堂上教师鼓励学生发问，这样学生就会转变为主动思考、主动质疑、主动延伸知识点、主动获取知识，这样的课堂才精彩。所以给主动提问的学生加“★”。

3. 反面评价

光有表扬还不行，为了激励竞争，对于表现不好的同学，如不发言、借讨论之际和别人说话、搞小动作，教师要给他们组记上“△”，一个“△”去掉一颗“★”。这样，组员间不仅学会了合作，还学会了互相帮助、互相监督，共同进步。最后评出小组日冠军，个人“今日之星”。

总之，小班化“三段六步”模式促推了合作学习。教师在教学实践中不断更新教学观念，树立新型的教育观、教材观、学生观、人才观，并把新的理念逐步转化为教育教学行为。教学由过去的只重教师如何教，转变为关注学生如何学；由过去教师只注重评价学生个体，转变为对个体与小组的综合评价。课堂上充分体现了学生的主体性，学生在合作实践中成长，慢慢体验到合作的乐趣，当合作学习成为学生的一种习惯时，合作也就真正走进了学生的生活。

"分层教学"让思维之花悄然绽放

乳山市大孤山镇中心学校

乳山市大孤山镇中心学校始终坚持以"办人民满意的教育"为办学宗旨，形成了"养正立人，达德成才"的办学理念，以"字端品正先做人，固本立身再成才"为校训，以"扬正德文化，育品正学子"为教育目标，积极推行素质教育。

随着城镇化进程的发展，造成我校生源流失严重，学生人数大量减少，小班应运而生。我们充分利用小班优势，实施小班化教学。以"整体优化"作为突破口，通过打造"智慧团队"、构建"书香德育"、推进"自主教学"、开展"个性活动"四大举措，来落实小班化教学工作。在推进"自主教学"过程中，致力于分层教学，促进学生的全面发展。

分层教学，是一种教学策略，也是一种教学模式，更是一种教学思想，它强调教师的教要适应学生的学，学生是有个性差异的，不能以牺牲一部分人的发展来换取另一部分人的发展，学生的个体差异是一份宝贵的可供开发的教育资源。它的核心是面向全体学生，正视学生的个体差异，针对学生的"最近发展区"，实行分层推进教学。设计和使用"特色学习任务单"是大孤山镇中心学校推行小班化分层教学的一种操作载体。

一、学生分层

根据平时的观察、了解及学生的自我评价，对学生进行动态安置，划分为A、B、C层，确保学生能更优更好地利用学习任务单完成课堂学习。再根据学生的特点、需求和发展情况编成若干弹性小组，有同质分组、异质分组、同步活动、异步活动或自由组合等，为学生提供合适的学习活动方式，使小组学生达到优势互补的目的。

二、目标分层

针对同一班级内部不同个性、不同层次、不同学习水平的学生，教学设计以多角度的适应性去充分考虑学生的差异性和多样性，突出多元性和个性化。课时目标设置为基础、提高和发展三个由低到高的目标层次，同时用星级标注，让学生明确每节课的学习目标。差异教学的发展目标是“下要保底，上不封顶”。

例如，鲁教版六年级数学上册《探索与表达规律》的学习目标设计如下：

☆1. 会用代数式表示日历中的数量关系。（A、B、C层学生均需自主完成）

☆☆2. 能用合并同类项、去括号等法则验证所探索的规律。（A、B层学生需自主完成，C层学生可以在老师、同学的指导帮助下尝试完成）

☆☆☆3. 在解决问题的过程中体验类比、转化等数学思想方法，培养观察能力、动手能力、创新能力及交往协作能力，并提高分析问题和解决问题的能力。（A、B层同学需自主完成，C层学生可以在老师、同学的指导帮助下尝试完成）

三、课堂分层

1. 备课创阶梯

教师备课时，要认真研究教材，抓住问题的本质，了解知识发生、发展、形成的过程。清楚如何创设问题情境，如何设计层层深入的问题让学生去探索、讨论；如何把例题进行分解和组合；哪些地方该精讲，哪些地方该让学生去探求，再具体到一个问题由哪部分学生回答。采用星级标注的方式，由浅入深，层层递进，使学生随时能够了解自己的目标达成情况。教学设计要创设一定的阶梯。

例如，鲁教版八年级数学下册《相似三角形的性质》的教学设计分层，如下图所示：第一梯级是直接应用相似三角形的性质，对应边成比例和对应边上的高线比等于相似比，求纯粹的数学题；第二梯级是在理解性质的基础上，解决实际问题；第三梯级是性质的拓展，解决三角形中截最大矩形的问题。

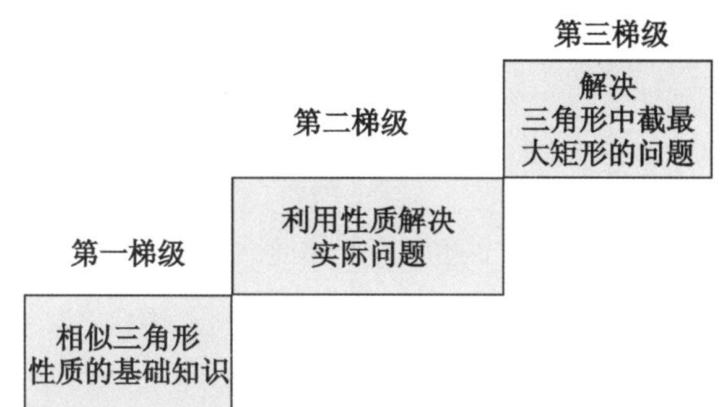

2. 提问设阶梯

为了鼓励全体学生都能参与到课堂活动中，使课堂充满生机，在“特色学习任务单”中设置“选择卡”这一环节，将难易不同的问题设置成不同的选项，学生可根据自己的实际情况选择对应的问题进行探究。主要思路是：由 A 层的学生探究有一定思维难度的问题；C 层的学生进行简单的问题探究；中等问题由 B 层的同学负责。这样，学生参与课堂活动的机会均等，便于激活课堂。

例如，鲁教版九年级化学上册《化石燃料的利用》一节中，化石燃料的燃烧这一知识点的问题设计分层如下：

A 层：化石燃料包括________、________、________。煤、石油是古代生物的遗骸经过一系列复杂变化形成的，因此是________（填“可再生”或“不可再生”）能源。

B 层：煤、石油都属于________（填写物质类别）。煤被称为“工业”的________，石油被称为________。

C 层：(1) 煤主要含有________元素，还含有________元素，把煤加工成焦炭、煤焦油和焦炉气，此变化属于________变化。(2) 石油的主要成分是________元素，是黏稠的液体，从石油中能分离出汽油和柴油等，是根据物质的________不同进行分离，此变化属于________变化。

3. 教学沿阶梯

课堂是教师和学生交流、学生学习新知识、教师传授新知识的主要场所，也是教师培养学生学习兴趣、培养学生良好学习习惯的主阵地。因此，课堂教学过程和时间的把握都要控制好，把握好梯度和层次。

“差异教学三段式”课堂教学模式：课前准备铺垫（尊重差异）——课

中全员参与（分享差异）——课后延伸拓展（差异发展）。图示如下：

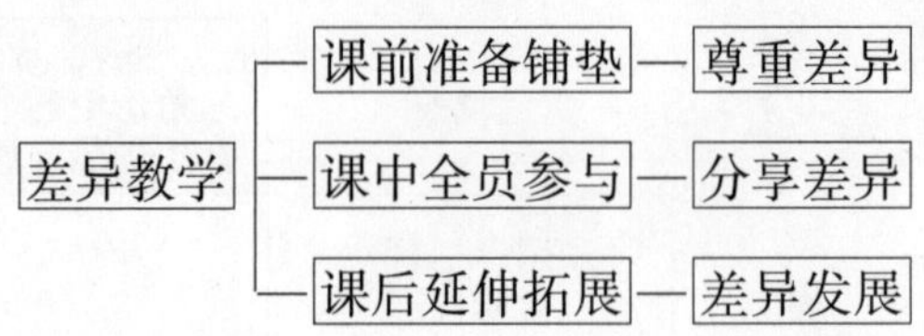

四、练习分层

课堂教学过程中，我们首先在特色任务单中设置A、B、C不同层次的练习题，让各个层次的同学都不仅能吃得饱，更能吃得好。在此基础上还专门设置了针对尖子生的“小纸条”，课堂上，优等生掌握知识较快，往往会感觉无事可做，通过递“小纸条”的方式，促进优等生的发展。“小纸条”的内容以课堂教学拓展题为主，开阔学生视野，丰富优生知识，释放潜能，发展个性。

1. 鼓励个体发展——习题分层

在实施习题分层时，布置的习题内容既要与教材内容相联系，也要与学生生活相结合，选择难易结合的习题，按由易到难的顺序设计习题。在选编不同层次的习题时，遵守“基本要求一致，鼓励个体发展”的原则，即“下要保底，上不封顶”，设计不同题量、不同难度的习题，题型由易到难形成阶梯，多层次设计供学生选择。面向全体学生，练习的量和难度适合于各层次学生的学习心理，使学生自主学习，真正做到“低起点，高落点”。

2. 尊重个体差异——实施分层

练习的设计遵循由对基础知识点的掌握到拓展性思维的过渡，为不同层次的学生提供“跨梯升级”。教师在设计时，要有意识地创造超级题激励学生由低层次跨越到高层次，一步一个台阶地迈进，当学生每跨越一个台阶时，就会感到自己对所学知识有了进一步的掌握和理解。同时，这种练习方式在学生与学生之间能够产生一种良好的激励竞争机制，使学生不再对作业抵触和反感，而是有一种强烈的好奇心和上进心，有一种想要攀登、想要超越的欲望，在每一次的练习中，不仅在超越他人，也在超越自己，从而实现了“人人能练习，练习人人做”的目的，实现全班同学的总体提升。

3. 促进个体成长——反馈分层

当我们采用了上述方法进行练习之后，教师可以根据学生的完成情况了解学生对学习内容的掌握程度，并选择采用合理的方式来处理。当个别学生做到了习题的顶层，并能顺利完成时，说明这类学生不仅掌握了所有的知识点，而且还能达到前后知识的融会贯通。针对此类学生，教师就要进一步拓展他们的思维，让他们更上一层楼。

五、作业分层

布置作业时要注重激发学生的自主参与意识，丰富作业类型，满足多种需求。不同层次的学生完成不同程度、不同形式的作业，对同一道题目，也可以有不同的要求。我们设置了针对尖子生的能力提高题，针对学困生的基础练习题，以及平时经常出错的易错题专项练习，关注学生的个体差异。另外，每节课采用星级评定卡，来确定自己的家庭作业情况，实现作业分层。

星级评定卡

姓名	诊断卡	探究卡	巩固卡	提高卡	检测卡	自我评价卡	汇总

在作业批改方面，针对小班化特点，教师采取一对一、面对面的方式进行批改，及时发现问题、分析问题、解决问题，当场过关，全面照顾到每个层次的学生。

六、评价分层

小班化教学评价以促进每个学生最大可能的发展为基本目标，注重对学生的全面考查，并考虑到学生之间的差异，使每个学生都在原有的基础上得到肯定的评价，体验成功的快乐。在评价学生时，既要考查学生知识、技能的掌握情况，独立思考能力、分析解决问题的能力以及动手操作能力等，还要考查学生学习态度的转变、学习过程和体验情况、学生之间的交流与合作等多个方面。在设计评价内容时，我们采用了部分和整体相结合的方式，一节课算一个小部分，在特色任务单中设计一堂课的评价，主要从课前的准备、课堂的参与、任务卡的完成、目标的达成等多个角度进行；而一段时间的表现则作为一个整体来评价，如物理和化学教学中的评价可分别从五个方面来判定：学习态度和意志力，逻辑分析能力，观察、实验的技能和表现，对基础知识的理解，对知识的应用。我们在评价体系中采用了学生自评、小组互评、家长评、教师评相结合的方法，其中教师评价采用等级+评语+口头评价。同时，注重过程，终结性评价与形成性评价相结合，实现评价中心的转移。

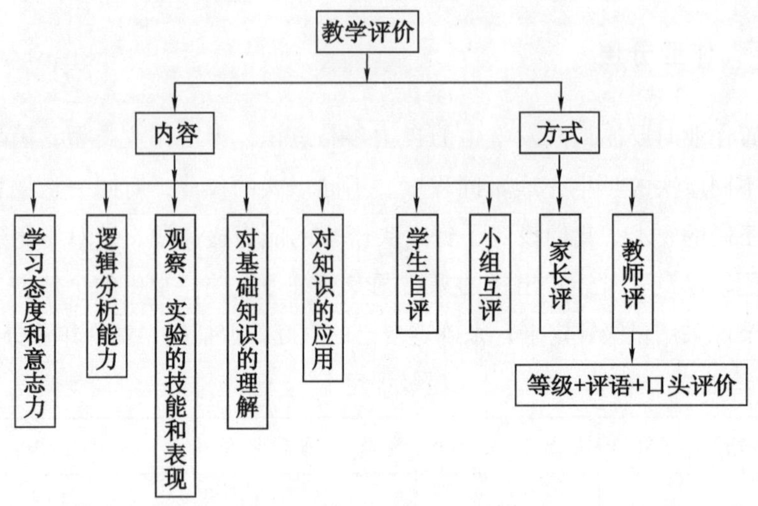

总之，我们利用“特色学习任务单”分层教学，以“提高学生学习的兴趣，扬起学生自信的风帆”为根本，以“尊重学生的发展差异，发掘每一个学生的潜能，强化每一个学生的学习内在动力，使每一个学生在每一节课的学习中都能有成功的体验”的基本理念贯穿于课堂教学的全过程，坚持以任务之流汩汩浇灌，助学生思维之花悄然绽放！

后　　记

随着《小班化课堂教学实践》的付梓印刷，我们的成果汇编工作也画上了一个圆满的句号，大家都长舒了一口气。在这个不平凡的甲子年，我们这支团队在100多天里反复“熬制”，几易其稿，终于让多年的研究成果像种子一样破土而出，有了一个完美的呈现。

2016年年初，在敲定小班化教学试点改革后，我们便走上了一条艰辛而荣光的探索之路。南京、无锡、青岛……取经学习的足迹遍布十多个省市，匆忙而坚定，一步一个脚印。每一次出发，我们都把“带着问题去，带着经验回”的想法放在心底，理念、思路、方法、模式等，都在一步一步地行走中渐渐清晰。“走出去”开阔了视野，让大家对小班化有了一个完整而清晰的认识。但我们谨记“橘生淮南则为橘，生于淮北则为枳”，始终怀着一颗虔诚严谨的改革赤心，用“拿来主义”的眼光去审视、辨别，将外地的好经验、好模式“拿来”为我所用，而非简单的“移花接木”，避免造成“水土不服”。故而，我们把改革的根深扎在乳山教育这片土地上，把教改中出现的14个突出问题提炼成课题，由小班化教学研究团队及试点学校联合攻关，在反复地修订完善中赋予了改革“本土化”的特征，及时有效地解决了课堂预设、活动组织、教学评价等系列现实问题。在此期间，我们建立了片区联合教研制度，并以优质课评选、优秀教学案例展评等为载体，集名师团队之力精心打磨，涌现出了一批优秀成果，形成了“关注每一个，成就每一个”的共识。

春华秋实，瓜熟蒂落。按照当初的五年规划安排，2020年已到了小班化教学改革的盛果期，我们也觉得有必要对已成熟的经验、已成型的做法进行推广了。于是，乳山市教研中心将小班化教改成果汇编与推介应用列入了年度重点工作，综合采取实堂观摩、交流研讨、名师送教等多种方式向乡镇非试点学校推广，并有序地向城区学校渗透。同一时期，山东教育电视台、《山东教育报》等多家媒体也对乳山市小班化教学改革进行了宣传报道，让小班化教学为更多的师生和家长所熟知。

探索永远在路上。小班化教学改革虽是未来教育改革的趋势，但毕竟是一种新生事物，还有许多工作需要我们不断去修正和完善。比如“差异化教学”，虽然我们现在已树立了“关注每一个，成就每一个”的教学思想，也有了一些较好的做法，但毕竟传统的课堂教学模式在很多教师观念中根深蒂固，在“兼顾全体”与“因材施教”之间还有许多不能兼顾的地方。另外，在利用小班化教学优势培养学生发展核心素养的路径和方法上，我们也只能说目前尚处在“浅水区游弋”阶段，还有许多未知的领域需要我们去探索。

由于水平所限，书中难免有粗疏、浅陋之处，望读者批评指正，相互切磋，共同进步。这期间，我们还要衷心地感谢山东省教育科学研究院副院长李文军等人的支持和帮助。领导和社会各界的关心和激励，是我们工作的不竭动力！

图书在版编目（CIP）数据

小班化课堂教学实践 / 孙希敏主编. — 太原 ：山西教育出版社，2022. 5

ISBN 978-7-5703-2292-3

Ⅰ. ①小… Ⅱ. ①孙… Ⅲ. ①课堂教学—教学研究—文集 Ⅳ. ①G424. 21-53

中国版本图书馆 CIP 数据核字（2022）第 062086 号

小班化课堂教学实践

XIAOBANHUA KETANG JIAOXUE SHIJIAN

责任编辑 樊丽娜
复　　审 刘继安
终　　审 康　健
装帧设计 崔文娟
印装监制 蔡　洁

出版发行 山西出版传媒集团 · 山西教育出版社
（太原市水西门街馒头巷 7 号　电话：0351-4729801　邮编：030002）
印　　装 山西万佳印业有限公司
开　　本 720×1020　1/16
印　　张 24
字　　数 375 千字
版　　次 2022 年 5 月第 1 版　2022 年 5 月山西第 1 次印刷
书　　号 ISBN 978-7-5703-2292-3
定　　价 88. 00 元